对外经济贸易大学会计学精品系列

公司理财

（第3版）

蒋屏 主编

CORPORATE
FINANCE

中信出版集团 · CHINACITICPRESS · 北京

图书在版编目（CIP）数据

公司理财 / 蒋屏主编 .--3 版 .-- 北京：中信出版社，2016.9(2018.10重印)
（对外经济贸易大学会计学精品系列）
ISBN 978-7-5086-6660-0

I. ① 公… II. ① 蒋… Ⅲ . ①公司－财务管理－高等学校－教材 Ⅳ . ① F276.6

中国版本图书馆 CIP 数据核字 (2016) 第 203116 号

公司理财（第 3 版）

主　　编：蒋　屏
策划推广：中信出版社（China CITIC Press）
出版发行：中信出版集团股份有限公司
（北京市朝阳区惠新东街甲 4 号富盛大厦 2 座　邮编　100029）
（CITIC Publishing Group）
承 印 者：中国电影出版社印刷厂

开　　本：787mm×1092mm　1/16　　印　　张：30.25　　字　　数：600 千字
版　　次：2016 年 9 月第 3 版　　印　　次：2018 年 10 月第 3 次印刷
广告经营许可证：京朝工商广字第 8087 号
书　　号：ISBN 978-7-5086-6660-0
定　　价：60.00 元

对外经济贸易大学会计学精品系列
编审委员会名单

丛书总序

为了加快我国市场经济体制改革，推进社会主义法治强国建设，适应我国经济、管理、财务与金融领域的新形势与新发展，满足我国会计、财务、审计与国际趋同的需要，完善我国企事业单位的内部控制制度，应受用高校与众多读者的要求，并征得中信出版社的同意，我们决定推出本套对外经济贸易大学会计学精品系列丛书第三版。

早在2005年，我们对外经济贸易大学国际商学院会计学专业的教师编写了一套会计学专业核心课程教材，一共六本，包括《初级会计学》《中级财务会计》《高级财务会计》《成本与管理会计》《公司理财》《审计：理论与实务》。

当时我们编写本套教材的初衷有两点。第一，推广先进的会计教育理念和经验。我们认为，我们有责任让各个高校的广大财会工作者一起来分享我们的成功经验。第二，向会计图书市场注入精品。一直以来会计类专业书籍充斥于整个财经类图书市场。在这些会计类书籍中，不乏一些著名的会计学者的作品。但是，观其内容，相当一部分作品仍然难以逃脱“就会计论会计”的传统观念的束缚。

值得高兴和自豪的是，我们对外经济贸易大学国际商学院的会计学教师在会计学的教学中利用商学院办会计教育的得天独厚的优势，长期坚持站在企业或组织整体的角度考虑会计问题，突破了传统的“就会计论会计”的教育思想和教育观念，强调会计与管理的有机融合，在会计教育中取得了骄人的成就。

本套丛书的主要特点是：

第一，作者阵容强大，教学经验丰富。本套教材的主编及参编人员大多来自对外经济贸易大学，均长期从事本专业的教学工作。本套丛书是这些教师长期积累的教学和科研成果的总结。其中，各位主编人员均主编过多部教材，并且均有较好的社会评价和较大的发行量。

第二，内容视野开阔，符合培养目标。每位作者都努力站在企业或组织的整体角度考虑和阐述问题，以期达到扩展会计学专业学生视野的目的。

第三，体例统一规范，教材实用性强。为便于使用，每章前均安排了学习目标和案例或引言，以便使学生明确各章的学习重点并对学习内容产生兴趣。每章的后面配有中英文对照的关键术语、思考题及练习题，书末附有部分练习题的参考答案，便于学生学习后的自我检验。

本套丛书自出版以来，受到各个高校与广大财会工作者的欢迎，并多次重印。2009年，我们推出了对外经济贸易大学会计学精品系列丛书第二版，也受到各个高校与广大财会工作者的欢迎。今年我们推出对外经济贸易大学会计学精品系列丛书第三版。除继承或延续第一、二版的众多特点外，相对前两版，第三版丛书还有以下两大亮点：

第一，在保持每本教材理论体系完整的基础上，进一步密切结合我国经济、管理、会计、财务、审计与内部控制领域的新变化、新内容与新规则，既全面介绍了我国2006年以来最新颁布和施行的企业会计准则与企业财务通则、国家审计准则与中国注册会计师执业准则体系的核心内容和要求，又借鉴了最新国际会计与审计准则的理论和经验。尽可能做到理论联系实际，既全面论述会计、财务、审计与内部控制的基本理论，又详细阐明会计、财务、审计与内部控制的具体实务，以满足理论界与实务界的双重需要。

第二，选编了近年来注册会计师统一考试课程的会计、审计、财务与风险管理经典试题进入每章思考题与练习题，并通过大量实例分析，力求达到内容新颖、鲜活，体现强烈的时代气息，增强丛书的可读性与实用性，扩大对外经济贸易大学会计学科的社会影响力。

我相信，本套丛书的第三版，一定会对我国的会计教育产生积极的推动作用。当然，限于作者水平，本套丛书的缺点和不足在所难免，恳请广大读者批评指正。

对外经济贸易大学副校长
张新民
2015年12月

前言

财务学自20世纪初发展以来，随着现代经济环境的变化和信息技术的进步，进入21世纪后有了飞速的发展。作为财务学的一门基础课程，公司理财（又称公司财务管理）也随之而迅速发展。公司理财主要研究的是资金的运作，即围绕“钱”来考虑——资金从哪里来（融资）？投向哪里(投资)？企业赚得的钱如何分配？简单地讲，公司理财就是确定企业价值，也就是说企业值多少钱。因此，为了讨论方便，本书定义的公司是以股份制企业为主体，但并不影响分析其他类型企业的理财活动。因此，公司理财就是对公司经营中的资金运动进行预测、组织、协调、分析和控制，对投资、筹资、股利分配、企业价值的确定以及净营运资本进行决策。随着近几年国内外学者于财务领域内在理论和方法上的深入研究，特别是2008年全球金融危机之后金融市场呈现出不稳定，加之金融市场中的创新工具增多，公司理财的手段更加多样化，内容更加丰富，研究范围也更加广泛，其理论和方法已日益成为现代企业筹资、投资、加速资金周转和提高企业价值的重要手段之一，也成为企业决策的重要依据。因此，我们在修订本书时，一方面继续保留了原来EXCEL计算步骤的演示、中英文对照的关键术语表等特点。另外，还结合新的宏观经济环境，在内容上做了一些补充，尽量融进了公司理财发展的最新研究成果。

此外，公司理财会涉及许多计算公式，掌握公式是学习中的重要环节，为了便于读者使用，我们仍在书后给出了本书的主要公式和公式中的字母含义。

第三版与第二版相比，基本体例不变，只是对部分章节做了一些调整。在此次修订中：

1. 主要做了以下一些改动

- 全书由原来的十八章改为十六章，其中将原书第十四章和第十五章整合为一章“长期融资”，将第十七章和第十八章整合为一章“流动资产管理”，这样内容更为简洁明了。
- 此外，新的第十三章“财务预测”中加入了原来第十七章的“现金预算”，这样“长期预测”和“短期预测”整合在一起，知识点更为清晰。
- 将原来第九章的EXCEL运用中的净现值、内含报酬率计算放到了与之对应的第八章中，这样读者学习起来更具有针对性。

2. 新增了一些内容

- 在资本预算决策标准中增加了实物期权的概念，因此，将原书具有期权特征的融资工具中的期权概念调整到这一章中，这样原第十四章、新第十五章更为简洁。
- 在资本成本和现金流量分析中增加了发行费率对筹资总额的影响。这是因为企业在资本市场筹集资金时，当发生发行费率后，会对融资额产生影响，从而影响投资决策。
- 新版本强调公司理财对个人理财规划的重要性，因此，在货币具有时间价值那一章，新增了个人理财规划的实例，也新增了延期年金终值的公式。
- 在杠杆理论部分，增加了高经营杠杆和低经营杠杆系数对销售量的敏感图，这样更有利于读者对经营杠杆的理解。
- 随着信息技术和互联网的发展，资金转移方式也发生了较大的变化，因此，新增了电子银行对现金管理的作用，以及现金管理模式。
- 在资本结构理论发展部分新增了择时理论，股利政策的新理论中增加了客户效应理论和迎合理论。

3. 修订了一些内容

- 随着资本市场的发展，企业的融资渠道也逐渐增多，但主要的方式还是直接融资和间接融资，因为，为了更为广泛地表述资金转移过程，新版对原来资金转移图进行了修改。
- 根据财政部财会 [2014] 7号，印发修订《企业会计准则第30号——财务报表列表》的通知，新版将财务报表中的会计科目按新准则会计科目进行了修订，这样就与当前上市公司披露的财务报表保持一致了。
- 替换了大多数引言，让其更具时效性和针对性。
- 将十个公理的表述修改得更为简洁。

4. 除了上述的修改和新增内容外，还替换了原书中有些模糊的图，增加和删减了部分实例分析和课后练习

作为本科专业的课程，在内容上我们采取循序渐进、由浅入深的原则，在保证学科体系完整性的条件下，尽量结合我国的实际情况，将理论与实践结合，通过实例分析使读者能学以致用。

本书主要内容有：公司理财概述，金融资产的价值确定，风险和收益的分析，长期投资决策，财务预测，长期融资决策，公司资本结构决策，股利政策，融资的创新工具，以及营运资本的管理等。为了便于读者了解自己是否掌握了基本计算能力，同时又限于篇幅，本书在最后给出了部分练习题答案。虽然本书作为一本系列教材编写，但是它仍然适用于企业管理人员、财务人员以及期望获得这方面知识的人士学习。

全书共五篇十六章，各章修改人：第一、二章为蒋屏；第三章为蒋屏和任冠华；第四、五章和第十四章为续芹；第六、七、八、九章，第十五、十六章为赵秀芝；第十章为任冠华；第十一章和第十二章为祝继高；第十三章为蒋屏和续芹。章后EXCEL运用由赵旸和李昀编撰；博士生于

谦做了全部习题的答案。蒋屏最后对全书进行了整体调整和修改。

在本书的编写过程中，我们参考了大量国内外学者的专著、教材和文章，在此表示诚挚谢意。同时，要感谢董英杰博士对本书第二版所提出的一些修改意见，感谢在实务界工作的王东琪女士为本书提供的电子银行实例。此外，我们还要感谢本书的责任编辑王宏静女士，她为本书的出版提出了非常中肯的建议。

在本书的编写过程中，我们尽量融进了最新的一些知识和信息。限于水平，编写中难免有错，敬请读者批评指正。

蒋　屏

2016 年 5月于惠园

BRIEF CONTENTS

要目

第一篇　公司理财的竞争环境

CONTENTS

目录

第一篇　公司理财的竞争环境

CONTENTS

目录

CONTENTS

目录

CONTENTS

目录

CONTENTS

目录

CONTENTS

目录

CONTENTS

目录

CONTENTS

目录

CONTENTS

目录

CONTENTS

目录

CONTENTS

目录

CONTENTS

目录

CONTENTS

目录

第一篇

公司理财的竞争环境

什么是财务？财务就是确定企业价值，也就是说企业值多少钱。因此，**公司理财**（corporate finance）主要围绕“钱”来考虑。而企业的财务活动离不开其竞争环境，竞争环境包括企业的内部环境和外部环境。本篇主要介绍公司理财的内、外部环境，为确定金融资产的价值所应具备的一些基本概念，以及在今后进行理财分析中要用到的一些基本方法。本篇主要讨论：公司目标，公司理财环境，金融资产的价值确定，如何读懂财务报表，风险与收益分析等。

第一章

公司理财概述

本章学习目标

通过本章学习，读者应该能够：

- 了解公司理财的发展，通过财务经理的职能理解财务与会计的区别；
- 理解公司应该以股东财富最大化为目标，并兼顾社会责任；
- 了解公司理财的金融环境，如利率、税收等的变化对公司财务政策的影响。

→引言

2015年是“十二五”规划的收官之年，在经济有一定下行压力的情况下，央行连续出台降息降准的特殊政策，以进一步降低社会融资成本。10月24日起，下调金融机构人民币贷款和存款基准利率，此次央行新政的一大亮点是对商业银行和农村合作金融机构等取消存款利率浮动上限，这说明我国商业银行的利率市场化改革已经完成“最后一跃”。

2015年12月1日，国际货币基金组织（IMF）正式宣布，人民币将于2016年10月1日作为第五种货币纳入特别提款权（SDR）货币篮子，权重10.92%，超过日元和英镑，成为SDR中第三大货币。

人民币加入SDR将提高人民币国际化程度，而人民币国际化可以为中国企业对外投资提供融资便利，降低借贷成本。如果人民币成为国际货币，中国企业就可以凭借自有资本或从本国金融机构的融资来解决其海外投资资金问题。人民币国际化也可以降低中国企业的购汇成本和汇率风险。如果人民币成为国际货币，中国企业可以直接使用人民币进行采购，避免兑换的时间成本和汇率风险。近年来，中国对外投资规模不断扩大，特别是中国主导的亚洲基础设施投资银行（AIIB）的创立和“一带一路”战略的推出，对资金的融资需求不断增加。

总之，随着中国推动人民币加入SDR，减少对资本流动的管制，将使人民币更加国际化，成为国际货币。这将有助于降低中国在海外的借贷成本，并为未来经常项目赤字融资提供额外的自由度，从而有助于中国公司向海外扩张。

利率市场化和人民币国际化程度的提高，将怎样影响企业的经营环境呢？

资料来源：根据新华网（www.xinhuanet.com）、FT中文网（www.ftchinese.com）相关资料整理。

第一节 公司理财的发展

一、公司理财的重要性

现代公司财务学是企业管理的七大分支之一，其他六大分支是会计学、市场学、管理策略、行为科学、生产管理和国际企业管理。从学科上看，与财务学相关的系列课程有：公司理财、投资学、资本预算、资本市场、风险管理与保险业务、高级理财学、资产选择理论、流动资本管理等，其中，公司理财是最重要的基础课程。

事实上，公司理财作为一门独立的学科出现在20世纪初，当时主要强调兼并、新企业的成立和企业为筹集资金而发行各类证券的有关问题。当时的**资本市场**（capital market）相对来说是初级的，资金从盈余部门或个人向赤字部门的转移较为困难，而企业的有关会计报表又不可靠，知情者和操纵者造成价格波动很大，结果投资者不太愿意购买股票和债券。因此，在这种环境里，公司理财显然会集中于与发行证券有关的法律问题上。20世纪30年代西方经济大萧条期间，企业倒闭致使公司理财集中于破产和重组、公司清算和证券市场的政府调节，这时公司理财仍然是描述性、法律性的学科，但重点已转移到生存问题而不是扩展问题。在这一时期，西方国家政府加强了对企业的管制，这对公司理财学科的发展起到了很大的推动作用。如美国政府于1933年和1934年分别颁布了《证券法》（Securities Act of 1933）和《证券交易法》（Securities Exchange Act of 1934），要求企业公布财务信息，这为以后公司财务状况的系统性分析打下了基础。从20世纪40年代以后，财务学逐渐从描述性的内容转向数学模型分析性的研究，特别是1958年，马柯维茨的现代组合理论，以及莫迪格莱尼和米勒的现代资本结构研究，使财务学成为一门真正的科学。公司理财重点越来越从外部使用者的观点转到内部管理者的观点上来，集中转向财务决策，以使企业价值最大化，并且这一观点在20世纪90年代得到了更加深入的研究。进入20世纪90年代，公司理财的研究受到以下因素影响：（1）通货膨胀和通货膨胀对企业决策的影响；（2）金融机构或财务公司趋向于大型化，提供的服务趋向于多样化；（3）计算机用于分析和信息电子转换迅速增加；（4）市场及企业经营活动的全球化在逐步形成，特别是进入21世纪后，全球经济一体化和计算机技术运用的进一步增强，使其研究内容更加广泛，财务分析更容易符合企业的需要，公司理财在数量分析方面的功能得以加强。

过去，销售部经理规划销售，工程师及生产部门人员决定生产所需原料等，而财务经理的任务只是筹集资金购买所需厂房、设备和支付给投资者。现在这种情况已逐渐不再存在了。决策是许多相互联系的行为，财务经理直接负责并控制开发、生产和销售全过程。事实上，公司理财对销售、会计、生产和人事等其他部门的人员也显得十分重要，他们了解财务是为了把自己领域内的工作做得更好。例如，销售人员必须明白，销售决策是怎样影响资金的可用性，又是怎样受到资金可用性的影响，怎样受到库存水平、生产能力的影响，等等。衡量推销人员的业绩不仅仅是看他推销出去多少产品，还要看他推销出产品的同时收回多少钱。同样，会计人员必须明白在公司规划中，会计数据的使用以及投资者的看法。

因此，企业中所有决策实际上都涉及理财，非财务经理也必须要有充足的财务知识，以便把这些知识用于自己特定领域的分析中。

二、财务职能

什么是财务？财务就是确定企业的价值。从实际工作上看，与理财学相联系的职业有：公司财务经理、银行家、证券经纪商、金融分析家、资产管理者、投资银行家和财务顾问等。其中，公司财务经理是最典型的职业。因此，财务职能可用财务经理的职能和责任来确定其含义。

首先，尽管企业组织之间具体情况各有不同，但主要的财务职能是组织投资、筹资和股利政策。

资金从不同的渠道筹集，并配置于不同的用途。资金在企业运转中要受到监控，通过利润、偿付、产品和服务等形式表现出使用资金的利得。这一财务职能不仅在股份制企业中如此，而且在所有组织机构中，即从公司到政府部门都如此，甚至像博物馆、医院和剧院等其他非营利机构都必须履行。因此，财务经理的主要职能是筹措和使用资金，使企业的价值最大化。

其次，财务经理必须考虑投资和筹资决策以及二者的联系。

一个成功的企业通常要达到销售额上的较高增长率，而这必然要求有资金来支持。财务经理必须明确适当的销售增长率，列出不同的投资可能性，决定具体的投资量和不同的资金来源。例如，是使用内部资金还是使用外部资金？使用贷款还是使用所有者资金？采用长期筹资还是采用短期资金？财务经理要在它们之间做出取舍。

再次，财务经理与企业经理们相互联系，以帮助企业尽可能高效率运转。

企业所有决策都涉及财务，所有经理都需要注意到这一点。例如，影响销售增长的营销决策，必然会改变投资需求，因此必须考虑其对可用资金的影响，以及它们会受到的可用资金影响，另外必须参考对库存政策的影响，对工厂生产能力利用的影响，等等。

最后，对货币市场和资本市场的利用。

对**货币市场**（money market）和资本市场的利用就是，财务经理必须把企业与筹集资金和买卖企业证券的金融市场联系起来。有关详细内容，我们在**金融体系**（financial system）部分讨论。

总之，财务经理的中心职责与投资决策和筹资行为相关，在发挥这些职能作用方面，财务经理对影响企业价值的关键决策负有直接的责任。

三、财务与会计的区别

由于财务在决策中的核心作用，财务经理在企业组织结构中占有较重要的位置，如图1–1所示。该图描述了具有代表性的股份制企业的组织结构。董事会由股东大会选出的董事组成，是公司的常设机构，也是公司管理、决策的最高业务执行机构，对内是组织管理的领导机构，对外是经营活动的全权代表。总经理（CEO）由董事会委任或招聘，对董事会负责。总经理既要代表公司从事日常业务活动，又要对业务活动的效率及结果负全责。总经理提请聘任或解聘公司副总经理，在这些主要经理中负责财务的副总经理就是财务总监（CFO），他负责制定企业的主要财务政策，也与其他经理联系，提出在相关领域里主要决策中的财务问题，确定应向他报告的财务负责人的职责，并对总会计师和财务主任负责分析的内容负责。在我国的企业组织结构中，有时并没有那么严格地将财务总监和总会计师区别开来，他们有时具有相同的职责。在小型企业组织中，CFO可能同时履行财务主管和会计主管两个职能，或财务负责人在财务副总经理的领导下执行财务主管和会计主管这两个方面的职能。而大型企业则常用财务委员会的形式，因为筹资和投资决策需要较宽的知识面和一定的平衡判断能力，因而委员会汇集了有制定政策和做出决策的不同背景和能力的人，他们能提供颇有价值的决策意见。例如，获得外部资金是一项重要的决策，0.25%和0.50%的利率之差，也许就表示一笔绝对数量很大的货币流出量或流入量。贷款6亿元，0.50%之差就是300万元的流出量。因此，具有财务知识的高级经理的判断力，在与银行就贷款期限和贷款条件方面做出决策是非常有价值的。

以下我们通过财务和会计职能说明二者的区别。

如图1–1所示，以财务会计为例。简单来讲，财务会计将所有的经济活动通过复式记账法记录下来，最后通过财务报表的形式向企业的外部使用者和内部使用者提供企业的财务实力、盈利能力、管理效率、成长性的相关方面的信息，当我们看到企业的财务报表时，所有的事件都已经发生了。

从图1–1中也可以看出，财务活动涉及多部门，与企业组织结构中的高层管理有着紧密联系，财务决策对于企业生存和成功至关重要。例如，现金是企业经营活动的润滑剂，但持有过多的现金又不会产生收益。因此，在现金管理中，财务主管不仅要与销售、采购部门配合，还要在设置每月持有的现金时，了解每月的平均现金持有量，并设置一个上限和一个下限。比如，当现金流超过上限时可将其用于投资，反之，当现金流不足，低于下限时，则可以出售有价证券来补充。因此，仅这项工作，就需要会计提供每月购、销的现金流状况，从而有利于进行决策。又如，企

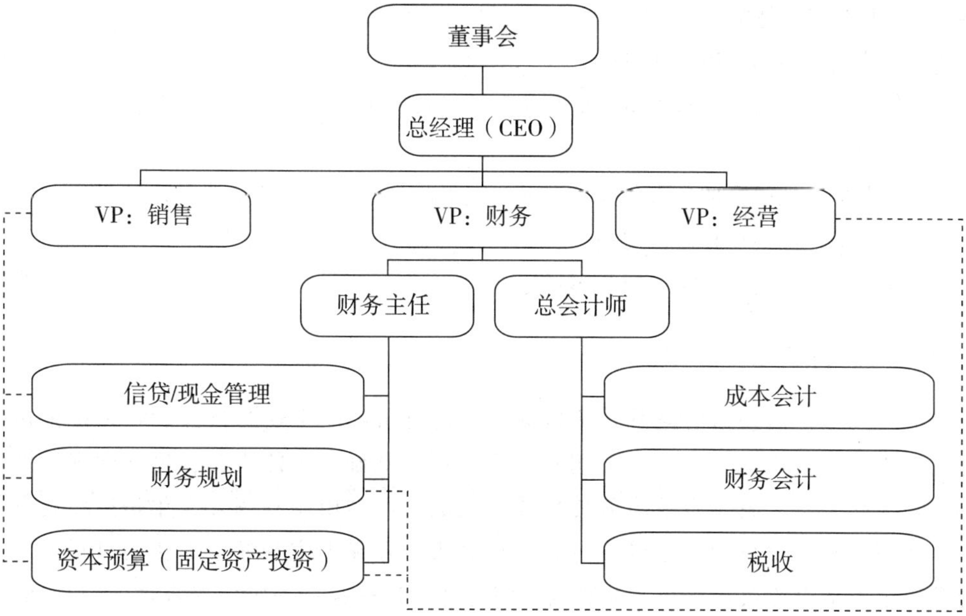

图1–1　财务与会计的区别

业增加某项新产品线或削减旧生产线，扩大或增加一个工厂或改变布局，出售库藏股或增发新股，租赁安排，支付股利及股票回购等，这些决策对于企业长期盈利能力具有持久的影响。

综上所述，企业在决策分析中的很多数据源于会计提供，会计为财务分析提供了一个数据平台，财务则为管理决策提供了决策依据。

第二节　公司目标和社会责任

财务决策要求明确公司的目标，以使公司的财务目标与公司的总体目标一致。一般来说公司在不同时期有不同的目标，但是总体来讲，公司的主要目标体现在以下几方面。

一、公司目标

公司目标的建立，会直接影响财务理论体系构建和财务实践，而如何评价目标的合理性，具体来讲，应该具备以下特征：

1. 它是明确的，而不是模棱两可的。
2. 它可以及时地、清晰地对决策的成功与失败进行度量。
3. 它的运行成本不会太高。
4. 它与企业的长期财富的最大化是一致的（能保障企业持续、稳定发展）。
5. 它在企业管理层的可控范围之内。

下面让我们分别讨论一下常见的公司目标。

（一）利润最大化

利润最大化是公司理财的最基本的目标，也是公司可能实现的目标。它是指公司的利润额在尽可能短的时间内达到最大，公司只有在盈利的基础上才能生存，这与微观经济学中强调的利润最大化目标，资本资源有效使用是一致的。但是由于利润最大化是按照利润总额来计量的，而不是按照每股收益来计量的，从而导致企业在追求利润最大化的过程中，并不考虑其经营决策可能对股票价格产生的影响，因此这一目标存在一定的局限性：（1）利润最大化是一种静态的反映，没有考虑预期利润发生的时间因素，因而造成公司只顾眼前利益，造成经理的短期行为；（2）利润最大化无确切严格的标准去衡量利润，即衡量的利润是关于销售的利润，还是关于股东权益的利润等，没有明确的界定；（3）对公司理财来说，没有考虑获取利润时所应承担的风险；（4）利润最大化强调的是会计利润，而会计利润没有考虑重要的资金成本之一——股本成本。在计算会计利润时，利息费用作为成本考虑进去了，而忽略了股东所提供的资金成本。例如，公司在一个新投资项目上获得8%的收益，若贷款资金成本低于8%，则肯定会增加公司的利润。但是若公司的股东用同样多的钱投资相同风险的项目，可获得12%的收益，则公司是否可接受这一项目呢？在该目标下，就没有考虑这一因素。

（二）股东财富最大化

企业资金一部分源于固定利率的向外借款，如向银行贷款，发行公司债券等，这些筹资成本都是固定的（如8%或12%），另一部分则源于股东的资金，通过发行股票获得。不管企业的盈利多么高，债权人依然只得到8%或12%的收益，但是如果企业是非常成功的，股本的市场价值（公司普通股）可能会较大幅度地上升。投资者对引起公司股票价格下降的不好投资和股利政策有反应，同时他们对引起公司股票价格上升的好投资和股利政策也有反应，所以股本价值提供了衡量公司业绩好坏的良好指标。据此，公司理财的目标之一是以使企业股票价值最大化的形式表示，即股东财富最大化。

股东财富最大化（shareholder wealth maximization）是指管理者应寻求公司股东预期将来收益

的现值最大化，为什么公司理财把焦点集中在股东财富最大化上？这是因为：（1）该目标考虑了货币的时间价值、收入流量的风险等因素；（2）股东财富最大化是一个市场概念，而不是会计概念，市场概念的具体表现为公司应竭力使其股票价格最大化；（3）该目标的含义极其明确、易于度量，也不会产生短期与长期绩效的冲突。

当然，股东财富最大化目标也存在一定的局限性，这表现为：首先，股东财富最大化在一定程度上不在管理层可控制的范围内。我们知道，股票价格除了受到企业经营利润、业绩的影响外，还受到企业经营活动的外部环境，即宏观经济、调控政策等因素的影响。比如，2007年我国通货膨胀预期高，中央银行连续6次提高利率和10次提高银行准备金，2008年多次提高银行准备金至16%，后因全球金融危机又降低银行准备金至15.5%。2010年以来，央行连续8次上调存款准备金率，使其由2010年年初的15.5%提升至2011年5月18日的21%。此次上调存款准备金率，按4月末我国金融机构的人民币存款余额75.62万亿元计算，一次性冻结资金规模将近3 800亿元。2012年2月24日起，下调存款类金融机构人民币存款准备金率0.5个百分点，估计向金融系统释放资金4 000亿元左右。2012年7月6日起不对称降息，其中一年期存款基准利率下调0.25个百分点,一年期贷款基准利率下调0.31个百分点，为2012年来第二次降息。央行并宣布，自同日起，将金融机构贷款利率浮动区间的下限调整为基准利率的0.7倍。2013年8月，央行宣布各银行存款利率在基准利率基础上有权上下浮动10%。2013年7月20日起全面放开金融机构贷款利率管理，取消金融机构贷款利率0.7倍的下限，由金融机构根据商业原则自主确定贷款利率水平。个人住房贷款浮动利率不做调整。中国的利率管理逐渐开始朝着市场化方向发展了。中央银行对利率和银行准备金的调整都会影响到企业资金的成本高低，从而影响股票价格。提高利率会使企业资金成本上升，股票价格下降；而降低利率，由于企业的资金成本下降，会有利于企业融资，股票价格上升。企业外部的经济环境决定着企业决策政策，而企业决策政策又制约着未来预期的现金流量，这些种种因素决定着股票价格水平。

其次，运行成本较高。由于股份有限公司的管理权和所有权的分离，股东和管理者之间、股东和债权人之间会存在潜在的利益冲突，协调他们之间的利益冲突会付出成本的（又称代理成本），其数额往往是巨大的，从而减少股东的财富。

最后，如果将目标缩小到只剩下股票价格最大化，那么，金融市场的无效率可能会导致资源的错误配置和决策失误。

然而，很多财务理论还是把这一目标设定为公司目标，因为其他目标可能也有自身的一系列缺陷。企业以股票价格最大化为目标，除了因为它代表着投资者对公司价值的客观评价，同时对社会而言，这也是有利的，这是由于：（1）股价最大化需要企业低成本，高效率，尽可能以低的成本提供高质量的产品及服务；（2）股价最大化要求公司不断开发新产品以满足消费者的需要，从而创造出更多的新技术、新产品和新的就业机会；（3）股价最大化需要提高服务质量，公司要有合理的库存和地点合适的商业设施。

（三）公司财富最大化

与股东财富最大化相对立的，且由欧洲大陆和日本股票市场特点引出的公司目标是**公司财富最大化**（corporate wealth maximization，CWM）模型。公司将股东看作公司相关利益群体的一部分，如同管理层、工人、当地社会团体、供应商（资金和原材料、零部件）、债权人以及政府。这一目标使得公司尽可能长期挣很多的钱以提高相关群体的收益。

公司财富的定义比金融财富的定义要广泛得多。金融财富主要指现金、有价证券以及信贷额度，而公司财富除金融财富之外，还包括公司的技术、市场、人力资源、市场状况，以及在技术和管理过程中雇员的知识和技能、企业的管理和营销。

（四）企业价值最大化

20世纪90年代后期，随着经济金融化的不断发展，金融市场不断完善，企业外部融资行为日趋复杂化，投资者和信贷者对企业绩效的关注越来越系统化、严密化，从而直接导致了企业价值最大化目标被广泛接受。企业价值最大化是指公司未来折现现金流量的最大化。人们称企业价值最大化是一个具有前瞻性、复合性和实在性的企业目标。具体表现为：

1. 前瞻性

前瞻性是指企业价值最大化是着眼于未来时期的财富生成与分配的一个概念，不是一个历史大概念。这种前瞻性延续了企业截至目前有助于其可持续发展的一切特征，同时或者更重要的是隐含了企业管理层对未来发展的控制能力。

2. 复合性

复合性是指企业价值最大化这一概念涵盖了一些极其重要的概念，比如现金流、风险或可持续发展等。

3. 实在性

实在性是指企业价值对于企业各类投资者而言，是实实在在的现金流量，而不是什么观念上的东西。现金流量的变化，代表着实际的、可控制财富的变化。

总之，在财务理论中，利润最大化目标受到了普遍的批评，股东财富最大化与企业价值最大化是目前较常采用的财务管理目标。

二、社会责任

企业在寻求股票价格最大化的同时，还应该考虑社会责任。成功的企业往往与雇员、供应商、消费者以及周围的公共团体等紧密联系在一起，这些团体的许多财富又与公司的繁荣和不断增长联系在一起，所以公司应寻求与这些所有团体的利益均衡，而不只是关心自己公司的股东财富最大化。在许多情况下，这种社会责任的承担与法律和其他形式的义务一样重要。

另外，近些年来，人们越来越重视生存环境的改善和可持续发展，公司在制定公司政策和目标时，必须考虑可持续发展的能力和环境风险。

可持续发展是指既满足现代人的需求又不损害后代人满足需求的能力。然而人类在现代化进程中，在享受工业文明所带来的物质财富的时候，也逐渐面临着前所未有的发展困境和难题。而环境风险则是源于自然环境恶化、人造环境所含隐患和资源短缺等原因造成的潜在危机。当前我们面临的环境问题，其主要特征表现为：污染物排放量极大地超过环境的承载能力，环境污染程度十分严重。

因此，1997年在日本京都召开的《联合国气候变化纲要公约》第三次缔约方大会上，通过了《京都议定书》，并在俄罗斯于2004年11月加入签署后，于2005年2月16日起正式生效。

《京都议定书》中规定，38个附件一国家（发达国家及欧盟），必须以自己减量或与别国合作的方式，来达到温室气体[1]排放减量的目的。

2008年7月19日，中国山西吕梁市宣布成立吕梁节能减排项目交易服务中心。8月6日，北京、上海两家碳交易机构——北京环境交易所和上海环境能源交易所成立。

根据规定，进行交易的碳交易权必须在联合国注册。目前联合国批准了1 000多个项目，中国有200多个项目，多来自山西省的项目。如果企业通过环保等措施减少了排污和碳排放量，就会形成环境权益，这一权益可以在市场上进行交易。二氧化碳排放到大气中，看不见、摸不着，也闻不到，但却被人类称为21世纪的新黄金。

《京都议定书》是至今为止国际气候谈判所达成的唯一带有法律约束力的条约。其中，限定工业国家温室气体排放量的《京都议定书》第一承诺期（2008~2012年）于2012年期满。因此，2011年在南非德班气候大会上，大会要求主要由发达国家构成的《京都议定书》附件一缔约方从2013年起执行第二承诺期。

2015年12月12日，巴黎气候协议“最终案文”在当天举行的《联合国气候变化框架公约》缔约方大会上通过。气候协议“最终案文”显示，各方把“全球平均气温升高幅度需控制在2摄氏度以内”作为目标，并为把升温幅度控制在1.5摄氏度以内而努力。2020年后，各国将以“自主贡献”的方式参与全球应对气候变化行动。发达国家将继续带头减排，并加强对发展中国家的资金、技术和能力建设支持，帮助后者适应气候变化。

环境保护已受到人们的高度重视。通过企业作为举足轻重的经济实体必须要考虑其政策和行为对整个社会的影响，人们早就认识到外部经济环境对企业决策至关重要。一种对非财务和非市

1 温室气体包括二氧化碳、甲烷、氧化亚氮、氢氧碳化物、全氟碳化物及六氟化硫等6种气体，为了计算方便，则以二氧化碳为主，其他气体则换算成二氧化碳当量。

场领域的“企业社会责任”绩效进行量化和报告的新途径就是三重底线报告，该报告中包括三个方面的内容，即经济价值、环境价值和社会价值。此外，ISO14000[2]认证已经成为打破国际绿色壁垒、满足欧美市场的准入证，同时已经成为一套目前世界上最全面和最系统的环境管理国际化标准，并引起世界各国政府和企业界的普遍重视和积极响应。

如联想集团在为投资者追求市场价值最大化的同时，也兼顾社会责任和利益相关者的利益。在该集团的社会责任报告中就提到：

(1) 为客户：提供丰富多彩的数字体验。

(2) 为员工：提供没有天花板的舞台。

(3) 为投资者：创造持续增长的市场价值。

(4) 为社会（环境）：让爱心更有力量，创造绿色科技的美好未来。

(5) 为伙伴：开创长期合作的共赢机遇。

第三节　金融环境

所有企业在经营活动中均在不同程度上与金融中介和金融市场发生往来。企业与金融中介和金融市场的联系，使得企业能够随时获取所需的资金，并将其临时性盈余资金投资在各种金融资产上。在发达的经济社会中，资金盈余部门和资金赤字部门的资金往来是通过金融中介和金融市场来转移的，它们共同形成一资金网络，它们之间的资金往来关系如图1–2所示。

从图1–2可见，资金从盈余部门转向赤字部门是通过金融机构或金融市场进行的。金融机构通常指商业银行、非银行金融中介，如财务公司、保险公司、投资银行以及证券公司等金融投资机构，而金融市场这里主要指债务市场和股票市场。在资金的转移过程中，如果金融中介机构获取的利润是价差，则为间接融资，最典型的就是商业银行吸收盈余部门资金和个人储蓄然后贷放给资金赤字部门，获取的利润源于存贷利差，这就是间接融资；如果金融中介机构获取的利润源于向客户提供服务收取的佣金或承销费，这就是直接融资，最典型的就是企业在金融市场上发行债券或股票。

2　ISO14000是国际标准化组织（ISO）第207技术委员会从1993年开始制定的系列环境管理国际标准的总称，它同以往各国自定的环境排放标准和产品的技术标准不同，是一个国际性标准。其标准号从14001至14100，共100个。

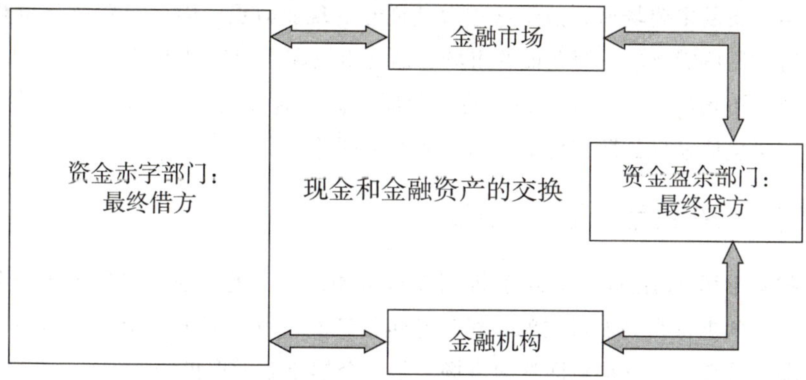

图1–2　资金从盈余部门转向赤字部门网络图

在我国，有6个主要实体会参与到这一金融体系中，它们是中国人民银行、政府、商业银行、证券公司等金融投资机构、企业和个人。

图1–2还显示，资金盈余部门通过现金与资金赤字部门的金融资产进行交换，因此，本节将重点介绍金融资产和金融市场。

一、金融资产

金融资产（financial assets）是金融市场中资金转移所产生的信用凭证和投资证券，它的实质是一种索偿权（要求权），即提供资金一方对于接受资金一方的未来收入和资产的一种“要求权”。货币是最明显的金融资产，除此之外，金融资产还包括债务证券、权益证券和信用凭证。债务证券包括政府债券、公司债券以及由商业银行发行的可流通存单。权益证券即普通股股票和优先股股票。信用凭证如储蓄者将货币存入金融机构取得的存款凭证，代表储户对接受存款的金融机构的一种“要求权”。

二、金融市场

金融市场是金融资产买卖或交易的一种媒介。金融市场主要分为货币市场和资本市场，初级市场和二级市场。

（一）货币市场和资本市场

货币市场经营一年以内到期的短期证券，其资金融通用于短期周转，融资期限短，是公司短期资金筹集的主要场所。由于这些短期证券变现能力强，因而投资风险也相对较小。货币市场包括银行短期信贷市场、短期证券市场、贴现市场和同业拆借市场。

资本市场经营一年以上到期的长期证券，融通长期资金，是企业筹集长期资金的主要场所。资本市场包括银行长期信贷市场和长期有价证券市场。

（二）初级市场和二级市场

初级市场（primary market）即为发行市场，或一级市场。它是指新证券在发行者与购买者即投资者之间进行交易而形成的市场。它包括证券发行的规划、承购、销售等一系列活动过程。这一市场的特点是，它是新证券的市场，是一个抽象的无形市场。

二级市场（secondary market）也称次级市场或流通市场。它是指已发行在外的证券在投资者之间相互进行转让、买卖而形成的市场。在这个市场上，买卖对象是已发行在外的证券，这一市场的主要功能是为投资者提供证券的流通变现。二级市场在其结构上又可分为以下3类：

1. 交易所市场

交易所市场即是在证券交易所内部进行集中证券交易的市场。它是高度组织化、有固定场所、有规定营业时间、有一套严密管理制度的证券交易市场，是整个证券二级市场的中心。有价证券一旦被允许进入交易所市场，即为上市证券。为确保证券交易的顺利进行和维护投资者的利益及交易所的信誉，证券交易所对证券上市的企业要严格审查，只有达到规定要求才允许其上市交易。

2. 场外交易市场

场外交易市场又称柜台交易市场或店头市场，即是在证券交易所之外进行证券交易的市场。它是一种组织相对松散、无固定交易场所和较难管理的市场，场外市场是有组织的交易所市场的补充。它是一个无形市场，没有一个固定的集中交易场所，它实际上是一个由遍布各地的电话、电报、电传等电信系统构成的无形交易网络。

场外交易由于手续简便，适于小规模的分散证券交易，因此，它一方面为一些暂时达不到上市条件，但又有发展前途的企业开辟了筹资途径，另一方面也为投资者提供了有吸引力的投资对象。但是受市场条件的限制，其交易的效率和公平性要低于证券交易所市场。

3. 第三市场和第四市场

第三市场是指已在正式的证交所上市却在证交所之外进行交易的证券买卖市场。该市场的交易主体主要是一些从事大宗交易的机构投资者，如银行信托部、保险公司、互助储蓄机构等，因而证券交易也主要发生在证券经纪人和上述机构投资者之间。

第四市场是指完全撇开交易所和经纪人，由买卖双方通过电讯网络直接进行交易的市场。在这个市场上，一个全国联网的证券交易计算机网络起关键的作用。如美国在20世纪70年代就建立了全美证券商协会自动报价系统，又称纳斯达克（NASDAQ）。会员客户直接通过该系统电脑终端寻找交易对手，议价成交，从而大大降低了交易成本，同时也有利于保守秘密。

三、利率

企业在融资过程中，必须要考虑使用资金的成本，这一成本就是利率。有人称利率是“企业发展速度和国家繁荣的重要调节器”。这就说明，利率是有变化的，它的变化不仅影响个人和企业，而且影响整个国民经济。那么利率水平是怎样确定的呢？

通常我们所说的利率是指名义利率，银行的挂牌利率表明的就是名义利率，一般来讲，它是由实际利率加通货膨胀率来确定的。从严格意义上讲，在金融市场上，利率是通货膨胀、违约风险、到期日的长短以及变现能力的函数，即：

$$利率=f(通货膨胀，违约风险，到期日，变现能力)$$

在这些风险因素中，政府债券由于有充分的信用保证，均被视为无违约风险。因此，我们将政府债券的收益率视为无风险收益率，而其他证券的收益率均高于政府债券，如图1–3所示。

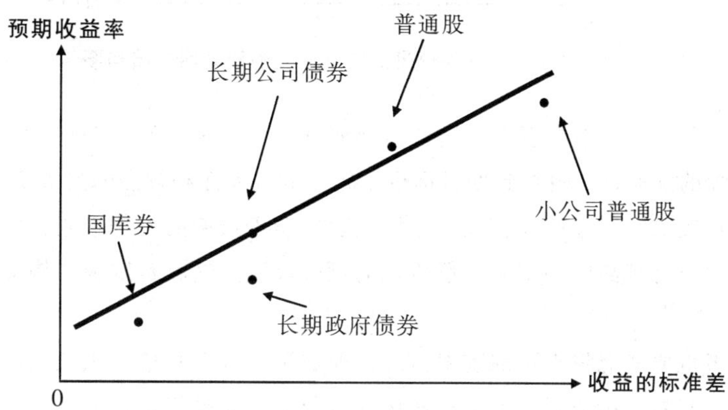

图1–3　证券收益率与风险权衡

债务证券收益率与到期日的长短有关，如国库券与长期政府债券的收益率就取决于到期日，到期日越长，收益率就越高，到期日与利率之间的关系称为收益曲线，又称利率期限结构。在大多数情况下，利率水平是随到期日的长短而提高或下降，因此收益曲线是一条向上倾斜的曲线，即利率期限结构的斜率为正，如图1–4所示。

有时，利率期限结构也有向下倾斜的，如图1–5所示，这是一种少见的结构图。但是它们有一个共同的特点，即随着到期日越来越长利率与到期日之间的关系越来越不明显了，因此，随着到期日的增长，曲线变得平坦了。

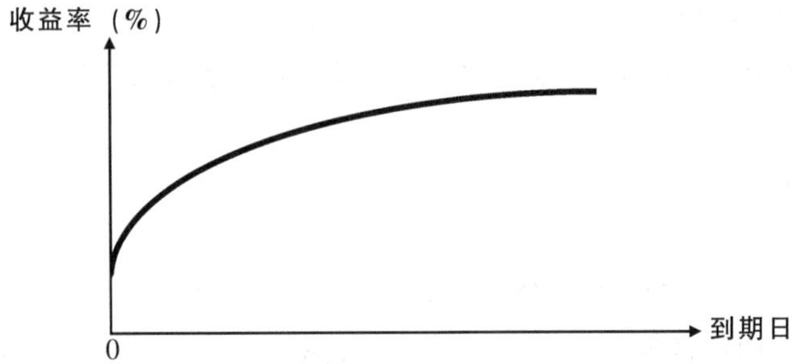

图1-4　一种典型的向上倾斜的利率期限结构图

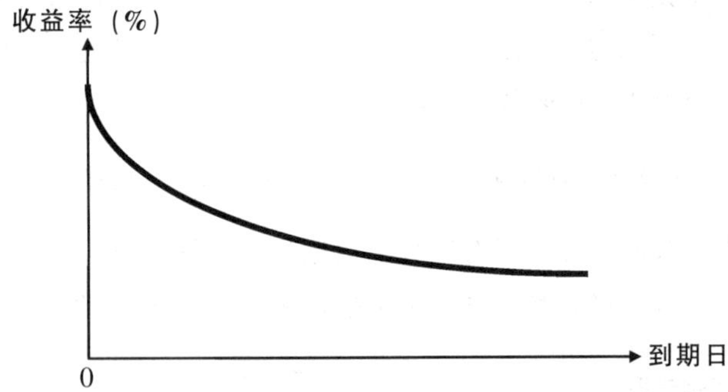

图1-5　一种少见的向下倾斜的利率期限结构图

在大多数情况下，由于投资者会为特殊需要而选择一种满意的到期日，因此投资者可能投资于与他需要相匹配的到期日，较短到期日提供了较强的流动性和较强的财务变现能力。

另外，到期日较长的证券风险较大，这种风险依赖于预期的通货膨胀，因此，如果其他条件相同，投资者将要求有较高的利率以补偿承担的额外风险。这就是期限结构形成向上倾斜的基本思想。

最后，投资者也要考虑将来预期利率情况，即如果投资者相信未来长期利率将走高，他们将等待作长期投资。当然，投资者并不会把钱放在钱包里，而是将钱作短期投资，如投资于货币市场的证券。这种“等待”增加了短期资金的供应，同时使长期资金供应减少。这种资金的流动又使得短期利率下降，而长期利率上升，期限结构曲线向上倾斜。反过来，若投资者相信未来长期利率将走低，这就形成期限结构曲线向下倾斜。由此，我们可以理解为什么证券与证券之间收益率不同，即企业在筹集不同期限的资金时所付出的筹资成本不同。

四、税收体系

由于许多财务决策的依据是税后现金流量，财务人员和管理人员必须要对税收有一个基本的认识。企业在经济活动中涉及的税种很多，处于不同的国家和地区，税法又有所不同，这里主要提供的是公司理财中需要了解的一些税收知识，而并不是要让读者成为税务专家。这里主要介绍我国有关税收的情况。

（一）公司所得税

通常，公司所得税是依据扣除经营费用后的收入来计算的，可抵扣税收的经营费用一般包括销售成本、销售和管理费用、折旧和利息费用等，即：

应纳税额=营业收入-（成本+费用+损失）-税法允许的其他扣除+营业外收入-营业外支出

中央政府和地方政府又根据不同情况制定了可以减免税的政策，如国家产业政策倾斜的减免税，国家扶持行业的财政性补贴或减免税，开发区内的减免税。但是有关这些减免税的政策，会随着经济情况的不同做一些调整。因此在财务决策时，应注意这些政策的变化，或征求税务专家的意见。

公司除了所得税外，还有流转税，即按公司的营业收入额以比例计算纳税额。流转税主要是增值税和营业税，公司某一个特定的经营项目只缴纳增值税或营业税。

（二）资本利得与损失

企业应纳税额由两类组成：资本资产出售的利润和各种其他所得（表述为日常所得）。资本资产在税法中定义为企业业务日常过程中的证券投资，如股票、债券等。资本资产出售的所得和亏损称为资本利得和损失。当卖出的价格高于买进的价格时，那么增加的价值就叫作资本利得；反之，当卖出的价格低于买进的价格时，那么减少的价值就叫作资本损失。对于企业来讲，资本利得或损失将被并入企业利润总额中计算所得税，而目前在我国，个人在这种交易中只征收印花税，按比例计征。

（三）股息和利息收入

企业除了正常的营业收入和出售的资本利得外，还会由于持有其他公司股票和持有政府债券、公司债券而有股息和利息收入。各国对股息和利息如何征税有不同的规定。在我国，股息是企业税后收益作了多项扣除后，还有剩余的那部分利润的分配，为了避免公司所得税的重复征税，目前阶段暂不缴纳企业所得税。企业持有的国库券和国家银行金融债券的利息收入免征所得税。公司债券利息收入计入公司收入总额，计算缴纳所得税。而在我国个人所得税法中规定，个人运用资产投资所得的股息和利息收入需根据税法规定缴纳个人所得税，国库券和国家债券利息免征个人所得税。

（四）股息和利息的可扣性

企业的利息支出在我国的损益表中没有单列，而是混在“财务费用”中，是一种税前可扣除的开支，但企业向股东支付的股息则是在税后，因此，股息是不能抵扣公司所得税的。对股息和利息支付的差别待遇，对企业的融资方式将产生重要的影响。

从上面分析可见，税收对财务决策的影响在公司理财中随处可见，也贯穿于本教材之中。

关键术语

公司理财　corporate finance

资本市场　capital market

货币市场　money market

金融体系　financial system

股东财富最大化　shareholder wealth maximization

公司财富最大化　corporate wealth maximization

直接融资　direct financing

间接融资　indirect financing

金融资产　financial assets

初级市场　primary market

二级市场　secondary market

思考题

1-1　什么是财务？公司理财的主要内容是什么？

1-2　利润最大化作为企业目标会涉及哪些问题？股东财富最大化目标也同样会涉及这些问题吗？二者的主要区别是什么？

1-3　财务经理在企业中的作用是什么？

1-4　企业常常涉及一些与企业利润没有直接联系的项目，如公益广告。这样的项目是否与股东财富最大化目标相矛盾？为什么，或为什么不？

1-5　企业融资途径有几种？它们各有什么特点？

1-6　什么是金融资产？

1-7　货币市场和资本市场、初级市场和二级市场有什么不同？企业准备发行股票，应进入哪个市场？

1-8　利率是由哪些因素确定的？国库券的利率为什么被视为无风险利率？它是完全意义上的无风险利率吗？

1-9　企业的经营收益、资本收益和股利收益各有什么不同？税率对它们会产生什么样的影响？

自测题

1. 上市公司在考虑股东利益时追求的主要目标应该是：

A. 预期的总利润最大化　　B. 预期的每股收益（EPS）最大化

C. 亏损机会最小化　　D. 每股股价最大化

2. 上海证券交易所是________。

A. 一个二级市场　　B. 一个固定实地、按一定规则进行交易的市场

C. 一个场外市场　　D. A 和 B 是正确的

E. B 和 C 是正确的

3. 以下哪种陈述是正确的？

A. 假如一位投资者卖出 1 000 股的长虹股票，这是一种一级市场的交易行为

B. 货币市场是一种短期、变现力强的证券交易的场所，然而资本市场是长期债务和普通股交易的场所

C. A 和 B 是正确的　　D. 以上说法都是正确的

4. 货币市场是________的市场。

A. 外汇　　B. 短期债务证券

C. 公司股票　　D. 长期债券

5. 以下哪种因素最有可能导致名义利率的上升？

A. 家庭提高他们的储蓄比例　　B. 公司的生产机会增加，从而对资金的需求增加

C. 预期通货膨胀会上升　　D. B 和 C 是正确的

E. 以上说法都是正确的

参考答案

1. D　2. D　3. B　4. B　5. D

第二章

公司理财的基本理论

本章学习目标

通过本章学习，读者应该能够：

- 了解基本的财务理论，如代理理论、效率市场假说以及不对称信息理论，这些理论在后面章节学习中都会被不同程度涉及；
- 了解公司理财中的10个公理，理解这些公理有利于后面的学习，并且这10个公理的基本概念将贯穿于本书的始终；
- 了解公司理财与其他学科的关系。

→引言

周华刚刚大学毕业就想购买一辆二手车。在旧车市场上，他看到一辆待售的白色本田轿车，从外观上看，他非常满意，但是毕竟对旧车的车况不太了解，因此他非常关心：为什么卖方要销售他的车？也许是因为卖方最近提升职务了，需要购置一辆更高级的车以代表他的身份吧。在这种情况下，旧车质量一般还不错，买方可能使用多年都没问题。然而，市场上销售的一些旧车，往往一钱不值，而且还会给车主带来麻烦，这些车都是次品。因此，对周华来讲，要买到一辆好车是比较困难的。

一般来说，旧车的买方很难去判断某辆车是好车还是次品，因此，如果一辆好的旧车值80 000元，而一辆次品车一钱不值，那么买到好车的概率是50%，买到次品车的概率也是50%，买方就会仅愿意付0.50（80 000元）+0.50（0元）=40 000元购买旧车。旧车市场上买卖双方掌握的车况信息是完全不对称的，因为买方不能区分好车和次品车，拥有好车的人很难卖掉车，而买方对旧车愿意支付的价格又较低，这将使得买方买到次品车的可能性增大，而买方愿意支付的价格就更低，如果这一现象持续下去的话，旧车市场就会形成优质旧车无法生存，而劣质旧车会售不出去，最终旧车市场可能结束它的功能，而不复存在。

因此，这种购买旧车的不确定性，需要市场机制来解决，这样才能使旧车市场得以存在。

第一节　财务理论概述

一、代理理论

在前面，我们已经了解到公司的目标是股东财富最大化，即股票价格最大化。但是在企业的经营活动中，经理在组织实施公司年度经营计划和投资方案，主持公司的生产经营管理等多方面负有直接的责任和决策权。因此，经理为了满足自己的利益需要，作为经理个人，可能会有一些其他的目标，这些目标与股东财富最大化目标相冲突，由此引出了有关代理关系的**代理理论**(agency theory)。代理理论最初由简森（Jensen）和梅克林（Meckling）于1976年提出，后来发展成为契约成本理论。契约成本理论假定，企业由一系列契约组成，包括资本的提供者（股东和债权人）和资本的经营者（管理当局）、企业与供应方、企业与顾客、企业与员工等的契约关系。

（一）代理冲突

代理冲突是由代理关系引起的。所谓代理关系即一种契约或合同关系，在这种关系下，一个或多个人称为主体，雇用另一个或多个人——代理人来代表主体完成某些服务或活动，并授予其一定的决策权。在公司理财中，最基本的代理关系就是股东和经理之间，由经理作为股东代理的代理关系，以及股东和债权人之间，由经理既作为股东的代理，又作为债权人代理的代理关系。其中，最重要的关系是股东和经理的代理关系。

1. 股东和经理的利益冲突

在现代企业中，所有权一般都广为分散，经理不可能拥有公司100%的股份，并且他通常还不拥有占支配权地位的股权，经理只是所有者的代理人。所有者期望经理代表他们的利益工作，实现股东财富最大化；而经理则有他自身的利益，要求有诸如豪华办公室、公司汽车等一些额外的东西，把股东财富最大化放在其他管理目标之后。在一些大公司，潜在的利益冲突更为明显。例如，经理的主要目标是企业规模的最大化，通过创造一个大的、迅速增长的企业，经理可以达到：(1) 由于敌意收购减少，增加了经理工作的安全性；(2) 增加了经理的权力、地位和工资；(3) 为中低层经理的晋升创造了更多的机会。另外，由于有更多的外部股东承担大多数成本，因此经理对工资和额外报酬的胃口更大，同时也用公司的资金支持他所感兴趣的慈善机构以提高他在公众面前的形象。所有这一切，产生了被叫作“代理冲突”的问题。

2. 股东和债权人的利益冲突

除了上述股东和经理之间的利益冲突外，还有另外一种利益冲突，这就是股东和债权人之间的利益冲突。债权人对公司的部分收益有索偿权（到期要求偿还本金和利息），一旦公司破产，债权人还有对公司资产的索偿权。然而，股东可以通过公司经理控制影响企业盈利和风险的决策。作为债权人贷款给公司的贷款利率基于这些因素：（1）公司现有资产的风险程度；（2）对新增资产风险的预期；（3）公司现有资本结构（即债务所占的比重）；（4）对将来资本结构的预期。它们是影响公司现金流量风险的主要因素，因此，债权人可根据这些因素来确定他们的要求收益率。

假如股东通过公司的管理层隐瞒高风险，投资一个比债权人预期风险要高的项目，高风险意味着高收益。因此，当该项目成功时，债权人只能得到低风险的固定收益，但是股东则获得高回报率；如果该项目不成功，债权人不得不承担一定的损失。这显然对债权人是不公平的。类似地，假如公司经理维持公司目前的资产状况而提高负债水平，则负债比例提高后，由股东承担的风险增大，因此，股东的要求收益率上升。然而，公司新增债务，使债权人对公司的索偿权增加，那么对旧债的破产保护也将减少。因此，这就产生了股东和债权人之间的冲突。

（二）代理成本

以上的利益冲突如果不能得以解决，则会影响企业的发展。为解决这些利益冲突而造成的主体损失就是代理成本，这一成本由股东来承担。对于这一问题，可以由代理理论和交易成本经济学来解释。代理理论在前面讨论中已涉及，这里主要介绍交易成本经济学。

1. 交易成本经济学

交易成本经济学（TCE），是融法学、经济学和组织学为一体的、新颖的边缘学科，是新制度经济学之中唯一在实证检验方面取得成功的领域。新制度经济学的显著特征是坚持交易是有成本的，它是近十几年来西方经济学中出现频率最高的几个概念之一。

威廉姆森[1]在交易成本经济学的发展过程中做出了杰出的贡献。交易成本经济学认为交易是有成本的，市场运行及资源配置有效与否，关键取决于两个因素，即交易的自由度大小和交易成本的高低。当公司面临着需要由企业内部提供产品和服务还是由企业外部来解决时，那么根据交易成本经济学的观点，其交易成本就会发生。

（1）交易成本

交易成本是指承担集团之外的活动而发生的费用，这一费用主要由信息成本、讨价还价成本以及监督和执行成本构成。信息成本显然是重要的，但讨价还价成本也不能低估。在现实生活中，

1　威廉姆森因为对企业边界经济管理的分析、对制度经济学研究的贡献，在2009年获得了诺贝尔经济学奖。

信息是不完全的，市场存在不确定性，没有一个决策者能够立即知道或自动地知道谁会买卖一种产品或以什么条件买卖。典型的情况是，潜在的交易对象必须相互搜寻对方，一旦这种有兴趣的交易者相互接触，他们就要了解更多东西。具体来说，包括交易对象是谁，他愿意且能够达成什么协议。因此，要通过协商来达成有效率的交易，并确立具体的交换条件。交易也可能需要法律保障。由于可能会出错，因而必须监督合约的实现。在某些情况下，甚至需要通过法律行动来执行合约。

因此，交易成本经济学建议：当交易成本高时，企业应当选择内部生产；而交易成本低时，则最好采用外包。

若产品或服务是标准设计、规格明确，那么交易成本就低；而越是精密（尖端）的产品和服务，越需要企业与供应商进行大量的交涉和洽谈，其交易成本就越高。

(2) 交易成本存在的原因

不确定性的程度、交易的频率和资产的专用性导致了交易成本。

所谓不确定性的程度是与有限理性和机会主义联系在一起的。有限理性是指个人在交易过程中不可能考虑到所有的意外因素，这将增加事前起草合约的成本，同时也将增加事后解决意外情况的成本。所谓机会主义是指个人可能违反一切合约，谋取自己的最大利益。中国俗语有一句话，“墙头草，遇风两边倒”，这是形容政治上的机会主义。还有“食言而肥”是诅咒那些背信弃义的人。“坐上观虎斗”，谁赢了投靠谁。这些都比较形象地概括了机会主义的特征。这些机会主义的行为使交易成本增加，因为人们在进行交易时不得不考虑如何防止对方的机会主义行为，由此需要一些资源的支出。如保险和公证就是这样的一些预防行为。值得注意的是，机会主义行为与简单的自利是不同的，一个完全诚实的人可能从来不会违约，也不会投机取巧，但他仍然努力使自己的利益最大化。例如，一个诚实的人在出售一辆旧车时，虽然想卖一个好价钱，但不会向买主隐瞒汽车质量方面的信息，而一个机会主义者却会这么做。人的有限理性和机会主义行为结合起来，导致了交易成本的增加。

所谓交易的频率是指交易发生的次数。如果交易双方经常进行交易，那么，双方就会想办法建立一个治理结构，降低交易成本；但若交易是很少发生的，那么，就不容易建立这样的治理结构，其交易的成本就要高得多，如房地产的交易成本就比日常用品的交易成本要高得多。

所谓资产的专用性是指一种资产一旦形成，就只有一种用途，而不能转作他用。例如，一家企业生产汽车发动机，一家企业组装汽车。生产发动机的企业将发动机卖给组装汽车的企业。在竞争条件下，这两个企业在投产之前处于完全平等的地位。但如果生产发动机的企业除了将发动机卖给组装汽车的企业以外，没有其他市场，则一旦生产发动机的企业投产，它的资产就具有了一种专用性。如果组装汽车的企业还有其他的发动机供应来源，则生产发动机的企业就严重依赖于组装汽车的企业。结果，生产发动机的企业在交易中就处于不利地位。但生产发动机的企业可能会估计到这种情况，所以事先采取一些预防措施。这种预防措施就成为一种交易成本。假如这种交易成本足够大，生产发动机的企业就不会投资生产发动机。如此一来，在没有其他供货来源的情况下，组装厂就只有自己生产发动机了。于是，两个企业由于交易成本的存在而成为一个企业。这一理论解释了为什么在有些条件下上下游企业会一体化。

2. 代理成本

显然，通过奖励、激励机制可使公司经理为股东利益行事，但是有时经理谋取个人利益的行为并不明显，股东不可能完全监控经理的行为。为了减少经理与股东之间的利益冲突，就需要增加开支，这就是代理成本。代理成本除了涉及奖励、激励机制外，还涉及监督、惩罚机制和市场机制，具体包括：（1）监控经理行为的费用，如审计系统；（2）限制经理行为的组织机构，如监事会，这是股东大会领导下的公司常设监察机构，独立行使对董事会、总经理、高级职员及整个公司管理层的监督权；（3）股东行使权利而发生的机会成本，如对一定的问题股东要求的投票权，由经理做出各种形式的契约保证，以股东财富最大化为目标行事；（4）由于经理人的不努力工作而致使股票价格下降，从而使具有发展潜力的公司面临被收购的威胁。

若股东对经理的行为缺乏约束，则代理成本是零，但是股东会因为经理的不适当行为而遭受财富损失。反之，如果股东企图使每一个经理的行为完全符合他们的利益，则代理成本就非常高。

此外，股东是否可以通过经理/代理人从债权人那里获得更多的财富？回答是否定的。首先，这是不道德的，在商业世界里，不道德的行为是没有活动空间的。其次，由于存在股东利用各种方式从债权人那里得到额外收益的可能，债权人必须有若干保护性约束条款。最后，如果债权人知道公司经理在利用他们，他们将拒绝进一步贷款给公司，或提高名义贷款利率，以补偿由于公司隐瞒项目的实际风险可能造成的损失。因此，为了避免股东与债权人之间的冲突，公司签订的一些贷款条款在一定程度上制约着企业必须合法经营，比如要求公司在贷款期内，保持一定的流动负债比率、利息保障倍数等，甚至包含了交叉违约条款[2]。另外，还必须对公司进行监督以保证遵守这些条款，监督的费用也以较高的成本加在股东身上，从而降低了股东的利益。

公司在追求股东财富最大化时，股东的财富取决于公司是否能长期稳定地从资本市场获得所需资本。要确保有长期稳定的资本来源，就需要公司与债权人之间保持平等合作的关系，彼此共同遵守有关贷款合同的条款和精神。因此，从长远的利益来看，股东财富最大化的公司经营目标将意味着公司要公平地对待社会各个群体，而且这些群体的经济利益与公司的经营状况及企业的价值密切相关，影响企业管理决策。

二、效率市场假说

根据微观经济学理论，自由竞争条件下的市场制度的核心就是价格能否准确地反映稀缺资源在无限制的、任意选择的和完全竞争的条件下有效配置所必需的全部信息。如果价格能及时全面

2　对第三方债务的拖欠视为对本债务的违约。

地反映有关可得信息，那么市场则被认为是有效率的。股票价格对信息的反应通常有3种情况，具体如图2–1所示。

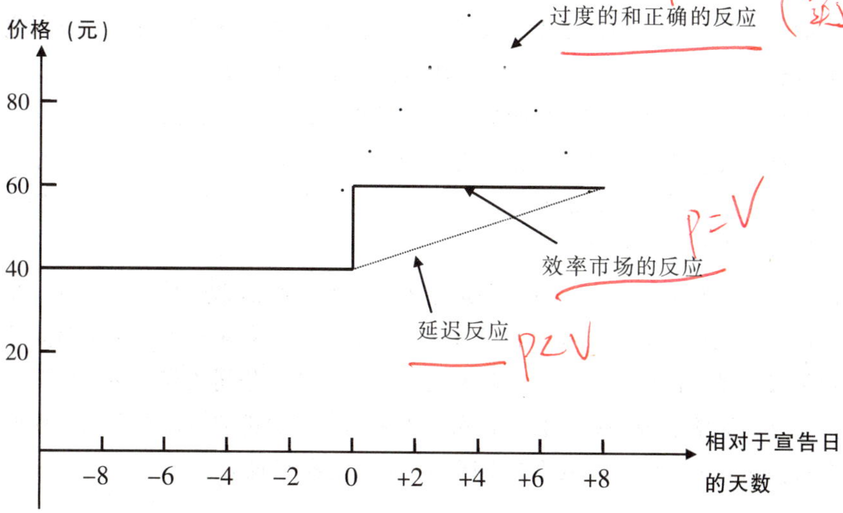

图2–1　在效率市场和无效率市场上股票价格对新信息的反应

图2–1中的实线代表在效率市场上股票价格对新信息反应的路径，在此情况下，价格对新信息有迅速的反应，之后股票价格无进一步的变化。虚线代表了延迟反应，点线表明先过度反应，随后正确地回到实际价格上来。很多实证研究表明，市场对大多数信息在当天或第二天就消化了，最长不超过8天。点线和虚线均表明在无效率市场上，股票价格发生变化的路径，如果股票价格需要几天才能调整到位，那么投资者可以在信息宣告日买进股票然后再卖出，从而获得资本收益。

市场对信息的反应是有效率的基本假设条件如下：

1. 信息必须是无成本的，同时该信息对市场的参与者必须是有用的。
2. 在交易中没有交易成本、税收和其他障碍。
3. 价格不受任何个人或机构交易的影响。

显然，在现实市场中，以上3个条件并不存在：获得信息需要花时间和费用；一些参与者获得信息要比另外一些参与者获得信息的时间早；税收和交易成本存在等。由于这些条件不成立，就有必要区别：市场是完全有效的呢？还是部分有效？在前面3个条件都成立的完全有效市场上，价格总是反映了所知的信息，并且一旦新信息出现，价格就会迅速做出调整，获得超额利润是一件侥幸的事。在部分有效市场上，新信息的出现不能迅速地使价格做出调整，由于有交易成本，市场参与者基于公开有用的信息也不能获得超额利润。

那么信息是什么？什么样的信息是相关的？简单地说，信息是关于将来事件可能发生的消息，消息不等于信息，只有该消息能被个人用来改变他所采取的行动时才是信息。这里，采取行动的能力是很重要的。例如，一位种植小麦的农场主为获得准确的天气预报可能会支付高价，而一位地下煤矿业主由于他的行为不受天气的影响，则不会为此支付一分钱。

另外，采取行动对个人的财富产生影响也是非常重要的。因此，消息要有价值，则必须和以后将要发生的事情有关，不相关的消息是没有用的。但是负相关的消息可能与正相关的消息一样是有价值的。如果我们预测某只股票下降时，而它总是上升（反之亦然），那么我们的预测就是有价值的，因为你可以反其道而行之。

在证券市场上，一些消息对投资者来讲是相关的，而一些消息则是不相关的。如果一条消息从投资角度来讲，对该投资的风险和收益没有任何影响，那么它对投资者来讲就是不相关的，它也与投资的业绩没关系，因此，这条消息就不是信息。例如，公司改变名称一般对公司股票的收益和风险不产生任何影响。但是如果公司宣布由于采用了新的折旧方法使公司在税收上有较大的节余，这将会对公司股票的收益和风险产生影响，那么这条消息就是信息。

（一）市场效率程度

尤金·法玛（Eugene F. Fama）教授在1970年的《金融》（*The Journal of Finance*）杂志上发表了具有影响力的关于有效市场假设的经典论文《有效资本市场：理论与实证研究回顾》（*Efficient Capital Markets：A Review of Theory and Empirical Work*）对过去有关有效市场假设的研究做了系统性的总结，提出了完整的理论框架。**效率市场假说**（efficient market hypothesis）把市场按证券价格反映信息程度的不同分为3种类型，也称3种水平或3种效率。

1. 弱式效率市场

弱式效率市场（weak-form efficiency）表明，当前股票的市场价格充分反映了历史证券价格包含的所有信息，即所有包含在过去股价变动中的资料和信息都已完全反映在股票的现行市价中。因此，这意味着没有投资者可以通过有关股票的历史价格或收益的信息来赚取超额收益。弱式效率还意味着，证券价格不值得记忆，过去股票价格的走势在预测未来价格走势方面没有任何用处，现行价格的下降并不意味着可用来预测价格下降或上升。

如果效率市场假说成立，即股票价格的变动反映了新信息，则由于新信息对股票价格的影响要么是正影响，要么就是负影响，因此在效率市场假说的条件下，我们预期股票的每天价格变化是随机的。因此，通过度量证券收益的相关性，许多研究已得出：一般来讲，短期证券收益间有较小的正相关，即在$t+1$天获得的收益与在t天获得的收益有较小的正相关。然而，在考虑了交易成本之后，太小的相关性使得交易者不可能获利。

第二种经验验证涉及对历史市场数据应用技术性交易规则，即确定是否遵循所给的交易规则可以获得超额利润。验证结果表明：在经过交易成本和税收调整后，遵循技术性交易规则不能产生超额利润。

综上所述，主要的证券市场具有高度的弱式效率。尽管有人通过证券分析家对单只股票的上升和下降的分析获得可观的收益，但是也有人常常通过证券分析家的分析而获得与可观收益相同的可观损失。因此，强有力的经验证据支持了效率市场假说的弱式效率。

2. 半强式效率市场

效率市场假说的**半强式效率市场**（semistrong-form efficiency）包含了弱式效率市场，并且继续假设当前市场价格反映了过去价格运动和所有公开可得信息。因此，假如在股票市场上半强式效率成立，则表明证券价格充分反映了所有公开可得信息，没有任何投资者可使用公司年度报告、证券交易所公布的股票行情信息和出版的投资建议报告等这些公开可得信息赚取超额利润。因为包含在这些资料中的好消息和坏消息出现后，股票价格就已立即做过了调整。但是公司的内幕人士，如董事长或总经理等，却能利用他们的地位取得其他投资者无法得到的资料去买卖自己公司的股票，从而赚取超额利润。

两种主要的经验验证可用于检验半强式效率：（1）检查价格对新信息做出的调整；（2）评估业务经理相对于市场的业绩。在完全效率市场上，价格对新信息能做出迅速的调整。例如，某计算机公司宣布它获得了一项新计算机技术专利，该专利可使现在个人电脑性能有很大的提高，但增加的成本并不高。这一信息一旦披露，该公司的股票很可能就立刻上升到新的均衡价值。如果价格调整过度然后回落，或过几天才调整到新的水平，则投资者通过股票交易可以获得超额收益。通过价格对信息的反应经验验证表明，宣布股票分割、股利增加、收益增加、兼并、资本支出、新股发行等，确实对股票价格有影响。大多数学术实证研究支持半强式效率。

第二种半强式效率验证评估是否职业分析家和投资组合经理能获得超过市场的业绩：若市场是半强式效率的，没有任何人仅通过公开的信息就能获得超过市场的收益。大多数证据支持半强式效率观点。一般来说，分析家和投资组合经理只能获得公开的信息。在某些时候，他们可以获得高于市场的收益，在某些时候，他们也可能获得低于市场的收益。但是平均来讲，这些专家不可能获得超过市场的收益。

3. 强式效率市场

效率市场假说的**强式效率市场**（strong-form efficiency）表明，证券价格充分反映了公开获得的，或不能公开获得的全部信息。任何人包括内部人士，如董事长、总经理和主要股东都无法在股市中获得超额收益。但是大多数人并不相信强式效率成立。通过对公司内部人士买卖股票的研究表明，由于公司内部人士比公司外部人士能较早地获悉诸如收购、销售额下降等信息，因此，他们可以获得超常规的利润。

大量财务学家对市场效率进行了验证，比如对大宗交易进行调查表明，在大宗交易成为公开可得信息以后的15分钟内，价格已经调整到一个新的水平，或者价格不能立即做出反应，但它能很快进行调整。因此调查结果显示：在所有发展完善的资本市场或股票市场上，都具有高度的弱式效率以及相当程度的半强式效率。特别是那些大公司的股票，其半强式效率更为明显，因此，一些拥有内部消息的人士还是可以赚取超额利润的。

有关以上3种类型的效率市场之间的关系，可以通过图2-2来表示。

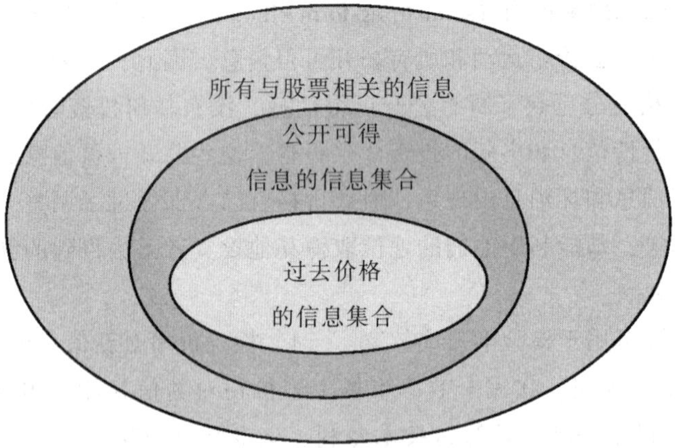

图2-2　3种不同信息集合之间的关系

（二）效率市场对公司理财的意义

效率市场假说理论被称为公平博弈理论，即在整个时间间隔内，证券价格的实际变动与证券价格的预期变动平均来看没有任何差别。前面效率市场的3种类型是在公平博弈理论基础上分类的。如果证券市场是有效率的，或至少是半强式的，则证券市场反映了全部公开可得信息，财务经理可通过观察公司的股票价格，发现市场对最近公布的公司决策的反应。效率市场对公司理财的意义是：

1. 选择发行证券进行融资的时间是没有意义的

当资本市场是弱式效率时，由于股票价格对未来价格走势不产生任何作用，公司不能因为目前股票价格下降而拒绝发行新股，也不能因为目前股票价格上升而发行新股。

由此建议，财务经理对证券发行时间的选择持中立。如果根据当前市场上证券价格的高低来确定新证券的发行，则将会使经理们失望。

为什么公司的行为会如此呢？主要原因是股票价格的上升已经反映了股票市场对新投资机会

的评估。公司只有在发现新的投资机会而需要融资时才会发行新股。

同理，当公司股票的账面价值超过市场价值时，财务经理并不常常考虑发行股票。因为他们认为他们的股票被低估了，这隐含着新股东将获得较大的好处。另外，半强式效率市场假说隐含着所有公开的信息，包括账面价值已包含在市场价格中了，股票价格低于账面价值只能简单说明预期的现金流量较低。

反之，财务经理可能会拥有公司的内幕消息。如果这一信息是正面的，由于财务经理估计当前股票价格太低，他们也不会选择发行股票。这种内幕消息对公司发行新股时间的确定没有关系。经理们能够获得过去他们公司股票价格下降或上升的信息，同样他们也能够获得现行股票价格是高于还是低于账面价值的信息，好像经理们应该利用公司证券暂时的价格错误来发行新股，但是经理们并不愿意根据公开的信息，确定发行时间来改善股东的财务状况。

2. 证券投资的净现值为零

如果资本市场是半强式效率的，那么当新信息变得众所周知时，证券价格就要调整到一个新的水平，以迅速做出反应。根据公平博弈理论，若所有的证券是完全可替代的，则任何证券投资的净现值是零。例如，你花 10.2 元买进一股“虹桥机场”，市场预期“虹桥机场”的现金流量的现值等于 10.2 元，因此，你购买“虹桥机场”的净现值等于零。如果你认为“鞍钢新轧”比“虹桥机场”的风险小，花5元买进一股“鞍钢新轧”，由于该股风险小，预期的收益率也低，因此，市场预期“鞍钢新轧”的现金流量的现值等于5元，则你投资的净现值等于零。市场价格和市场评估预期未来现金流量的贴现率反映了这两个公司股票的风险和预期收益的不同。因此，只有当投资者已经获悉不能公开得到的信息，证券投资的净现值才是正数。

3. 公司的多元化经营成本高并且是没有必要的

假如资本市场是有效的，并且所有证券价格是公平的，平均来讲，投资者不用企业财务经理的帮助，他们就可以简单地通过持有不同企业的证券而创造出自制的多元化经营。而企业要进行多元化经营，收购和兼并其他企业是要付出一定代价的，并且合并后的未来收益也是不确定的。

4. 会计方法（账户的变化）不会影响股票价格

会计政策的选择为企业做财务报表时提供了较大的空间。例如，公司对库存估价时可采用先进先出（FIFO）或后进先出（LIFO），对固定资产的折旧在国家允许的范围内可选择加速折旧法或直线折旧法。因此，对会计政策的选择常常使会计人员被指责利用不同的会计方法旨在提高公司的收益和股票价格。然而，如果下面两个条件成立，则会计方法的选择并不影响股票价格。

首先，在年度报表中，足够的信息会被披露，以便财务分析人员在所选择的会计方法条件下解释收益。例如，大多数熟练的分析家如果得到在 FIFO 方法下的实际财务报表，那么他们能够做出在 LIFO 假设下的预估财务报表。投资者不会被经修饰的财务报表所迷惑。

其次，市场必须是半强式效率的。换句话说，在决定市场价格时，市场必须适当地使用了所有会计信息。因此，企业资产负债表上融资租赁的资本化，提供经通货膨胀率调整的收益表和资产负债表，公司名称的改变等使得收益或股利增加，并不影响股票价格。相比之下，影响实际现金流量的事件，如库存设计的改变减少税收义务，或现金流量的风险降低，这些将会迅速地反映在股票价格中。

三、不对称信息理论

正如前面所讨论的效率市场假说，公司经理们比外部人士对公司的发展前景消息灵通。当经理比公司的投资者和分析家了解更多的公司未来情况时，不对称信息的情形就存在了。在这种情况下，公司经理可以根据内部有利的或不利的信息来确定公司证券的价格是高估了，还是低估了。

在本书中贯穿着不对称信息对金融市场和管理决策的重要影响。乔治·阿克洛夫在他的论文《次品市场——质量的不确定性和市场机制》[3]一文中，分析了不对称信息对市场的潜在影响。阿克洛夫把**不对称信息理论**（Asymmetric Information Theory）用于旧车市场，正如在本章篇头引言中所述，在旧车市场上，旧车的卖方比买方就待售汽车的质量方面拥有更多的信息。

同样的推理可用于大量信息不对称的市场上，也包括金融市场。显然，要把旧车市场运行得较好的关键是要减少信息的不对称，汽车的买方能较好地鉴定旧车质量是好还是次，或者听取技术人员的"专家性"意见。当然，这两种方法都会涉及费用（成本）问题。

在卖方方面，好车的卖方可能试图将这车不错的信息传递给潜在的买方。例如，卖方可能告诉潜在的买方，这车保养得很好，这车只有在星期日去教堂时才用，买方拥有这样的车是如何幸运等。由于"吹嘘"他的车是不用花钱的，因此所有卖方都愿意去这样做。由于买方没有确切的方法衡量卖方所说的真实性，因此，买方不可能将卖方对旧车的介绍作为确定该车不是次品的标志。因此，为了让买方确实相信卖方所说，卖方必须要向买方提供强有力的信号表明他出售的车是好车，提供信号的行为称为发出信号。因此，好车的卖方可能提供对车的机械保修90天，通过这一行动，向买方提供了这样的信号：这车不是次品。当然，如果车主拥有的是次品车，他就不能使用信号作用。

旧车市场上的不对称信息理论和信号作用怎样用于公司理财中呢？答案是显然的。因为公司理财的主要目标是股东财富最大化，总的来讲，经理们鼓励尽可能迅速地将有利的内部信息传递

---

3 George A. Ackerlof, "The Market for 'Lemon': Quality Uncertainty and the Market Mechanism," *Quarterly Journal of Economics*, August 1970, 488-500.瑞典皇家科学院 2001 年 10 月宣布，三位美国教授乔治·阿克洛夫、迈克尔·斯彭斯和约瑟夫·斯蒂格利茨由于在"对充满不对称信息市场进行分析"领域所做出的重要贡献，分享 2001 年诺贝尔经济学奖。瑞典皇家科学院认为，他们的分析理论用途广泛，既适用于对传统的农业市场的分析研究，也适用于对现代金融市场的分析研究。同时，他们的理论还构成了现代信息经济的核心。

给公众。最简单的方法是召开新闻发布会，宣布对公司发展有利的信息。然而，外部人士无法知道宣布的信息是否是真的，或真有多么重要。因此，这样宣布的价值是有限的。但是如果经理能够用一些真实可信的方法发出关于有利前景的信号，那么投资者会认真对待这些信息的，并且会在证券价格上反映出来。股利的宣布就是经理们通过信号作用提供信息的一个典型的例子。如果公司宣布较大幅度地增加现金股利，这就是公司未来收益和现金流量有好的前景的标志。如果人们普遍地预测公司的股利会增加，但并没有增加，这就是负面信号。因此，不对称信息和有效管理信号在公司理财中起着重要的作用。

此外，在企业融资中，由于信息的不对称，可能会导致企业的融资成本上升。另外，为了避免劣质企业模仿，优质企业可以采取高负债措施，这是因为负债对于企业来讲是硬约束，偿还不了债务就会导致企业破产。

第二节　公司理财的10个公理

本节对已有理财基础的读者可以略过，但对刚开始学习公司理财的读者来讲，在还没有系统学习公司理财前，先了解这10个公理是有必要的。理解这10个公理，不需要公司理财知识，但理解了这10个公理，则有利于后面的学习。在后面的学习中，我们会进一步用到这10个公理，反过来，通过后面的学习，也可加深对这10个公理的理解。

公理1：风险/收益的权衡

一些人为了将来消费，现在储蓄；而另一些人则愿意现在消费，甚至借钱消费。因此，推迟消费的人可以将其现在的钱用于投资。怎样衡量投资的合理性呢？如图2–3所示。

这里值得注意的是：

1. 推迟消费的预期收益

这是投资者对推迟消费的最低收益，并且该收益要大于预期的通货膨胀率。如果他们的收益不能抵补通货膨胀率对他们的影响，则他们可能愿意提前消费。

2. 预期收益

这里用的是预期收益，而不是实际收益。因为这是我们对未来收益的一种预测，即预测期望投资将来有多大的收益，而不能准确得知将来实际的收益。若能得知将来的准确收益，则就不存在风险了。例如，投资国库券，无论将来的经济状况如何，收益都是确定的。而投资股票就不是如此。

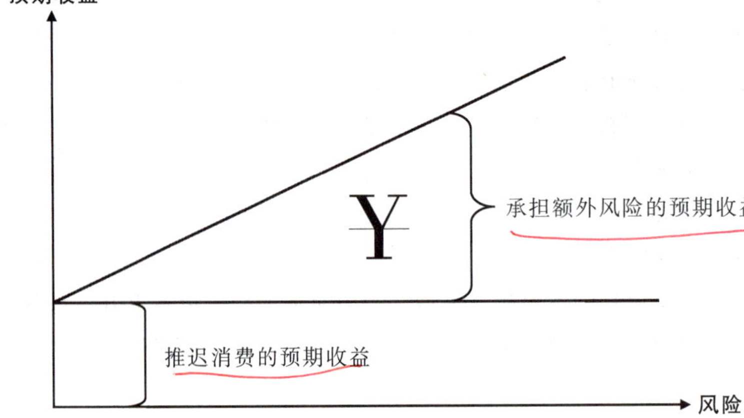

图2–3　风险/收益的权衡

从图 2–3 中可以看出，随着风险的增大，承担额外风险的补偿就越高，因此，预期收益就越高。当我们评估股票、债券或拟投资新项目时，风险和收益之间的关系是非常重要的，并且这一概念将贯穿于全书。

公理2：货币具有时间价值

公司理财中的一个基本概念就是**货币的时间价值**（time value of money），即今天收到的1元钱与1年后收到的1元钱的价值是不等的，如图2–4所示。

图2–4　时间示图

从图2–4中可以看出，在时点0的1元钱的价值与在时点1的1元钱的价值是不等的，即今天收到的1元钱可以用于存款，获得利息，那么1年以后就不是1元钱了，而要大于1元钱。因此，简单来说，货币的时间价值可以用利息来体现。也可以说，利率就是现在和将来的交换率。

实例2–1　假设有两个投资项目，项目A和项目B，投资金额一样，现金流量如下（单位：元）：

年	项目A	项目B
1	0	4 000
2	0	4 000
3	0	4 000
4	20 000	4 000
总额	20 000	16 000

请问，你可以通过以上给出的项目A 的现金流量总额高于项目B的现金流量总额来确定你选择项目A吗？这显然是不可能的。我们必须要考虑货币的时间价值，只要收益率（利率）一定，通过计算在年初或者在第4年年底的价值总额，我们才可能确定哪一个投资项目好。

货币的时间价值还表明，要比较金额的大小，只有放在同一时间点才能进行比较。

公理3：现金为王

在公司理财中，衡量财富或价值时，我们使用现金流量作为衡量工具，而不使用会计利润。公司得到的现金流量可用于再投资，而公司获得的会计利润则只是账面上的反映，而没有实际变现为手中的货币。公司的现金流量和会计利润可以不同时发生。例如，公司购买一套新设备，折旧在若干年内进行，每年折旧从利润中减去，最后在收益表中体现。而现金流量则与折旧费用同时发生。因此，现金流出量涉及付出货币，现金流入量可用于再投资，它们都正确反映了利润和成本的时间发生因素。详细讨论在第七章中进行。

实例2–2　假设米其公司年初花900 000元购入原材料黄金，当时支付的是现金。经加工，年底将其产成品出售，其价值为1 000 000元。假设不考虑中间成本，而卖出的钱要到次年1月底收到，但从年底的财务报表中可反映为：

销售收入	1 000 000元
– 成本	900 000
利润	100 000元

以上是从会计的角度来考虑的，因此我们看到有100 000元的利润，但事实上，这100 000元根本还没有得到。如果我们从现金的角度来看，则结论就会完全不一样。

现金流入量	0元
现金流出量	– 900 000
净现金流入量	– 900 000元

对该公司来讲，价值的创造取决于是否得到或什么时候真正收到这100 000元。

公理4：增量的现金流量

在公司理财中，我们要考虑的是现金而不是利润，这里的现金在投资分析中还应该是增量的现金流，即考虑评估新项目的过程。所谓增量的现金流量是指实施某个投资项目所产生的现金流量与不实施这个投资项目所产生的现金流量之差。在企业做决策时，我们关心的是决策的结果，公理3表明应该使用现金流量去衡量新项目所产生的利润。这里强调应使用增量的现金流量，即考虑了新项目的评估过程。

并不是所有的现金流量都是增量。例如，A公司生产体育器械，B公司生产网球拍。A公司准备引进B公司生产网球拍的生产线和技术，显然，两个公司在网球拍市场上将是竞争对手。A公司在评估这个网球拍引进项目时，是否要考虑B公司所产生的现金流量？这两个公司的现金流量之差是否是增量的现金流量？显然不是，只是同类的竞争。A公司在评估这一投资项目时应该考虑的是引进这一生产线所产生的现金流量与维持现有生产线所产生的现金流量之间的差额，这个差额才是增量的现金流量。因此，在决定现金流量是否是增量时，我们关注的是公司具有和不具有新产品的影响。

公理5：竞争市场很难发现超额利润的项目

财务经理的职责是为股东创造财富，因此，我们将密切注意价值确定和做决策的方法，这主要集中于估计现金流量，决定投资收益以评价资产和新项目。但是这样只注意了价值确定的方法，而忽略了创造财富的过程。为什么发现一个有超额利润的项目或投资是如此之难？哪里有获利高的项目？

在现实生活中，评估项目利润比寻求一个好的投资项目要容易得多。假如某行业正在产生较大的利润，通常能吸引一些人进入该行业，新增的竞争和增加的生产能力导致利润下降，低于要求收益率。反之，如果该行业所获得的利润低于要求收益率，则一些参与者会从该行业中撤出，使生产能力和竞争下降，反过来，价格将上升。例如，20世纪90年代初，VCD（影音光碟）机进入中国，由于获利高而使该市场迅速扩大，到1997年，已有200多家生产厂家，为了争得市场份额和更多的顾客，厂家采用降价、广告等促销手段，这样使得VCD机的利润下降很多。由此可见，在竞争的市场上，绝对的高额利润一般不会存在很长时间。竞争的结果会使利润趋于平均化。

在竞争的市场上很难获得高额利润，但是为了获得较高的利润，我们可以投资在非完全竞争的市场上。有两种最普通的方法使市场有较少的竞争：产品在一些主要方面有差别；产品在成本方面比竞争对手更具优势。如售后服务、产品本身的质量和专利等，与竞争产品的差异越大，面临的竞争越小，获得较大利润的可能性就越大。另外规模经济、专有技术，或对某种原材料的垄断等成本优势都可有效地阻止新的市场进入者，并且这些成本优势有着创造较高利润的潜力。

考虑获利投资项目的关键，首先要了解竞争市场是怎样存在的，并且在哪里存在；然后考虑创造或利用这些市场的一些不完善，通过产品的差异或利用成本优势来获得较高的利润。

公理6：市场价格反映相关信息

公司的目标是股东财富最大化，具体体现是股票价格的最大化。为了了解证券市场上公司的有价证券，如债券和股票的价值或价格的确定，我们有必要了解有效市场这一概念。

市场是否是有效的，主要通过股票价格反映信息的程度和速度来反映。一个有效市场的特征是：①大多数受利润驱动的个人，他们买卖证券的行为是独立的；②新信息进入证券市场是随机的。因此，在有效市场的假说下，证券价格反映了所有公开可得信息，对投资者来讲，想通过公开可得信息来获得超额利润是没有机会的。因而，市场价格是正确的。有关效率市场我们在前一节中已经详细讨论了。

公理7：交易的利己性

虽然公司的目标是股东财富最大化，但是代理问题干扰了该目标的实现。这主要来自经理与股东之间的利益冲突。有关这一问题，我们已在前一节详细讨论了。

公理8：税收影响公司决策

任何决策都会考虑税收的影响。严格地讲，公理4提出的增量的现金流量应该是税后增量的现金流量。当我们评估新项目时，公司的所得税起到很重要的作用。当公司考虑分析购买厂房或设备时，投资收益应在税后基础上考虑。

政府也认识到税收对决策的影响，因而常通过税收手段引导企业投资。如果政府鼓励对国家经济有利的研究与开发项目，则可采用税收优惠政策，或投资税收减免。如我国改革开放初，为吸引外资，对独资、合资和合作经营的三资企业给予税收优惠，即在达产期，实行3年免税，5年减半的税收政策。反之，对国家不鼓励的一些投资项目，则提高税收。

税收在决定公司财务结构，或确定长期债务与股本比例方面也起到重要作用。例如，利息支出是可抵扣公司所得税的费用，而对股东股利的分派则不能抵扣公司的所得税，因此，从融资成本来讲，债务成本要低于股本成本。

公理9：充分多元化组合不能完全消除风险

更多的财务问题是围绕**风险/收益的权衡**（risk-return tradeoff）来考虑的，因此，使用公理1时，我们必须度量风险的大小。公理9则告诉我们，所有风险是不等的，通过适当的组合，有的风险是可以被降低或消除的，有的风险是无论怎样多元化组合也不可能被消除的。组合投资是怎样分散或降低风险的？为什么能分散或降低风险？我们将在第五章中详细讨论。

公理10：道德行为的两难抉择

道德行为（ethical behavior）意味着“做正确的事”，然而，对于该问题，每个人都有着自己的价值观，因而形成每个人对“做正确的事”都有一套评判标准。当然，每个社会都采用了一套法律或法规规定“做正确事”的标准，这套标准反映了该社会的价值观。但是在财务中，随处可见很难用社会规定的那些标准来衡量“是否是在做正确的事”，从而使人们处在进退两难的抉择境地。

但是事实表明，在企业经营中，道德行为是很重要的，这主要表现为：（1）虽然有些经营错误是可以原谅的，但是有些道德错误可能会中断或结束企业未来的机会，因为不道德的行为将使市场失去对企业的信任，没有信任的经营就不可能保持长期的相互来往；（2）凡是经历过重大失误事件的企业，会使公众对其失去信心，因而公司的股票价格不可能达到最大化；（3）道德行为与长期利润呈正相关。正如前面所述的社会责任，只有与公司周围的社会团体，如消费者、供应商等保持良好的关系，公司才能有所发展。反之，不道德的行为则会破坏这种关系，阻碍公司的发展。因此，道德行为应与社会责任结合起来。

第三节 公司理财与各学科

与公司理财相关的学科主要有4门，它们之间的关系如图2–5所示。

一、公司理财与各学科的关系

公司理财本身是管理学的一个分支，它包括资源和行为的管理。公司理财与各学科之间的关系如图2–5所示。

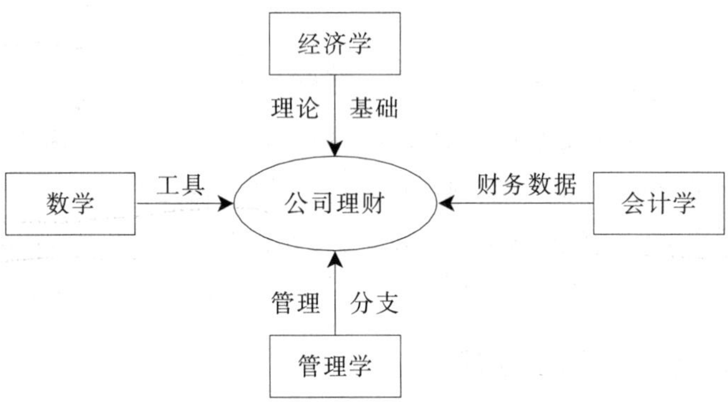

图2–5 公司理财与各学科的关系

二、公司理财与经济学的关系

经济学为公司理财提供了理论基础。例如，最优理论，宏、微观理论是财务决策的依据；另外，市场学和生产管理也为财务决策提供了依据，这点我们在后面的学习中会体会到。

三、公司理财与会计学的关系

会计资料为公司理财提供数据来源。例如，财务分析就是建立在财务报表的基础之上，外部投资者需要利用会计资料以进行有利的证券投资。

四、公司理财与数学方法

数学方法为公司理财提供决策的计算工具。数学上许多模型和方法，如统计和线性规划已被广泛应用在公司理财、投资及金融市场上。学习公司理财正如学习会计学一样，会计学要会记会计分录，而公司理财则需要许多量化的分析。

关键术语

代理理论　agency theory
效率市场假说　efficient market hypothesis
弱式效率市场　weak-form efficiency
半强式效率市场　semistrong-form efficiency
强式效率市场　strong-form efficiency
不对称信息理论　Asymmetric Information Theory
货币的时间价值　time value of money
风险—收益的权衡　risk-return tradeoff
道德行为　ethical behavior

思考题

2-1　什么是代理问题？代理问题是怎样产生的？

2-2　代理成本是什么？谁承担这些代理成本？有哪些机制使得公司经理尽力为股东的利益工作？

2-3　3种效率市场是什么？效率市场假说对投资者意味着什么？对财务经理又意味着什么？

2-4　在公司理财中，不对称信息是什么意思？所有公司的信息不对称程度都相同吗？经理们可采用哪些方法向公众传递公司发展前景不错的信号？

自测题

1. 以下哪种陈述正确？
   A. 用股票补偿经理的方法可以减少股东与经理之间的代理问题
   B. 信贷合同中做出有关限制性条款可以使债权人在他们与股东之间存在的代理问题中受到保护
   C. 被收购的威胁可以减少债权人与股东之间的代理问题
   D. A 和 B 是正确的

E. 以上所有都是正确的

2. 以下哪项工作可以减少股东与债权人之间的代理冲突？

A. 在公司债券合同中包含限制性的条款

B. 向经理提供大量的股票期权

C. 通过法律使得公司更容易抵制敌意收购

D. B 和 C 是正确的

E. 以上所有都是正确的

3. 以下哪项措施很可能减少股东和经理之间的代理冲突？

A. 通过法律严格限制敌意收购

B. 经理得到较低的薪水，但可以得到额外的公司股票

C. 董事会对其公司管理不善加强监控

D. B 和 C 是正确的

E. 以上所有都是正确的

4. 以下哪种陈述正确？

A. 半强式效率市场上，股票价格能快速反映所有个人和公开信息

B. 市场效率意味着所有的股票都应该有一样的预期收益

C. 弱式效率市场意味着最近的股价变动趋势对于选择股票是没有用的

D. 以上陈述都是正确的

E. 以上陈述没有正确的

5. 经常在资本市场交易的金融资产的市场价格反映了所有可得的信息，并且会随着“新”信息而完全、快速地调整。这句话反映了 ______。

A. 风险和收益权衡公理　　B. 增量收益公理

C. 资本市场效率公理　　D. 信号理论

参考答案

1.D　2. A　3. D　4. C　5.C

第三章

金融资产的价值确定

本章学习目标

通过本章学习，读者应该能够：

- 理解货币的时间价值；
- 掌握单利和复利的终值和现值的计算；
- 理解名义利率与实际利率的区别；
- 掌握年金、普通年金、期初年金、延期年金和永久年金的概念，以及各种年金的终值和现值的计算；
- 理解债券、优先股和普通股的概念，掌握债券、优先股、普通股价值的确定。

→引言

1797年3月拿破仑在卢森堡第一国立小学演讲时说了这样一番话：“为了答谢贵校对我，尤其是对我夫人约瑟芬的盛情款待，我不仅今天呈上一束玫瑰花，并且在未来的日子里，只要我们法兰西存在一天，每年的今天我将亲自派人送给贵校一束价值相等的玫瑰花，作为法兰西与卢森堡友谊的象征。”时过境迁，拿破仑穷于应付连绵的战争和此起彼伏的政治事件，最终惨败而被流放到圣赫勒拿岛，把卢森堡的诺言忘得一干二净。

可卢森堡这个小国对“这位欧洲巨人与卢森堡孩子亲切、和谐相处的一刻”念念不忘，并载入其史册。1984年年底，卢森堡旧事重提，并向法国提出其违背“赠送玫瑰花”诺言的索赔：要么从1797年起，用3路易作为一束玫瑰花的本金，以5厘复利计息全部清偿这笔“玫瑰花”债；要么法国政府在法国各大报刊上公开承认拿破仑是个言而无信的小人。

起初，法国政府准备不惜重金赎回拿破仑的声誉，但却又被电脑算出的数字惊呆了：原本3路易的许诺，本息竟高达1 375 596法郎。

经苦思冥想后，法国政府斟词酌句的答复是：“以后，无论在精神上还是在物质上，法国将始终不渝地对卢森堡大公国的中小学教育事业予以支持与赞助，来兑现我们的拿破仑将军那一诺千金的玫瑰花信誉。”上述措辞最终得到了卢森堡人民的谅解。

也许拿破仑至死也没想到,自己一时的“即兴”言辞会给法兰西带来这样的尴尬。

资料来源：拿破仑的即兴玫瑰誓言. www.21gwy.com，2008-08-14。

第一节　货币的时间价值

货币的时间价值在财务管理中是一个非常重要的概念，因为财务经理要根据不同时间的现金流量来进行决策。作为个人也面临着现在还是将来进行消费或投资的问题。因此，掌握这部分的内容对后面的学习非常重要，掌握这部分的关键在于记住一个公理，掌握一种分析方法。

需要记住的一个公理就是公理2（货币具有时间价值），货币的时间价值用利息来体现，而利息取决于所使用资金额（本金）的大小、资金的价格（利率）和使用资金的特定期间，即利息是付给所借资金的租金。那么利息是怎样计算的呢？

掌握一种方法，即画出时间示图。时间示图如图3–1所示：

图3–1　时间示图

图3–1显示了发生的现金流以及所对应的时间。现金流发生的时间表明：时间 0 表示现在；时间 1表示第一期末（第1年年底，第1个月月底等）或第二期初（第2年年初，第2个月月初等）……依此类推。

一、单利和复利

（一）单利

单利（simple interest）是指仅对原本金进行利息计算，利息的计算公式如下：

$$I=Prt \tag{3.1}$$

其中，I表示利息，P表示本金（现值或所借资金额），r表示利率（使用资金的价格），t表示使用资金的特定时间。

因此，当所借资金为 P 时，使用 t 期后所应还的本利和为 S。现在存多少钱 P，t 期后能有 S 元，或已知未来终值 S 元，计算其现值，此叫贴现。它们的关系式可以表示为：

$$S=P+I=P+Prt=P(1+rt) \quad (3.2)$$

或

$$P=\frac{S}{1+rt} \quad (3.3)$$

其中，S 表示本利和（终值或将来值）。

注意：以上计算利息的方法仅是对原本金进行利息计算，也称为单利法，一般用于货币市场上利息的计算。值得注意的是，在考虑货币的时间价值时，应注意时间和利率要保持一致。如利率为年利率，则时间要为年；如利率为月利率，则时间要为月。一般来讲，除非特别声明，利率是指年利率。

实例 3-1　已知本金为 100 元，利率为 6%，请依单利法计算：（1）3 年后的本利和；（2）2 个月后的本利和。

解析　（1）将 P=100 元，r=6%，t_1=3 年，代入公式（3.2）得：

$$S=P(1+rt)=100\times(1+6\%\times3)=118\text{（元）}$$

（2）与问题（1）相比，本金、利率不变，只是时间单位为月。因此，需要将时间和利率统一起来，将时间单位月转化为年，即t_2=2/12。

将数据代入公式（3.2）得：

$$S=P(1+rt)=100\times(1+6\%\times\frac{2}{12})=101\text{（元）}$$

实例 3-2　某人购买一台电脑，支付方式为：若当下支付现金，需要 5 000 元；或者一年后支付，需要 5 400 元。此人有能力当下支付现金，也有能力按 7%的利率去贷款。请问：哪种支付方式好？

解析　因为 5 000 元和 5 400 元不在同一时点上，因此，根据公理 2，货币具有时间价值，我们就不能简单地从数字上进行比较，只有把它们放在同一时点才能进行比较。我们可以发现，按 7%的利率，一年后支付 5 400 元的现值是：

$$P=\frac{S}{1+rt}=\frac{5\,400}{1+7\%}=5\,046.73\text{（元）}$$

也就是说，如果一年后支付 5 400 元，就相当于现在支付 5 046.73 元，那么比当下支付现金多支付 46.73 元。或者说，当下支付 5 000 元，则买方可省 46.73 元。

（二）复利

复利（compound interest）是指将投资期或贷款期的一定期间划分为一期（通常为一月、一季、半年或一年），当每期终了时，将该期的本金和利息作为新的本金重新计息。简单地说，复利就是反复的单利。复利法多用于长期性投资，且常用于资本市场。

假设本金为P，每期利率为i，如果每期都计算利息，则：

第1期末的本利和为：$P(1+i)$；

第2期末的本利和为：$P(1+i)(1+i)=P(1+i)^2$；

第3期末的本利和为：$P(1+i)^2(1+i)=P(1+i)^3$；

……

依此类推，第n期末的本利和S为：

$$S=P(1+i)^n \tag{3.4}$$

如果利率为r，一年复利m次，则t年后的本利和S为：

$$S=P(1+r/m)^{t\times m} \tag{3.4a}$$

或

$$P=\frac{S}{(1+i)^n}=S(1+i)^{-n} \tag{3.5}$$

其中，$i=r/m$，为期利率，而m为每年复利的次数；$n=m\times t$，表示复利总期数，t为时间年限。

$(1+i)^n$表示本金为1元的复利终值因子，可通过查附表1获得；$1/(1+i)^n$表示终值为1元的复利现值因子，可通过查附表2获得。

因此，复利息计算公式如下：

$$I=S-P \tag{3.6}$$

实例 3–3 云科公司借了1 000万元贷款，利率为12%，该公司必须在到期时还本付息。若依每年复利一次，每半年复利一次，每季复利一次，每月复利一次，试分别求其8年后应还款总额。

解析 因为P=1 000万元，r=12%，t=8年，因此，运用公式（3.4）或（3.4a）得：

（1）每年复利一次，即$m=1$，$n=1\times8=8$

$$S=1\,000(1+12\%)^8=1\,000\times2.4760=2\,476\text{（万元）}$$

（2）每半年复利一次，即$m=2$，$i=12\%/2=6\%$，$n=2\times8=16$

$$S=1\,000(1+6\%)^{16}=1\,000\times2.5404=2\,540.4\text{（万元）}$$

（3）每季复利一次，即$m=4$，$i=12\%/4=3\%$，$n=4\times8=32$

$$S=1\,000(1+3\%)^{32}=1\,000\times2.5751=2\,575.1\text{（万元）}$$

（4）每月复利一次，即$m=12$，$i=12\%/12=1\%$，$n=12\times8=96$

$$S=1\,000（1+1\%）^{96}=1\,000\times2.5993=2\,599.3（万元）$$

由此，我们可得出以下结论：本金不变，随着复利次数的增多，复利终值就越大。同理可得出，终值不变，随着复利次数的增多，复利现值就越小。

（三）名义利率与实际（有效）利率

由前面例子可知，对同一本金，即使在同一时期，由于每年复利次数不同，则所得复利息也会不同。因此，利率可分为**名义利率**（nominal interest rate）和**实际（有效）利率**（effective interest rate），前者为银行挂牌或票面（或合同）所标明的利率，是计算利息时所规定的利率，如实例3–3中的利率12%就是名义利率；后者是将一年实际所得复利息折合而成的利率，或投资实际赚得的或实际支付的利率。即：

$$\text{实际利率}=\frac{\text{一年的复利息}}{\text{本金}} \tag{3.7}$$

同一本金、同一时期的一笔资金，由于每年复利次数不同，则所得复利也不同。因此，在一年内，计算利息的实际利率也不一致。因此，名义利率与实际利率是不一致的，如果实际利率为r_e，则名义利率r与实际利率 r_e之间的关系为：

$$r_e=(1+r/m)^m-1 \tag{3.8}$$

实例3–4　若利率为6%，分别求每半年复利一次，每季度复利一次的实际利率。

解析　名义利率r=6%，每半年复利一次m=2，则运用公式（3.8）得实际利率为：

$$r_e=(1+r/m)^m-1=(1+6\%/2)^2-1=6.09\%$$

同理，可求得每季度复利一次的实际利率为：

$$r_e=(1+r/m)^m-1=(1+6\%/4)^4-1=6.14\%$$

以名义利率为6%为例，可得复利次数与实际利率的关系，如表3–1所示。

表 3–1　复利次数与实际利率的关系

	一年	半年	每季度	每月	每半个月	每周	每天
m	1	2	4	12	24	52	365
实际利率	6%	6.09%	6.13636%	6.16778%	6.17570%	6.17998%	6.18313%

由公式（3.8）可得出，名义利率与实际（有效）利率的关系如下：

若$m>1$，复利次数越多，则实际利率越高，实际利率大于名义利率；

若$m=1$，每年复利一次，则实际利率与名义利率相等；

若$m<1$，一年以上复利一次，则实际利率小于名义利率。

（四）价值等式

所有的财务决策必须考虑货币的时间价值，即同一金额的货币在不同时点的价值不同，价值等式类似于时间示图，可以帮助我们分析在不同时点的货币价值，如图3-2所示。

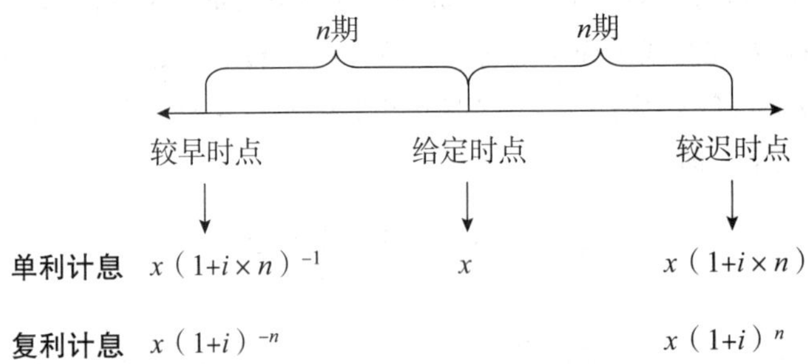

图3-2　价值等式图

在图3-2中，假设利率都为期利率，n代表期数。

实例分析3-5　某公司在3个月后有一笔债务300万元，8个月后有一笔债务500万元，若依单利计息，利率为8%，计算该公司一次性还清这些债务的金额：（1）现在；（2）6个月后；（3）1年后。

解析　为了帮助我们分析，首先画出价值等式图。

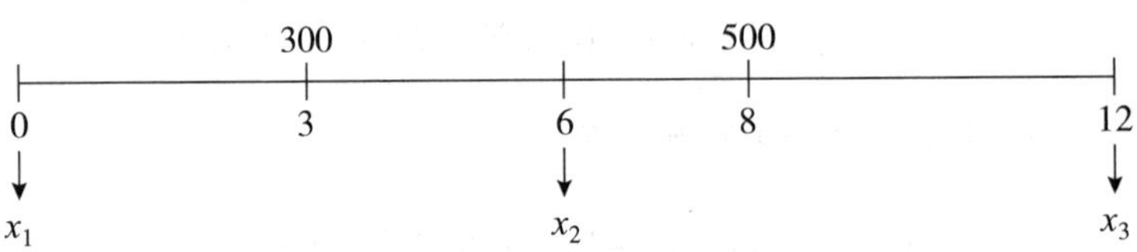

（1）现在偿还值。因为都在给定时点之前，所以都用现值计算，即

$$x_1 = 300\left(1+8\%\times\frac{3}{12}\right)^{-1} + 500\left(1+8\%\times\frac{8}{12}\right)^{-1} = 294.12 + 474.68 = 768.80(\text{万元})$$

（2）6个月后偿还，则x_2相对于300万元是将来值，相对于500万元是现值，即

$$x_2 = 300\left(1+8\%\times\frac{3}{12}\right) + 500\left(1+8\%\times\frac{2}{12}\right)^{-1} = 306 + 493.42 = 799.42(\text{万元})$$

（3）1年后偿还，则x_3相对于这两笔债务都是将来值，即

$$x_3 = 300\left(1+8\%\times\frac{9}{12}\right) + 500\left(1+8\%\times\frac{4}{12}\right) = 318 + 513.33 = 831.33(\text{万元})$$

二、年金

（一）年金的基本概念

最初，**年金**（annuity）定义为每年定期支付一次的经济行为。但是随着经济活动的扩大，现在此定义已推广为一定时期内定期支付的系列款项。年金每次支付的金额既可以是相同的，也可以是变化的，如以等比级数或等差级数变化，也可以是没有规律地变化。在年金时期终结时，所有复利终值的和就称为年金终值，而在年金时期期初的所有复利现值的和就称为年金现值。为了讨论方便，我们主要讨论等额年金，变额年金就根据定义计算。因此，一般意义上的年金（通常指等额年金）具有等额性、定期性、系列性的特点。

（二）年金的种类

1. 普通年金

普通年金（ordinary annuity）是指每期期末收、付款的年金。如下所示：

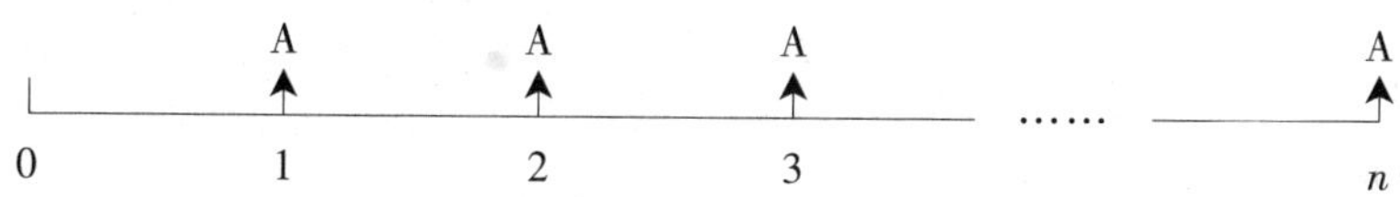

2. 期初年金

期初年金（annuity due）又叫预付年金，是指每期期初收、付款的年金。普通年金和期初年金的关系如下所示：

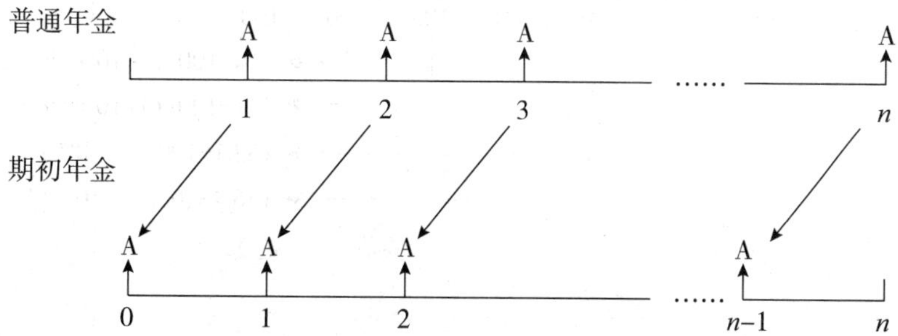

3. 延期年金

延期年金（deferred annuity）是指在延迟若干期后开始支付年金，或先支付n期，然后在此之后若干期不支付，前者是延期年金现值问题，后者是延期年金终值问题。在公司理财中，通常遇到的是延期年金现值问题，如下所示：

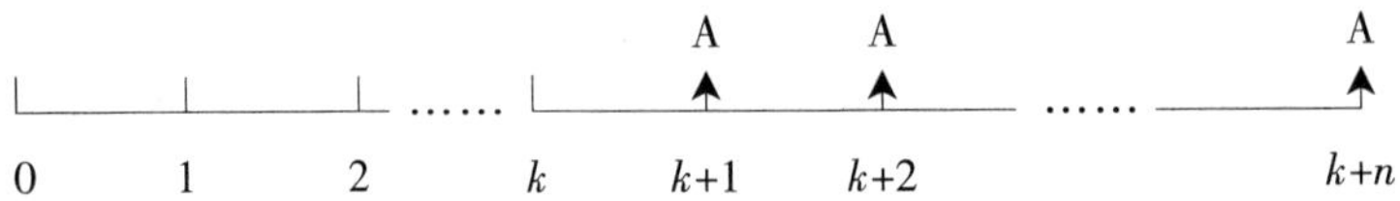

在个人理财规划或在保险中常遇到延期年金的终值问题，如下所示：

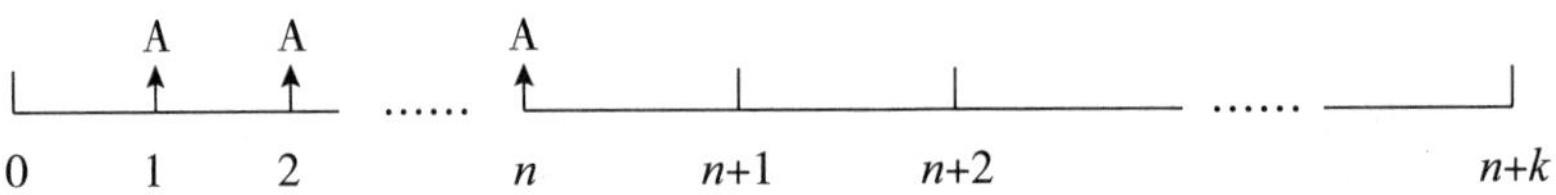

4. 永久年金

永久年金（perpetual annuity）又称永续年金，是指支付的期限是无限期的，因此，此类年金没有终值，只有现值，如下所示：

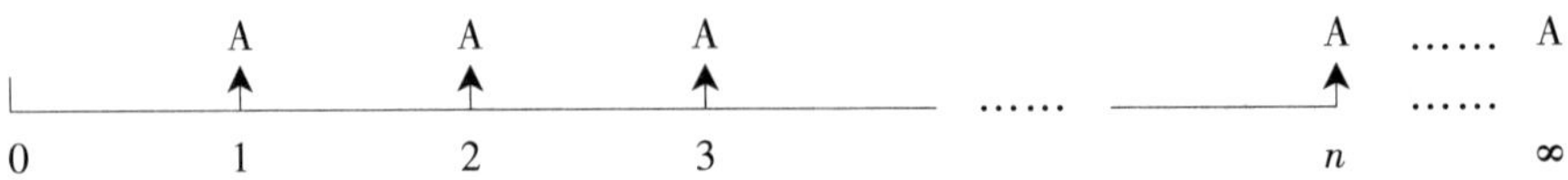

（三）年金的计算

1. 普通年金

（1）年金终值

实例3-6 某人每年年末存入银行100万元，共存5年，银行利率是10%，5年后的终值为多少？

解析 由于此人是每年末将钱存入银行，因此是普通年金问题，如下所示：

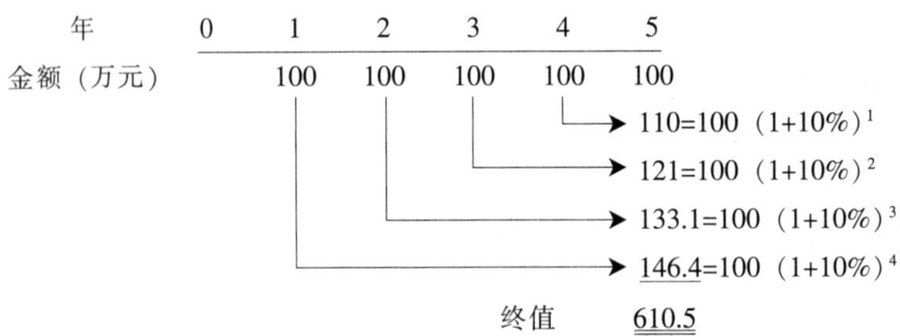

可见，年金终值是所有年金的复利终值之和，即：

$$FVA=\sum_{t=0}^{n-1}A(1+i)^{t}$$

其中，A表示每次支付的年金额，i表示每期利率，n表示年金时期所支付的期数，FVA表示年金终值。因此，普通年金终值公式为：

$$FVA=\sum_{t=0}^{n-1}A(1+i)^t=A\frac{(1+i)^n-1}{i} \tag{3.9}$$

$\frac{(1+i)^n-1}{i}$为1元年金，利率为i，期数为n的普通年金终值，可通过查附表3年金终值表获得，用$FVA_{i,n}$表示。

仍以实例3–6为例。运用公式（3.9）并查附表3可得5年后的终值为：

$$S_5=100\times\frac{(1+10\%)^5-1}{10\%}=100\times6.1051=610.51\text{（元）}$$

现在，我们就能理解引言中拿破仑给法兰西带来的尴尬了。这实际上就是一个年金问题：以1797年为起始点（0点），以1984年为终点，如果按每年3路易支付、5%计息，那么187年后以路易表示的终值为：

$$3\times\frac{(1+5\%)^{187}-1}{5\%}=3\times183\ 392.5=550\ 177.49\text{（路易）}$$

然后按1984年的汇率计算，那么就是我们引言中的1 375 596法郎了。

（2）年金现值

对应普通年金终值定义，我们可以定义普通年金的现值是所有年金的复利现值之和。

实例3–7　某人若想每年年末从银行取100万元，连续取5年，银行利率是10%，那么他现在应该存入多少钱？

解析

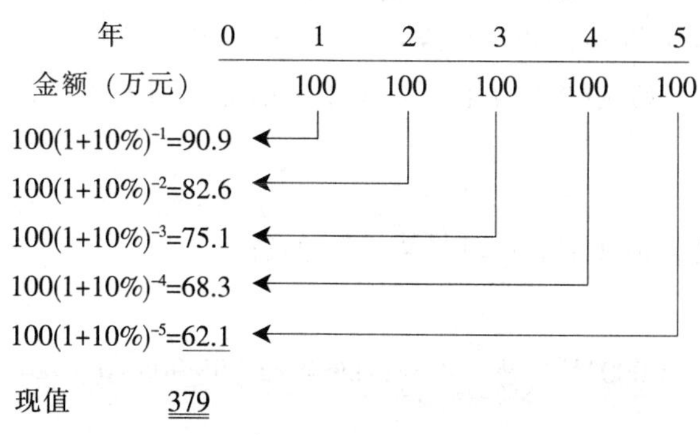

由于普通年金的现值是所有年金的复利现值之和，因此普通年金的现值为：

$$PVA=\sum_{t=1}^{n} A\frac{1}{(1+i)^{t}}=A\frac{1-(1+i)^{-n}}{i} \tag{3.10}$$

$\frac{1-(1+i)^{-n}}{i}$为1元年金，利率为i，期数为n的普通年金现值，可通过查附表4年金现值表获得，用$PVA_{i,n}$表示。

同理，我们也可以运用公式（3.10）和查附表4直接算出每年提取100万元，连续取5年普通年金的现值为379万元。

2. 期初年金的终值和现值

有些支出如租赁费可能会在每期的期初支付，这就是期初年金，也称为预付年金。计算期初年金时为了利用普通年金现值和终值系数，必须将期初年金形式转化为普通年金形式。而期初年金比普通年金多一个利息期，所以无论现值还是终值，都是在普通年金价值基础上乘以（1+i）。因此，期初年金的终值与现值如下：

期初年金终值为：

$$FVA_{due}=FVA(1+i)=A\frac{(1+i)^{n}-1}{i}(1+i) \tag{3.11}$$

期初年金现值为：

$$PVA_{due}=PVA(1+i)=A\frac{1-(1+i)^{-n}}{i}(1+i) \tag{3.12}$$

实例3–8 某人在考虑他60岁退休后的养老金问题，于是决定从他20岁生日开始，每年在他生日时存入5 000元，这一特定账户的利率为8%，请计算到他到60岁时能拿到多少钱。请比较他从21岁开始，30岁或31岁开始以及40岁或41岁开始，到60岁时所能拿到的金额。

解析 因为是每次生日存钱，20岁开始，因此，可将20岁视为第0期，因此，这是一个期初年金终值问题。从20岁开始到60岁为止，共40年，因此，将A=5 000，n=40，i=8%代入公式（3.11）得：

$$FVA_{due}=FVA(1+i)=A\frac{(1+i)^{n}-1}{i}(1+i)$$

$$=5\,000\frac{(1+8\%)^{40}-1}{8\%}(1+8\%)=1\,398\,905.20（元）$$

同理，可计算出 21 岁、30 岁与 31 岁以及 40 岁与 41 岁不同年龄开始存款的终值，如图 3–3 所示：

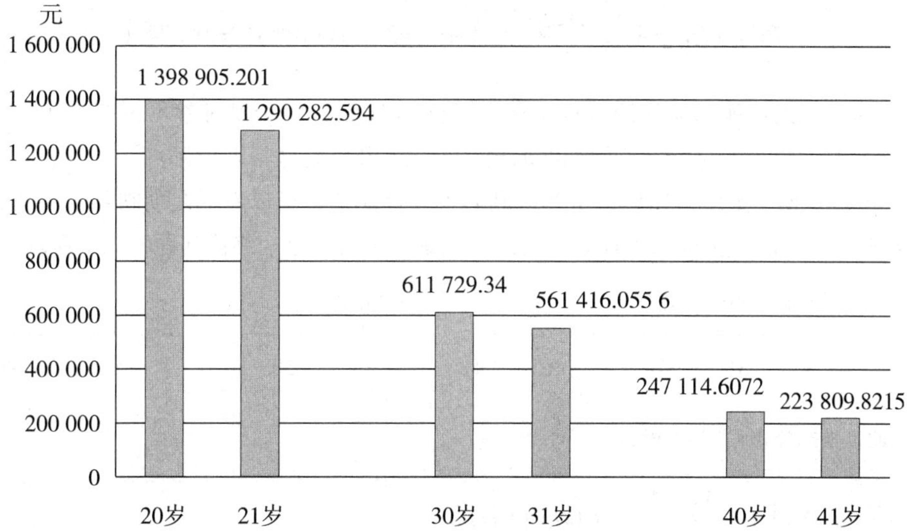

图3–3　年金终值比较

从图 3–3 中可以看到：20 岁与 21 岁仅差一年存款 5 000 元，则终值相差 108 622.61 元，30 岁与 31 岁差一年，终值相差 50 313.28 元，而 40 岁与 41 岁由于接近到期日，仅差 23 304.79 元。由此可以看出货币的时间价值了。

3. 延期年金

与普通年金相比，延期年金向后推迟了k期再支付n期，因此计算其年金现值时，首先按普通年金现值公式计算年金的现值，然后把普通年金现值折算成今天的现值。延期年金现值的计算公式为：

$$PVA(def)=A\frac{1-(1+i)^{-n}}{i}(1+i)^{-k} \tag{3.13}$$

在财务中，我们经常遇到的是延期年金的现值问题，如一项投资，前 k 期为建设期，此后收到 n 期收益，那么这项投资是否可行？但是，在个人财务规划中，可能我们会遇到投资 n 期，此后经过一段时间 k 期才将所有的投资收回，这就是延期年金的终值问题。延期年金终值的计算公式为：

$$FVA(def)=A\frac{(1+i)^{n}-1}{i}(1+i)^{k} \tag{3.14}$$

实例3–9　以实例3–7为例，不同的是从银行提款是从第4年年末开始连续提5年，计算其现值。

解析　这是延期年金问题，在第4年年底支付。因此，首先计算至第4年年初，即第3年年底时普通年金现值，然后再计算复制现值，期限为3。运用公式（3.13），得：

$$PVA\ (def)=A\frac{1-(1+i)^{-n}}{i}(1+i)^{-k}=379\ (1+10\%)^{-3}=284.74\text{（元）}$$

实例3–10 某人从他30岁开始，每年存入银行2 000元，到50岁时就不再存款了。若年利率6%，他在60岁时取出全部存款。请问他共取到多少元？其中利息是多少元？

解析 这是延期年金终值问题，从30岁到49岁共计20期，可以看成是期初年金终值计算到50岁，然后延期10年，60岁全部取出存款，因此，这是一个延期年金终值问题。如下所示：

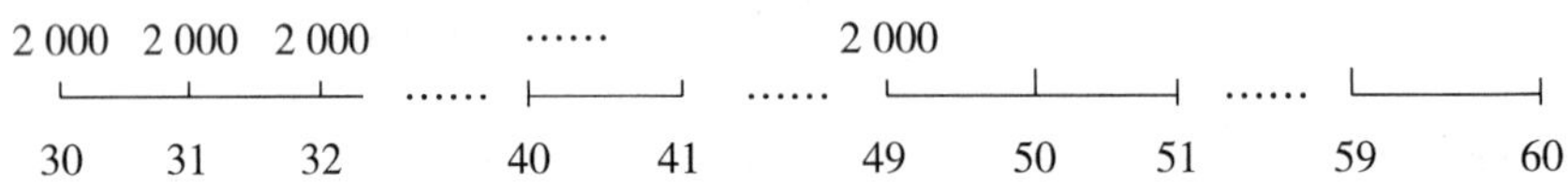

因此，根据公式（3.14）得：

$$FVA\ (def)=[A\frac{(1+i)^{n}-1}{i}(1+i)](1+i)^{k}$$

$$=[2\,000\frac{(1+6\%)^{20}-1}{6\%}(1+6\%)](1+6\%)^{10}=77\,982.45\ (1+6\%)^{10}$$

$$=139\,660.07\text{（元）}$$

上述等式中，77 985.45 元为 50 岁能拿到的总数，因为延长 10 年后才取，所以这 10 年期间要用复利计算，因此，在他 60 岁时能取出的总额为 139 660.07 元。其中，利息为 99 660.07 元（139 660.07–2 000×20）。

5. 永久年金

当年金的期数永远持续时，叫永久年金或永续年金。在永久年金中，年金的支付无终止日期，所以永久年金没有终值只有现值，其计算公式如下所示。

因为 $\lim\limits_{n\to\infty}\frac{1}{(1+i)^{n}}=0$

所以 $$\boldsymbol{PV_{\infty}=\lim_{n\to\infty}A\frac{1-(1+i)^{-n}}{i}=\frac{A}{i}} \tag{3.15}$$

公式（3.15）还可以表示为：$A=i\times PV_{\infty}$，表明若PV_{∞}为固定不变的本金，则A为每期应付的利息。

实例3–11 微型电子公司设立两种永久性奖金：甲种每年发放一次，总额1万元；乙种每两年发放一次，总额1.6万元。奖金源于基金存款的利息。若利率为5%，求每种基金设立时的总额是多少。

解析 甲种基金设立总额为PV_1万元，i=5%，A=1万元，因为计息日与支付日一致，可以直接代入公式（3.15），得：

$$PV_1=\frac{A}{i}=\frac{1}{0.05}=20\text{（万元）}$$

乙种基金设立总额为PV_2万元，因为计息日和支付日不同，所以运用公式（3.8），求等值的利率，即：

$$r_e+1=(1+5\%)^2$$

$$r_e=(1+5\%)^2-1=10.25\%$$

然后，运用永久年金公式（3.15）得：

$$PV_2=\frac{A}{i}=\frac{1.6}{10.25\%}=15.61\text{（万元）}$$

第二节　有价证券的价值确定

货币的时间价值在公司理财中是一个重要的基石，是金融资产、实物资产定价的基础。本节我们将运用货币的时间价值为有价证券进行定价。

一、债券价值的确定

（一）债券的定义

债券（bond）通常是公司或政府发行的一种债务证券。政府发行的叫作国库券或公债，公司发行的叫作公司债券。债券上所标明的金额（或称本金）称为面值，面值常为一整数，如1 000元。债券上标明的利率称为息票率或票面利率，以此来确定每期支付的利息。利息通常每年或每半年支付一次。偿还期限有1~40年不等。

有关债券融资的特点将在第十四章长期融资中讨论，这里主要介绍债券的估价。

（二）债券价值的确定

债券的价值是由证券的持有者在持有期间所收到的现金流量来确定的，这些现金流包括两部分，即每期的利息和到期的本金。投资者可以通过要求收益率来确定债券的价格或价值，这一价值叫作债券的内在价值，债券进入市场后，债券的市场价格会随着债券的内在价值上下波动。由于每期支付的利息是年金，可用普通年金现值公式计算，而到期日的本金是复利，可用复利现值公式计算。因此债券的价值为：

$$P_0=\sum_{t=1}^{n}\frac{I}{(1+k_d)^t}+\frac{M}{(1+k_d)^n} \tag{3.16}$$

或

$$P_0=I\frac{1-(1+k_d)^{-n}}{k_d}+\frac{M}{(1+k_d)^n} \tag{3.16a}$$

其中，P_0表示债券现在的价值，或购买日的价值，n表示债券的持有期，M表示面值（到期偿还值），I表示每期支付的利息（=息票率r×面值M），k_d表示投资者的要求收益率。

实例3-12 丰裕公司面值为1 000元的债券将于8年后到期，债券的息票率为8%，每半年付息一次。若投资者要求的收益率为：（1）6%，（2）8%，（3）10%，则债券的价值分别是多少？

解析 因为债券计算仍然遵循货币时间价值，利率和时间要一致，又因为债券的利息为每半年支付一次，因此债券的息票率和要求的投资收益率都要除以2，期数要乘以2。运用公式（3.16）或（3.16a），得：

（1）$P_0=1\,000\times\frac{8\%}{2}\times\frac{1-(1+6\%/2)^{-16}}{6\%/2}+\frac{1\,000}{(1+6\%/2)^{16}}=40\times12.5611+1\,000\times0.6232=1\,126$（元）

（2）同理，$P_0=40\frac{1-(1+4\%)^{-16}}{4\%}+\frac{1\,000}{(1+4\%)^{16}}=40\times11.6523+1\,000\times0.5339=1\,000$（元）

（3）同理，$P_0=40\frac{1-(1+5\%)^{-16}}{5\%}+\frac{1\,000}{(1+5\%)^{16}}=40\times10.8378+1\,000\times0.4581=892$（元）

由此例可见，在期限相同的情况下，（1）投资者的要求收益率6%小于债券的息票率8%，债券价值高于其面值，投资者以溢价购买债券；（2）投资者的要求收益率8%等于债券的息票率8%，债券价值等于债券面值，投资者以平价购买债券；（3）投资者的要求收益率10%大于债券的息票率8%，债券价值低于其面值，投资者以折价购买债券。

如果债券期限不同，它们的价格对利率变化的敏感性如何呢？下面我们以1年期债券和10年期债券为例进行说明。

假设有两种债券，其违约风险一样，且面值相同（100元），息票率均为5%，只是期限不同，一种债券为1年期债券，另一种债券为10年期债券。这两种债券价格随利率变化的情况如表3-2所示。

表3–2　不同期限债券价格随市场利率变化的情况

市场利率（K_d）	0%	5%	10%	15%	20%	25%	30%	35%
1年期债券价格（元）	105	100.00	95.45	91.30	87.50	84.00	80.77	77.78
10年期债券价格（元）	150	100.00	69.28	49.81	37.11	28.59	22.71	18.55

由表3–2进一步验证了，不管期限如何，如果息票率和市场利率相同，则债券的价格都等于其面值。在表3–2中，若市场利率为5%，此时等于息票率5%，则无论哪种期限的债券，其价格都等于面值100元。

此外，我们还可以注意到，随着利率的变化，10年期债券的价格变化比1年期债券价格的变化速度要快，如图3–4所示。

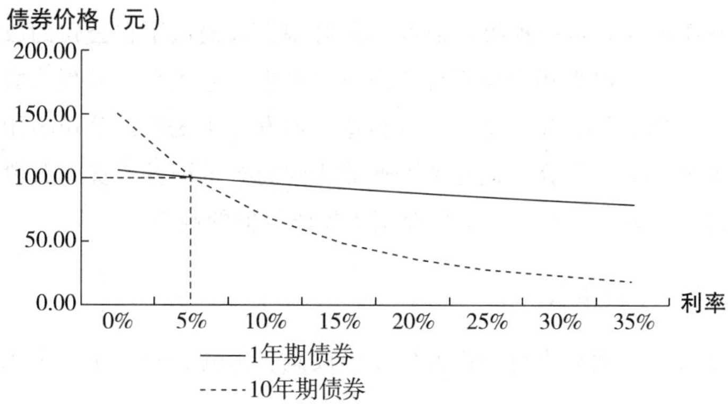

图3–4　市场利率对长、短期债券价格的影响

因此，具有相同息票率的债券，长期债券的价格比短期债券的价格对利率变化更为敏感。在其他条件相同的情况下，到期时间越长，则利率风险越大。

（三）债券收益率的计算

计算预期收益率可通过查年金现值表进行，还可以用内插法（试算法）或用EXCEL中的单变量求解来进行，或用近似计算法。公式（3.17）则是一种计算债券**到期收益率**（yield to maturity，YTM）的近似公式。

$$YTM=\frac{I+\frac{(M-P_0)}{n}}{(M+P_0)/2} \tag{3.17}$$

公式中的符号含义与前相同。

实例3–13　已知一债券面值为1 000元，息票率为10%，当前债券的价格为1 100元，期限为10

年，求债券的到期收益率。

解析 由于没有特殊说明，通常认为债券利息支付是一年支付一次。运用公式（3.17），得：

$$YTM=\frac{I+\frac{(M-P_0)}{n}}{(M+P_0)/2}=\frac{100+\frac{(1\,000-1\,100)}{10}}{(1\,000+1\,100)/2}=8.57\%$$

关于精确计算投资者要求收益率的内容我们将在资本成本一章中讨论如何运用EXCEL来计算。

二、优先股价值的确定

（一）定义

优先股（preferred stock）是一种权益证券，它对持有人提供了在公司的收益和资产上有限的或固定的索偿权。优先股的股息用面值百分比或每股多少元来表示，表现为固定收益。优先股具有混合证券的特征，其固定的优先股息与债券相似，但发行优先股的公司不用偿还本金，优先股没有到期日，与普通股类似，是介于债券和普通股之间的有价证券。优先股股东所具有的索偿权位于普通股股东之前，债权人之后。这里仅介绍优先股价值的确定。

（二）优先股的价值确定

优先股没有到期日，每期只支付固定的优先股股息，因此，相当于一个永久年金。由永久年金公式得：

$$P_0=\frac{D_P}{k_P} \tag{3.18}$$

其中，P_0表示优先股的价值（价格），D_p表示优先股股息，k_p表示优先股股东的要求收益率。

从公式（3.18）可求得优先股股东的预期收益率，为：

$$k_P=\frac{D_P}{P_0} \tag{3.19}$$

实例3-14 若某公司发行的优先股每年付股息4元，投资者的要求收益率为8%，求优先股的价值。

解析 运用公式（3.18）得：

$$P_0=\frac{D_P}{k_P}=\frac{4}{8\%}=50\text{（元）}$$

实例3-15 如果华夏公司每半年付优先股股息1元，该股票目前的股价为20元，那么，投资者年预期收益率是多少？

解析　运用公式（3.19）得：

每半年的预期收益率=1/20=5%

年预期收益率$\hat{k}_p$=5%×2=10%，这是名义收益率。如果要想知道预期年实际收益率，则用公式（3.8）得：

$$r_e=(1+5\%)^2-1=1.1025-1=0.1025=10.25\%$$

三、普通股价值的确定

（一）定义

普通股股票的持有者才是公司真正的拥有者。**普通股**（common stock）是一种所有权的剩余形式，即普通股股东对公司资产和收益的索偿权在债权人和优先股股东之后，普通股是一种永久长期融资形式，没有到期日。这里主要介绍普通股价值的确定。

（二）普通股的价值确定

普通股的预期现金流量由两部分组成，一是每年预期的股息，另一是投资者出售股票的价格。因此普通股的一般价值公式可表示为：

$$P_0=\sum_{t=1}^{n}\frac{D_t}{(1+k_e)^t}+\frac{P_n}{(1+k_e)^n} \tag{3.20}$$

其中，D_t表示在t期末支付的股息，P_n表示在n期末的股票价格，k_e表示普通股股东的要求收益率。

假如投资者愿意永远持有股票，则上式就为一般股利价值模型，即$P_0=\sum_{t=1}^{\infty}\frac{D_t}{(1+k_e)^t}$。

根据股利发放的情况，普通股的价值模型可分成以下3种情况：

1. 零增长模型

假设股票的股利不变，即零增长，$D_1=D_2=\cdots\cdots=D_t=D$，则股票的价格为：

$$P_0=\frac{D}{k_e} \tag{3.21}$$

实例3–16　凯明公司每年发放股利为每股2元，已有10年，而且预计未来也不会发生变化，股东要求的收益率为10%，凯明公司的股票价格应是多少？

解析 由于每年支付的股利不变，因此，运用公式（3.21）得凯明公司的股票价格为：

$$P_0=\frac{D}{k_e}=\frac{2}{10\%}=20\text{（元）}$$

2. 按常数增长的价值模型

按常数增长的价值模型，也即**戈登股利增长模型**（Gordon dividend growth model）。

假如投资者相信股票的股利按常数增长，即$g_{t+1}=g_t=g$，则股票价格计算公式为：

$$P_0=\sum_{t=1}^{\infty}\frac{D_0（1+g）^t}{（1+k_e）^t}=\frac{D_0（1+g）}{k_e-g}=\frac{D_1}{k_e-g}\quad（k_e>g）^{1} \tag{3.22}$$

实例3–17 三明公司刚刚发放股利，每股2元，股利增长率为5%，股东要求的收益率为15%，该公司股票的价格应是多少？一年后的价格是多少？

解析 由于股利增长率为常数，运用公式（3.22）得：

$$P_0=\frac{2(1+5\%)}{15\%-5\%}=21\text{（元）}$$

一年后的股票价格，分子应该是$D_2=D_1(1+5\%)=2(1+5\%)^2=2.205$

运用公式（3.22）得：

$$P_1=\frac{2(1+5\%)^2}{15\%-5\%}=\frac{2.205}{15\%-5\%}=22.05\text{（元）}$$

或者

$$P_1=P_0(1+5\%)=21(1+5\%)=22.05\text{（元）}$$

由此，我们可计算出：

$$\frac{P_1-P_0}{P_0}=\frac{22.05-21}{21}=5\%$$

5%这一比率实际上是买卖股票的价差比率，称之为资本收益率，正好与增长率相同，而2（1+5%）/21=10%，这一比率称之为股利收益率，5%+10%正好等于15%。所以，由公式（3.22）整理可得股东的预期收益率为：

1 公式推导：

$P_0=\sum_{t=1}^{\infty}\frac{D_0(1+g)^t}{(1+k_e)^t}$，这是一个无穷等比级数，公比为$q=\frac{1+g}{1+k_e}$，第一项$a=\frac{D_0(1+g)}{(1+k_e)}$。运用等比求和公式$\frac{a}{1-q}$就可求得该式。

$$\hat{k}_e=\frac{D_1}{P_0}+g \tag{3.23}$$

其中，$\frac{D_1}{P_0}$为股利收益率，g为资本收益率。这说明股东投资股票的收益率取决于预期的股利收益率和买卖之间差价的资本收益率。

这里，我们用当前的市场价格和估计的股利分配求得预期收益率。当股票处于均衡状态或市场是有效时，那么对边际投资来讲，要求收益率k_e必须等于预期收益率$\hat{k}_e$。同时，从公式（3.23）中可知，预期收益率等于预期股利收益率D_1/P_0加预期增长率g。在常数增长率的条件下，g也代表预期资本收益率，并且该收益率每年保持不变。因此，对常数增长股票，投资者预期收益、股息和股票价格均按相同的常数g增长。

3. 非常数股利增长模型

在实践中，公司的增长不可能按一个常数无限制地增长，通常公司的股利增长速度在前面阶段较快（g_1），而后面的阶段较为稳定（g_2），这属非常数股利增长模型，股票价格计算公式为：

$$P_0=\sum_{t=1}^{m}\frac{D_0\ (1+g_1)^t}{(1+k_e)^t}+\frac{P_m}{(1+k_e)^m}=\sum_{t=1}^{m}\frac{D_0\ (1+g_1)^t}{(1+k_e)^t}+\frac{1}{(1+k_e)^m}\times\frac{D_{m+1}}{(k_e-g_2)} \tag{3.24}$$

实例3-18　天乐公司刚刚发放股利，每股2元，目前的股利增长率为8%，预计两年后股利增长率将一直为5%，股东要求的收益率为15%，该公司股票的价格应是多少？

解析　这是一个股利非常数增长的问题，8%的增长率只能持续2年，此后股利增长率下降，并稳定在5%的水平，公司的股票价格运用公式(3.24）得：

$$P_0=\sum_{t=1}^{m}\frac{D_0(1+g_1)^t}{(1+k_e)^t}+\frac{1}{(1+k_e)^m}\times\frac{D_{m+1}}{(k_e-g_2)}=\sum_{t=1}^{2}\frac{2(1+8\%)^t}{(1+15\%)^t}+\frac{1}{(1+15\%)^2}\times\frac{2(1+8\%)^2(1+5\%)}{(15\%-5\%)}=22.16(\text{元})$$

关键术语

单利　simple interest

复利　compound interest

名义利率　nominal interest rate

实际（有效）利率　effective interest rate

年金　annuity

普通年金　ordinary annuity

期初年金　annuity due

延期年金　deferred annuity

永久（永续）年金　perpetual annuity

债券　bond

到期收益率　yield to maturity

优先股　preferred stock

普通股　common stock

戈登股利增长模型　Gordon dividend growth model

→EXCEL运用：自制财务系数表

财务系数表有复利终值、复利现值、年金终值和年金现值，一般书后都给了这些系数表，但是在实际工作中，我们会遇到一些特殊的利率和时间，这些在一般给定的系数表中是查不到的，因此，我们有必要自制特定的财务系数表。

这里，以普通年金现值系数表为例说明如何制作适合工作所需的年金现值系数表，该方法可以推广到制作复利现值和终值系数表以及年金终值系数表。

普通年金现值系数公式：$PVA_{i,n}=\frac{1-(1+i)^{-n}}{i}$

1. 按列输入期限数*n*

例如：在A3单元格输入起始值1，代表第1期；然后确定期限增长的间距，在A列中输入你所需要的期限数，本例的期限间距是1，所以输入2（读者可以自行设置间距后输入第2个期限）。然后选中A3和A4，如图3–5所示从鼠标所在位置向下拉拽鼠标，EXCEL会自动生成一组纵向间距为1的数列。

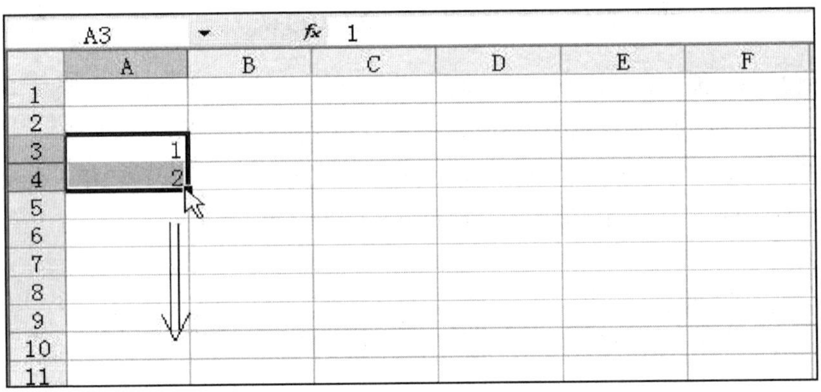

图3–5　建立纵向数列

2. 按行输入利率值*i*

例如：在B2单元格输入起始值1%；然后确定利率增长的间距，在第2行中输入你所需要的利率，本例中利率间距是0.5%，故在C2输入1.5%（读者可以改变利率进行练习）。

然后同上述方法相类似，选中B2、C2，在图3–6所示位置向右拉拽鼠标，EXCEL会自动生成一组横向的数列。

3. 输入年金现值系数公式

例如：在B3单元格（即利率1%并且期限数为1对应的单元格）输入年金现值系数公式，即前

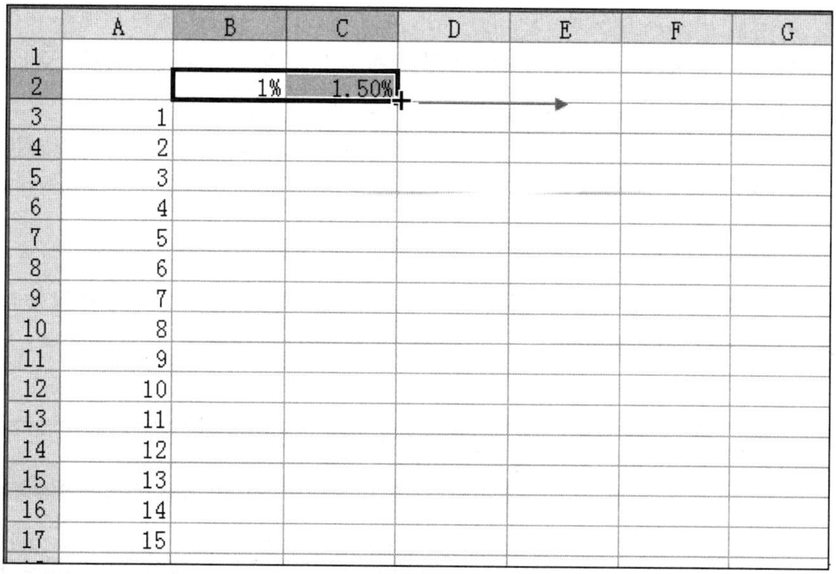

图3–6　建立横向数列

面给出的普通年金现值系数公式，但是其中利率i用单元格B$2替代，期数$n$用单元格$A3替代，公式中的指数用符号^表示，见图3–7。

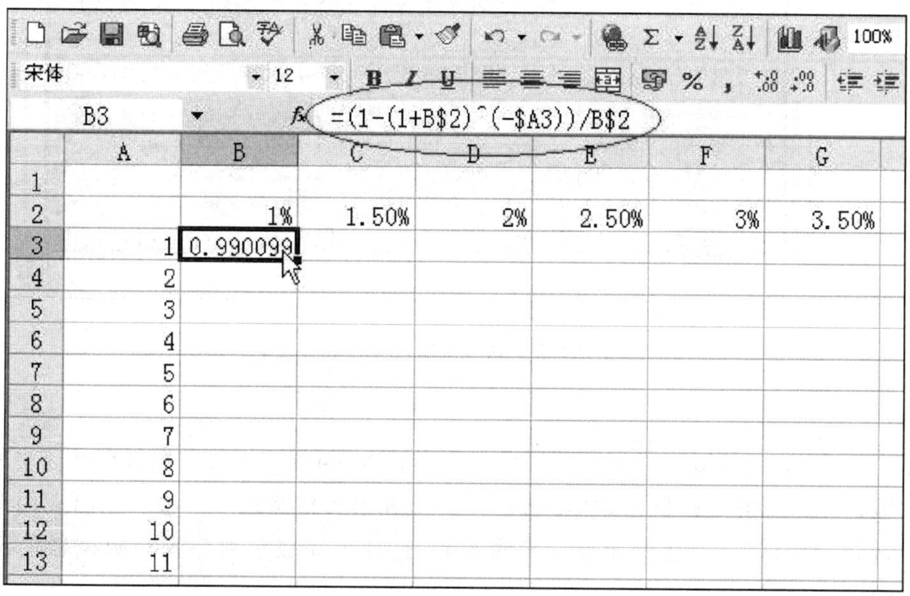

图3–7　输入公式

注："$"起到固定其后行号或列号的作用。当我们将该公式复制到其他单元格时，未带有$的行号或列号会因复制而改变，而带有$的行号或列号不会因复制而改变。由于利率值始终处于第2行，所以应在公式中将B2变为B$2，而期数始终处于A列，则将A3变为$A3，这样不论公式复制到哪一个单元格，利率一直取第2行上的值，而期数会一直取A列的值。当读者做完第4步时，可以任取一单元格中的公式进行检验。

4. 复制公式及数据调整

例如：将B3单元格中的公式进行复制。方法同第1步和第2步类似，首先将鼠标移到B3单元格的右下角，向右拉拽到G3格，然后再向下拉拽到G17格。如图3–8所示。

B3 　 fx =(1-(1+B$2)^(-$A3))/B$2

	A	B	C	D	E	F	G	H
1								
2		1%	1.50%	2%	2.50%	3%	3.50%	
3	1	0.990099	0.985222	0.980392	0.97561	0.970874	0.966184	
4	2	1.970395	1.955883	1.941561	1.927424	1.91347	1.899694	
5	3	2.940985	2.9122	2.883883	2.856024	2.828611	2.801637	
6	4	3.901966	3.854385	3.807729	3.761974	3.717098	3.673079	
7	5	4.853431	4.782645	4.71346	4.645828	4.579707	4.515052	
8	6	5.795476	5.697187	5.601431	5.508125	5.417191	5.328553	
9	7	6.728195	6.598214	6.471991	6.349391	6.230283	6.114544	
10	8	7.651678	7.485925	7.325481	7.170137	7.019692	6.873956	
11	9	8.566018	8.360517	8.162237	7.970866	7.786109	7.607687	
12	10	9.471305	9.222185	8.982585	8.752064	8.530203	8.316605	
13	11	10.36763	10.07112	9.786848	9.514209	9.252624	9.001551	
14	12	11.25508	10.90751	10.57534	10.25776	9.954004	9.663334	
15	13	12.13374	11.73153	11.34837	10.98318	10.63496	10.30274	
16	14	13.0037	12.54338	12.10625	11.69091	11.29607	10.92052	
17	15	13.86505	13.34323	12.84926	12.38138	11.93794	11.51741	
18								

图3–8　复制函数自动求解

最后对表中数据进行处理，把各数据保留到小数点后4位。方法是在所有已选中的数据上点鼠标右键，在出现的选择框中如图3–9选择"设置单元格格式"一项。在出现的新对话框中，左边选择"数值"，右边的小数位数输入4，这样便完成了对数据小数位数的调整工作（见图3–10）。

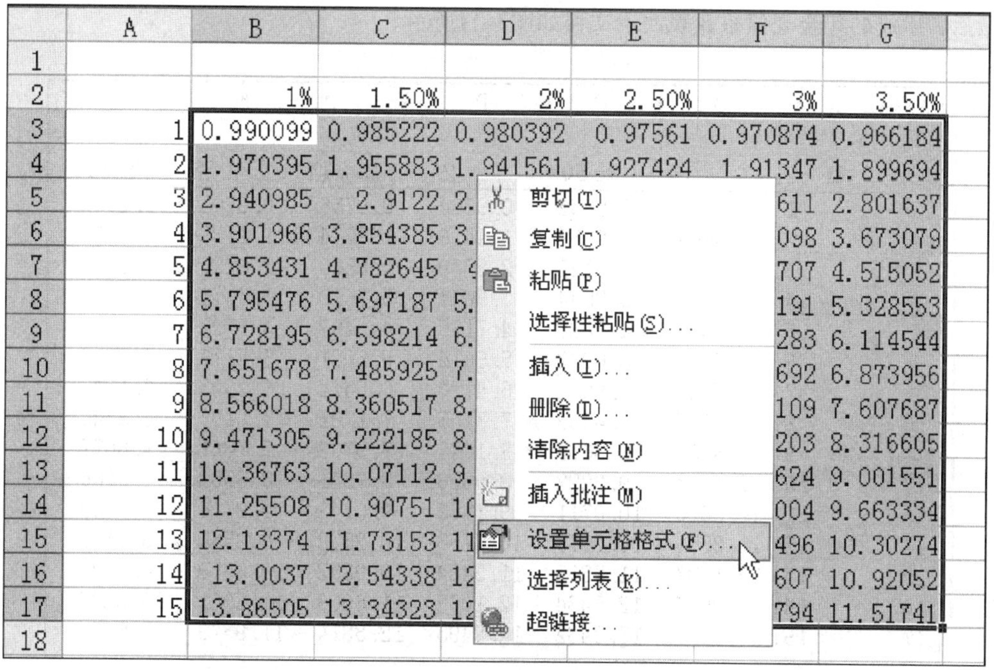

图3-9 设置单元格格式

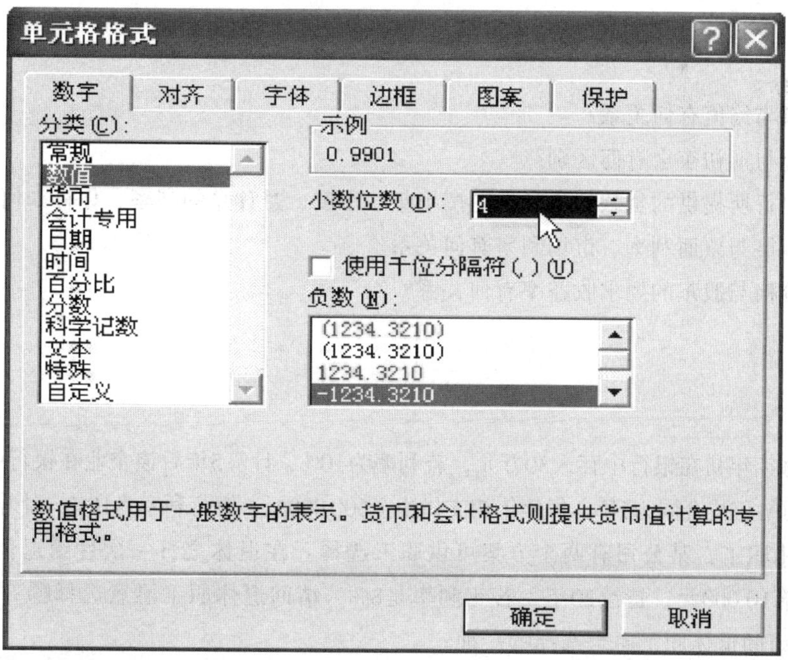

图3-10 调整小数位数

最后，生成的年金现值系数表演示文稿如图3–11所示。

	A	B	C	D	E	F	G
1	i						
2	n	1%	1.50%	2%	2.50%	3%	3.50%
3	1	0.9901	0.9852	0.9804	0.9756	0.9709	0.9662
4	2	1.9704	1.9559	1.9416	1.9274	1.9135	1.8997
5	3	2.9410	2.9122	2.8839	2.8560	2.8286	2.8016
6	4	3.9020	3.8544	3.8077	3.7620	3.7171	3.6731
7	5	4.8534	4.7826	4.7135	4.6458	4.5797	4.5151
8	6	5.7955	5.6972	5.6014	5.5081	5.4172	5.3286
9	7	6.7282	6.5982	6.4720	6.3494	6.2303	6.1145
10	8	7.6517	7.4859	7.3255	7.1701	7.0197	6.8740
11	9	8.5660	8.3605	8.1622	7.9709	7.7861	7.6077
12	10	9.4713	9.2222	8.9826	8.7521	8.5302	8.3166
13	11	10.3676	10.0711	9.7868	9.5142	9.2526	9.0016
14	12	11.2551	10.9075	10.5753	10.2578	9.9540	9.6633
15	13	12.1337	11.7315	11.3484	10.9832	10.6350	10.3027
16	14	13.0037	12.5434	12.1062	11.6909	11.2961	10.9205
17	15	13.8651	13.3432	12.8493	12.3814	11.9379	11.5174

图3–11　年金现值系数表

思考题

3–1　复利现值与终值有何关系?

3–2　普通年金与期初年金有何区别?

3–3　如果各银行所提供的贷款利率分别是按半年、季度、月计息的利率，你将如何选择?

3–4　债券的价格与票面利率、市场利率有何关系?

3–5　股票的价格与股东的要求收益率有何关系?

练习题

3–1　某企业每年年初在银行中存入30万元，若利率为10%，计算5年后该企业在银行中的资金价值。

3–2　碧利公司的租赁合同为5年，每年年初支付租金600 000元，银行利率为10%，计算租金的现值。

3–3　对于退休职工，某公司有两个方案可供职工选择：在退休之日一次性给退休金100 000元，或每年给10 000元，持续20年。若年利率是8%，请问退休职工愿意选择哪一种？若年利率是6%，请问退休职工愿意选择哪一种?

3–4　一项投资在前5年每年年底得6 000元，从第6年到第10年每年年底得4 000元。

（1）假如这项投资收益率是12%，该投资回报的现值是多少？

（2）假设每年的所得发生在年初，投资收益率仍是12%，你最大的投资回报的现值是多少？

3-5　假设两家银行向你提供贷款。A银行的利率为8.2%，按年计息；B银行的利率为8%，按半年计息。你会选择哪家银行为你提供贷款？

3-6　公司向银行借款，银行的贷款利率为10%，银行规定前5年不用偿还，但从第6年至第10年在每年年末偿还5 000元。计算这笔款项的现值。

3-7　公司现在借款100 000元，利率为10%，分5年在每年年末等额偿还。如果偿还的时间从第3年年初开始，计算每年支付的金额。

3-8　索利公司的债券将于15年后到期，面值1 000元，息票率为12%，每半年付息一次。若投资者要求的收益率为10%，则债券的价值是多少？

3-9　假设你拥有500股赛顿公司的优先股，该优先股当前的市场价格为每股38.50元，每年的优先股息为每股3.25元。该优先股的预期收益率为多少？如果你要求的收益率为8%，在什么价位上你会卖出或买入更多的股份？

3-10　纳菩公司的普通股去年年底支付的红利为每股1.32元，股利预计将以8%的增长率持续增长。

（1）如果公司股票目前的市场价格为每股23.5元，那么该公司股票的预期收益率为多少？

（2）如果你要求的收益率为10.5%，那么对你而言，该股票的价值是多少？

（3）你会投资该公司股票吗？

3-11　罗曼公司的收益与股息在过去的10年里一直以6%的增长率增加，而且在可预见的将来一直保持此增长率。公司刚刚发放的股利为每股3元。假定投资者要求的收益率为14%，若目前该公司的股票价格为42元，是否应购买该股票？

自测题

1. 以下哪种说法正确？

A. 每年支付 100 元的 5 年期期初年金比每年支付 100 元的 5 年期普通年金有更高的现值

B. 对于同样的贷款总额和利率，15 年期的分期付款比 30 年期的分期付款每月付款数额多

C. 假如一项投资支付 10%的利息，每年复利一次，则它的实际利率也是 10%

D. 说法 A 和 C 是正确的

E. 以上说法都是正确的

2. 一笔在 5 年末偿付的债务终值是 1 000 元，名义利率是 10%，每半年复利一次。以下哪种说法是正确的？

A. 假如利率是按每月复利一次，终值为 1 000 元的现值将高于按每半年复利一次的现值

B. 实际利率高于 10%　　C. 每一期的利率是 5%

D. B 和 C 是正确的　　E. 以上说法都是正确的

3. 以下哪种说法是正确的？

A. 其他条件都一样，假如债券的到期收益率增加，则它的价格会下降

B. 其他条件都一样，假如债券的到期收益率增加，则它的当前收益会下降

C. 假如债券的到期收益率超过其息票率，则债券会以超过其票面价值的溢价出售

D. 以上说法都是正确的

E. 以上说法都是不正确的

4. 以下哪种说法是正确的？

A. 股票定价模型 $P_0=D_1/(k_e-g)$ 可以被有负增长率的公司使用

B. 假如一种股票要求的收益率 k_e=12%，且股利以常数 5%增长，则意味着股票的股利收益率是 5%

C. 股票的价格是所有预计未来按股利增长率贴现的股利的现值

D. 说法 A 和 C 是正确的

E. 以上所有说法都是正确的

5. 以下哪种说法正确？

A. 公司使用优先股而不是普通股的方式融资的一个好处是公司的管理权不会被稀释

B. 对于投资者，优先股可比普通股提供更稳定和更可靠的收益

C. 公司使用优先股方式融资的一个好处是 70%的已付股利是可以抵税的

D. 说法 A 和 C 是正确的

E. 说法 A 和 B 是正确的

参考答案

1. E　2. D　3. A　4. A　5. E

第四章

读懂报表字里行间的内容

本章学习目标

通过本章学习，读者应该能够：

- 了解公司的主要财务报表——资产负债表、利润表、现金流量表的结构与内容；
- 掌握财务报表分析的基本方法——比率分析法，同时了解趋势分析法和结构分析法；
- 掌握分析企业的变现能力、长期偿债能力、资产使用效率的方法；
- 了解杜邦分析图；
- 了解财务报表分析的局限性。

→引言

5天蒸发25亿美元，唯品会怎么了？

唯品会今日公布了第三季度财报，营收13.63亿美元，同比增长54%，继续延续上季度同比增长下滑的趋势。更为重要的是，唯品会首次出现环比业绩下滑，打破了持续14个季度营收增长的纪录。与之对应的是，唯品会的股价出现了断崖式暴跌。从发布业绩预警到正式公布财报，不到5天时间里，唯品会的股价累计下挫35%，市值蒸发超过25亿美元。

2015年11月13日晚间，唯品会发布业绩预警：2015年第三季度营收为86亿~87亿元，年增长率为61%~63%，而此前的预计是，年增长率为71%~74%，预计营收为人民币91亿元至人民币93亿元。

唯品会的股价旋即应声下跌。从前天收盘价的18.62美元到13.25美元的开盘价，唯品会美股盘前就跌了近30%。在美股论坛上，唯品会的投资者们开始破口大骂："这是大机构投资者的阴谋，那些可恶的庄托，该到崩盘的时候了……"

唯品会对此的解释是，公司第三季度营收低于预期，主要因为中国入秋后的气温高于公司预期，这也让消费者推迟购买相对高价的秋冬服装。

资本市场并不买账。唯品会的股价如同断了线的风筝一样继续往下坠落。11月16日晚间，同在美上市的京东公布了第三季度财报，股价受其利好应声上涨。京东商城CEO（首席执行官）沈皓瑜在随后的分析师会上还打了唯品会的"脸"，称公司服装品类的销售额并没有受到天气方面的影响。

11月18日，唯品会第三季度财报终于公布了庐山真面目。数据显示，营收13.63亿美元，同比增长54%，环比下降6%。这是在上季度增长率下降至75%后，唯品会的增长率再次大幅度下滑。值得注意的是，在媒体报道的唯品会中文财报中，同比增长率为63%，也就是2014年第三季度营收为8.357亿美元。而在唯品会提交给SEC（美国证券交易委员会）的6-K 文件中显示，2014年Q3营收为8.826亿美元，与去年同期公布的一致。核算下来，该季度同比增长率仅为54%。

无独有偶，美国的做空机构Mithra Forensic Research，市场研究机构J Capital Research今年数次针对唯品会发布质疑报告，其中之一就是唯品会在中国递交的财务文件与其递交给美国证券交易委员会的文件并不相同。

资料来源：showalk.5天蒸发25亿美元，唯品会肿么了？雪球网投资论坛，2015-11-19。

财务报表分析是进行经济决策的一个基础。企业管理层和所有利益相关者在进行相应的经营、投资、融资等决策时，需要及时、准确地获得企业的财务状况和经营成果的信息，即对企业的财务报表进行分析。公司对外公布的财务报表主要有资产负债表、利润表和现金流量表，这些报表描述了企业的经营成果和财务状况。报表的使用者通常可运用一些数量分析方法对报表上的财务数据进行分析，从中获取有用的信息，对企业的财务状况和经营成果给出客观的评价，做出正确的决策。企业财务报表分析的主要目的就是：（1）帮助报表的使用者进行合理的投资、提供贷款等决策；（2）对企业的资源和资源的来源进行评估；（3）对未来收益的时间、规模、不确定性进行评价。

第一节　财务报表的种类和分析方法

一、财务报表的使用者

财务报表的使用者可分为内部使用者和外部使用者。内部使用者主要是指企业内部的各级经理人员，他们通过财务报表可了解企业的财务状况、经营成果和存在的问题，从而分析、预测企业发展前景，进行科学合理的决策，提高经营管理效率；外部使用者包括股东、潜在投资者、债权人、银行、政府有关机构、经济学家、供货商、证券交易所、客户，以及财务分析师和咨询机构等，虽然他们所要作的决策各不相同，但要掌握企业过去的经营成果、目前的财务状况，并预测企业未来的经营成果和现金流量，就需要进行财务报表分析。

比如，投资者和债权人对企业的财务报表的使用就有所不同。权益投资者进行财务报表分析的重点是对未来投资收益和投资风险进行分析。因为权益投资报酬与企业的盈利能力、现金流动状况密切相关。通过财务报表分析，了解企业过去的经营业绩和现金流动情况，预测未来的发展前景，可以帮助股东和潜在投资者进行正确的投资决策。而债权人通过贷款或购买企业债券的形式向企业提供资金，以利息形式获取收益并有权到期或分期收回本金。短期债权人分析财务报表着重于企业相关期间再造现金的能力，关注其支付利息偿还本金的能力。而长期债权人不仅关心企业短期的偿债能力，而且分析企业未来的盈利能力、关注企业的长期存续及财务状况。

另外，企业可以通过财务报表分析，了解客户的变现状况和支付能力，而这是制定合理的信用政策和赊销条件的前提。

二、财务报表的种类

在上市公司公布的各种报告中，年度报告是最重要的，它可以提供有关公司年经营成果的说明和影响未来经营发展的阐述，公司主要提供4张基本财务报表，它们是：资产负债表、利润表、现金流量表和所有者权益变动表等。这些报表给出了公司一年的经营成果和财务状况，是公司财务状况和经营成果的一个写照。投资者可据此预测企业将来盈利状况和股利的期望值，以及该企业收益的风险；债权人可以依据年报初步判断企业的偿债能力；企业经理层则可利用企业年度财务报表中的信息，寻找改善企业经营的途径。因此，年度报告对众多的利益相关者是很有价值的。

（一）资产负债表

资产负债表是企业在某一时点的财务状况，反映企业在该时日所拥有或控制的经济资源、所承担的现时义务以及股东所拥有的权益。股东和债权人等外部使用者可由此评估企业的变现能力和偿债能力，分析企业的财务实力和资本结构。

资产负债表表示的是企业资金的来源和运用情况，由三部分构成：资产、负债和股东权益。三者之间的关系是：

资产=负债+股东权益

在资产负债表中，企业的资产按其“流动性”（即把资产转换成现金所需要的时间）的顺序排列，负债则按债务应支付的时间顺序排列，表4–1为永利公司的比较资产负债表。

1. 资产分为流动资产和非流动资产

流动资产包括货币资金、以公允价值计量且其变动计入当期损益的金融资产、应收票据、应收账款、预付款项、存货等。非流动资产包括可供出售金融资产、持有至到期投资、长期股权投资、固定资产、在建工程、无形资产、开发支出、商誉等。通过阅读资产负债表的资产部分，报表使用者可以清楚地了解企业在某一个特定日期所拥有的资产总量及其结构。

2. 负债分为流动负债和非流动负债

负债是企业对其他企业或其他贷款人的欠款。流动负债包括短期借款、交易性金融负债、应付票据、应付账款、预收款项、应交税费、应付利息、应付股利、一年内到期的非流动负债等；非流动负债包括长期借款、应付债券、长期应付款、预计负债等。

3. 股东权益

股东权益又称净资产，是指企业的所有者，即股东在企业中所享有的权益，包括股本、资本公积、盈余公积和未分配利润。股本是指企业投资者按照企业章程或合同、协议的约定，实际投

表4–1 永利公司资产负债表（2015年12月31日） 单位：万元

	2015	2014		2015	2014
货币资金	2 171 559	2 172 985	短期借款	1 852 543	2 187 866
应收票据		2 500	应付票据	552 814	466 880
应收账款	73 391	90 563	应付账款	379 059	514 980
预付账款	95 386	40 975	预收账款	153 954	163 988
应收利息	47 375	40 809	应付职工薪酬	28 701	29 331
应收股利	464	673	应交税费	77 984	80 443
其他应收款	165 202	132 019	应付利息	47 350	37 408
存货	6 291	6 435	应付股利	2 975	5 938
其他流动资产	319 274	291 484	其他应付款	76 321	144 637
			一年内到期的非流动负债	682 901	756 725
流动资产合计	**2 878 942**	**2 778 443**	**流动负债合计**	**3 854 600**	**4 388 195**
可供出售金融资产	442 150	276 458	长期借款	2 766 489	2 574 967
			应付债券	1 524 400	863 796
长期股权投资	1 282 513	1 129 211	长期应付款	384 421	265 624
			递延收益	81 184	74 044
投资性房地产	926 810	1 074 218	递延所得税负债	382 211	333 904
			其他非流动负债	32 426	
固定资产	5 029 556	4 285 641	非流动负债合计	5 171 130	4 112 334
在建工程	1 306 115	1 193 643	负债合计	9 025 730	8 500 529
			股本 1 万股	1 218 218	1 218 218
			资本公积金	568 814	659 615
无形资产	34 147	35 525	其他综合收益	69 259	26 017
商誉	32 887	32 887	盈余公积金	96 985	85 263
			未分配利润	911 887	722 974
长期待摊费用	61 742	66 426	归属于母公司股东权益合计	2 865 164	2 712 087
其他非流动资产	203 343	389 258	少数股东权益	307 311	49 094
非流动资产合计	9 319 262	8 483 266	股东权益合计	3 172 475	2 761 180
资产总计	**12 198 204**	**11 261 709**	**负债和股东权益总计**	**12 198 204**	**11 261 709**

入企业的资本。我国实行的是注册资本制，因而，在投资者足额缴纳资本之后，企业的股本应该等于企业的注册资本。如果投资者投入的资金超过其在注册资本中所占的份额，则超过的部分就作为资本溢价或股本溢价，在“资本公积”科目中反映。其他综合收益反映可供出售金融资产公允价值

变动、权益法下被投资单位净利润之外的变动、金融资产重分类形成的利得和损失、套期保值形成的利得和损失等内容。盈余公积和未分配利润合起来，是许多国外教材中的留存收益的概念。盈余公积包括法定公益金和一般盈余公积（又具体分为法定盈余公积和任意盈余公积）。未分配利润是期初未分配利润加上本期实现的净利润，再减去提取的各种盈余公积和发放的股利之后的余额。

（二）利润表（损益表）

利润表反映的是公司在某一特定会计期间的经营成果，我国采用的是多步式利润表，表中列出了该年度内的营业收入、营业成本、营业税金及附加、销售费用、管理费用、财务费用等各项费用，同时给出了营业利润、利润总额和净利润等利润指标。利润表所提供的信息不仅有助于投资者评估投资获利能力，而且有助于债权人评估企业的偿债能力。因为企业的偿债能力取决于企业的盈利能力。事实上，从持续经营的角度看，盈利能力相比资产变现能力能给债权人提供更大的安全保障，是企业创造稳定和可靠的现金流量的根本保障。表4–2是永利公司的比较利润表。

表4–2　永利公司利润表（2015年度）　　单位：万元

	2015	**2014**
一、营业总收入	**3 604 377**	**3 327 625**
其中：营业收入	3 604 377	3 327 625
减：营业总成本	3 410 060	3 161 909
其中：营业成本	2 770 288	2 614 442
营业税金及附加	6 832	59 752
销售费用	216 614	207 768
管理费用	76 821	69 937
财务费用	340 120	204 533
资产减值损失	–614	5 477
加：公允价值变动收益	–24 917	–6 436
投资收益	80 465	69 638
其中：联营企业和合营企业的投资收益	53 463	43 980
二、营业利润	**249 865**	**228 919**
加：营业外收入	72 883	47 543
减：营业外支出	1 486	346
其中：流动资产处置损失	0	0

（续）

	2015	2014
三、利润总额	**321 263**	**276 116**
减：所得税费用	56 998	58 585
四、净利润	**264 265**	**217 531**
其中：归属于母公司所有者的净利润	259 117	215 866
少数股东损益	5 148	1 665
五、其他综合收益的税后净额	**43 243**	**16 948**
六、综合收益总额	**307 508**	**234 480**
其中：归属于母公司股东的综合收益总额	302 360	232 814
归属于少数股东的综合收益总额	5 148	1 665
七、每股收益		
（一）基本每股收益（元/股）	0. 213	0. 177
（二）稀释每股收益（元/股）	0. 213	0. 177

（三）现金流量表

利润表仅反映了当期利润形成的情况，而当期现金流动情况并没有说明。现金流量对企业的财务状况有很大的影响，因此有必要向利益相关者提供其情况。现金流量表反映的是企业在会计期间的经营活动、投资活动和筹资活动对现金及现金等价物产生的影响。现金流量表包括三个部分，分别说明了企业的经营活动、投资活动和融资活动对现金流量的影响。表4–3是永利公司2015年度现金流量表。

表4–3　永利公司现金流量表（2015年度）　　单位：万元

	2015	2014
一、经营活动产生的现金流量：		
销售商品、提供劳务收到的现金	4 033 365	3 826 806
收到其他与经营活动有关的现金	243 083	292 199
经营活动现金流入小计	4 276 447	4 119 004
购买商品、接受劳务支付的现金	2 638 153	2 155 627
支付给职工以及为职工支付的现金	204 533	190 219
支付的各项税费	361 108	329 470
支付其他与经营活动有关的现金	472 189	368 927

（续）

	2015	2014
经营活动现金流出小计	3 675 983	3 044 243
经营活动产生的现金流量净额	600 464	1 074 762
二、投资活动产生的现金流量：		
收回投资收到的现金	218 893	329 500
取得投资收益收到的现金	20 493	30 881
处置固定资产、无形资产和其他长期资产收回的现金净额	251 182	157 149
收到其他与投资活动有关的现金	449 027	198 375
投资活动现金流入小计	939 595	715 904
购建固定资产、无形资产和其他长期资产支付的现金	778 495	881 614
投资支付的现金	478 755	762 184
取得子公司支付的现金净额	90 213	368 635
支付其他与投资活动有关的现金	223 358	386 736
投资活动现金流出小计	1 570 821	2 399 168
投资活动产生的现金流量净额	－631 227	－1 683 264
三、筹资活动产生的现金流量：		
吸收投资收到现金	274 000	50 000
取得借款的现金	4 057 199	4 167 340
发行债券收到的现金	696 742	296 128
收到其他与筹资活动有关的现金	460 245	215 000
筹资活动现金流入小计	5 488 185	4 728 468
偿还债务支付现金	4 324 773	3 334 158
分配股利、利润或偿付利息支付的现金	409 711	454 053
支付其他与筹资活动有关的现金	707 655	546 901
筹资活动现金流出小计	5 442 138	4 335 112
筹资活动产生的现金流量净额	46 048	393 356
四、汇率变动对现金及现金等价物的影响	**939**	**－640**
五、现金及现金等价物净增加额	**16 224**	**－215 786**
加：期初现金及现金等价物余额	1 720 339	1 936 125
六、期末现金及现金等价物余额	**1 736 563**	**1 720 339**

表4–3中给出的是直接法下编制的现金流量表，我国上市公司上现金流量表的主表中使用直接法编制现金流量表，同时在补充资料中披露间接法下的经营活动产生的现金流量净额。现金流量是投资分析人员、银行贷款人员和公司管理层都十分关心的，如果预计现金流量充分，企业获得贷款的可能性就高，也就会吸引更多的人去投资；如果现金流量存在问题，则企业获得贷款的可能性就相对较低。

（四）所有者权益变动表

所有者权益变动表是反映公司本期（年度或中期）内截至期末所有者权益变动情况的报表。2007年现行准则实施之后，正式将所有者权益变动表作为与资产负债表、利润表和现金流量表并列披露的第4张财务报表。所有者权益变动表应当以矩阵的形式列示，具体参见表4–4永利公司的所有者权益变动表。

表4–4　永利公司所有者权益变动表（2015年度）　　单位：万元

项目	本期												
	归属于母公司所有者权益											少数股东权益	所有者权益合计
	股本	其他权益工具			资本公积	减：库存股	其他综合收益	专项储备	盈余公积	一般风险准备	未分配利润		
		优先股	永续债	其他									
一、上年期末余额	**1 218 218**				**6 659 615**		**26 017**		**85 263**		**722 974**	**49 094**	**2 761 180**
加：会计政策变更													
前期差错更正													
同一控制下企业合并													
其他													
二、本年期初余额	**1 218 218**				**6 659 615**		**26 017**		**85 263**		**722 974**	**49 094**	**2 761 180**
三、本期增减变动金额					**−90 801**		**43 243**		**11 722**		**188 914**	**258 217**	**411 294**
（一）综合收益总额							43 243				259 117	5 148	307 508
（二）所有者投入和减少资本													
1. 股东投入的普通股													
2. 其他权益工具持有者投入资本													

（续）

项目	本期												
	归属于母公司所有者权益											少数股东权益	所有者权益合计
	股本	其他权益工具			资本公积	减：库存股	其他综合收益	专项储备	盈余公积	一般风险准备	未分配利润		
		优先股	永续债	其他									
3. 股份支付计入所有者权益的金额													
4. 其他													
（三）利润分配									17 165		−17 165		—
1. 提取盈余公积									17 165		−17 165		
2. 提取一般风险准备													
3. 对所有者（或股东）的分配													
4. 其他													
（四）所有者权益内部结转													
1. 资本公积转增资本（或股本）													
2. 盈余公积转增资本（或股本）													
3. 盈余公积弥补亏损													
4. 其他													
（五）专项储备													
（六）其他					−90 801				−5 443		−53 039	253 070	103 787
四、本期期末余额	**1 218 218**				**568 814**		**69 259**		**96 985**		**911 887**	**307 311**	**3 172 475**

上市公司需要披露比较所有者权益变动表，本章由于篇幅所限，仅列示出2015年的报表。所有者权益变动表对报表使用者了解权益的变动及其原因是非常有用的。从表4–4中可以看出权益变动的轨迹，例如，永利公司年末的所有者权益与年初相比为什么增加了41.1亿元？这主要是由于当期实现盈利26.4亿元，少数股东又增资27.4亿元；而提取盈余公积只不过是权益内部项目之间的重新分配，并没有影响权益总额。

三、财务报表的分析方法

不同的利益相关者进行财务报表分析的目的不同。在开始进行财务报表分析之前，首先一定要明确分析的目的是什么。一般来说，财务报表分析的核心在于，评价企业的偿债能力和盈利能力。

偿债能力又分为短期偿债能力和长期偿债能力。短期偿债能力也就是变现能力，即资产转换为现金的能力。无论是短期债权人，还是长期债权人，都需要了解企业现金及现金等价物与负债之间的对比关系，以及评估企业偿还流动负债和到期长期负债的能力。根据企业的变现能力，也可预测企业分派股利和扩大经营所需的现金流量。一般来说，变现能力越强，企业的财务风险就越小。

财务实力是指企业采取有效措施来改变现金流量的金额和时间分布以便对付意外事件和利用机会的能力。财务实力是由企业的资本结构决定的，如果企业负债过度，一直未能迅速、及时地筹集足够的资金来充分利用有利可图的投资机会或偿还到期债务，则说明它缺乏财务实力。显然，财务实力越强，企业就越容易在不景气或竞争激烈的经济环境中生存，越有可能利用各种良好投资机会，而且企业破产的可能性就越小。

企业的偿债能力与盈利能力是相互关联的。企业的经营状况差，势必影响未来的现金流入净额和营运资本，而现金流入净额和营运资本不足，必然会影响企业的偿债能力。如果企业不能及时清偿其到期的债务，又势必影响其筹资活动，使经营资金更加不足，以至于陷于亏损而处境困难。与此相反，盈利不断增长的企业则必然拥有充裕的经营资金和可信赖的偿债能力，而且又能从经营活动的扩张中进一步提高其盈利能力。正因为如此，衡量和评价企业的偿债能力和盈利能力是财务分析的中心。

由于这种相互关联的情况，进行报表分析就不能孤立进行，而是要利用财务报表中提供的基本数据找出其相互的关系，并确定比较的标准，然后结合经济环境、行业背景、政策法规、公司特点等，对利益相关者的决策提供相关的、有用的信息。财务报表的基本分析方法主要有以下三种。

（一）横向分析

所谓**横向分析**（horizontal analysis）是指将两个或两个以上会计期间的财务报表中的相同项目

进行比较分析，分析其变动趋势和变动原因，所关注的是同一项目在不同期间的变动情况。在横向分析中，往往将某些重要项目的期数和数据列示，计算变动的数额或百分比，这种分析方法也称为**趋势分析**（trend analysis）。

（二）纵向分析

所谓**纵向分析**（vertical analysis）是指同一财务报表中不同项目之间的比较，分析同一报表中不同财务项目之间的相互关系，以评价各项目之间的关系是否适当，又称**结构分析**（structure analysis）。

（三）比率分析

财务比率是指财务报表中的两个有一定关系的项目之间的数量之比，财务比率分析就是通过分析同一财务报表或不同财务报表中两个项目之间的比例关系，以对企业的财务状况、盈利能力及管理效率进行判断和评价。

第二节　财务报表的横向分析和纵向分析

一、财务报表的横向分析

财务报表的横向分析主要包括编制比较财务报表和趋势分析。

（一）比较财务报表

比较财务报表是指两期或数期财务报表的并列，在使用比较财务报表进行分析时，通常把财务报表上同一项目前后两期的数额加以对比，计算出增减变动的金额和百分比，重点在于分析不同期间同一项目的变动情况和变动原因。

前面表4-1是永利公司两年的比较资产负债表，表4-2是永利公司两年的比较利润表。

分析比较财务报表可了解各项目变动的状况，分析变动的原因以及判断各项目的变动幅度是否适当。永利公司的比较财务报表显示该公司的现金、应收账款、存货和非流动负债有较大变化，可从企业的管理、经营规模扩大、市场销售增长的需要、融资需求等方面分析其原因。从比较利润表看，营业收入虽然有所增长，但净利润却下降了，分析其原因，主要是财务费用的增长。在使用比较财务报表时，值得注意的是，对于变动的绝对数额和变动的百分比都要给予关注，应相互联系地进行分析，仅关注其中之一可能会导致错误的结论。例如，永利公司的应收账款在下降［(73 391-90 563）/90 563=-18.96%］，而营业收入在增长［(3 604 377-3 327 625）/3 327 625=8.32%］，说明应收账款的周转速度和变现能力在提高。

（二）趋势分析

我国上市公司信息披露的规范规定，上市公司在年报中必须披露公司近3年的主要会计数据和财务指标（有的公司可能会披露更长期间的可比财务数据）。这些财务数据可以是历年该项目的金额的列示，也可以是以某一年为基期计算的百分比。通过对这些长期数据的计算分析，可以预测公司未来的某些财务项目的发展趋势，此称为趋势分析。

表4-2为永利公司近两年营业收入和净利润数据，计算表上营业收入或净利润历年的变动幅度，可以预测该项目未来的变动趋势。变动百分比可以某一时期的数额为基数进行计算。计算公式如下：

$$\frac{\text{某年数据}-\text{基期数据}}{\text{基期数据}}\times 100\% \tag{4.1}$$

报表的使用者若要预测永利公司未来年份的营业收入，可以根据表4-2的数据计算营业收入的年平均增长率，然后用年平均增长率预测未来营业收入的变动趋势。

在进行趋势分析时，要注意某些年份内的不可比因素或一些偶发性事件的影响。如果在预测期内，不存在产生历史数据的类似因素，那么在使用历史数据进行预测时，应对这些数据加以修正和调整。

二、财务报表的纵向分析

横向分析或趋势分析都着重于分析同一财务项目在不同期间的变动情况，纵向分析则着重于特定财务报表内不同项目之间的相互关系，纵向分析通常采用编制共同比财务报表的方式。所谓**共同比报表**（common size statement），是将报表中的每一个项目表述为同一报表内某一关键项目的百分比，这一关键项目称为基数。例如在利润表上，将营业收入作为基数，其余项目均表述为营业收入的百分比。资产负债表上把总资产或负债和股东权益总额作为基数，其余各构成项目表述为该基数的百分比。这种以结构比率所表述的报表称为共同比报表。为了更有利于财务数据的应用，报表的分析者往往将横向分析和纵向分析结合起来，编制比较的共同比报表。

共同比报表反映了同一报表内有关项目之间的比例关系，显示了各项目的相对重要地位，有利于分析比较同一报表内各项目的变动状况。例如，根据比较共同比资产负债表上的资产构成，可观察出企业资产的流动性和各项资产所占比例是否适当；通过负债和股东权益的构成比例，可分析资本结构的合理性。

表4-5是永利公司比较共同比资产负债表和比较共同比利润表。根据前面比较资产负债表，永利公司的各项资产规模和结构基本保持稳定，只有预付账款增幅比较大。从资金来源上看，负债的比例有所下降。从共同比利润表可以看出，永利公司营业利润率上升，主要是由于营业成本的下降所引起的。

另外，共同比报表可以排除由于企业规模不同绝对数额的不可比性，比如简单地将一个公司的存货与同行业另一企业的存货相比较，很难说明问题，但若都以其在结构中所占的百分比表示，则可以将两个公司进行比较，这样的比较才具有意义。

表4-5　永利公司共同比资产负债表和利润表

（1）永利公司共同比资产负债表

	2015	2014		2015	2014
货币资金	17.80%	19.30%	短期借款	15.19%	19.43%
应收票据	0.00%	0.02%	应付票据	4.53%	4.15%
应收账款	0.60%	0.80%	应付账款	3.11%	4.57%
预付账款	0.78%	0.36%	预收账款	1.26%	1.46%
应收利息	0.39%	0.36%	应付职工薪酬	0.24%	0.26%
应收股利	0.00%	0.01%	应交税费	0.64%	0.71%
其他应收款	1.35%	1.17%	应付利息	0.39%	0.33%
存货	0.05%	0.06%	应付股利	0.02%	0.05%
其他流动资产	2.62%	2.59%	其他应付款	0.63%	1.28%
			一年内到期的非流动负债	5.60%	6.72%
流动资产合计	**23.60%**	**24.67%**	**流动负债合计**	**31.60%**	**38.97%**
可供出售金融资产	3.62%	2.45%	长期借款	22.68%	22.86%
			应付债券	12.50%	7.67%
长期股权投资	10.51%	10.03%	长期应付款	3.15%	2.36%
			递延收益	0.67%	0.66%
投资性房地产	7.60%	9.54%	递延所得税负债	3.13%	2.96%
			其他非流动负债	0.27%	0.00%
固定资产	41.23%	38.05%	非流动负债合计	42.39%	36.52%

（续）

	2015	2014		2015	2014
在建工程	10.71%	10.60%	负债合计	73.99%	75.48%
			股本丨万股	9.99%	10.82%
			资本公积金	4.66%	5.86%
无形资产	0.28%	0.32%	其他综合收益	0.57%	0.23%
商誉	0.27%	0.29%	盈余公积金	0.80%	0.76%
			未分配利润	7.48%	6.42%
长期待摊费用	0.51%	0.59%	归属于母公司股东权益合计	23.49%	24.08%
其他非流动资产	1.67%	3.46%	少数股东权益	2.52%	0.44%
非流动资产合计	76.40%	75.33%	股东权益合计	26.01%	24.52%
资产总计	**100.00%**	**100.00%**	**负债和股东权益总计**	**100.00%**	**100.00%**

（2）永利公司共同比利润表

（续）

	2015	2014
一、营业总收入	**100.00%**	**100.00%**
其中：营业收入	100.00%	100.00%
减：营业总成本	94.61%	95.02%
其中：营业成本	76.86%	78.57%
营业税金及附加	0.19%	1.80%
销售费用	6.01%	6.24%
管理费用	2.13%	2.10%
财务费用－净额	9.44%	6.15%
资产减值损失	－0.02%	0.16%
加：公允价值变动收益	－0.69%	－0.19%
投资收益	2.23%	2.09%
其中：联营企业和合营企业的投资收益	1.48%	1.32%
二、营业利润	**6.93%**	**6.88%**
加：营业外收入	2.02%	1.43%
减：营业外支出	0.04%	0.01%
三、利润总额	**8.91%**	**8.30%**
减：所得税费用	1.58%	1.76%
四、净利润	**7.33%**	**6.54%**

第三节　财务比率分析

财务比率分析就是将财务报表上某些有关系的财务项目的金额的比率加以计算和比较，从而判断企业的财务状况、盈利能力以及经营管理效率等方面的情况。进行财务分析常用的比率有企业资产流动状况的比率、企业偿债能力的比率、企业**盈利能力的比率**（profitability ratio），以及股票价格和股利分派等方面的比率。在比率分析中可将目前的状况与本企业的历史状况、经理所设定的标准、行业标准等进行比较。

本企业的历史标准是指企业本身过去实际完成情况形成的一套连续的历史标准，在衡量企业业绩中具有高度的可比性。

人们在分析中广泛采用了行业标准。许多同业公会按企业规模和地理分布编制详尽的资产负债表和利润表的各种比率，便于企业比较自己于行业中所处的地位。但是在使用行业标准时，由于各企业采用的会计方法不同，企业经营产品构成不同，而可能会导致可比性的下降。

一、短期偿债能力

企业对当前债务的偿还能力预示着企业的近期财务风险。一家盈利的企业很可能由于陷入当前债务危机而宣布破产或被兼并。可以说，盈利能力是企业能否发展的重要因素，而企业的短期偿债能力反映的是企业资产的流动性，它对短期债务的清偿有重大影响，短期偿债能力差则是企业破产的导火索。偿债能力比率把流动资产和流动负债联系了起来，是经理、债权人分析企业短期偿债能力的指标。企业短期偿债能力对其长期偿债能力、股利的分派和支付等都会产生影响。

流动比率评价企业资产的流动状况，着重于企业营运资本的分析，目的在于考察企业近期的偿付能力。企业的短期债务需要用流动资产来偿还，企业的长期债务到期也转化成了企业的短期债务，一般也要用流动资产来偿还。企业短期偿债能力对长期偿债能力、股利的分派和支付等都会产生影响。

评价企业短期财务状况通常应考察企业的营运资本，分析企业资产的流动状况。营运资本是企业用于日常业务的流动资金，计算公式如下：

$$\text{营运资本=流动资产-流动负债} \tag{4.2}$$

永利公司2015年的营运资本为：

$$营运资本=2\ 878\ 942-3\ 854\ 600=-975\ 658（万元）$$

分析企业资产的流动状况通常要计算企业的流动比率和速动比率。

（一）流动比率

流动比率（current ratio）是企业的流动资产和流动负债之比，也称为营运资本比率。该比率用以衡量企业偿还流动负债的能力，是分析企业变现能力、评价企业短期偿债能力最常用的指标。其计算公式如下：

$$流动比率=\frac{流动资产}{流动负债} \tag{4.3}$$

永利公司2015年12月31日的流动比率为：

$$流动比率=\frac{2\ 878\ 942}{3\ 854\ 600}=0.75（倍）$$

即永利公司的流动资产是其流动负债的0.75倍。

永利公司2014年、2015年流动比率分别为0.61和0.75，与自身历史水平比较来看，该公司流动比率有所提高。2014年行业的平均水平是1.02，2015年是0.99，与行业平均水平比较来看，该公司短期偿债能力偏弱。

流动比率越高，其偿还短期债务的能力就越强。但考虑到为最有效地运用资金，流动资产与固定资产的配置应合理，因此流动比率也不能太高，不同行业的性质、企业本身的理财和营业活动特点等会使此比率有差异。

（二）速动比率

由于流动资产中有存货等流动性相对较差的资产，因此流动比率存在一定的局限性，因此可以使用**速动比率**（quick ratio）来评价企业的短期偿债能力。速动比率也称为**酸性测试比率**（acid-test ratio），是企业的速动资产与流动负债的比率。所谓速动资产是指企业的货币资金、以公允价值计量且其变动计入当期损益的金融资产、应收账款、应收票据等能够快速变现的流动资产。其计算公式如下：

速动资产=货币资金+以公允价值计量且其变动计入当期损益的金融资产+应收账款+应收票据

或 **速动资产=流动资产合计−存货−预付费用** （4.4）

因此，速动比率为：

$$速动比率=\frac{速动资产}{流动负债} \tag{4.5}$$

永利公司2015年的速动资产按照减法算法计算=2 878 942–6 291–95 386=2 777 265（万元），因此，永利公司2015年12月31日的速动比率为0.72。

永利公司2014年、2015年的速动比率分别为0.62和0.72，行业平均水平在这两年分别是0.94和0.90。与行业平均水平比较，永利公司的短期偿债能力较差。与自己去年比较，速动比率增强。速动比率的大小也必须根据行业的不同性质以及企业自身特点进行判断，并不存在绝对的经验指标。

对比流动比率和速动比率，大家会发现，案例公司这两个比率的大小相差并不大，这一定是因为存货而不是该公司其他流动资产的重要项目所导致的。永利公司处于服务类行业，如果是工业类或者商业类的公司，存货往往数值较大，那么流动比率和速动比率就会相差较多。

二、资产管理效率

（一）应收账款周转率

应收账款是速动资产的组成部分，但应收账款本身可能存在某些潜在问题，如逾期待催的账款所占比例过大等，从而影响其变现速度，这就要进一步考察收账工作是否得力，信用政策是否合适，分析应收账款的流动性。常用的比率有**应收账款的周转率**（accounts receivable turnover）或平均收账期。

$$应收账款周转率=赊销净额/平均应收账款 \tag{4.6}$$

假设永利公司所有销售都是赊销，永利公司2015年应收账款周转率=3 604 377/(73 391+90 563）/2=43.97（次）

（二）平均收账期

应收账款的平均收账期表明了应收账款的平均占用期，此比率越低越好，越低说明应收账款回收速度较快，应收账款的占用较少。计算公式如下：

$$平均收账期=365/应收账款周转率 \tag{4.7}$$

永利公司2015年平均收账期计算如下：

平均收账期=365/43.97=8.3（天）

（三）存货周转率

计算**存货周转率**（inventory turnover ratio）的公式为：

$$存货周转率=营业成本/平均存货 \tag{4.8}$$

$$存货周转天数=365/存货周转率 \tag{4.9}$$

永利公司2015年的存货周转率和存货周转天数分别为：

存货周转率=2 770 288/[(6 291+6 435) /2] =435（次）

存货周转天数=365/435=0.84（天）

存货周转天数表示企业在存货上的投资转化为现金的天数，由于该公司属于服务行业，存货数量非常少，所以存货的周转率很高。这个指标对服务业就不像对工业类和商业类的企业那么有用了。

一般存货周转率越高或存货周转天数越少，表明存货管理和购销活动效率较高，存货流动性好。在分析的时候，应注意所在行业的存货特点，行业不同，差别往往很大。

（四）固定资产周转率

固定资产周转率反映了企业利用其固定资产的生产能力的程度。其计算公式如下：

$$固定资产周转率=\frac{营业收入}{固定资产} \tag{4.10}$$

从表4–1中可知，2015年永利公司的固定资产为5 029 556万元，则根据公式（4.10），可计算得该公司的固定资产周转率为：

固定资产周转率=3 604 377/5 029 556=0.72（次）

而公司2014年的固定资产周转率是0.78次，这说明永利公司2015年对其固定资产的利用程度比2014年有所下降。

（五）总资产周转率

总资产周转率反映企业相对其资产规模所产生的营业量。其计算公式如下：

$$总资产周转率=\frac{营业收入}{平均总资产} \tag{4.11}$$

从永利公司资产负债表和利润表中分别获得相关资料，计算得2015年的总资产周转率为：

总资产周转率=3 604 377/[（12 198 204+11 261 709）/2] =0.31（次）

以上这些比率都应当结合行业标准和自己公司的历史标准，来进行分析与判断。

三、企业长期偿债能力

企业的长期偿债能力，主要是指其定期支付利息和到期偿还本金的能力。前面分析企业的短期偿债能力时主要关注的是流动资产与流动负债之间的关系。而分析长期偿债能力，既要评价资产负债表所反映的长期财务状况，又要分析利润表所反映的盈利能力。对长期债务而言，债权人关心的是企业的长期存续性，如果企业的盈利能力很强，日后就能从经营活动中获取足够的现金，或从其他债权人及投资者那儿筹集到新的资金。因此企业盈利能力也是评价其长期偿债能力的主要指标。

负债比率和负债权益比率通常被用来评价企业的偿债能力。尽管这些比率着重于长期债务的偿还能力，但债权人和股东都很重视，且用其判断投资风险和获利的可靠性。

（一）负债比率

负债比率是负债总额与资产总额之比，负债比率越低，说明债权人为公司提供的资金越少；若公司的该比率增大，企业需要资金举债时，则成本会增大，企业破产风险将增加。

$$负债比率=\frac{负债总额}{资产总额} \tag{4.12}$$

2015年永利公司的负债比率为：

负债比率=9 025 730/12 198 204=73.99%

这表明债权人提供了该公司全部资金的73.99%。

（二）负债权益比率

负债权益比率反映债权人和股东在企业资金供应中的相对贡献。

$$负债权益比率=\frac{负债总额}{股东权益总额} \tag{4.13}$$

2015年永利公司的负债权益比率为：

负债权益比率=9 025 730/3 172 475=2.85

这表明公司的债权人与股东对资金的贡献比为2.85:1，债权人提供的资金高于股东提供的资金。

（三）利息保障倍数

负债权益比率可以反映财务风险，但未涉及债券持有者最关心的问题，即债务人能否按期还本付息，**利息保障倍数**（interest coverage ratio）可以弥补这方面的不足，它反映企业是否能提供足够的营业收益以偿还债务，是从企业的盈利能力角度来评价企业的长期偿债能力。

利息保障倍数计算公式如下：

$$\text{利息保障倍数}=\frac{\text{息税前收益}}{\text{利息费用}} \tag{4.14}$$

其中，息税前收益可以用营业收入减去营业成本、营业税金及附加、销售费用和管理费用来计算。假设永利公司利润表上的财务费用就是当期的利息费用，永利公司2015年的利息保障倍数为：

利息保障倍数=533 822/340 120=1.57（倍）

利息保障倍数这个指标往往随着企业盈利多少和企业负债程度而呈现波动较大的状态，因此观察这个指标需要计算连续好几年的数据来进行趋势分析。

四、企业盈利能力

企业的盈利能力是企业能够长久发展的核心，如果企业具有持续增长的盈利能力，就可以扩展企业经营规模，改善企业财务状况，实施有吸引力的股利分派政策。因此，分析企业的盈利能力在财务报表分析中是非常重要的，而这也是债权人、投资者和企业管理者都非常关心的问题。分析企业的盈利能力可以从以下四个方面考虑。

（一）毛利率（销货利润率）

毛利率是营业收入减去营业成本后所得的毛利与营业收入之比，它是分析企业盈利能力的一个常用指标。其计算公式如下：

毛利率=（营业收入–营业成本）/营业收入=毛利/营业收入 （4.15）

永利公司2015年的毛利率为：

毛利率=834 089/3 604 377=23.14%

在运用毛利率评价企业的盈利能力时应与同行业的其他企业相比，不同行业的毛利率往往悬殊较大。毛利率未反映企业在控制费用方面的能力，所以许多报表分析者除了计算毛利率外，还要分析净利润率。

（二）净利润率

净利润率=净利润/营业收入 （4.16）

2015年永利公司的净利润率=264 265/3 604 377=7.33%

净利润率表明了企业扣除所有成本（包括税收在内）因素后的盈利能力。经常需要将以上两个比率结合起来考虑，以便了解企业的经营状况。例如，近几年来毛利率大体相同，但同一时期净利润率下降，可以断定若不是费用增加，便是税率提高了，我们就有必要对这些因素做进一步分析。永利公司毛利率和净利润率都处于上市公司的中等水平，具体对盈利能力的判断还需要结合趋势和行业对比指标来进行。

（三）资产报酬率

资产报酬率（return on asset）是评价企业盈利能力的重要指标，衡量的是全部资产带来的收益。其计算公式如下：

资产报酬率=（净利润）/平均总资产 （**4.17**）

资产报酬率又叫“盈利力”，它可以分解为两个比率：

资产报酬率=总资产周转率×净利润率

2015年永利公司的资产报酬率为：

资产报酬率=264 265/[（12 198 204+11 261 709）/2] =2.25%

（四）权益报酬率

相对于总资产带来的报酬，股东更关心自己的投入给自己所带来的回报，这就是**权益报酬率**（return on equity）。权益报酬率表明企业账上股东权益的盈利率，其计算公式如下：

$$\text{权益报酬率}=\frac{\text{净利润}-\text{优先股股利}}{\text{股东权益平均额}} \quad (4.18)$$

由于永利公司没有发行优先股，因此2015年永利公司的权益报酬率为：

权益报酬率=264 265/[（3 172 475+2 761 180）/2] =8.9%

该数据与行业的平均水平持平。

权益报酬率=资产报酬率×（1+B/E） （**4.19**）

公式（4.19）中的B/E表示负债与权益比率，反映的是债权人和股东对公司资金的相对贡献。这说明权益报酬率不仅取决于资产报酬率，而且还取决于股东权益的结构比重，因此它是企业资产使用效率与企业融资状况的充分体现。

五、市场比率

对于上市公司而言，投资者很看重企业股票的市值和所能得到的回报，这可用以下三个比率进行分析：

（一）市盈率（P/E 比率）

价格收益比通常称为**市盈率**（price/earning ratio），是每股市价和**每股收益**（earning per share）的比，所反映的是投资者对企业的信心。计算公式为：

$$\text{市盈率}=\frac{\text{每股市价}}{\text{每股收益}} \tag{4.20}$$

市盈率是股票投资者对股票进行技术分析的一个基本衡量标准，它表明了每股普通股的现行市场价格与目前获利的关系，反映了证券市场对公司将来收益和与之相关的风险的评估。从理论上讲，在购入时，市盈率越低的股票越适合投资，因为其价格下跌的可能性越低，因而风险越小。但是在股票市场上，只有普遍被投资者认为值得投资的股票，价格才会上升，从而市盈率才会升高。市盈率太高或太低均不适宜投资。因此，不能简单地把市盈率的高低作为选择股票投资的标准。

（二）股利/价格比

股利/价格比就是股利收益率，投资者可根据这个指标来分析他的短期报酬率。但一个企业分派股利的情况是根据公司的股利政策而确定的，所以这个比率不能说明是否应该投资。

（三）市价/账面比

股票的市价/账面比是投资者评价公司的另一个指标，它表明公司股票按高于公司账面价值的几倍价格出售。一般来说，该项指标越高越好，其计算公式如下：

$$\text{市价/账面比}=\text{每股市价/每股账面值} \tag{4.21}$$

六、杜邦财务分析体系

财务比率分析虽然直接明了，但各比率之间的逻辑关系没有显示出来，不能看出企业整体的情况，而采用综合分析的方法就能弥补这个不足，杜邦公司创造的**杜邦分析体系**（Du-Pont system of analysis）就是一个非常有效的方法。杜邦分析体系说明了各项关键的财务比率是相互关联和互相影响的，是用来评估业绩的分析方法。它的出发点和终点都是股东权益报酬率，是个衡量股东回报的指标。将这个比率分解成多项财务比率的乘积，有助于深入分析和比较公司的经营业绩。分析首先从权益报酬率出发，进而从经营、资产管理和财务杠杆运用这3个方面逐项分析，主要分析造成权益报酬率不甚理想之处，最终提高股东的收益。运用杜邦图能直接把我们引向出现问题的具体方面，而且该图能指出提高权益报酬率的最佳方法。

杜邦公式的简单形式是将各项指标进行分解：

股东权益报酬率（ROE）=净利润/股东权益

=（净利润/营业收入）×（营业收入/总资产）×（总资产/股东权益）

=净利润率×资产周转率×（1+负债/股东权益）

也可表述为：ROE =（净利润/总资产）×（总资产/股东权益）

=ROA×（1+B/E）

其中，ROA为资产报酬率。

图4–1描述了杜邦分析体系的基本原理。

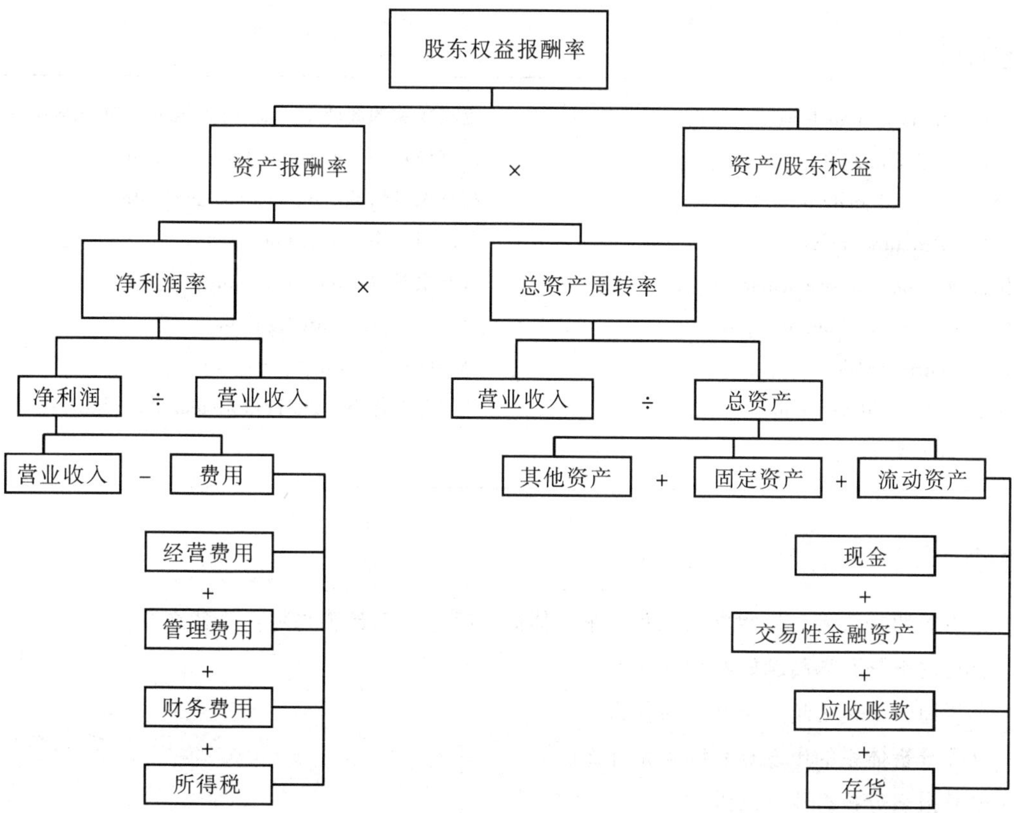

图4–1　杜邦分析图

第四节 财务报表分析的局限

通过财务报表分析，经理、投资者、债权人等利益相关者能够对企业的财务状况有一定的了解，并能够对其进行比较分析，从而作为决策的一个依据。但是财务报表分析也有其局限性。财务报表是按照会计准则编制的，如历史成本原则，存货、固定资产折旧可采用不同的核算方法，这些都会造成报表所披露的情况与现实情况的差异，造成各企业的报表比较的困难。而且在企业所处的环境中，经济、政策、产业、产品生命周期等各种因素以及企业内部的各种因素都在变化，而财务报表本身并不能揭示、辨别这些变动的原因。而且企业未来的外部经济环境和内部情况都有一定程度的不确定性。所以财务报表分析仅能作为决策的依据之一，而不能作为决策的唯一依据。

关键术语

横向分析　horizontal analysis
趋势分析　trend analysis
纵向分析　vertical analysis
结构分析　structure analysis
共同比报表　common size statement
盈利能力的比率　profitability ratio
流动比率　current ratio
酸性测试比率　acid-test ratio
速动比率　quick ratio
应收账款的周转率　accounts receivable turnover
存货周转率　inventory turnover ratio
利息保障倍数　interest coverage ratio
资产报酬率　return on asset
权益报酬率　return on equity
市盈率　price/earning ratio
每股收益　earning per share
杜邦分析体系　Du-Pont system of analysis

思考题

4-1　作为短期贷款人、长期贷款人和股东，他们对哪些比率最感兴趣？为什么？
4-2　流动比率是否越高越好？为什么？
4-3　存货周转率是否越高越好？为什么？
4-4　杜邦分析体系的出发点和终点是什么？
4-5　财务报表分析有哪些局限性？

练习题

4-1　有关贝锐公司和行业指标如表4-6、表4-7和表4-8所示。

表4-6　贝锐公司资产负债表（2015年12月31日）　单位：千元

资产		负债和所有者权益	
现金	155	应付账款	258
应收账款	672	应付票据	168
存货	483	其他流动负债	234
流动资产合计	1 310	流动负债合计	660
固定资产	585	长期负债	513
		负债总额	1 173
		普通股权益	722
资产总计	**1 895**	**负债和所有者权益总计**	**1 895**

表4-7　贝锐公司利润表（2015年度）　单位：千元

项目	金额
营业收入	3 215
减：营业成本	2 785
毛利	430
减：销售和管理费用	290
息税前收益	140
减：利息费用	49
税前收益	91
减：所得税费用	36.4
净利润	54.6

表 4-8　贝锐公司主要财务指标

比率	行业平均水平	贝锐公司
流动资产/流动负债	2.0	
应收账款收账期	35 天	
营业成本/存货	6.7 次	
营业收入/总资产	3.0 次	
净利润率	1.2%	
资产报酬率	3.6%	
权益报酬率	9.0%	
负债比率	60%	

(1) 计算该公司的有关比率。

(2) 构造杜邦分析图。

(3) 分析该公司的优势和劣势。

4-2 用杰森公司的有关比率和行业平均值构造杜邦分析体系，而且对公司进行评估时，应着重分析哪些方面？

表4-9 杰森公司相关财务指标与行业平均水平

	2013		2014		2015	
	杰森公司	行业平均	杰森公司	行业平均	杰森公司	行业平均
权益乘数	1.75	1.67	1.75	1.69	1.85	1.64
净利润率	0.059	0.054	0.058	0.047	0.049	0.041
资产周转率	2.11	2.05	2.18	2.13	2.34	2.15

4-3 根据天牧公司2015年的资产负债表和利润表，并参照行业平均水平，试对公司的财务状况进行分析。

表4-10 天牧公司资产负债表（2015年度） 单位：千元

资产		负债和股东权益	
流动资产		流动负债	
现金和短期投资	90	应付票据	290
应收账款	394	应付账款	94
存货	696	应付所得税	16
预付费用	15	其他应计负债	100
流动资产合计	1 195	流动负债合计	500
固定资产	1 030	长期负债	530
减：累计折旧	329	负债合计	1 030
固定资产净值	701	普通股	200
长期投资	50	增收资本	729
其他长期资产	223	留存收益	210
长期资产合计	273	股东权益合计	1 139
资产总计	**2 169**	**负债和股东权益总计**	**2 169**

表4-11 天牧公司利润表（2015年度） 单位：千元

营业收入	2 211
减：营业成本	1 599
毛利	612
减：销售和管理费用	402

（续）

息税前收益	210
减：利息费用	59
税前收益	151
减：所得税费用	60
净利润	91
普通股股利	38
未分配利润增加额	53

表4–12　天牧公司相关财务指标与行业平均水平（2013~2015年）

	2013		2014		2015	
财务指标	天牧公司	行业平均	天牧公司	行业平均	天牧公司	行业平均
流动比率	1.91	2.01	2.26	2.09		2.15
速动比率	1.11	1.25	1.04	1.23		1.25
负债比率	45%	47%	47%	47%		47%
利息保障倍数	10.30	4.66	3.35	5.02		5.19
平均收账期	83.6	69.2	71.1	66.3		65.7
存货周转率	2.64	3.69	2.44	3.76		3.45
总资产周转率	1.01	1.13	1.03	1.14		1.17
毛利率	31.3%	27.6%	28.7%	30.8%		31.1%
净利润率	9.0%	7.6%	4.9%	8.1%		8.2%
资产报酬率	9.1%	10.8%	5.0%	9.1%		9.8%
权益报酬率	16.6%	20.4%	9.4%	17.2%		17.9%

4–4　下面为山鹰公司2015年财务报表。

表4–13　山鹰公司2015年资产负债表（截至2015年12月31日）　　单位：元

资产		负债和所有者权益	
现金	1 000	应付账款	44 000
短期投资	2 000	应付票据	94 000
应收账款	50 000	流动负债合计	138 000
存货	91 000	长期负债	45 900
流动资产合计	144 000	负债合计	183 900
土地	52 000	普通股	63 000
设备	180 000	留存收益	53 100
减：累计折旧	76 000	所有者权益合计	116 100
非流动资产合计	156 000		
资产总计	**300 000**	**负债和所有者权益总计**	**300 000**

表4–14 山鹰公司2015年度利润表 单位：元

项目	金额
营业收入	320 000
减：营业成本	212 000
毛利	108 000
减：经营费用	
销售费用	32 000
管理费用	22 000
折旧	20 000
经营利润	34 000
减：利息费用	12 200
税前收益	21 800
减：所得税费用	8 720
净利润	13 080

（1）用这些财务报表来完成下面的表格：

表4–15 山鹰公司相关财务指标

比率	行业平均	2014 年	2015 年
流动比率	1.80	1.84	
速动比率	0.70	0.78	
存货周转率	2.50	2.59	
应收账款收账期	37 天	36 天	
负债比率	65%	67%	
利息保障倍数	3.8	4.0	
毛利率	38%	40%	
净利润率	3.5%	3.6%	
资产报酬率	4.0%	4.0%	
权益报酬率	9.5%	8.0%	

（2）对该公司的财务和经营成果进行分析。

自测题

1. 下列各项中，哪项变化不影响速动比率？

A. 以公允价值计量且其变动计入当期损益的金融资产　B. 现金

C. 存货　D. 应收账款

2. 下列哪种关于每股收益的说法是正确的？

A. 每股收益反映股票所含的风险　B. 每股收益会影响股票的市价

C. 每股收益反映投资者获得的投资报酬　　D. 每股收益反映内部资金的供应能力

3. 某公司某年度营业收入净额为 300 万元，年初应收账款余额为 15 万元，年末应收账款余额为 25 万元，每年按 360 天计算，该公司应收账款周转天数为（　）天。

A. 24　　B. 17　　C. 15　　D. 21

4. 下列哪项经济业务可能导致企业资产负债率变化？

A. 用现金投资于下游企业　　B. 收回应收账款

C. 接受所有者投资转入的固定资产　　D. 发放股票股利

5. 利息保障倍数指标可以反映企业的（　）。

A. 发展能力　　B. 长期偿债能力

C. 盈利能力　　D. 资产管理效率

参考答案

1. C　2. B　3. A　4. C　5. B

第五章

风险与收益分析

本章学习目标

通过本章学习，读者应该能够：

- 了解风险与收益的基本概念及其概率分布；
- 掌握期望值、标准差和变异系数的计算方法以及风险判断的标准；
- 理解证券组合投资风险与收益的度量方法，并区分总风险、系统性风险和非系统性风险的概念；
- 掌握β系数的概念及计算β系数的方法；
- 理解证券市场线和资本资产定价模型的概念，并掌握资本资产定价模型。

→引言

据媒体报道，国际财经媒体CNBC（消费者新闻与商业频道）近日对基金经理的现金持有量做了调查统计。调查数据显示，由于股市大幅震荡且信用息差急剧走扩，促使投资人将全球投资组合中的现金比重提高至6.5%，为2014年6月以来最高。同时，整体股票持仓仅略微下降至47.6%，但为9月以来最低。

CNBC调查员表示："我们在调查的时候，发现很多投资者都对中国经济增速放缓感到担忧。"

瑞银集团（UBS）全球资产管理公司的策略师Boris Willems称，"中国可能继续时不时地成为投资者的隐忧，但区别看待中国实体经济形势和经常剧烈波动的国内股市，同时评估其对全球资产价格的潜在影响，仍将是关键"。

Natixis资产配置策略师Raphael Gallardo则表示，中国经济硬着陆仍是一大风险，因为这可能迫使人民币大幅贬值，从而带来全球性通缩效应。

数据显示，仅在2016年1月份，因全球股市大跌导致的市值就蒸发逾7万亿美元。而中国股市1月份重挫高达23%，标准普尔500指数也同期下滑逾5%，日本股市更是在一周之内就下跌了11%。

情况还能更糟吗？知名基金经理Geoffrey Barker在分析报告中表示：当然，从美联储今日公布的1月FOMC（联邦公开市场委员会）会议纪要显示，由于对市场剧动的担忧，预计经济前景有进一步恶化的风险，加息也随之变得不确定了。这意味着今后的市场，可能会遭受更大的波动。

英国诗人雪莱曾说：冬天来了，春天还会远吗？如今，投资者们正翘首以盼春天的到来，但是春天到来前的寒风，依旧在呼呼地吹。

资料来源：CNBC：全球市场仍处于寒冬.中金网，http://hbot.cngold.com.cn，2016-02-18。

第一节 风险与收益的度量

一、风险和收益的定义

在企业的经营活动中，财务经理要对投资的预期结果和影响这一结果不能实现的可能性进行估计。预期的结果就是预期收益，不能实现的可能性就是风险。一般来说，风险是指财务损失发生的可能性。短期国库券的收益——利息是没有变动的，因此这种投资是没有风险的。而股票的收益是不确定的，这种投资则存在风险。

期望收益率(expected rate of return)是对一项投资未来所能产生的收益的客观预期和估计，而**要求收益率**(required rate of return)是结合了投资者的资金成本、承担的风险程度而要达到的最低收益率。

财务经理要尽量全面地考虑各种可能出现的情况，对风险和收益有比较准确的估计，这就需要对企业本身、企业经营的环境有正确的估计，从而才能做出正确的决策。

二、风险溢酬

由公理1可知，承担风险要有额外的补偿，风险的补偿就是风险溢酬，其表现形式是风险溢酬率，投资者的要求或者预期报酬率就是无风险报酬率与风险溢酬之和，即：

$$预期投资报酬率=无风险报酬率+风险溢酬$$

决定风险溢酬的因素有：风险的程度和投资者对待风险的态度。投资者对待风险的态度可分成规避风险型、敢冒风险型和风险中性型。

三、风险和收益的度量方法

投资风险是指某一项投资方案实施后，将会出现各种投资结果的概率。某一项投资方案实施后，能否如期回收投资以及能否获得预期收益，在事前是无法确定的，这就是投资的风险。因承担投资风险而获得的风险报酬率就称为投资风险报酬率。除无风险投资项目（国库券投资）外，其他所有投资项目的预期报酬率都可能不同于实际获得的报酬率。风险和收益可采用在统计学中学过的方法来度量。

（一）收益的度量：期望值

对于有风险的投资项目来说，其收益可以看成是一个有概率分布的随机变量，可以用期望值来进行度量。**期望值**（expected value）是随机变量的均值。对于单项投资风险报酬率的评估来说，期望值的计算公式即为：

$$\bar{R}=\sum_{i=1}^{n}R_iP_i \tag{5.1}$$

其中，$\bar{R}$表示平均收益率（期望值），R_i表示第i个可能结果的收益率，P_i表示第i个可能结果出现的概率，n表示可能结果的总数。

实例5–1　百慕公司股票的预期收益率和与之对应的概率如表5–1所示：

表 5–1　百慕公司股票的预期收益率和相应概率分布

收益率（%）	–15	–3	9	21	33
概率	0.1	0.2	0.4	0.2	0.1

计算该公司股票的平均收益率。

解析　表5–1是百慕公司预期收益率的概率分布。有了概率分布，运用公式（5.1），就可计算出公司股票的平均收益率，即期望值：

$$\begin{aligned}\bar{R}&=\sum_{i=1}^{5}R_iP_i=R_1P_1+R_2P_2+R_3P_3+R_4P_4+R_5P_5\\&=(-15\%)\times0.1+(-3\%)\times0.2+(9\%)\times0.4+(21\%)\times0.2+(33\%)\times0.1\\&=9\%\end{aligned}$$

实例5–2　有A、B两个项目，假设这两个项目的投资金额相同，其收益及其概率分布情况如表5–2所示，计算这两个项目的期望值。

表 5–2　A、B 两个项目的投资收益和概率分布

经济状况	发生的概率		投资收益	
	项目 A	项目 B	项目 A（元）	项目 B（元）
正常	0.60	0.40	200 000	50 000
繁荣	0.20	0.30	300 000	150 000
衰退	0.20	0.30	100 000	0

解析　此例与前一例相同，因此，运用公式（5.1）即可。

计算项目A和项目B的期望收益分别为：

项目A的期望收益　$\bar{R}_A=R_1P_1+R_2P_2+R_3P_3$

$=0.6\times200\ 000+0.2\times300\ 000+0.2\times100\ 000$

$=200\ 000$（元）

项目B的期望收益　$\bar{R}_B=R_1P_1+R_2P_2+R_3P_3$

$=0.4\times50\ 000+0.3\times150\ 000+0.3\times0$

$=65\ 000$（元）

显然，项目A的期望收益（平均收益）高于项目B的期望收益。那么，是否项目A就比项目B好呢？答案是否定的。这是因为我们不知项目A收益的代表性如何，即各种可能的收益是否都紧密围绕在200 000元的周围。意欲了解期望收益的代表性，就需要计算其离散程度。

（二）风险的绝对度量：标准差

对于风险，可使用相对于均值的离散程度——方差来度量，但常用的是方差开平方，即**标准差**（standard deviation）来度量，用SD或σ来表示。其表达式如下：

$$\sigma=\sqrt{\sum_{i=1}^{n}(\bar{R}-R_i)^2P_i} \tag{5.2}$$

实例5–3　仍以实例5–1和5–2为例，计算其标准差。

解析　因为实例5–1已求得期望值$\bar{R}$=9%，因此运用公式（5.2），标准差以列表的形式表示如表5–3：

表 5–3　方差运算表

R_i	P_i	$(\bar{R}-R_i)^2$	$(\bar{R}-R_i)^2\times P_i$
–0.15	0.10	0.0576	0.00576
–0.03	0.20	0.0144	0.00288
0.09	0.40	0	0.00000
0.21	0.20	0.0144	0.00288
0.33	0.10	0.0576	0.00576
总和	1.00		0.01728

$$\sigma=\sqrt{\sum_{i=1}^{n}(\bar{R}-R_i)^2P_i}=\sqrt{0.01728}=0.1315=13.15\%$$

同理，实例5–2中A、B两个项目的收益的标准差分别为：

$$\sigma_A=\sqrt{\sum_{i=1}^{3} (\bar{R}-R_i)^2P_i}=63\ 246\text{（元）}$$

$$\sigma_B=\sqrt{\sum_{i=1}^{3} (\bar{R}-R_i)^2P_i}=59\ 372\text{（元）}$$

许多投资的可能收益趋向于服从正态分布。正态分布如图5–1所示。

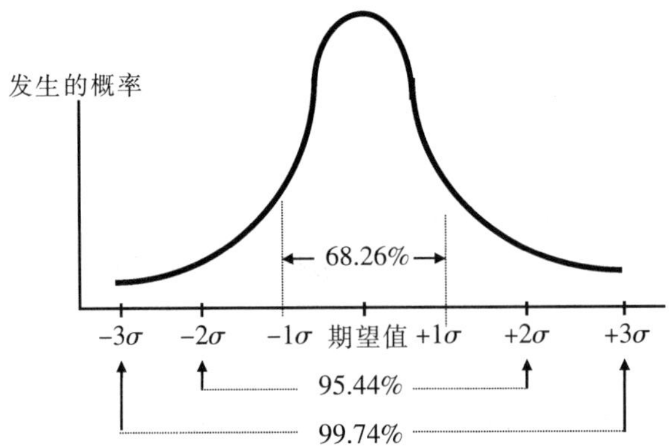

图5–1　正态分布区域图

这样我们就可以根据计算出来的期望值和标准差来解释百慕公司股票。百慕公司股票的收益率有68.26%的概率落在（9%–13.15%，9%+13.15%），即（–4.15%，22.15%）区间内。我们常用标准差来度量单一风险。

此外，我们还可以通过查正态分布表来确定某一收益率相对于期望收益率的概率。

（三）风险的相对度量：变异系数

标准差是反映随机变量离散程度的一个指标，是一个绝对指标，采用这一标准的前提是在期望值相同的条件下，标准差越大风险越高，反之，则风险越低。但是当期望值不同时，标准差则无法准确地反映随机变量的离散程度。解决这一问题需要计算反映离散程度的相对指标，即变异系数。变异系数是某随机变量标准差相对该随机变量期望值的比率，其含义是获得1%收益率（或1元收益）条件下的离散程度。其计算公式为：

$$v=\frac{\sigma}{\bar{R}} \tag{5.3}$$

其中，v表示变异系数，其他符号含义同前。

实例5-4　以实例5-1、5-2和5-3的结果计算变异系数。

解析　运用公式（5.3）得百慕公司股票的变异系数为：

$$\upsilon=\sigma/\overline{R}=0.1315/0.09=1.46$$

项目A和项目B的变异系数则分别为：

$$\upsilon_A=\frac{63\ 246}{200\ 000}=0.3162$$

$$\upsilon_B=\frac{59\ 372}{65\ 000}=0.9134$$

项目A和项目B的风险状况图如图5-2所示。

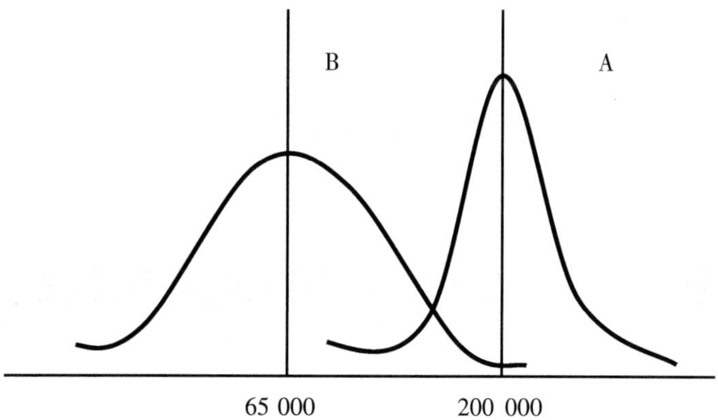

图5-2　项目A和项目B的风险状况图

可见，尽管项目A的标准差大，但项目B的变异系数大，说明项目B的风险更高。如果两个项目的期望值相等，则可以直接根据标准差来比较两个项目的风险水平，标准差越小，说明离散程度越小，风险也就越小，反之，标准差越大则风险越大；如果两个项目的标准差相等，则可根据期望值来比较两个项目的风险水平，期望值大则风险低。如果期望值和标准差都不同，则根据变异系数来确定项目的风险程度。

当然，除了上述的分析指标外，在分析风险时，我们还需要考虑一些其他因素，如分布是否是标准正态分布，概率分布的置信区间，每项资产与其他资产的关系等。并且还值得注意的是，风险是时间的递增函数，随着时间的推移，正态分布图形越来越平坦，说明风险越来越大。如图5-3所示。

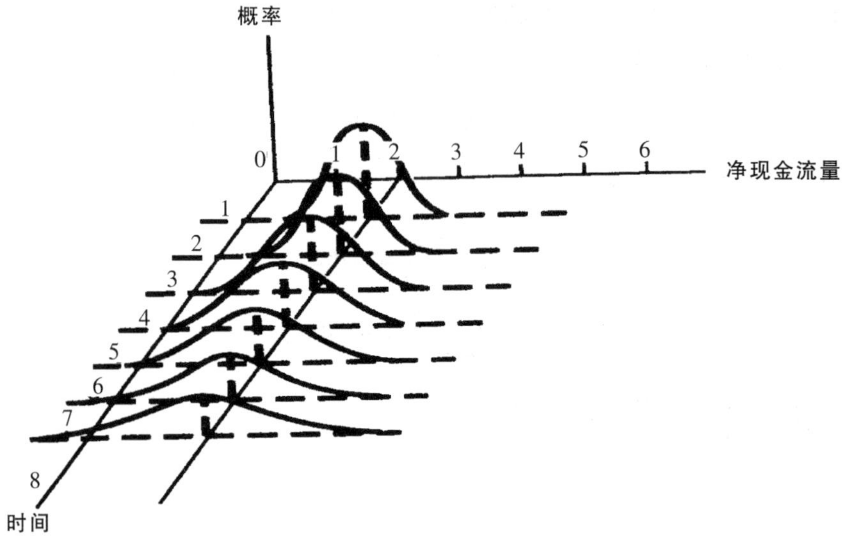

图5-3　风险与时间的关系

第二节　组合投资的风险与收益

一、投资组合的收益

前面一节是针对单项投资进行的讨论，而投资者经常同时进行多种投资，即**组合投资**(portfolio investment)。投资组合的期望收益率就是组成投资组合的各种投资项目的期望收益率的加权平均数，其权数是各种投资项目在整个投资组合总额中所占的比例。其公式为：

$$R_p=\sum_{j=1}^{m}R_jW_j \qquad (\sum_{j=1}^{m}W_j=1\text{且}0\leqslant W_j\leqslant 1) \tag{5.4}$$

其中，R_p表示投资组合的期望收益率，W_j表示投资于j资产的资金占总投资额的比例，R_j表示资产j的期望收益率，m表示投资组合中不同投资项目的总数。

实例5-5　某投资组合由两种权重相同的证券组成，这两种证券的期望收益率和标准差如表5-4所示。计算该投资组合的期望值。

表 5-4　证券 A 和 B 的期望收益率与标准差

证券	期望收益率（%）	标准差
A	15	12.1
B	10	10.7

解析　组合投资的期望收益率是各单项资产期望收益率的加权平均数，由于各种资产的权数相同，运用公式（5.4）得该项组合的收益率为：

$$\bar{R}_p=\sum_{j=1}^{2}\bar{R}_jW_j=15\%\times50\%+10\%\times50\%=12.5\%$$

二、投资组合的风险

组合投资需要考虑其投资规模和各资产所占的比例，为了理解方便，这里以两种资产W和M，各占50%的比例来说明组合投资与风险的关系。

假设资产W和资产M的收益呈正态分布，我们考虑以下3种情况：

1. 如果它们的风险和收益特性如下：

年　份	2010	2011	2012	2013	2014	平均收益率	标准差
资产 W 的 $\bar{R}_w$	40%	(10%)	35%	(5%)	15%	15%	22.6%
资产 M 的 $\bar{R}_M$	(10%)	40%	(5%)	35%	15%	15%	22.6%
WM 组合后的 $\bar{R}_P$	15%	15%	15%	15%	15%	15%	0.0%

那么，单项投资的标准差为22.6%，该值较高。如果单独投资，风险较大。但若将它们放在一起，构成WM的组合，则风险可完全消除，组合投资后的标准差为0%，如图5-4所示。

资产W和资产M之所以能构成无风险组合投资，是因为它们的收益呈反向变化，即当资产W的收益下降时，资产M的收益就会上升，反之亦然。用统计术语来讲，资产W和资产M的收益之间呈完全负相关，相关系数ρ= –1.0。

2. 与完全负相关的概念相对的是完全正相关，相关系数ρ= +1.0。两种完全正相关的资产，其收益涨落一致，如果投资比例相同，它们构成的组合投资将具有与单独投资时相同的风险，则其组合对风险的减少无任何作用。假如资产W和资产M的风险和收益特性如下：

年　份	2010	2011	2012	2013	2014	平均收益率	标准差
资产 W 的 $\overline{R}_w$	(10%)	40%	(5%)	35%	15%	15%	22.6%
资产 M 的 $\overline{R}_M$	(10%)	40%	(5%)	35%	15%	15%	22.6%
WM 组合后的 $\overline{R}_P$	(10%)	40%	(5%)	35%	15%	15%	22.6%

那么，组合投资后的图形如图5-5所示。

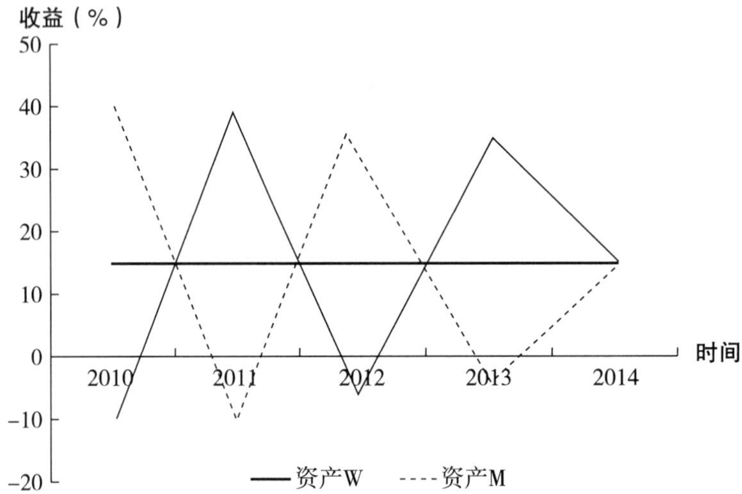

图5-4　两种投资完全负相关

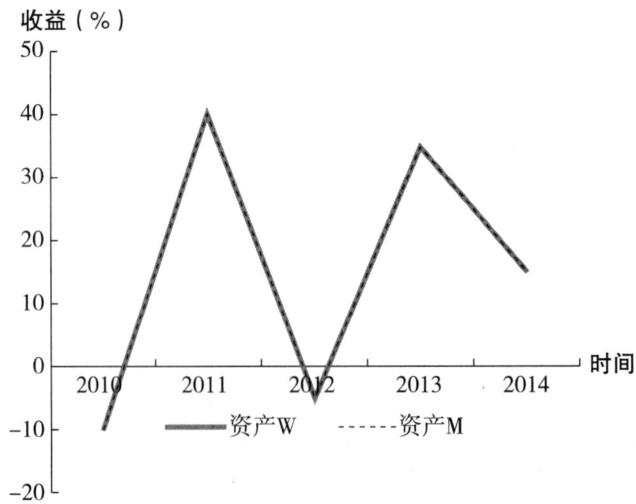

图5-5　两种投资完全正相关

3. 综上所述，当两种股票呈完全负相关时，所有风险都可以消除；而当两种资产是完全正相关时，组合投资对减少风险不起任何作用。从理论上讲，只要相关系数ρ在−1到+1之间，通过组合投资，就可以部分减少风险，但不能完全消除风险。例如，在股票市场上，股票之间的相关性呈正相关，而非完全正相关。在纽约股票交易所上市的任意两只股票之间，它们的相关系数约为+0.6，大多数股票之间的相关系数ρ会落在+0.5到+0.7之间。在这种情况下，用所挑选的股票构成的组合投资可以减少风险，但不能完全消除风险。假如资产W和资产M的风险和收益特性如下：

年　份	2010	2011	2012	2013	2014	平均收益率	标准差
资产 W 的 $\bar{R}_w$	40%	(10%)	35%	(5%)	15%	15%	22.6%
资产 M 的 $\bar{R}_M$	28%	20%	41%	(17%)	3%	15%	22.6%
WM 组合后的 $\bar{R}_P$	34%	5%	38%	(11%)	9%	15%	20.6%

那么，组合投资后的图形如图5−6所示。

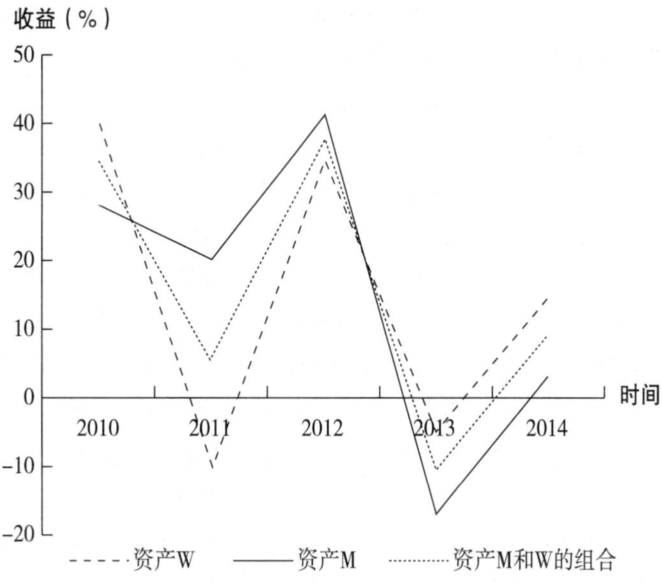

图5−6　两种投资非完全正相关

在单项资产收益服从正态分布的假设条件下，一种看似复杂，但计算起来较简单的公式常用于确定两项组合资产的风险，即：

$$\text{组合投资的标准差}=\sigma_p=\left[W_A^2\sigma_A^2+W_B^2\sigma_B^2+2W_AW_B\rho_{AB}\sigma_A\sigma_B\right]^{1/2} \tag{5.5}$$

其中，σ_p表示组合投资的标准差，其他符号定义同前。

实例5−6　假如在实例5−5中，证券A和证券B的相关系数为0.5，计算组合后的标准差。

解析 根据实例5-5中的条件，已知二者的投资权重相同，因此，将相关数据代入公式(5.5)得：

$$\sigma_p=[W^2_A\sigma^2_A+W^2_B\sigma^2_B+2W_AW_B\rho_{AB}\sigma_A\sigma_B]^{1/2}$$
$$=[(50\%)^2(12.1\%)^2+(50\%)^2(10.7\%)^2+2\times(50\%\times50\%\times0.5\times12.1\%\times10.7\%)]^{1/2}$$
$$=9.9\%$$

三、风险分散化

（一）风险分散原理

在投资界有一句经典名言：“不要把所有的鸡蛋放在一个篮子里”，其内在含义是通过资产的多元化来分散风险。只要资产之间的相关系数非完全正相关，其组合的标准差总是小于单项资产的标准差，这说明投资组合确实能起到降低风险的作用，这就是投资风险分散化的原理。但是这只是传统的组合投资的基本思想，它忽略了在组合投资中的成本因素。

以马柯维茨为代表的现代组合投资的基本思想认为：（1）在组合投资中，存在一个最优投资比例和最优组合规模，即组合的风险与组合中资产的收益之间的关系有关；（2）在一定条件下，存在一组使得组合风险最小的投资比例；（3）随着组合中资产种数的增加，组合的风险下降，但是组合管理的成本会提高，当组合中资产的种数达到一定数量后，风险将无法继续下降。该组合投资理论提供了解决投资最优组合的选择，也为资本资产定价模型提供了重要的理论基础。

到目前为止，我们已知道根据两个参数（风险和预期收益）来决策规避风险的投资者是如何构造有效证券组合的：通过把市场证券组合和无风险资产结合起来，达到在风险相同的条件下，收益最大，在收益相同的条件下，风险最小。具体地说，投资者承担风险需要补偿，补偿的不是资产收益率的方差，而是其他量，这是因为资产收益率的方差可以通过多元化组合投资给予避免，而通过多元化组合投资不能避免的风险才是需要补偿的。那么哪些风险可以用方差来度量，即可以通过多元化给予分散的？哪些风险则不能通过充分多元化给予分散而需要补偿？

根据国内外学者的大量实证研究得出：上市公司的股票组合规模对组合投资风险的影响表现为：随着组合投资规模的增大，组合投资风险不断减少并趋于某一限值。如图5-7所示。

（二）系统性风险和非系统性风险

由图5-7中可以看出：

总风险=非系统性风险+系统性风险

在组合投资中，随着证券总数的增加，非系统性风险是可以消除的，并趋于市场的平均风险；

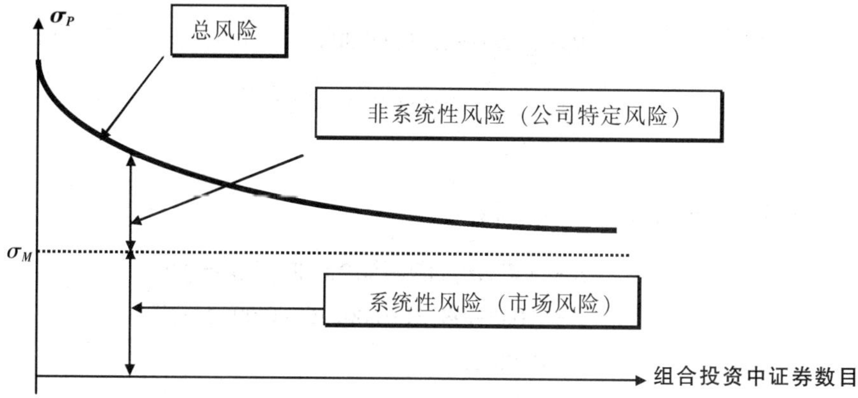

图5-7 组合投资规模对组合投资风险的影响

而系统性风险则不管组合投资中的证券数目有多少，都是不能消除的。那么为什么非系统性风险是可以消除的，而系统性风险是不能消除的呢？这是因为非系统性风险是指由于某种特定原因对某一特定资产报酬率造成影响的可能性，**非系统性风险**（non-systematic risk）是公司或行业特有的风险，与政治、经济和其他影响所有资产的系统性因素无关，它源于与公司有关的特定事件，如法律纠纷、罢工、市场营销计划的失利、重大投资项目的失败等。这类事件本质上是随机的，并且只波及特定的公司（或行业），一个公司的不利事件的影响，可被其他公司的有利事件抵消。因此，它们对组合投资的影响可通过投资的多元化加以消除。而系统性风险是指市场报酬率整体变化所引起的市场上所有资产的报酬率的变动性，它是由那些影响整个市场的风险因素引起的。**系统性风险**（systematic risk）可能源于战争、通货膨胀、经济衰退以及高利率等外部因素，它的影响波及所有的公司。既然这些因素对所有公司都会产生影响，那么系统性风险就不能为多元化组合投资所消除，系统性风险在总风险中所占比重为25%~50%。

对大多数股票而言，非系统性风险占总风险的比重为60%~75%，但是这类风险通过多元化投资可被降低，而且如果多元化充分有效的话，这种风险就能被完全消除。

实例5-7 目前你进行组合投资，有两种股票——前面提到的百慕公司的股票和迪利公司的股票，投资额分别为2 000元和3 000元。百慕公司股票（B）的期望值和标准差前面已得出，分别为9%和13.15%，迪利公司股票（D）的期望值和标准差分别为8%和10.65%。两种股票的相关系数为0.75。组合投资的期望值和标准差是多少？

解析 首先，计算每种股票在组合投资中的权重：

$$W_B=2\ 000/5\ 000=0.4$$
$$W_D=3\ 000/5\ 000=0.6$$

组合投资的期望值为各只股票的期望值与其权重的乘积之和，运用公式（5.4）得：

$$\bar{R}_P=\sum_{j=1}^{2}\bar{R}_jW_j=\bar{R}_BW_B+\bar{R}_DW_D$$
$$=(9\%)\times(0.4)+(8\%)\times(0.6)$$
$$=8.4\%$$

组合投资的风险通过运用公式（5.5）得：

$$\sigma_p=[W^2_D\sigma^2_D+W^2_B\sigma^2_B+2W_DW_B\rho_{DB}\sigma_D\sigma_B]^{1/2}$$
$$=(0.00408321+0.002767+0.005042)^{1/2}$$
$$=10.90\%$$

有关这两只股票的风险状况和其组合后的风险状况如表5–5所示：

表 5–5　股票 B、D 及其组合的风险状况

	股票 B	股票 D	组合
期望值	9.00%	8.00%	8.4%
标准差	13.15%	10.65%	10.90%
变异系数	1.46	1.33	1.30

通过变异系数可知，组合投资的风险要低于其中每一种单只股票的风险。

第三节　资本资产定价

在前面，我们讨论了有关风险的概念，本节主要讨论风险与收益之间的关系。

一、β系数

（一）β系数的概念

总风险可以分解为系统性风险和非系统性风险。根据公理1承担风险要给予补偿，那么承担哪类风险要给予补偿呢？由于非系统性风险可以通过多元化投资或组合投资给予消除，因此，承担风险要给予补偿主要是承担系统性风险要给予补偿。度量系统性风险的指标就是β系数。

所谓β系数，就是通过对历史资料进行统计回归分析得出的个别投资（证券）相对于市场全部投资（证券）波动的具体波动幅度。如图5–8所示。

从图5–8中可知，R_j表示个别证券的收益率，R_m表示市场平均收益率，图中斜线的斜率就是R_j

相对于R_m的变化幅度，就是β系数。

有关β系数一些证券机构或投资公司会定期提供。例如，雅虎财经网站提供了有关β系数的查询。[1]如何计算β系数详见本章后面的EXCEL运用。

β系数可以为正值也可以为负值。β系数为正，说明个别投资证券的变化与市场的变化方向相同，反之，则变化方向相反。

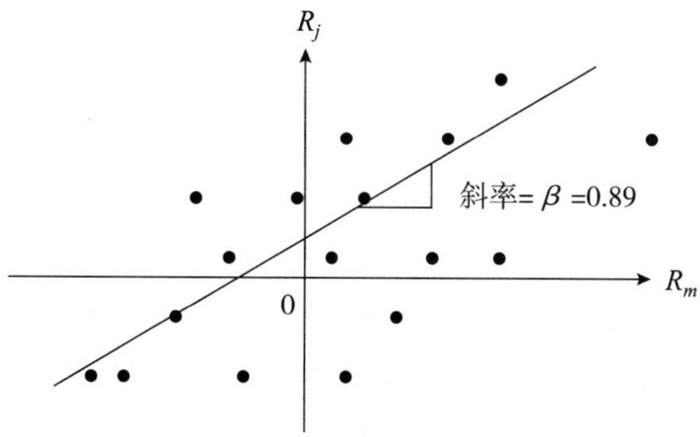

图5–8　个别证券收益率相对于市场平均收益率的变化

若β>1，则说明个别投资证券市场风险的变化程度大于整个市场全部证券的风险，这类股票称为进攻型股票；

若β=1，则说明个别投资证券的市场风险的变化程度与整个市场全部证券的风险相同，这类股票称为中性型股票；

若β<1，则说明个别投资证券的市场风险的变化程度小于整个市场全部证券的风险，这类股票称为防守型股票。

对于进攻型股票，其股性必然较为活跃，其收益预期将高于市场的平均水平，但其风险也会大于市场的平均水平，这种股票在大市的行情变化中，往往处在领涨领跌的境地；而防守型股票的收益和风险均在市场的平均水平之下。偏好进攻型股票的投资者一般属激进型，反之则属稳健型。

一般来说，大多数股票的β值在0.50~1.50之间。β系数是通过回归分析来确定的，该技术方法虽然是有效的，但是不能保证百分之百精确。

（二）投资组合的β系数

投资组合的β系数是单个证券β系数的加权平均数，权数为各种证券在投资组合中所占的比重。

1　进入雅虎财经网站（finance.yahoo.com）主页，点击 Market Data 下的 Stocks，在该页面找到 More Market Stats，点击 Stock Screener 链接，然后可以查询相关市场数据，其中就有β系数。

计算公式为：

$$\beta_p=\sum_{j=1}^{n}\beta_j W_j \tag{5.6}$$

其中，β_p表示组合投资的β系数，W_j表示组合投资中第j种证券投资占总投资的比重，β_j表示第j种投资的β系数，n表示组合投资的总数。

实例5-8 华锋公司持有A、B、C 3种股票组成的投资组合，权重分别为20%、30%和50%，3种股票的β系数分别为2.5、1.2、0.5。试确定该投资组合的β系数。

解析 运用公式（5.6）得：

$$\beta_p=20\%\times2.5+30\%\times1.2+50\%\times0.5=1.11$$

组合投资的β系数受到不同证券投资的比重和个别证券β系数的影响。β系数较低的证券所构成的投资组合具有较低的β系数值。若在中等风险的股票组合中加入β系数值较高的股票，则由此得到的组合投资的β系数值也较高，从而其风险将增大。与此相反，如果新加入的股票的β系数值较低，则组合投资的风险也将减少。因此，由于一种股票的β系数值度量了它对组合投资风险的贡献，β系数是该股票风险的适当度量。

值得注意的是，组合投资中某项投资β系数的变化与其投资收益率的变化并不完全成正比例，所以投资者便可通过不同的组合投资来寻找既满足企业的期望收益率要求，又能使其平均β系数在企业愿意承担的风险程度内的组合投资形式。

组合投资的风险要低于单项投资的风险，这是因为通过适当的组合投资后，非系统性风险可以消除。也就是说，组合投资可以分散风险。那么对于投资组合来说，投资组合的期望报酬率与投资组合的风险之间有什么样的关系呢？威廉·夏普提出的资本资产定价模型对这两者之间的关系进行了科学的描述，他由此在1990年荣获了诺贝尔经济学奖。

二、资本资产定价模型

（一）资本资产定价模型的假设条件

如同所有其他金融/财务理论一样，资本资产定价模型在发展过程中，逐渐完善了一系列假设前提条件，其假设条件为：

（1）所有的投资者仅考虑单期，他们根据每一组合投资的期望收益和标准差来确定最佳组合投资；

（2）所有投资者可按无风险利率r_f借入或贷出资金，对任何资产的卖空没有限制；

（3）所有的投资者对所有资产的收益的期望值、标准差和相关性都有一致的估计，即投资者具有相似的预期；

(4) 所有的资产都可完全分割，并可完全按市场价格变现；

(5) 没有交易成本；

(6) 无税收存在；

(7) 所有的投资者都是价格的接受者，即所有投资者假设他们的买卖行为不会影响股票价格；

(8) 给定了所有资产的数量，并且该数量保持不变。

（二）资本资产定价模型

资本资产定价模型（Capital Asset Pricing Model，CAPM）阐述了充分多元化的组合投资中资产的风险与要求收益率之间的均衡关系，即在市场均衡的状态下，某项风险资产的预期报酬率与预期所承担的风险之间的关系。

美国经济学家威廉·夏普在20世纪60年代发展了β系数的概念，并率先将这一概念应用于风险分析，资本资产定价模型通常写成：

$$R_j=r_f+(\bar{R}_m-r_f)\beta_j \tag{5.7}$$

其中，R_j表示第j项风险资产的要求收益率，r_f表示无风险资产的收益率，$\bar{R}_m$表示市场组合资产的要求收益率，代表市场的平均收益率，β_j表示第j项风险资产不可分散风险的度量。

$\bar{R}_m-r_f$就是市场风险溢酬，这是投资者要求的高于平均风险以上，超过无风险收益的、额外收益的补偿，这一补偿额取决于市场风险和投资者对风险的厌恶程度，每年补偿的数额是不一样的，但是大都建议每年的这一数额在4%至8%范围内。

资本资产定价模型说明，在市场均衡条件下，所有的证券必须这样定价，以致它们能落在证券市场线上。

（三）证券市场线

资本资产定价模型（CAPM）的重要贡献是它提供了一种与组合资产理论相一致的有关个别证券的风险度量。这种模型使我们能够估计单项资产的**不可分散风险**（undiversifiable risk），并把它与良好的组合资产的不可分散风险相比较。CAPM模型可以用来分析个别证券的风险和收益。在CAPM模型中，个别证券的风险和收益之间的关系可表示为**证券市场线**（security market line，SML），而个别证券的风险是用该证券的β系数度量的，如图5-9所示。它主要用来说明投资组合收益率与系统风险程度β系数之间的关系。

证券市场线很清晰地反映了风险资产的预期报酬率与其所承担的系统风险β系数之间呈线性关系，充分体现了高风险高收益的原则。由公理1可知，任一证券的要求收益率是由无风险证券收益率和风险溢酬确定的，即：

理解图5-9应当注意以下几点：

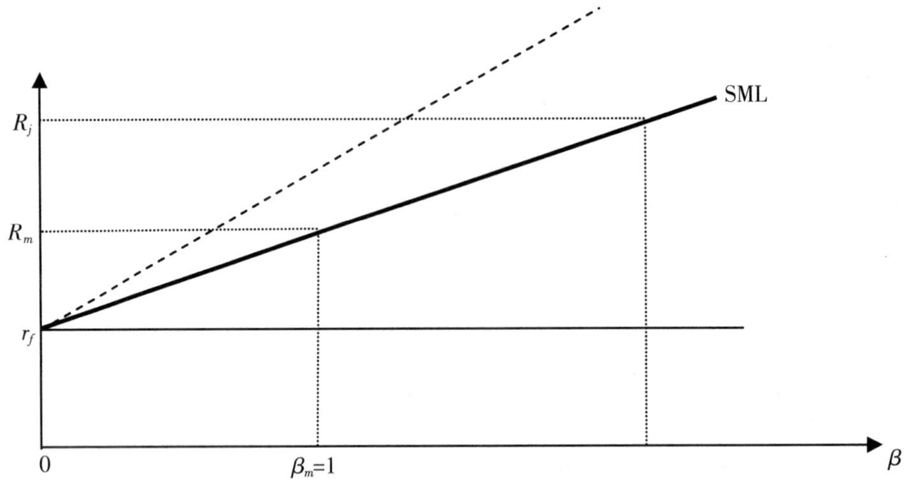

图5-9　证券市场线（SML）

1. 纵轴表示任意一证券的要求收益率，横轴表示系统性风险的度量；

2. 对无风险证券，因为系统性风险为零，从而r_f表现为SML的纵轴的截距；

3. 由图可知，对系统性风险的补偿取决于证券市场线的斜率，即证券市场线的倾斜度，因此，该证券市场线的斜率反映了证券市场总体的风险厌恶程度。厌恶风险的投资者对任何风险资产的风险补偿越高，则对风险资产的要求收益率就越大，SML的斜率就越大。

从SML看出，要求收益率不仅取决于由β系数度量的系统性风险，而且还受到无风险收益率和市场风险补偿的影响。当预期通货膨胀率增加时，投资者所要求的无风险收益率增加，这将导致图中的SML向上平移；若总体风险厌恶程度增加，投资者对风险的补偿增大，则图中SML的倾斜度会更陡，斜率就增大。所以SML通常是不固定的（如图中细线和虚线所示）。

另外还要将图5-8与图5-9区分开来，二者纵轴虽然表示的都是R_j，但其含义是不同的。前者表示的是已经发生的收益率，而后者表示的是预期的收益率。其次，还要注意的是，图5-8中的线称为特征线，自变量是R_m，图5-9中的线是证券市场线，自变量是β值。

关键术语

期望收益率　expected rate of return

要求收益率　required rate of return

期望值　expected value

标准差　standard deviation

组合投资　portfolio investment

非系统性风险　non-systematic risk

系统性风险　systematic risk

资本资产定价模型　Capital Asset Pricing Model

不可分散风险　undiversifiable risk

证券市场线　security market line

→EXCEL运用：通过简单回归分析计算β系数

公司理财中计算β系数除了已知两种股票的相关系数和标准差这一方法外，还可以通过简单回归计算，并且后者还可以得出系统性风险和非系统性风险各自在总风险中所占的比例。其步骤如下：

1. 输入已知数据

输入两组数据，第一组是股票j所对应的市场平均收益率，通常用月市场指数代表，用R_m表示（A列）；第二组是股票j的收益率，通常用月收益率代表，计算方法见注（3），用R_j表示（B列）（见图5–10）。

	A	B
1	Rm	Rj
2	-0.5	7.19
3	-0.03	-5.5
4	1.74	1.12
5	2.13	3.3
6	2.43	11.54
7	2.73	2.63
8	2.8	2.56
9	3.18	-1.28
10	3.61	1.92
11	3.63	8.21
12	4.01	4.79
13	4.1	8.84

图5–10　输入已知收益率数据

注：（1）EXCEL默认第一列为x轴，第二列为y轴。

（2）$R_m=\dfrac{\text{市场指数}_1-\text{市场指数}_0}{\text{市场指数}_0}$

（3）$R_j=\dfrac{D}{P_{\text{月初}}}+\dfrac{P_{\text{月末}}-P_{\text{月初}}}{P_{\text{月初}}}$=股利收益率+资本收益率

2. 绘制散点图

方法是将两列全部选中，再点击“插入”里的“图表”选项（见图5–11）。

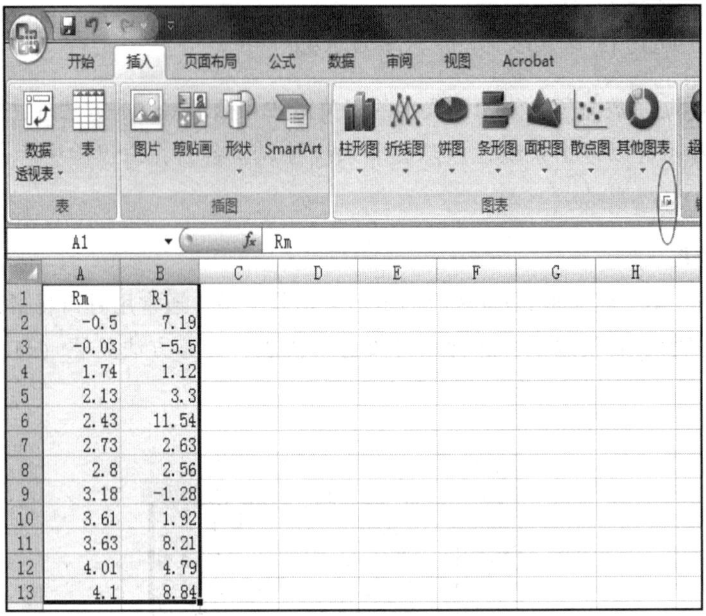

图5–11　插入图表

然后选择“*xy*散点图”，点击“确定”（见图5–12）。

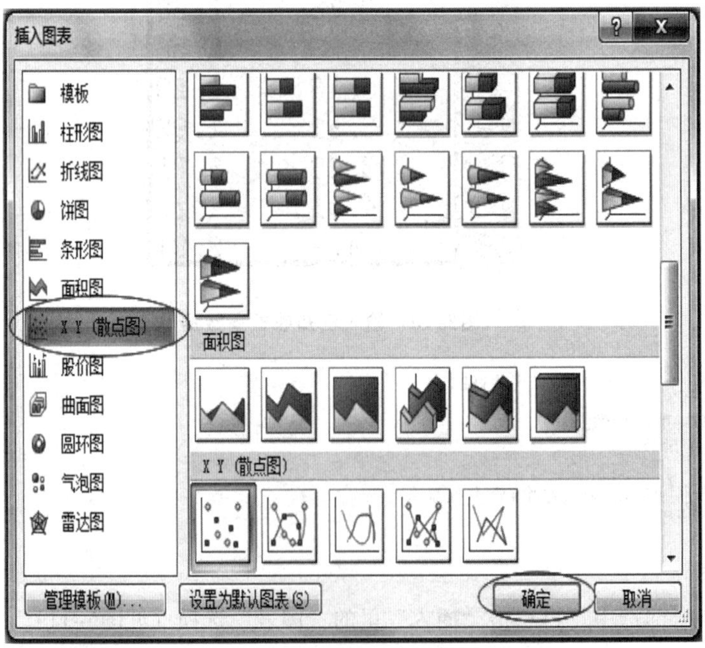

图5–12　选择图表类型

在出现图5-13所示的步骤二对话框时，双击图表区域。

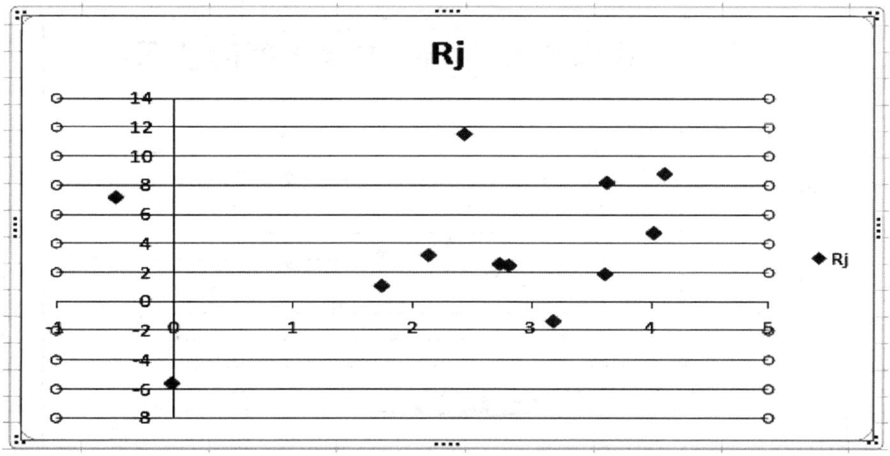

图5-13　自动生成图表

在“图表布局”栏内选择布局类型，并单击该类型，如图5-14所示。

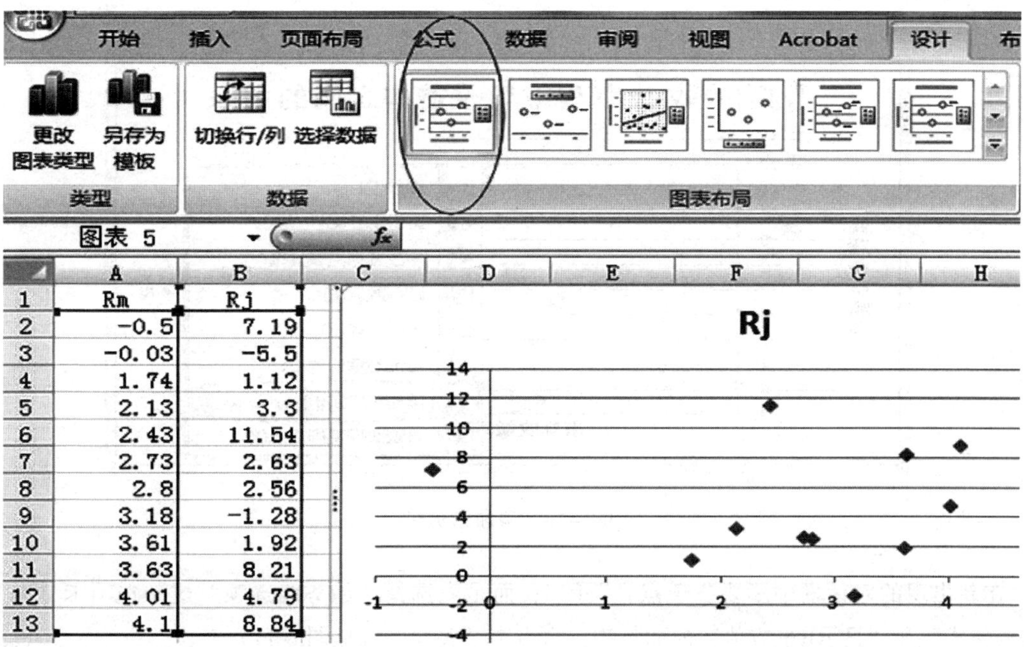

图5-14　选择图表布局类型

在图表区域修改图表标题、X轴名称、Y轴名称，如图5-15所示。

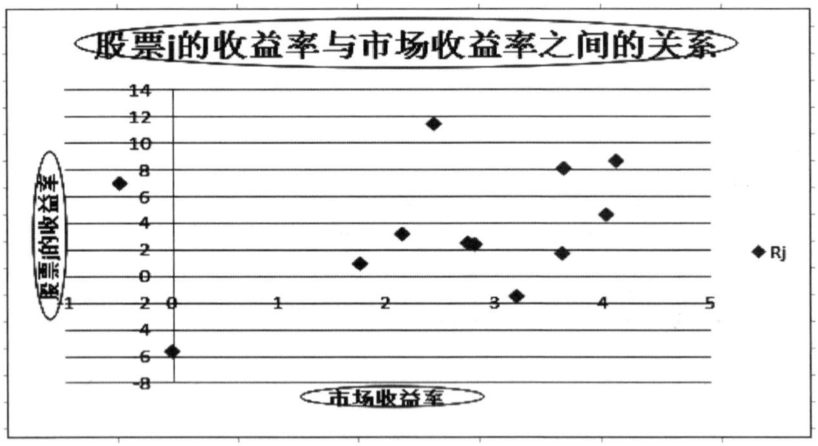

图5-15　设置图表名称及相应数轴名称

3. 添加趋势线和趋势方程

方法是对着做好的简单回归散点图上任意一点点击鼠标右键，在弹出的选择框中选择“添加趋势线”一项（见图5-16）。

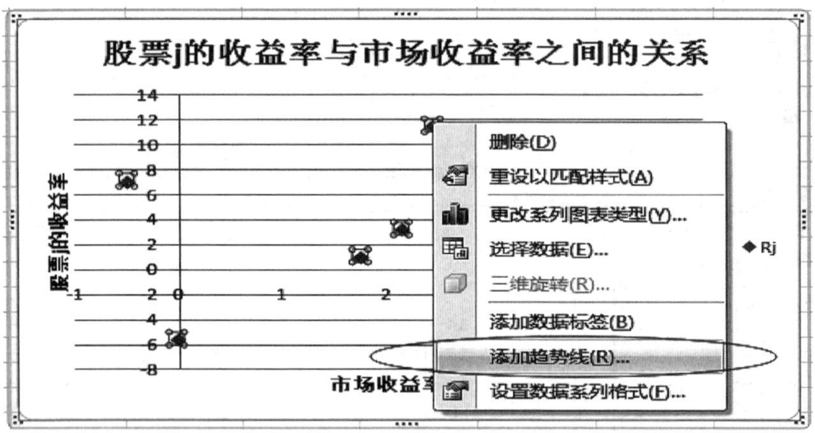

图5-16　添加趋势线

在新出现的对话框中不要急于点“关闭”，而是先选择“趋势线选项”这一选项卡，在下面“显示公式”和“显示R平方值”前面打钩，再点击“关闭”（见图5-17）。

图5-17　趋势线属性设置

这样便完成了对收益率的简单回归分析，既包括图（见图5-18），又显示了公式，据此我们可以分析公司的系统性风险和非系统性风险，并可以通过CAPM计算预期的收益率。

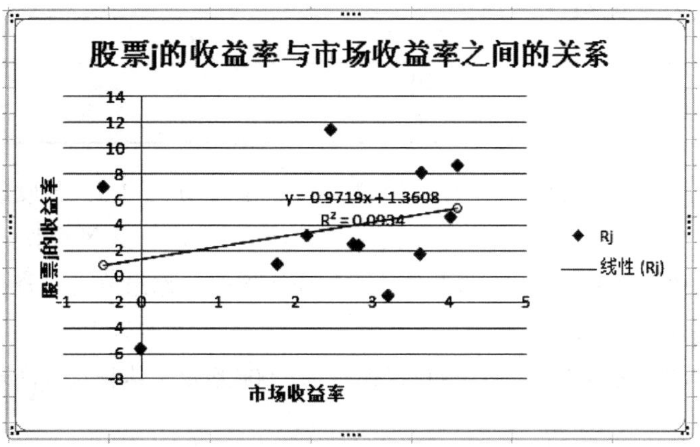

图5-18　完成简单回归分析并确定β系数

在回归方程中，x的系数0.9719就是β系数。值得注意的是，R^2在公司理财中表示在公司总风险中，市场风险所占总风险的比例数，此例为0.0934，这表明公司所面临的市场风险占总风险只有9.34%，公司非系统性风险占总风险的比例为1–9.34%=90.66%，从而表明公司可能单一化经营，要分散这部分风险可以通过多元化经营。可运用财务报表分析方法进行详细分析。

思考题

5–1 期望收益率与要求收益率的差异是什么？

5–2 β系数度量的是什么风险？

5–3 影响投资者的要求收益率的因素是什么？

5–4 资本资产定价模型的应用有哪些局限？

5–5 当预期通货膨胀率上升，或投资者更加回避风险时，证券市场线会受到什么影响？

练习题

5–1 丰嘉公司准备投资收益率有多种可能性的证券，这几种收益率的概率分布如表5–6所示，计算该项投资的期望收益率、标准差和变异系数。计算结果有什么含义？

表 5–6 收益率及其概率分布

收益率（%）	–10	5	10	25
概率	0.10	0.20	0.30	0.40

5–2 假设无风险利率为2%，市场收益率为10%，计算组合投资（见表5–7）的收益率和β系数，并预计哪种股票对投资者有利。

表 5–7 由股票 A、B 组成的投资组合

股票	权重（%）	β	期望值（%）
A	60	1.2	12
B	40	0.9	8

5–3 G公司持有A、B、C3种股票，它们的β系数分别为1.0，0.7，1.5，各股票在证券组合中所占的比重分别为50%，25%，25%。股票的市场收益率为15%，无风险收益率为5%。计算此证券组合的预期收益率和β系数。如果预计明年经济繁荣，你想改变投资组合，你现在会卖出哪种股票？买入哪种股票？

5–4 某企业有A、B两个投资项目，计划投资额均为1 000万元，其收益（净现值）的概率分布如表5–8所示：

表 5–8 项目 A、B 的净现值及其概率分布

市场状况	概率	A 项目净现值（万元）	B 项目净现值（万元）
好	0.2	200	300
一般	0.6	100	100
差	0.2	50	–50

（1）分别计算A、B两个项目净现值的期望值和标准差。

（2）判断A、B两个投资项目的优劣。

5-5　已知无风险收益率为5%，市场预期收益率为17%，相关股票与β系数的关系如表5-9所示：

表 5-9　相关股票与 β 系数的关系

股票	A	B	C	D
β	0.75	0.90	1.40	1.80

（1）利用CAPM计算投资者对股票所要求的收益率。

（2）把资产按风险大小排列。

（3）如果你确定市场收益率在不久的将来会上升，哪一种资产是最佳选择？如果市场收益率将下降呢？

5-6　利用CAPM的公式，算出下列值：

（1）某金融资产Z，其β系数为0.9，无风险利率为8%，市场收益率为12%，该资产的预期收益率为多少？

（2）某资产A预期收益率为15%，其β系数为1.25，市场收益率为14%，无风险利率为多少？

（3）某资产L的预期收益率为16%，β系数为1.1，无风险利率为9%，市场收益率为多少？

（4）资产H预期收益率为15%，而无风险利率和市场收益率分别为10%和12.5%，β系数为多少？

5-7　假设你所持有的证券组合由表5-10所示的股票构成：

表 5-10　所持证券组合的股票构成

股票	在证券组合中的比例（%）	β	预期收益率（%）
A	10	1.00	12
B	25	0.75	11
C	15	1.30	15
D	30	0.60	9
E	20	1.20	14

如果无风险利率为8%，市场要求收益率为11.6%，则：

（1）计算组合投资的期望收益率。

（2）计算组合投资的β系数。

（3）画出证券市场线，并标出组合投资的各股票。

（4）在你所画的图中找出哪种股票会使该组合的投资者盈利，哪种股票会使其亏损。

5-8　某公司刚刚支付每股股利3元，预计股利增长率为5%，股票β为1.5，无风险收益率为4%，市场要求收益率为14%，则：

（1）计算该公司股票的风险收益率。

（2）如果目前该公司股票的市场价格为25元，你是否会购买？

自测题

1. A 公司股票的β系数为 1，则表明该股票（　）。

A. 无风险　　B. 风险是证券市场所有证券的平均风险的一倍

C. 风险非常低　　D. 风险与证券市场所有证券的平均风险一致

2. 以下对要求收益率的哪种陈述是正确的？

A. 期望收益率　　B. 实际收益率

C. 不同风险的其他备选方案的收益率　　D. 人们愿意投资所必须赚得的最低收益率

3. 关于β系数，下列哪种说法是错误的？

A. β系数可以反映不同股票不同的市场风险程度

B. β系数不是某种股票的全部风险，它只与发行公司本身活动有关

C. β系数等于 1，说明该股票的风险等于市场所有证券的平均风险

D. β系数等于 2，说明该股票的风险是市场所有证券平均风险的 2 倍

4. 企业可以通过证券投资组合予以分散的是下列哪种因素引起的风险？

A. 通货膨胀　　B. 市场利率变动

C. 社会经济衰退　　D. 产品更新换代

5. 某公司股票的β系数为 1.5，无风险收益率是 5%，市场上所有股票的收益率是 10%，则该股票的期望收益率是（　）。

A. 25%　　B. 12.5%　　C. 8%　　D. 13%

参考答案

1. D　2. D　3. B　4. D　5. B

第二篇

长期投资决策

长期投资决策是指对公司一年以上的投资与收益做出计划与取舍的过程，它关系到公司的长远发展，对公司资源的安排起到关键作用。从广义上讲，长期投资决策包括两个方面：一是证券投资，例如，购买股票、债券、基金等，目的是在获得收益的同时对发行证券的公司进行控制或产生影响；二是长期项目投资，如固定资产的新建、改建、扩建、更新，新产品的研究和开发等，目的是在保持公司持续经营的同时，寻找最有利于公司长远发展和公司价值提高的盈利项目。与长期项目投资有关的各项支出在会计上称为资本性支出，由于长期项目投资一经确定，就要编制资本支出预算，以便进行控制和考评，因此，长期项目投资决策又称为资本预算。

本篇重点介绍投资项目资本成本的确定、投资项目预期现金流量的估计、资本预算中的决策标准以及风险条件下的资本预算。

第六章

资本成本

本章学习目标

通过本章学习，读者应该能够：

- 了解公司资本的构成，掌握资本成本的概念；
- 掌握各种资本要素成本和加权平均资本成本的计算；
- 了解资本成本对公司决策的影响，并掌握如何编制边际成本表。

→引言

耐克公司于2001年6月28日召开了分析员会议，发布其2001年会计年度的业绩，耐克公司的股票价格自年初起大幅下滑。耐克公司管理层在会上披露了公司的最高产量增长计划和经营业绩预测，希望通过开发更多中档价位运动鞋、进一步开拓服装业务和加强成本控制等方案重振雄风。一家共同基金管理公司——诺斯皮因特集团的基金经理基米·福特，阅读了所有能找到的关于6月28日会议的分析报告发现：分析员的反应各不相同，雷曼兄弟公司的报告建议“强力购买”，而瑞银华宝及瑞士信贷第一波士顿的分析员则表达了对公司的担忧，并建议“按兵不动”。于是，福特决定自己进行现金流贴现预测以得出更清晰的结论。

根据她的预测显示，当贴现率为10%时，耐克公司当前股票价格为42.09美元被高估了，当贴现率低于9.4%时，耐克公司当前的股价则被低估。为了弄清楚耐克公司的股票是否有投资价值，她让助手乔娜·科恩来估算耐克公司的资本成本。

科恩认为除了Cole-Hann产品线外，其他都是和运动相关的产品，且Cole-Hann仅占公司销售收入的很小一部分，因此就各业务部门之间的风险差异程度而言，不必分别估算资本成本，整个公司仅计算一个资本成本就可以了。通过采用2001年利息费用总额除以公司平均债务余额，并采用38%的税率，她对耐克公司税后债务成本的估算为2.7%；她采用当前20年期国债的收益率作为无风险投资收益率，采用大市对长期国债复合平均溢价作为风险溢价（5.9%），并采用耐克公司1996年至今的平均贝塔值，通过资本资产定价模型估算出的股本成本为10.5%；最后将她的所有假设纳入WACC计算公式，最终估算出耐克公司资本成本为8.3%。

加权平均资本成本是一家公司为满足所有投资者而需要赚取的最低收益，这些投资者包括普通股股东、优先股股东和债权人。机构投资者在评估公司价值，或者许多公司在决定哪些项目可以投资，哪些项目不可以投资时都要用到这一数值。本章，我们将学习如何计算一家公司的资本成本，并从中发现该数值对公司和投资者的意义所在，同时了解如何运用公司的资本成本。

资料来源：［美］布鲁诺. 金融案例研究：为公司的价值创造而管理（第4版）. 潘国英，译. 北京：清华大学出版社，2007。

第一节　资本的构成

一、资本成本的概念

资本成本（cost of capital）是公司财务决策中的一个重要概念。从筹资者的角度看，资本成本是公司取得资本所付出的代价，包括为了筹集资本而发生的筹资费用，如银行借款手续费、股票和债券的发行费用、资信评估费、律师费、公证费、审计费、广告费、印刷费等，以及为了使用资本而付出的占用成本，如向债权人支付的利息和向股东支付的股利、股息等。从投资者的角度看，资本成本是投资者最低要求收益率，这是因为资本成本的高低取决于资本市场上投资者所要求的回报率，而这一回报率的高低是根据公司或投资项目的风险程度决定的，风险越大，投资者所要求的回报率越高，公司的资本成本就越高。因此，资本成本又可定义为投资者所要求的最低收益率。从纯经济学的角度看，资本成本又是使用经济资源的机会成本。从方法论来讲，根据公理2，货币具有时间价值，比较资金的大小要放在同一时点，因此，资本成本又可以称为折现率。

资本成本可以用绝对数表示，也可以用相对数表示，但是因为绝对数不利于不同投资规模的比较，所以在公司理财中一般采用相对数表示。

在公司理财中，资本成本所处的地位至关重要有三个主要原因：第一，企业资产价值最大化要求所投入的全部成本，包括资本成本都必须最小，因此，我们必须估算最小的资本成本；第二，正确的资本预算决策是以资本成本的估算为依据的；第三，许多其他决策类型，包括租赁、债券偿还以及与营运资本有关的政策制定，都要求进行资本成本的估算。

公司理财中所涉及的"资本"是指为企业的资产和营运所筹集的资金。公司取得资本的渠道根据投资主体不同可以分为所有者投资和债权人投资。

二、所有者投资

新建的企业必须有来自所有者的法定资本投入。随着企业的不断经营，一方面所有者会不断地追加投资，另一方面所有者原有的投资会不断增值。因此，通过所有者投资取得的资本有内源资本和外源资本之分。

公司历次发行新股实现的所有者投资即是公司的外源资本，根据股票形式的不同，又分为公司的普通股股本和优先股股本。除了具有赎回特征的优先股外，这类资本公司可以无限期使用，本金不返还给所有者。公司的经营需要、政府的审批或核准以及资本市场对新股的接受程度等条件影响着这类资本的规模。怎样通过发行股票筹集所需资金我们在第十四章中详细讨论。

公司历年累积的股利分派后的利润，即未分配利润（留存收益），是公司的内源资本。留存收益是股东权益的一部分，它实质上是所有者在公司中的持续投资。公司的获利能力和股利政策影响着这类资本的规模。

三、债权人投资

公司从债权人处取得资本的原因是：（1）所有者的投资终归是有限的，为了满足经营资金的需要，公司还需从外部借债，获得资本；（2）公司经营状况良好时，举债经营形成的财务杠杆可以让所有者相对于不举债经营（即全部使用自有资金经营）能获得更高的收益。公司的经营需要以及债权人方面对风险和收益的评价等条件影响着这类资本的规模。

在资本预算中所讨论的债务资本，主要指通过债权人投资取得的资本形成的公司长期负债，[1]主要形式有长期的银行贷款、融资租入固定资产形成的负债、应付的公司债等。债权人投资一般有到期日，公司应在到期日将本金返还给债权人。公司资本的组成见表6–1所示。

表6–1 公司资本的组成

按投资主体分	组成要素	按取得方向分
债权人投资	长期负债	外源资金
所有者投资	普通股股本	
	优先股股本	
	留存收益	内源资金

四、资本结构

资本结构是指公司资本中各资本要素额占总资本额的比例，或者说，长期负债占总资本额的比例。确定最佳资本结构是公司一项重要的筹资决策，即为实现股票价值最大化而有效组合债务、

1 公司的债权人有多种，但是公司的负债不一定都构成公司的债务资本，只有来自投资者的部分属于债务资本。例如，供货商和公司职工如果是公司的债权人，在公司报表中与他们相应的负债就是应付账款和应付工资。这些负债是在正常经营过程中自发形成的，因为经营需要存货和人员的劳动，它不是债权人对公司的投资，不应属于资本范畴。长期负债中的递延税款贷项是指按照会计收益计算的所得税费用高于当期实际应付所得税额部分的累积额。从会计角度，递延税款贷项是递延至以后各期应缴纳的税额。它看似当期政府对公司的贷款，实际上并不是对公司的投资，不是公司的债务资本。

优先股及普通股，详细内容将在以后的章节中讲解。

第二节　资本要素成本的计算

正如前一节所述，公司的资本源于不同的渠道，而本章所讨论的资本成本是指公司为筹集1元钱所付出的代价，由于各资本要素在公司资本结构中所占比例不同，各要素成本就不同，因此资本成本是一个加权平均资本成本。此外，在估算资本成本时，我们还应该考虑以下两个问题：一是纳税影响，二是相关成本。

在估算各资本要素成本时，我们应采用税后成本，还是税前成本？回答这个问题主要考虑股东利益。股东关心的是他们所能获取的现金流量，即公司税后向普通股股东的支付额。因此，如果公司管理的目标是股东财富最大化，则所有的现金流量或收益率计算必须在税后基础上进行，从而加权平均资本成本的估算也必须在税后基础上进行。因此，在确定各资本要素成本时必须要考虑纳税的影响。

另外在计算加权平均资本成本时，我们是考虑公司的历史成本或已吸收成本（指公司以前筹集资本的成本），还是考虑新筹资成本（或边际成本）？什么才是相关成本？就某些管理决策而言，历史成本是重要的决策依据，然而，在估算理财中的加权平均资本成本时，其目的是编制资本预算，所以只有新筹集资本成本才是相关成本，即相关成本中不包括历史成本，只涉及计划期内将要筹集的新资本的边际成本。

下面分别介绍资本各组成要素的成本计算方法，即债务成本、优先股成本、新发行的普通股成本和留存收益成本。

一、债务成本

由于债务资本的使用费（利息费用）可以在税前支出，具有抵减公司所得税的作用，因此计算债务资本的成本必须计算其税后成本。**债务成本**（cost of debt）包括银行贷款的成本和发行公司债券的成本，下面我们分别讨论。

（一）银行借款的资本成本

银行借款成本最容易计算，通常银行提供给企业的利率水平就是企业的税前成本。如果考虑筹资成本，则长期借款的**税后资本成本**（after-tax cost of capital）如公式（6.1）所示。

$$k_i=\frac{i}{(1-F)}(1-T) \tag{6.1}$$

其中，k_i 表示长期债务的税后成本，i 表示银行的长期贷款利率，F 表示筹资或发行费率，通常是借款额的一定百分比，T 表示税率。

（二）公司债券的资本成本

1. 不考虑货币时间价值

如果不考虑货币的时间价值，公司债券的资本成本可以表示为年实际负担的使用费用与实际筹资净额之比，这是一个近似值，如公式（6.2）所示。

$$k_d=\frac{I}{P_0(1-F)} \tag{6.2}$$

公式中的各符号与第三章中的符号意义相同。

税后债务成本为：

$$k_i=k_d(1-T) \tag{6.3}$$

2. 考虑货币时间价值

考虑货币时间价值的资本成本即为债权人的到期实际收益率，可从以下公式获得 k_d：

$$P_0=\sum^{n}\frac{I_t}{(1+k_d)^t}+\frac{M}{(1+k_d)^n} \tag{6.4}$$

其中，P_0 表示举债取得的实际资本额，I_t 表示第 t 期利息支出，M 表示第 n 期偿还的本金，k_d 表示税前债务成本。

实例6–1　南方公司以 95 元的发行价格向社会公开发行面值为 100 元的公司债券 500 000 张，票面利率为 10%，期限是 5 年，债券的发行费率为 3%。公司的所得税税率为 25%。请计算公司债券筹资的实际资本成本。

解析　（1）不考虑货币时间价值

由于没有说明利息每年支付的次数，通常就意味着是每年支付一次。运用公式（6.2）和（6.3）得税后债务成本为：

$$k_i=\frac{100\times10\%}{95\times(1-3\%)}\times(1-25\%)=8.14\%$$

（2）考虑货币时间价值

直接运用公式（6.4）计算 k_d 很麻烦，一般采用插值法。但是通过使用 EXCEL 中单变量求解就很容易求出其结果，详细讲解见本章后面的 EXCEL 运用。

运用公式（6.4）得：

$$95\times(1-3\%)=100\times10\%\frac{1-(1+k_d)^{-5}}{k_d}+\frac{100}{(1+k_d)^5}$$

采用EXCEL 单变量求解，得：k_d=12.19%

税后债务成本：k_i=12.19%×(1–25%）=9.14%

二、优先股成本

优先股属于权益资本，其资本占用费是向股东定期支付固定股利，而股利是以所得税后净利润支付的，不能抵减所得税，且无到期日，因此**优先股成本**（cost of preferred stock）的计算公式为：

$$k_p=\frac{D_p}{P_0(1-F)} \tag{6.5}$$

其中，公式中的各符号与第三章中的符号意义相同。

实例6–2 思科公司发行总面值为 1 412 万元、股利率为 5%、不可赎回、累积分派的 200 万股优先股，发行费率为 6%，每股发行价格为 3.2 元，计算优先股的资本成本。如果该优先股在 6 年后按 4.5 元的价格赎回，优先股成本为多少？

解析 如果不考虑赎回，可直接运用公式（6.5），得：

$$k_p=\frac{1\ 412\times5\%}{3.2\times200\times(1-6\%)}=11.74\%$$

如果该优先股在 6 年后按每股 4.5 元赎回，假设投资者愿意到期赎回，那么优先股的资本成本为：

$$3.2\times200\times(1-6\%)=\sum_{t=1}^{6}\frac{1\ 412\times5\%}{(1+k_p)^t}+\frac{4.5\times200}{(1+k_p)^6}$$

$$601.6=100\times\frac{1-(1+k_p)^{-6}}{k_p}+\frac{900}{(1+k_p)^6}$$

采用插值法，k_p=17%时，601.6–70.6×3.5892–900×0.3898=–2.62

k_p=18%时，601.6–70.6×3.4976–900×0.3704=21.31

$$\frac{18\%-k_p}{18\%-17\%}=\frac{21.31-0}{21.31-(-2.62)}$$

$$k_p=18\%-1\%\times\frac{21.31}{23.93}=17.11\%$$

或使用 EXCEL，得到优先股的成本为 17%。

三、普通股成本

普通股成本（cost of common stock）包括留存收益成本和新发行的普通股成本，对于股东而言，二者性质相同，所要求的回报率也相同，二者唯一的区别是发行新普通股有发行费用，而留存收益为公司内部融资，不涉及筹资费用，因此普通股的成本比留存收益高。

（一）新发行的普通股成本

发行新普通股的资本成本即为普通股股利的现值之和等于普通股筹资净额（发行价减筹资费）时的折现率，用 k_e 表示，从公式（6.6）中解得即可。

$$P_0(1-F)=\sum_{t=1}^{\infty}\frac{D_t}{(1+k_e)^t} \tag{6.6}$$

但是若公司每年的股息不同，则这一模型难以应用，为此我们假定以下两种情况对上述模型加以简化：

情况一：假设公司实行固定股利政策，即公司每年的普通股股利是固定的，则其资本成本可用永久年金公式推算出：

$$k_e=\frac{D}{P_0(1-F)} \tag{6.7}$$

其中各符号与第三章中符号意义相同。

情况二：假设公司普通股股利是不固定的，但是按一固定的增长率逐期增长，则普通股的资本成本为：

$$k_e=\frac{D_1}{P_0(1-F)}+g \tag{6.8}$$

实例6–3　渊新公司发行新普通股筹资 20 000 万元，发行价格为 15 元，发行费用为 5%。预计公司的股利增长率可以长期稳定在 10%，公司最近一期发放的股利为每股 1 元。当前市价与发行价格持平。请问公司发行新股的资本成本是多少？

解析　由于股利增长率稳定在 10%，直接运用公式（6.8）得：

$$k_e=\frac{D_1}{P_0(1-F)}+g=\frac{1\times(1+10\%)}{15\times(1-5\%)}+10\%=17.72\%$$

（二）留存收益成本

公司使用内部累积的资本时由于没有进入市场，从公司的角度考察和衡量是很难计算其成本的。但是从投资者的角度考察和衡量，**留存收益成本**（cost of retained earnings）就是股东可接受的预期最低收益。留存收益代表着所有者对公司相应金额资产的要求权，是所有者对公司的持续投资。股东可以通过股利形式或通过证券市场出售股票换取现金再投资。如果股东以留存收益形式对公司持续投资，也就丧失了其他的投资机会。所以从投资者的角度计算，留存收益成本就是它的机会成本，即所丧失的其他投资机会能为投资者带来的潜在收益。

留存收益是机会成本，因此，我们假定将留存收益发放给股东，而股东重新将其收益投资于原公司，所以留存收益成本可以用原公司股票的预期收益率衡量。计算原公司股票的预期收益率有 3 种方法：折现现金流量法、资本资产定价模型法和债券加风险溢酬法。

1. 折现现金流量法

投资者重新投资于原公司股票时，股票价格代表着投资者对投资收益的预期，即预期收到股利的现值。

$$P_0=\sum_{t=1}^{\infty}\frac{D_t}{(1+k_s)^t} \tag{6.9}$$

其中，P_0 表示普通股价格，D_t 表示第 t 年普通股股利，k_s 表示留存收益成本。

如果每年股利额按相同的速度增长，则留存收益成本的计算公式如下：

$$k_s=\frac{D_0\ (1+g)}{P_0}+g=\frac{D_1}{P_0}+g \tag{6.10}$$

其中k_s 表示留存收益成本，其他符号意义与前相同。

2. 资本资产定价模型法

根据资本资产定价模型计算留存收益，该模型的基本表达式为：

$$k_s=r_f+(\bar{R}_m-r_f)\beta_j \tag{6.11}$$

在这一模型中，影响留存收益资本成本的因素主要有 3 个：无风险收益率 r_f，市场组合的预期收益率 $\bar{R}_m$ 和代表公司系统风险水平的系数 β_j。其中，无风险收益率可以采用国库券的利率，市场的平均风险溢价（$\bar{R}_m-r_f$）是相对稳定的，如美国市场的平均风险溢价基本稳定在 8.6%，而英国的市场平均风险溢价基本稳定在 9.1%，β_j 可以直接采用相关咨询机构定期公布的估算结果，也可以采用历史数据和经验估计。

实例6–4　如果渊新公司股票β系数为1.2，市场上国库券的利率为5%，股票市场的平均收益率为12%，则该公司留存收益的资本成本是多少？

解析　运用公式（6.11）得：

$$k_s=r_f+\beta(\bar{R}_m-r_f)=5\%+1.2\times(12\%-5\%)=13.4\%$$

采用资本资产定价模型进行资本成本评估时，要注意以下问题：

第一，如果估算上市公司的股权成本，那么其β系数有现成的资料可供参考。但是如果是估算非上市公司的股权成本或是估算正在向新的行业或领域进行多元化扩张的公司股权成本，那么其β系数的确定是很难的，最常用的一个解决办法是参考同行业另外一家或几家上市公司的β系数值，然后再考察公司自身的规模、资本结构等因素并加以调整后，得到相应的β系数估算值。

第二，市场的平均风险溢价（$\bar{R}_m-r_f$）有时也难以达成共识，因为由于经济周期的存在，这一数值在不同时期存在差异。

第三，关于β系数，乃至资本资产定价模型本身的有效性，目前理论界和实务界都存在较大的争议，但是目前还没有更为科学的方法可以取代这一模型，因此它仍被广泛采用。

3. 债券收益率加风险溢酬法

估算留存收益成本的最后一种方法是在公司债券收益率上加风险溢酬，即：

$$k_s=\text{债券收益率}+\text{风险溢酬} \tag{6.12}$$

债券的收益率很容易取得。如果是上市债券，可以在公开的证券信息资料中了解它的收益率，如果是非上市债券，则可以向有关从事投资银行业务的机构咨询，了解它的收益率。风险溢酬可以根据经验判断，也可以以折现现金流法为基础计算。

实践中，财务人员根据估算结果，选择一种最为合理和可靠的方法作为留存收益的成本，也可采用三种估算结果的平均值。

对于资本要素成本的计算，需要注意的是：

第一，负债资本的利息具有抵税作用，而权益资本的股利（股息、分红）不具有抵税作用，所以一般权益资本的资本成本要比负债的资本成本高。

第二，从投资者的角度看，投资者投资债券要比投资股票的风险小，所以要求的收益率比较低，筹资人弥补债券投资人风险的成本也相应较小。

第三，对于借款和债券，因为借款的利息率通常低于债券的利息率，而且筹资费用（手续费）也比债券的筹资费用（发行费）低，所以借款的筹资成本要小于债券的筹资成本。

第四，对于权益资本，优先股的股利固定不变，所以优先股风险相对于普通股的风险要小，优先股股东要求的收益率比普通股股东要求的收益率低，即筹资者的筹资成本低；留存收益没有筹资费用，所以留存收益的筹资成本要比普通股成本低。

资本要素成本从低到高排序是：长期借款<债券<优先股<留存收益<新发行的普通股。

第三节　加权平均资本成本

一、加权平均资本成本的计算

加权平均资本成本（weighted average cost of capital）是用来衡量公司筹资的总体代价的。加权平均资本成本是公司全部长期资本的总成本，是对资本要素成本进行加权平均确定的，反映了公司的平均风险。加权平均资本成本的计算公式如下：

$$WACC=k_a=w_d k_d(1-T)+w_p k_p+w_e(k_s \text{ 或 } k_e) \tag{6.13}$$

其中，k_a 表示加权平均资本成本，w_d、w_p 和 w_e 分别为债务资本、优先股资本和普通股资本占总资本额的比重，其余符号意义同前。

计算公司加权平均资本成本的基本步骤如下：

步骤一：计算每项融资来源的资本要素成本（如本章第二节所述）；
步骤二：确定各种融资来源分别在全部资本中的比重（权重）；
步骤三：用融资百分比作为权重计算公司的加权平均资本成本。

其中，权重 w 可有 3 种选择：（1）按账面价值加以确定。以账面价值为基础计算权重，所需数据可以直接从资产负债表上获得，方法简便易行；但由于债券、股票等的市场价值往往脱离账面价值许多，因而这种方法计算出的权重的有效性令人质疑。（2）按市场价值加以确定。这是以股票、债券的现行市场价格为基础确定权重，进而计算加权平均资本成本。采用这一基础的好处在于，能够有效反映出公司当前的实际资本成本的水平，有利于正确做出筹资决策；不利之处在于股票、债券的现行市场价格经常处于变动中，难以选用，为此有时使用某一时期的平均市场价值。另外，无论是以账面价值还是以市场价值为基础确定权重，均反映的是公司过去和现在的资本结构，因此并不一定适用于公司的未来筹资。（3）按目标资本结构加以确定。这是按公司长期的目标资本结构作为计算加权平均资本成本的权重，这一方法适用于公司追加资本时的筹资决策。通常认为，按市场价值为基础和按目标资本结构为基础确定权重优于按账面价值确定权重，但是实务中难以客观合理地进行确定，因此，不少公司仍然采用按账面价值为基础确定权重。

另外，影响公司加权平均资本成本的主要因素有：总体经济条件；公司证券的流动性；公司内部的经营和融资条件；新项目投资的融资规模等。加权平均资本成本计算模型中的假设是基于新项目与公司当前的资产具有相同的经营风险；新项目的融资结构与公司当前的资本结构相同；公司的现金红利支付率保持不变。

实例6–5　渊新公司计划筹资 1 000 万元，所得税率为 25%。有关资料如下：

（1）向银行借款 100 万元，借款年利率为 7%，手续费为 2%。

（2）发行优先股 10 万股，每股发行价 25 元，预计年股利率为 12%，筹资费率为 4%。

（3）发行普通股 40 万股，每股发行价格 10 元，筹资费率为 6%。预计 1 年后每股股利 1.2 元，公司的股利和收益每年按 8%递增。

（4）其余所需资本通过留存收益取得。

要求计算各资本要素成本和加权平均资本成本。

解析　（1）向银行贷款，考虑手续费，可直接运用公式（6.1）得银行借款的税后成本为：

$$k_i=\frac{i}{(1-F)}(1-T)=\frac{7\%}{(1-2\%)}(1-25\%)=5.36\%$$

（2）发行优先股的股利为 25×12%=3（万元），筹资费率为 4%，运用公式（6.5）得优先股成本为：

$$k_p=\frac{D_p}{P_0(1-F)}=\frac{3}{25(1-4\%)}=12.5\%$$

（3）由于股利分配按 8%递增，筹资费率为 6%，因此，运用公式（6.8）可得发行新股成本为：

$$k_e=\frac{D_1}{P_0(1-F)}+g=\frac{1.2}{10(1-6\%)}+8\%=20.77\%$$

（4）留存收益资本成本是机会成本，没有发行费，因此，运用公式（6.10）得：

$$k_s=\frac{D_1}{P_0}+g=\frac{1.2}{10}+8\%=20\%$$

（5）根据前面计算的资本要素成本和题目的已知条件，由于没有目标资本结构，因此，要计算使用 1 000 万元的平均资本成本，其权数就是各类资本要素所占资本的比例数，即：

w_d=100/1 000=10%，w_p=10×25/1 000=25%，w_e=40×10/1 000=40%，w_s=250/1 000=25%

运用公式（6.13）得筹资 1 000 万元的加权平均资本成本为：

$$WACC=k_a=w_d k_d(1-T)+w_p k_p+w_e k_e+w_s k_s$$
$$=10\%\times5.36\%+25\%\times12.5\%+40\%\times20.77\%+25\%\times20\%$$
$$=16.97\%$$

在后面的学习中我们可以看到，如果按照资本结构计算，那么意味着每筹集一元钱，都必须按照一定比例的债务、优先股和普通股筹集，在使用普通股中，首先使用较低成本的留存收益，待留存收益用完后，再通过发行新股来满足普通股的筹资需求。

实例6–6 ABC公司正在着手编制明年的财务计划，公司财务主管请你协助计算其加权平均资本成本。有关信息如下：

（1）当前公司银行借款利率为9%，明年将下降为8.93%；

（2）公司债券面值为1元，票面利率为8%，期限为10年，分期付息，当前市价为0.85元，如果公司按当前市价发行新的债券，发行成本为市价的4%；

（3）公司普通股面值为1元，当前每股市价为5.5元，本年度派发现金股利为0.35元，预计每股收益和股利增长率维持在7%水平，并保持25%的股利支付率；

（4）公司当前（本年）的资本结构如表6–2所示：

表6–2 ABC公司当前资本结构

项 目	银行借款	长期债券	普通股	留存收益
金额（万元）	150	650	400	420

（5）公司所得税率为25%；

（6）公司普通股的β值为1.1；

（7）当前国库券的收益率为5.5%，市场平均收益率为13.5%。

要求：（1）计算银行借款的税后资本成本；（2）计算债券的税后成本；（3）分别使用股利常数增长模型和资本资产定价模型估计内部股权资本成本，并将计算出的两种结果的平均值作为内部股权成本；（4）如果仅靠内源融资，明年不增加外部融资规模，计算其加权平均资本成本(计算时各资本要素成本百分数保留2位小数)。

解析 （1）由于公司编制的是明年的财务计划，因此银行贷款的税后成本应该用8.93%调整，即：

$$\text{银行借款税后成本 } k_i=8.93\%\times(1-25\%)=6.70\%$$

（2）运用公式（6.2）得债券成本的近似值为：

$$k_i=k_d=\frac{I}{P_0(1-F)}(1-T)=\frac{1\times8\%}{0.85\times(1-4\%)}\times(1-25\%)=7.35\%$$

如果考虑债券成本的精确值，则根据债券公式，运用 EXCEL 得税后成本为：

$$k_i=11.14\%\times(1-25\%)=8.36\%$$

(3) 计算留存收益成本，若：

根据股利常数增长模型，$k_s=\frac{D_1}{P_0}+g=\frac{0.35\times(1+7\%)}{5.5}+7\%=13.81\%$

根据资本资产定价模型，$k_s=r_f+\beta\ (\bar{R}_m-r_f)$

$$=5.5\%+1.1\times(13.5\%-5.5\%)=14.3\%$$

因此，内源资本成本，即留存收益的平均成本为：(13.81%+14.3%) /2=14.06%

(4) 如果仅靠内源融资，则需要计算明年的留存收益。因为：

$$DPS=EPS\times\text{股利支付率}$$

如果每股收益按 7%增长，那么明年的每股收益为：

$$EPS=\frac{DPS}{\text{股利支付率}}(1+g)=\frac{0.35}{25\%}\times(1+7\%)=1.498(\text{元/股})$$

明年新增净收益为：1.498 元/股×400 万股=599.2 万元

明年新增留存收益为：599.2× (1–25%) =449.4 (万元)

因此，明年留存收益总额为：449.4+420=869.4 (万元)

计算加权平均资本成本，如表 6–3 所示：

表 6–3 ABC 公司的加权平均资本成本

项目	金额 (万元) (1)	占百分比 (%) (2)	要素成本 (%) (3)	加权 (%) (2) × (3)
银行借款	150	7.25	6.70	0.49
长期债券	650	31.41	7.35	2.31
普通股	400	19.33	14.06*	2.72
留存收益	869.4	42.01	14.06	5.91
合计	**2 069.4**	**100**		**加权平均资本成本=11.43**

* 这里考虑的是账面价值，因此根据留存收益成本考虑。

(二) 发行费率对筹资总额的影响

企业在资本市场上筹集所需资金，通常要支付发行费，发行费是发行价格的百分比，也可以称之为发行费率。当我们考虑发行费率时，为满足投资的需要，投资总额会因发行费率而发生变化，从而对投资决策的评价产生影响。由于筹资总额的资金来源是按比例筹集的，因此，我们需要考虑加权平均发行费率 $WAFC$，如公式（6.14）所示：

$$加权平均发行费率=WAFC=w_dF_d+w_pF_p+w_eF_e \quad (6.14)$$

式中权重的含义与前面相同，F_d，F_p 和 F_e 分别表示债务、优先股和普通股的发行费率。

实例6–7 （仍以实例分析 6–5 为例）假如投资金额 1 000 万元不变，考虑发行费率后，计算该公司外部融资额是多少？

解析 根据题意，外部融资需要 750 万元，所以其平均的发行费率根据公式（6.14），首先要重新计算其外部融资各资本要素所占比重，即：

$$w_d=100/750=13.33\%,\ w_p=10\times25/750=33.33\%,\ w_e=40\times10/750=53.33\%$$

将相关数据代入公式（6.14）中，得：

$$WAFC=13.33\%\times2\%+33.33\%\times4\%+53.33\%\times6\%=4.8\%$$

因为，

$$外部筹资额=发行费率调整后的融资额-发行费率调整后的融资额\times WAFC$$

所以，整理后得考虑发行费率后的融资额如公式（6.15）所示：

$$发行费率调整后的融资额=\frac{外部筹资额}{1-WAFC} \quad (6.15)$$

运用公式（6.15），宏远公司为筹集投资所需的 750 万元，考虑发行费率后，实际筹资额应该为：

$$实际筹资额=750\ 万元/(1-4.86\%)\ =787.82\ 万元$$

此例中多出的 37.82 万元可能对最终投资决策的影响还是挺大的。初始投资增加，每年的净现金流入不变，那么最终投资项目的净现值会下降[2]。有关投资项目评价会在第八章中详细讨论。

二、边际资本成本

我们已知加权平均资本成本的大小取决于新增资本的数量，新增资本的加权平均资本成本，称为**边际资本成本**（marginal cost of capital）。它在公司理财中比按公司全部资本计算的加权平均资本成本更为重要。

在进行投资决策时，要考虑新投资所需的新资本的成本。新资本的加权平均资本成本受到新资本的结构和新资本内部各类资本要素成本的影响。如果公司为新项目融资按照目标资本结构，并且每种渠道融资成本与以前相同，那么公司的加权平均资本成本会保持不变。实践中，公司不可能完全按照目标资本结构进行融资，每年总有主要的融资渠道，如有的年份融资额来自发行新股，有的年份来自举债，但是平均来看，公司基本按目标资本结构融资。

2 在投资评价时，若投资额为 1 037.81 万元，那么折现率就用没有考虑发行费率的加权平均资本成本，否则就会出现重复计算问题。

各类资本的成本也不一定与以前相同。总的来说，在投资中用到的加权平均资本成本会随着筹资额的增加而提高。

公司取得资本一般从融资成本较低的资本开始，随着融资额的增多，各类资本成本也随之上升，即使新增资本的结构与以前相同，新增资本的加权平均资本成本也会上升。公司可以编制边际成本表并绘制成图，形成边际成本线，以便反映不同融资总额范围下的新资本的加权平均成本，并用于投资决策。这类图中，横轴代表累计融资额，纵轴表示新资本的加权平均资本成本，边际成本线是一条逐级向上的阶梯线。

实例6–8　通达公司是一家机械制造业企业，该公司按市场价值表示的目标资本结构如下（单位：元）：

债务	3 000 000	30%
优先股	1 000 000	10%
普通股（300 000 股）	6 000 000	60%
总市场价值	10 000 000	100%

公司所面临的筹资环境如下：在长期负债方面，税前资本成本为 10%；公司发行优先股筹资的成本为 12%；在普通股权益方面，公司当前的股票价格为 20 元，预计下年度股利支付为每股 1.6 元，预期公司可持续增长率为 7%，如果发行新股，则发行费率为 10%；公司的所得税税率为 25%。请确定公司的边际资本成本表。

解析　首先，该公司一直保持着 7%的增长率，这一增长率在今后若干年中将不会发生变化。因此，我们可以运用常数增长模型，即公式（6.10），计算该公司内源资金成本（留存收益）：

$$K_e=\frac{D_1}{P_0}+g=\frac{1.60}{20}+7\%=15\%$$

在不发行新股时，公司的加权平均资本成本计算如下：

$$WACC=30\%\times10\%\times（1-25\%）+10\%\times12\%+60\%\times15\%=12.45\%$$

该计算结果 12.45%，意味着该公司每新增 1 元钱，其中包括 0.3 元的债务、0.1 元的优先股和 0.6 元的普通股（留存收益），并且这一筹资比例不变。这样，只要公司的税后债务成本是 7.5%、优先股成本是 12%和留存收益成本是 15%，则新增 1 元钱的平均成本就是 12.45%。

其次，通达公司能否以 12.45%的成本无限制地增加资本数量呢？

答案是否定的。假如该公司打算新增 100 万元的资金，则它需要 30 万元的债务、10 万元的优先股和 60 万元的普通股，而普通股的来源我们在前面讲了，源于留存收益和发行新股，如果公司当年的留存收益不能满足 60 万元的需要，那么不足部分就不得不发行新股。由题意可知，发行新股的发行费率为10%，则运用公式（6.8）计算新股成本如下：

$$K_e=\frac{D_1}{P_0（1-F）}+g=\frac{1.60}{20\times（1-10\%）}+7\%=15.9\%$$

这样，该公司的新股筹资成本15.9%超过了15%的留存收益成本，股本成本的这一增长使得加权平均资本成本由12.45%增长到12.99%，即：

$$WACC=30\%\times10\%\times（1-25\%）+10\%\times12\%+60\%\times15.9\%=12.99\%$$

再次，留存收益用尽时的最大筹资额是多少？将问题转化为计算筹资间断点，即使得要素成本15%增加到15.9%，加权平均资本成本从12.45%增长到12.99%的最大筹资额。

筹资间断点是指使边际资本成本发生变化的临界筹资总额。假设新增资本都按照目标资本结构筹集，只要新增资本使得某类资本要素成本上升，边际资本成本也上升，就会产生筹资间断点。某类资本上的筹资间断点的个数取决于引起某类资本成本变化的临界筹资额的个数。

$$\text{某类资本上的筹资突破点}=\frac{\text{某种类型资本中较低成本的资本总数}}{\text{该类资本在目标资本结构中的比重}} \tag{6.16}$$

在本实例中，假设通达公司预期净利润为84万元，其中50%将用于支付股利，那么留存收益为42万元。在用尽留存收益42万元或在发行新股之前，包括债务、优先股和42万元留存收益的总筹资额应该是多少？

留存收益和发行新股同属于普通股融资，在这一类型资本中，留存收益成本15%低于新股成本15.9%，留存收益的总额为42万元，占总筹资额的60%，则运用公式（6.16）可得用尽留存收益的间断点：

$$\text{用尽留存收益时的总资本数额}=\frac{\text{留存收益总额}}{\text{留存收益在总筹资额中的比例}}=\frac{42}{60\%}=70\text{（万元）}$$

因此，该公司可增加总筹资70万元，其中42万元留存收益、21万元（70×30%）的债务和7万元（70×10%）的优先股，这70万元的筹资成本为12.45%。如果公司要筹集700 001元或更多的数额时，超过部分的每1元中，将包括0.6元的新股，新股成本为15.9%。因此，这新增1元的平均成本为12.99%。

图6–1显示了公司新筹资额与加权平均资本成本之间的关系，此即边际成本图。

当新筹资额超过70万元时，公司的边际成本线有一个跳跃点或间断点，是否可能还有另外一些间断点呢？答案是肯定的。只要筹资中资本要素成本发生变化，就可能导致加权平均资本成本发生变化，从而使边际资本成本线出现断点。从理论上讲，无数的间断点都可能产生。

假设通达公司能以10%的利率从银行获得贷款30万元，超额部分则要求支付12%的利息，

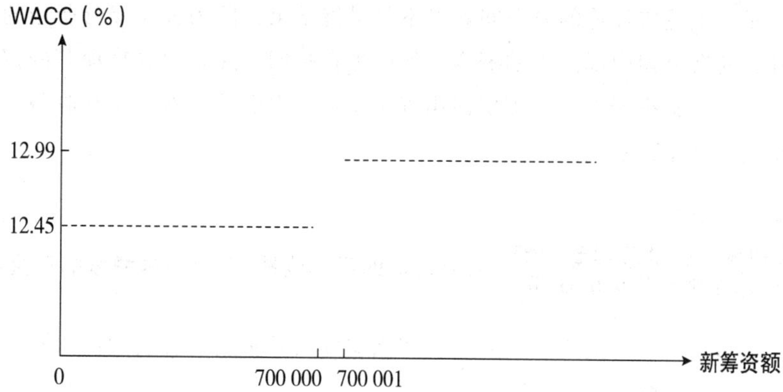

图6–1 新筹资额与加权平均资本成本之间的关系

那么该公司用尽利率为10%的30万元贷款的间断点为：

$$间断点=\frac{利率为10\%的债务}{30\%}=\frac{30}{30\%}=100（万元）$$

用尽30万元低成本债务后，其加权平均资本成本为：

$$WACC=30\%\times12\%\times（1-25\%）+10\%\times12\%+60\%\times15.9\%=13.44\%$$

如图6–2所示。

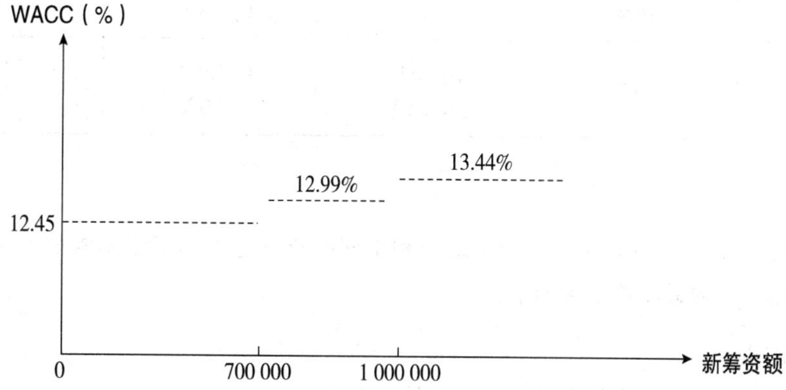

图6–2 边际资本成本图

本实例到此为止，通达公司的筹资间断点共有二个，分别是70万元和100万元。第一个筹资间断点产生在哪一类资本上是不一定的，这取决于各类资本成本的变化情况和目标资本结构。

值得注意的是，上述所计算的筹资间断点不是最终结果，因为公司经营所用的资金除了来自投资者的投资外，还有公司内部产生的资金，如产生自折旧、递延税款贷项等的资金。由于这些资金直接增加了公司实施投资项目的可供使用资金总额，它们的成本与留存收益成本一致，所以公司的筹资间断点一般计算公式如下：

$$\text{某类资本上的筹资突破点}=\frac{\text{引起该类资本成本变化的临界筹资额}}{\text{该类资本在目标资本结构中的比重}}+\text{来自折旧的现金流量}+\text{来自递延税款的现金流量} \quad (6.17)$$

如果通达公司有来自折旧的现金5万元，那么应加入并重新计算公司的筹资间断点，它们分别为70+5=75（万元）、100+5=105（万元）。

假设通达公司可以按12%的成本无限制发行优先股，则该公司的筹资间断点如表6-4所示。

表6-4　通达公司筹资间断点

第一步				第二步
资本种类	目标资本结构	各类资本要素筹资范围（万元）	资本成本（税后）	筹资间断点（万元）
长期负债	30%	30以内 30以上	7.50% 9.00%	30÷0.3+5=105
优先股	10%	—	12.00%	—
普通股权益	60%	42以内 42以上	15.00% 15.90%	42÷0.6+5=75 —

最后，边际资本成本要根据目标资本结构和不同融资渠道上的资本要素成本来确定。因此，计算边际资本成本表的最简单步骤如下：

1. 找出间断点

任一资本要素成本的上升都会导致间断点的发生。

2. 确定在每两个间断点之间的资本要素成本

3. 计算每一段间隔中的加权平均资本成本

加权平均资本成本在每一段间隔中是不变的，但它在间断点处增加。

一般来说，由于公司无法控制资本需求变化对债务成本、优先股成本和普通股权益成本的影响，所以经常通过改变目标资本结构或股利政策调节间断点，以尽量避免产生新的间断点。

表 6–5 列出了不同融资范围内的各类资本成本及相应的加权平均资本成本（边际成本）。

表 6–5　边际资本成本表

筹资总额（万元）	资本要素成本			边际资本成本
	长期负债	优先股	普通股权益	
75 以内	7.50%	12.00%	15.00%	0.075×0.3+0.12×0.1+0.15×0.6=0.1245
75～105	7.50%	12.00%	15.90%	0.075×0.3+0.12×0.1+0.159×0.6=0.1299
105 以上	9.00%	12.00%	15.90%	0.090×0.3+0.12×0.1+0.159×0.6=0.1344

关键术语

资本成本　cost of capital

债务成本　cost of debt

税后资本成本　after-tax cost of capital

优先股成本　cost of preferred stock

普通股成本　cost of common stock

留存收益成本　cost of retained earnings

加权平均资本成本　weighted average cost of capital

边际资本成本　marginal cost of capital

→EXCEL运用：计算公司的资本成本

公司理财中，我们常会遇到计算债券的资本成本，但由于债券的价格与预期收益率（资本成本）的关系不是线性的关系，因此，在计算时会感到比较烦琐，从而只好采用近似的计算方法，如插值法。如果我们要想获得精确而快捷的计算，最好的方法就是使用计算机。这里介绍采用单变量求解的方法。

1. 已知：资产市场价值（P_0）、发行成本（F）和未来的现金流量（例如利息 I、本金 P、股利 D）等。

2. 未知：资本成本（k）。

3. 步骤：

以计算债券成本为例（其他类似资本成本计算依此类推）。各种变量的关系式如下：

$$P_0(1-F)=\sum_{t=1}^{n}\frac{I}{(1+k)^t}+\frac{P}{(1+k)^n}$$

(1) 输入已知变量，并使用已知变量计算所需的其他数值。

例如：在 B3:C9 区域输入已知的变量，为了在公式中更方便地使用，最好给输有数值的单元格命名，方法是在软件视窗左上角鼠标所示处将其单元格定义名字（见图 6-3），如 C3 定义为 Price，C4 定义为 *F*，C6 定义为 Par，C7 定义为 *I*，C8 定义为 *m*，C9 定义为 *n*_year（当然，不定义也可以，如前面 EXCEL 运用一样，直接输入单元格也可以）。

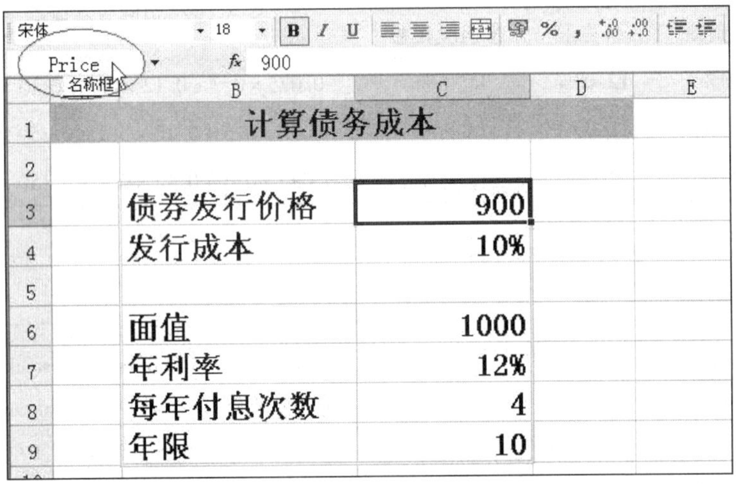

图6-3　输入数据并为单元格命名

利用已知的变量数值，用公式计算出每次付息额 C11=C6*C7/C8，右侧的实际筹资金额 F3=C3*（1-C4），如图 6-4 所示。

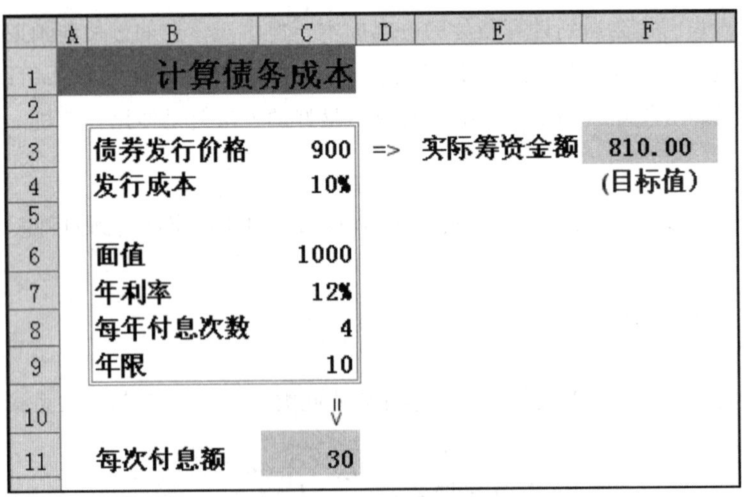

图6-4　利用已知数据求解实际筹资额

(2) 确定未知变量位置。

例如，债务成本作为未知变量位置确定为单元格 C12，由于最后在输入债券公式中需要确定债务成本，否则结果会出现错误。因此，在 C12，你可以暂时输入任意数值。这里以输入 5%来举例，如图 6–5 所示。

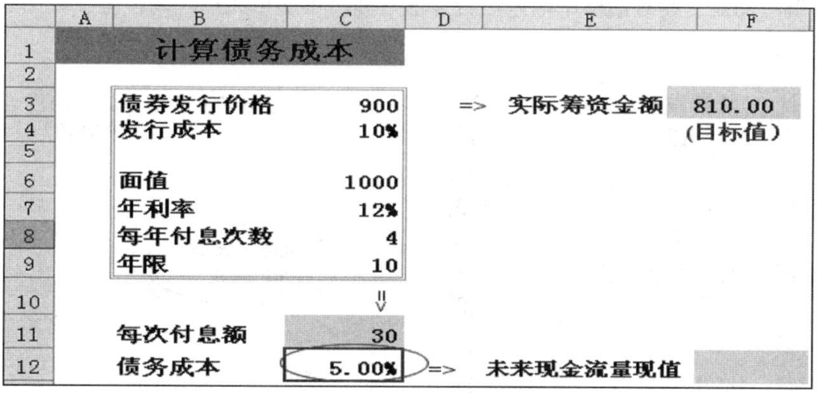

图6–5 输入假设债务成本

(3) 使用未知变量计算所需的其他数值。

在单元格 F12 中输入公式，计算等式右侧的未来现金流量的现值。方法是在公式栏中输入图 6–6 中所示的公式（如果对单元格命名进行了命名，公式则显示的是命名符号：=interest*（1–(1+k）^（–n_year*m））/k+Par*（1+k）^（–n_year*m））：

图6–6 输入债券公式

(4) 对照目标值进行调整计算。

由于实际筹资额是 810 元，而当债务成本是 5%时，债券筹资额是 656.82 元，显然，5%不是满足目标值 810 的债务成本，因此，需要对照目标值进行调整以获得正确的债务成本。调整方法是运用单变量求解，点击以未知变量计算的数值所在的单元格，使用菜单“数据”中的“假设分析”里的“单变量求解”功能，在对话框中输入“目标值”和“可变单元格”的位置，如图 6–7 所示。

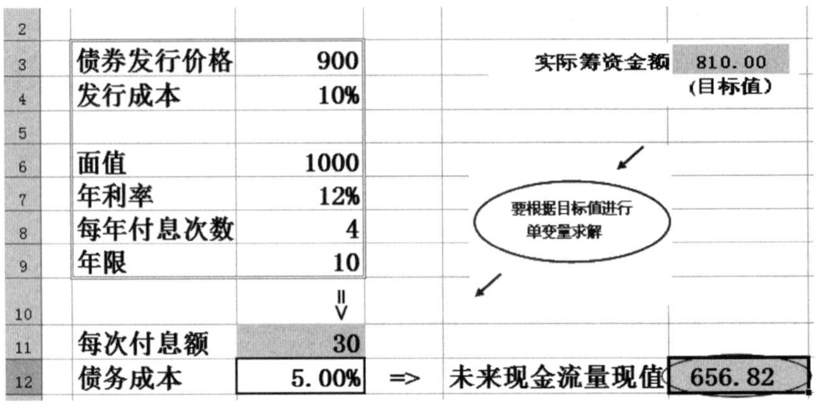

图6–7 设置单变量求解调整“目标值”和“可变单元格”

如图打开“单变量求解”对话框。目标单元格选择 F12。由于使未来现金流量现值等于实际筹资金额的折现率才是税前的债务成本，所以要求未来现金流量的现值等于实际筹资金额 810 元，即目标值为 810，输入 810；可变单元格为未知变量债务成本数值所处的单元格，输入 C12，如图 6–8 和图 6–9 所示。

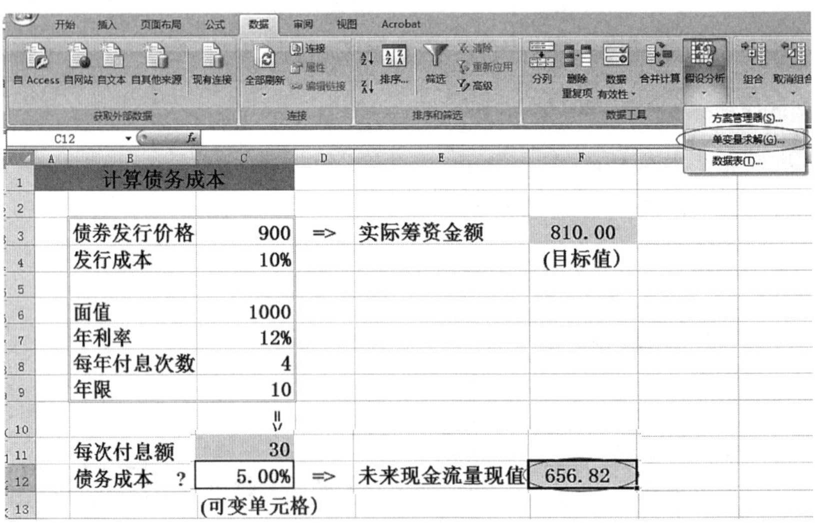

图6–8 打开单变量求解对话框

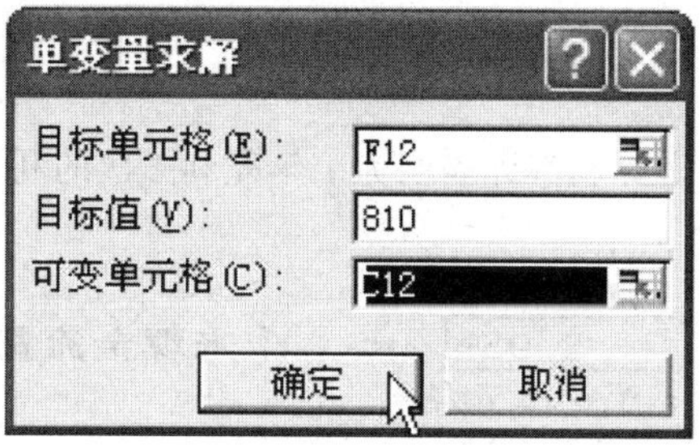

图6–9　确定运行单变量求解的相关数值

（5）运行。

点击确定后，你会看到债务成本的数值已改变，改变后的值3.95%就是满足条件的税前债务成本，如图6–10所示。

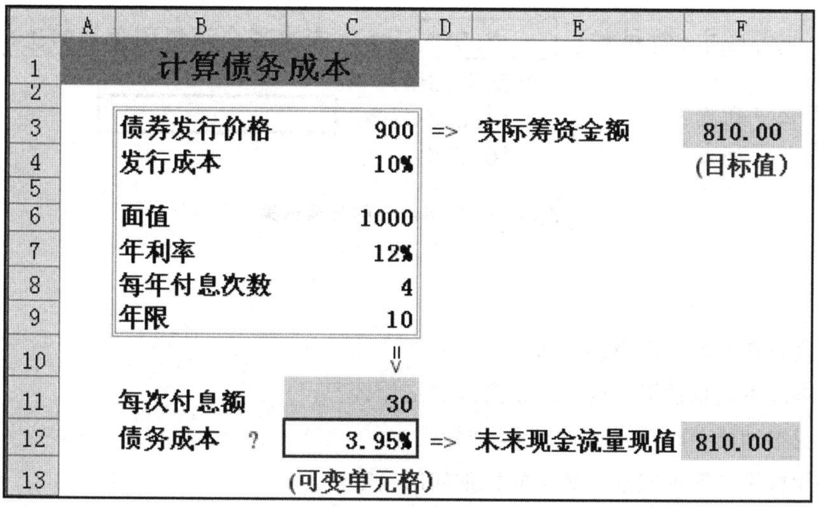

图6–10　显示单变量求解运行结果

（6）计算名义利率。

按照上述单变量求解的方法得出的是期利率，即每年计息4次的每季度利率。在实践中，我们关心的是年利率，因此计算债券的年利率（市场利率）就是其名义利率，如图6–11所示。

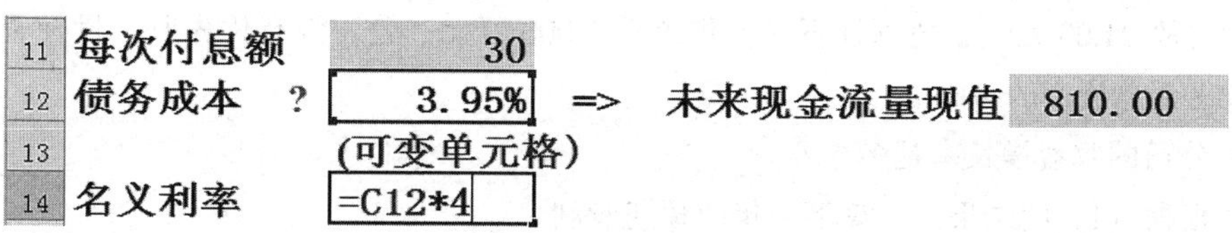

图6–11　名义利率的计算

按回车键即可得名义利率为 15.81%。

（7）计算实际利率。

由于每年复利 4 次，那么实际利率即表明为 1 年复利 1 次的利率与每年复利 4 次的名义利率是等价的，计算公式如图 6–12 所示。

12	债务成本	?	3.95%	=>	未来现金流量现值	810.00
13			(可变单元格)			
14	名义利率		15.81%			
15	实际利率		=(1+C12)^4-1			

图6–12　实际利率的计算

最终求得实际利率为 16.78%，由于一年复利 4 次，实际利率高于名义利率。（读者如果不记得了，可以复习金融资产定价部分的基本概念。）最终结果如图 6–13 所示。

12	债务成本(期利率)	3.95%	=>	未来现金流量现值	810.00
13		(可变单元格)			
14	名义利率	15.81%			
15	实际利率	16.78%			

图6–13　所有利率的计算结果

思考题

6–1　什么是资本成本？其作用是什么？

6–2　债务资本成本和权益资本成本的主要区别是什么？

6–3　普通股成本和留存收益成本有什么不同？

6–4　什么是加权平均资本成本？其中的权重如何确定？

6–5　编制边际资本成本表有何作用？

练习题

6–1　飞跃公司的每股收益额当年为 2 元，5 年前是 1.3612 元。公司的股利支付率为 40%，现行股价为每股 21.60 元。公司预计下一年将盈利 1 000 万元。公司没有优先股，目标资本结构是债务占到总资产的 40%。

（1）公司的收益增长率是多少？

（2）根据（1）的结果，计算下一年的预期股利。

（3）公司的留存收益成本是多少？

（4）下一年的留存收益将会达到多少？

6–2　芬利公司年初市场价值的资本结构被认为是目标资本结构，如表 6–6 所示：

表 6–6　芬利公司的目标资本结构　　单位：元

债务（无短期负债）	30 000 000
普通股权益	30 000 000
总计	60 000 000

公司计划筹资 3 000 万元投资新项目。银行贷款利率为 8%；发行普通股，发行价格是 30 元，公司每股净得现金 27 元，股东要求收益率为 12%，股利支付率为 40%，预期持续增长率为 8%；公司当年的留存收益预计为 300 万元；边际税率为 25%。

（1）为筹集 3 000 万元，公司在保持现有的资本结构条件下，需要筹集多少普通股权益资金？

（2）在普通股权益资金中，内源资金和外源资金各是多少？

（3）计算普通股权益中的各部分资本成本。

（4）计算公司的加权平均资本成本。

6–3　某公司长期资本的构成情况及其各种筹资方式的个别资本成本如表 6–7 所示，请计算该公司的加权平均资本成本。

表 6–7　某公司长期资本的构成情况及其各种筹资方式的个别资本成本

资本种类	账面价值(万元)	所占权重（%）	市场价值(万元)	所占权重（%）	资本成本（%）
长期借款	300	15	300	13	8
长期债券	400	20	450	20	11
优先股	200	10	230	10	12
普通股	600	30	820	36	15
留存收益	500	25	500	21	14
合计	**2 000**	**100**	**2 300**	**100**	

6–4　海丰公司近 10 年的每股收益额如表 6–8 所示：

表 6–8　海丰公司近 10 年的每股收益额

时间（年）	1	2	3	4	5	6	7	8	9	10
EPS(元)	2.00	2.16	2.33	2.52	2.72	2.94	3.18	3.43	3.70	4.00

预计增长率维持过去的增长水平。公司外发股份 140 000 股，股价为每股 50 元，股利支付率为 40%。公司现有的资本结构为目标资本结构，债务 300 万元，普通股权益 700 万元，债务的利息率为 9%，公司的边际税率为 25%。

（1）计算公司的债务成本和普通股权益成本（采用折现现金流量方法）。

(2) 如果公司新发行的普通股，每股净得资金 48.36 元，公司发行新普通股的成本是多少？

(3) 假定不发行普通股，计算公司的加权平均资本成本。

(4) 若不依靠外部融资，公司从内部可获得的资金是多少？(假定无折旧引起的现金流量)

(5)若没有产生自折旧的现金流量，公司的融资规模达到多少时普通股权益的成本会增加？

6–5 大成公司拥有长期资金 400 万元，其中长期借款资金 100 万元，普通股 300 万元，这一资本结构是公司的理想资本结构。公司需筹集新资金 200 万元，且保持现有资本结构。计算筹集资金后企业的边际资本成本(该公司筹资资料如表 6–9 所示)。

表 6–9 大成公司 单位：元

筹资方式	目标资本结构	新筹资范围（万元）	资本成本（税后）
长期负债	25%	0~40	4%
		40 以上	8%
普通股	75%	0~75	10%
		75 以上	12%

6–6 唐明公司预计下一年的净收益是 12 500 元，股利支付率是 50%。公司的净收益和股利每年以 5%的速度增长。最近一次支付的股利是每股 0.50 元，现行股价是 7.26 元。公司的债务成本为：筹资不超过 1 万元，税前成本为 8%；筹资第二个 1 万元，税前成本为 10%；筹资 2 万元以上，税前成本为 12%。公司发行普通股筹资发生的股票承销成本为 10%。发行价值 1.8 万元股票，发行价格为现行市价；超出 1.8 万元以上的股票只能按 6.50 元发行。公司的目标资本结构是：40%的债务和 60%的普通股权益。公司的所得税税率是 25%。

要求：确定该公司的边际资本成本。

自测题

1. 下列项目中，哪项与优先股融资成本成反比？

   A. 优先股年股利　　B. 优先股发行价

   C. 所得税税率　　D. 优先股筹资费率

2. 下列项目中，哪项与普通股融资成本呈负相关？

   A. 普通股股利　　B. 普通股发行价

   C. 所得税税率　　D. 普通股筹资费率

3. 某公司负债和权益筹资额的比例为 2∶5，综合资金成本率为 12%，若资金成本和资金结构不变，则当发行 100 万元长期债券时，筹资总额分界点为（　）万元。

   A. 1 200　　B. 200　　C. 350　　D. 100

4. 一般而言，在企业各种资金来源中，以下哪类资金成本最高？

A. 债券　　B. 借款　　C. 普通股　　D. 优先股

5. 海龙公司发行面值为 1 000 万元的优先股，筹资费率为 5%，每年支付 20%的股利，则优先股的成本为(　)%。

A. 25　　B. 10　　C. 20　　D. 21.05

参考答案

1. B　2. B　3. C　4. C　5. D

第七章

现金流量分析

本章学习目标

通过本章学习，读者应该能够:

- 掌握现金流量的概念和种类；
- 了解正确编制项目现金流的方法；
- 会编制项目的初始现金流、经营期间现金流和终结现金流。

→引言

F公司专门生产用于汽车、航空及工程设备的精密金属铸件，并以生产高质量产品，尤其是安全零件而著称。2000年11月，公司考虑购买新的自动化铸模机替换旧机器，这样将提高产品的质量和扩大产能。

目前公司以半自动工序生产铸件，这种工序是相对劳动密集型的，为达到模具质量的统一，需要对员工不断进行培训，在公司的铸造产品转向重量级物件之后，还需要工人干一些托举重物的力气活，因此，铸造车间因工人背部受伤而引起的医疗索赔增加了一倍。

新铸模机器将替代6个同时运转的冲压机，这6台机器以前共花费了415 807欧元。这6台机器的年折旧额为47 520欧元。公司管理层认为，这些半自动机器还可以使用6年，公司经理已经收到了当前处置这6台机器的报价，共计130 000欧元。当前6台机器要求每个班12个工人（两班倒，合计24人），每个工人每小时工资为7.33欧元；加上3名维修工人，每人每小时7.85欧元；还有4 000欧元的年维修物料，如果保留这些半自动机器，一年还将继续消耗12 300欧元电费。

购买新铸模机的报价为850 000欧元，对工厂改造费用估计为155 000欧元，考虑到运输、安装及测试，新设备总成本估计为1 010 000欧元，资本化后按8年计提折旧。新机器需要两名熟练的操作工人，每年需支付固定的维修费59 500欧元和电费26 850欧元，使用新机器会通过提高铸造车间其他区域的劳动效率，每年至少节约5 200欧元；使用新机器后几乎一半空间可以腾出来另作他用。

从以上信息可以看出，是否购买新铸模机的投资决策需要考虑许多问题，但是无论问题多么复杂，关键在于必须合理估算这一投资项目的相关现金流。

资料来源：根据［美］布鲁诺. 金融案例研究：为公司的价值创造而管理（第4版）. 潘国英，译. 北京：清华大学出版社，2007，整理。

第一节　现金流量的基本概念

> 公司采纳一个项目的结果是改变公司今天和未来的总体现金流量。要对预期的项目进行评价，财务分析人员需要考虑现金流的总体变化，然后决定它们是否增加了公司的价值。当然，第一步也是最重要的一步，是确定哪些现金流是与项目相关的现金流。

一、现金流量的含义

公司要进行长期项目投资决策，必须进行资本预算。无论采用哪种资本预算方法，首先必须确定投资项目未来各期的现金流量，这是长期投资项目决策中最重要、最困难的环节之一。投资项目现金流量预测的准确性、预算方法的科学性直接关系到投资决策的正确与否，因此，现金流量分析是资本预算的重要基础。

现金流量（cash flow）是指投资决策中一个长期投资项目在其寿命周期内（从起点到终点，如图7–1所示）可能发生的现金流入量和现金流出量的统称，它是计算项目投资决策评价指标的主要依据和重要信息之一。这里的“现金”是指广义的现金，它不仅包括各种货币资本，而且还包括与项目相关的非货币资源的变现价值。例如，某公司正在考虑是购买一价值100万元的新设备还是继续使用旧设备。如果选择继续使用旧设备（5年前购买），实际上没有现金流出。虽然继续使用旧设备没有货币资本流出，但如果在购买新设备的同时变卖旧设备，可以获得估计最低为10万元的现金流入，但是因为是使用旧设备，并没有变卖，所以无法取得变现的10万元，但从机会成本的角度看这属于一种支出，因此应当将这一变现价值作为使用旧设备方案的现金流出。

项目寿命周期是指从投资建设开始到最终清理结束整个过程的全部时间。

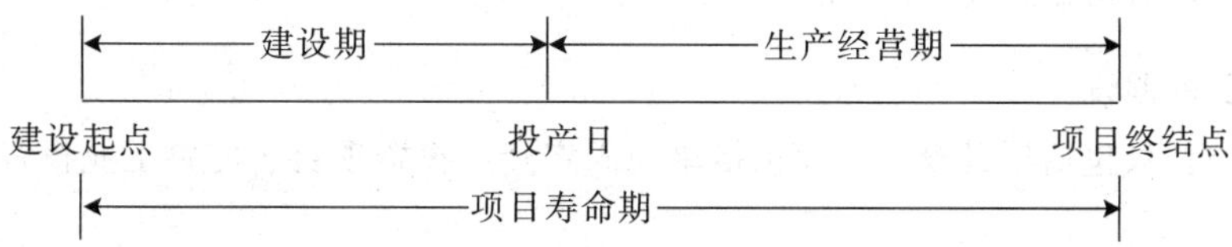

图7–1　项目寿命期

需要指出的是，公司理财中所介绍的现金流量与财务会计中所讲的现金流量不是一个概念。表7–1表明了二者的区别。

表7-1　公司理财的现金流量表与会计的现金流量表之间的区别

项　目	公司理财	会　计
对象	特定项目	特定公司
时间特征	整个项目计算期，连续多年	特定会计年度
内容结构	表格和评价指标两大部分	通过主表和辅表反映
勾稽关系	表现为各年的现金流量具体项目与现金流量合计项目之间的一个对应关系	通过主、辅表分别对按直接法和间接法确定的净现金流量进行勾稽
信息属性	面向未来的预计数	已知的历史数据

二、现金流量的作用

分析项目现金流的作用主要表现在以下两个方面：

一方面有利于科学地利用货币时间价值，正确评价投资项目的经济效益。现金流量揭示了未来现实货币的收支运动，反映了每笔款项的具体时间，考虑了货币时间价值，可以动态地反映长期项目投资的流向与回收之间的投入产出关系，使决策者处于投资主体的立场上，便于更完整、准确、全面地评价具体投资项目的经济效益。

另一方面，可以摆脱权责发生制原则面临的困境，使长期投资决策更符合实际。会计上按照权责发生制记账，如购买固定资产，在会计上作为资产入账，其价值以每期计提折旧费的形式转作支出处理。**折旧**（depreciation）作为一种费用，影响公司利润，采用直线法和加速法计提的各期折旧费用不同，利润就不一样，所计算出来的现值就不一致，导致同样的设备，由于折旧计提方法不同，利润的计算结果就不一致。现金流量可以避免计算利润时采用权责发生制带来的主观随意性，能科学、客观地评价长期投资方案的优劣。

三、确定现金流量的假设

为了正确地评估现金流量，相关的假设如下：

1. 投资类型的假设

假设投资类型只包括项目投资，如包括单纯固定资产投资项目、完整工业投资项目和更新改造投资项目等。

2. 财务可行性分析假设

在实际工作中，评价一个项目是否可行，不仅仅要考虑财务的相关指标，还要考虑是否给环境带来污染，技术上是否可行，以及人力能否跟上等各方面。在公司理财中，当评价一个项目是否可行的时候，只考虑财务可行性的问题。

3. 全投资假设

即使实际存在借入资本，也将其作为自有资本对待，不区分自有资本或借入资本，将项目所需资本都视为自有资本，忽略融资现金流。

4. 建设期投入全部资本假设

如果是新建项目，假设项目资本在建设期全部投入，则可以简化项目经营期间现金流的估算，使项目资本及营运资本的现金流更为清晰。

5. 经营期与折旧年限一致假设

在实践中，由于项目投资受到风险、税法、会计准则等的影响，项目的折旧估算年限与项目的实际经营期不一定相同，但在项目预算时，该假设可以保证项目现金流的完整性、均衡性，并便于项目经营期间现金流的估算。

6. 时点指标假设

为便于利用货币时间价值的形式，不论现金流量具体内容所涉及的价值指标实际上是时点指标还是时期指标，均假设按照年初或年末的时点指标处理。

其中对于建设投资，假设在建设期内有关现金流在期初发生。而经营期内各年的收入、成本、折旧、摊销、利润、税金等项目的确认均在期末发生；项目最终报废或清理均发生在终结点（但更新改造项目除外）。

7. 确定性假设

假设长期投资项目的现金流在项目寿命周期内的各个时点可以确定，即不存在风险。

四、现金流量的分类

现金流量按现金流的流向或投资项目所处时期划分，但这二者的分类在分析中常一起并用。

（一）按现金流向不同划分

按现金流向不同划分，可分为现金流出量、现金流入量和净现金流量。

1. 现金流出量

现金流出量是指一项投资所引起的公司现金支出的增加额。例如，建设投资、增加的净营运资本、经营成本（付现成本）、营业税金、所得税等。

2. 现金流入量

现金流入量是指一项投资所引起的公司现金收入的增加额。例如，营业现金收入、固定资产残值收入或变现收入、净营运资本回收等。

3. 净现金流量

净现金流量（net cash flow）是指一定期间内现金流入量与现金流出量的差额。这里所说的“一定期间”，有时是指一年间，有时是指投资项目持续的整个时间。流入量大于流出量时，净流量为正值，反之为负值。

按现金流入和现金流出来反映的现金流量表如表7–2所示。

表 7–2 按现金流入和现金流出来反映的现金流量表

年度 项目	建设期			经营期		
	第 0 年	第 1 年	第…年	第…年	第…年	第…年
一、现金流入						
营业现金收入						
固定资产残值回收						
净营运资本回收						
其他现金流入						
二、现金流出						
建设投资						
增加的净营运资本						
经营成本						
营业税金						
所得税						
其他现金流出						
三、净现金流量						

（二）按投资项目所处时期不同划分

现金流量按投资项目所处时期不同，分为初始现金流量、经营期间现金流量和项目终结现金流量。

1. 初始现金流量

初始现金流量是指开始投资时发生的现金流量，通常定义为期初年金，即投资发生在每期期初。建设期间现金流，一般包括以下数项：

(1) 固定资产投资：通常指房屋、建筑物、生产设备等的购入或建造成本、运输成本和安装成本等。

(2) 无形资产投资：主要包括土地使用权、专利权、商标权、专有技术、商誉、特许权等方面的投资。

(3) 流动资产投资：指对材料、在产品、产成品和现金等流动资产的垫支。

(4) 其他投资费用：指与长期投资项目有关的注册费、人员培训费、谈判费等。

(5) 原有固定资产的变价收入：这主要是指固定资产更新时原有固定资产的变卖所得的现金收入。

2. 经营期间现金流量

经营期间现金流量，通常定义为普通年金，是指投资项目在建成投产后，在其寿命周期内由于开展正常生产经营活动而发生的现金流入和现金流出的净现金流量。这种现金流量一般按年度进行计算，它包括以下数项：

(1) 经营现金收入：指项目投产后生产产品或提供劳务而使公司每年增加的现金营业收入，这是经营期最主要的现金流入项目。

(2) 经营成本,又称为付现成本：是指所有现金支出的各种成本和费用,如材料费用、人工费用、设备修理费用等。这是经营期间最主要的现金流出项目。由于公司每年支付的总成本中,一部分是付现成本,另一部分是非付现成本,如固定资产折旧费、无形资产摊销费等,而无形资产摊销费往往数额不大或是不经常发生,为简化起见通常忽略不计。因此,付现成本可以用当年的总成本减固定资产折旧费后得到。

(3) 缴纳的各项税款：这是指项目投资后依法缴纳的、单独列示的各项税款，如营业税、消费税、所得税等。

(4) 固定资产的折旧费：折旧费用为一项成本，会导致营业利润的下降，但是由于它可以抵税，因此少缴纳的税收是公司少付的现金，可将其视为一项税后现金流入。

3. 项目终结现金流量

项目终结现金流量是指投资项目最终结束时所发生的现金流量，主要包括：固定资产的残值收入或变价收入、停止使用的土地的变价收入及原来垫支在各种流动资产上的资本的回收等。

按现金流量发生的时间来反映的现金流量表如表7–3所示。

表 7–3 按现金流量发生的时间来反映的现金流量表

项目 \ 年度	建设期			经营期		
	第 0 年	第 1 年	第…年	第…年	第…年	第…年
一、初始投资现金流量						
建设投资						
增加的净营运资本						
其他投资费用						
处理原有固定资产的损益						
二、经营期间现金流量						
营业现金收入						
经营成本（付现成本）						
营业税金						
所得税						
固定资产折旧						
三、项目终结时现金流量						
固定资产残值回收						
净营运资本回收						
四、净现金流量						

第二节 现金流量的估算

现金流量的估算是非常困难和复杂的，但其估算的准确与否直接影响到资本预算的正确性。一般来讲，估算现金流量由财务人员、营销人员和生产工程人员一起参与以保障数据的准确，同时，估算现金流量应遵循以下一些原则，尽可能减少估算误差。

一、估算现金流量的原则

（一）使用现金流而不是利润

正如公理3所述，在公司理财中，我们强调的是现金而不是利润。利润（或称会计收益）是按照权责发生制确定的，而现金流量是根据收付实现制确定的，两者既有区别又有联系。公司在资本预算决策时，主要依据项目的现金流量，而不是项目的会计收益，这是因为：

1. 在项目整个投资有效期限内，利润总计与净现金流量总计是相等的，所以净现金流量可以取代利润作为评价长期投资方案优劣的基础指标。

实例7–1　大华公司当前有一项长期投资，总额为1 000万元，分4年在年初支付工程款，建设期为3年，第4年年初开始投产，项目寿命期为5年，项目终结时无**残值**（salvage）。投产开始时垫付流动资本300万元，结束时收回。项目投资后每年营业收入900万元，付现成本600万元。假定按直线法和双倍余额递减法分别计提折旧，试分析该项目的现金流量和利润。

解析　这里不考虑税收，只考虑经营现金流，因此，如表7–4所示。

表7–4　投资项目的现金流量和利润　　单位：万元

时间（年）	0	1	2	3	4	5	6	7	8	合计
固定资产投资	–250	–250	–250	–250						–1 000
营业收入					900	900	900	900	900	4 500
直线法折旧时										
付现成本					600	600	600	600	600	3 000
折旧					200	200	200	200	200	1 000
利润					100	100	100	100	100	500
双倍余额递减法折旧时										
付现成本					600	600	600	600	600	3 000
折旧					400	240	144	108	108	1 000
利润					–100	60	156	192	192	500
营业现金流量					300	300	300	300	300	1 500
流动资本				–300					300	0
净现金流量	–250	–250	–250	–550	300	300	300	300	600	500

通过表7–4可以看出，整个投资年限内利润合计与净现金流量合计均为500万元，所以现金流量可以取代利润的位置作为评价投资项目的依据。

2. 采用现金流量有利于科学地考虑时间价值因素。投资项目具有长期性，要实现科学的决策必须考虑资本的时间价值，要将不同时点的现金收入或支出调整到同一时点进行汇总和比较，这就要求决策时弄清每笔预期收入款项和支出款项的具体时间。而会计收益的计量遵循权责发生制原则，其收入与费用的确认不考虑现金的实际收到和支出的时间。例如，在会计上，购置设备的支出如果一次性发生，在购入当期不确认为当期费用，而是在资本化为资产项目后，在以后的使用期以折旧形式计入成本。在收到销货款期间，属于现销的确认为收入，属于预收下期的货款确认为预收账款，属于收到上期赊销款的冲减已拥有的应收账款。可见，要在投资决策中考虑时间价值的因素，就不能利用会计收益来衡量项目的优劣，而必须采用现金流量。

3. 采用现金流量使投资决策更符合客观实际。会计收益的计量有时带有主观随意性，会计上对同一种业务的处理可以采用多种方法，如存货计价方法、固定资产折旧方法等，不同方法的使用会导致同一收入或费用项目具有不同的发生额，从而形成不同的会计收益。但同一种业务对现金流量的影响只能有一种结果，以实际收到或付出的款额为准，如上表中，采用直线法折旧时的会计收益分布与采用加速折旧法时不同，但它们的营业现金流量却是相同的。

4. 在投资分析中，现金流动状况比盈亏状况更重要。有利润的年份不一定能产生多余的现金用来进行其他项目的再投资。一个项目能否维持下去，不取决于一定期间是否盈利，而取决于有没有现金用于各种支付。如实例7-1中第4年的利润虽然亏损100万元，但营业现金流量有300万元可用于各种支付。因此，在投资决策中要重视现金流量的分析。

（二）考虑增量现金流

资本预算是一个决策过程，是在众多投资项目中进行取舍、选择最优的过程。即使公司只提出了一个投资项目，对于决策者来说，仍然要进行选择，要么接受，要么拒绝。资本预算中这种比较优劣的过程，要求分析人员关心投资项目各自发生的现金流量，而且更加重视项目之间现金流量的比较，考虑增量的现金流量。所谓**增量现金流量**（incremental cash flow）是指接受或拒绝某个方案后，公司总现金流因此发生的变动。只有那些由于采纳某个项目而引起的现金支出增加额，才是该项目的现金流出量；只有那些由于采纳某个项目而引起的现金流入增加额，才是该项目的现金流入量。总之，在资本预算中，只有增量现金流才是与项目相关的现金流。

实例7-2 光明公司原有一台旧设备，可以用来生产产品。如果旧设备目前变现，市场价值只有4万元，账面价值10万元。公司现考虑购买新设备，新设备市场价值40万元，购买新设备的同时将旧设备变现。公司适用的所得税率为25%。分析光明公司**初始投资**（initial investment）的现金流量。

解析 由于公司要变卖旧设备，因此，在考虑投资新设备时不能忽略旧设备的处理，这是一个增量现金流量的问题。光明公司初始现金流分析如下：

增量投资=新设备投资40万元-旧设备变现4万元=36万元（现金流出）

出售旧设备为4万元，但账面价值有10万元，因此，变现旧设备损失可以抵税，少缴的税款=(账面价值10万元-变现价值4万元)×所得税率25%=1.5万元（现金流入）

新设备初始投资净现金流出量=36万元-1.5万元=34.5万元

这说明与购置新设备相关的初始投资增量现金流出量是34.5万元，而非40万元。

（三）关注相关现金流

新项目生产的产品或提供服务与公司现有的产品或服务在功能上相关时，也许互斥，也许互补，从而产生关联效应。当功能互斥时，新产品或新的服务会挤掉原有产品或服务的市场份额，从而减少了原有产品或服务为公司带来的现金流量。相反，互补时，新项目的实施会增加原有产品或服务为公司带来的现金流量。例如，光明公司准备上一条新的产品生产线，用于生产新型产品A，公司原有的产品B仍继续生产销售。若A的生产销售将使B销售下降，每年B的现金流入量减少100万元，则应将这100万元列入A项目的现金流出量之中；若A的生产销售将使B的成本降低，每年B的现金流出量将减少60万元，则应将这60万元列入A项目的现金流入量。因此，投资项目对公司其他方面产生的关联效应是增量现金流量，尽管很难预测和计量，但必须在资本预算中考虑。

（四）考虑营运资本的需求

在一般情况下，当公司的新项目开始运营时，需要存货的支持；而销售增加时，会产生应收账款；因公司采购或分配政策的原因自发形成各种应付款项，从而为项目筹集新的资本。**净营运资本**（net working capital）的需求量，是指项目增加的流动资产与增加的流动负债之间的差额。如果差额是正数，则意味着公司对营运资本的投资，公司发生现金流出量；相反，如果差额是负数，则意味着公司对营运资本的回收，公司发生现金流入量。当项目终止时，公司将与项目有关的存货出售，应收账款变为现金，应付款也随之偿付，净营运资本恢复到原有水平。因此，在项目现金流量分析时，假定初始时投资的净营运资本在项目结束时收回，即可作为现金流入。

（五）牢记沉没成本不是增量现金流

项目现金流考虑的是增量成本及增量收益。**沉没成本**（sunk cost）又叫历史成本，是指在决策时点前已经发生的成本。由于沉没成本是在项目决策之前发生的，它并不因接受或拒绝某个项目而改变，应该忽略这类成本。在实例7–2中，光明公司旧设备的购置成本为10万元，那么在进行新设备购置与否的决策中，这10万元应包括在相关现金流中吗？分析知道，这10万元是过去已经支付的成本，即决策时已经发生过的现金流，不管公司是否进行设备更新，这10万元已经支出，不可能收回，新的决策对其不能产生任何影响，与公司未来的总现金流量无关，因此，对此类成本不予考虑。通常沉没成本包括调研费、咨询费等。我们应牢记，在资本预算中，只有受新项目决策影响的现金流才是与该项目相关的现金流。

（六）勿忘机会成本

在长期投资决策中，相关现金流量并非都是项目中实际收入或付出的现金流量，因为在一般情况下，每项资源通常有多种用途。但是由于资源的稀缺性，资源用于某一方面就不能同时用于另一方面，这就是说，资源在某一方面使用之所得，正是由于放弃另一方面使用机会之所失。**机会成本**（opportunity cost），是指一项经济资源因选择了某一使用方案，而放弃其他使用方案，被放弃方案的预期收益就是被选择方案的机会成本。简单讲，机会成本就是一项经济资源的潜在收益，只有通过比较才会计算出来的现金流量，因此，它是增量现金流量，在资本预算时应考虑这一成本。若新项目需要使用公司现有资源，则在计算该项资源在新项目中的成本时，应以其机会成本计算，而不能按其账面价值计算。例如：一座仓库，原值100 000元，账面价值为10 000元，市值为80 000元，税率为40%。（1）若新项目不上马就卖掉，则其出售仓库的收入=80 000-(80 000-10 000)×40%=52 000（元）；（2）如果新项目上马，仓库归项目使用，其机会成本为52 000元；（3）若新项目上马，仓库闲置，则不存在机会成本。

（七）考虑相关的非现金费用

非现金费用对现金流有间接的影响。非现金费用没有引起现金的流出，但对税收有影响，因此，在税前收益中扣除后，应该在税后收益上再加回非现金费用。如折旧费用、无形资产摊销费用在现金流量分析中，由于它们没有引起现金的流出，不应包括在现金流量分析中。但是课税是依照扣除折旧和无形资产摊销费用后的利润计算，折旧和无形资产摊销费用可以作为税盾，使税基降低，产生节税利益，从而影响投资项目的现金流量。因此，在计税利润中扣除后，应该在税后净利上再加回折旧费用和无形资产摊销费用。

（八）忽略利息支付和融资现金流

在评价新项目和确定现金流量时，往往将投资决策和融资决策分开，即从全部资本角度来考虑。此时，不应将利息费用和项目的其他融资现金流量看作该项目的增量现金流量。也就是说，即使接受项目时不得不发行债券或银行贷款来筹集资本，与之相关联的利息支出及债务本金的偿还也不是相关的现金流出。因为当我们用公司要求的收益率作为折现率贴现项目的增量现金流量时，该折现率中已经隐含了此项目的融资成本，正如在第六章中分析的那样。分析人员通常是先确定对项目的收益期望或收益率要求，然后再寻求最佳融资方式，因此，在项目现金流量分析中不必考虑利息支出，而期初投资中已考虑了本金，故也不应在经营现金流中减去本金，否则会造成重复计算。

二、经营期间的现金流计算

在前面实例7-2中，实际上分析了初始投资的现金流，有关经营期间的现金流通常采用以下方法。

（一）间接法

根据前面分析，评估投资项目带来的现金流量应考虑它的增量，特别是税后净现金流量，因此，用ΔEAT表示税后利润的变化，ΔD表示折旧额的变化，则税后净现金流量为：

$$NCF=\Delta EAT+\Delta D \tag{7.1}$$

因为

$$\Delta EAT=\Delta EBT\,(1-T) \tag{7.2}$$

而ΔEBT表示税前收益的变化，T为税率，因此，

$$\Delta EBT=\Delta R-\Delta E-\Delta D \tag{7.3}$$

这里，ΔR表示现金收入的变化，ΔE表示经营成本的现金费用的变化，因此，

$$\Delta EAT=(\Delta R-\Delta E-\Delta D)(1-T) \tag{7.4}$$

将公式（7.4）代入公式（7.1）得净现金流量：

NCF=(现金收入的变化−现金费用的变化−折旧费用的变化)×(1−所得税率)+折旧费用的变化

即：

$$NCF=(\Delta R-\Delta E-\Delta D)(1-T)+\Delta D \tag{7.5}$$

若让$\Delta R=R_2-R_1$，$\Delta E=E_2-E_1$，$\Delta D=D_2-D_1$，则：

$$NCF=[(R_2-R_1)+(E_2-E_1)+(D_2-D_1)](1-T)+(D_2-D_1) \tag{7.6}$$

其中，R_1表示企业不投资该项目的收入，R_2表示企业投资该项目的收入；E_1表示企业不投资该项目的经营费用，E_2表示企业投资该项目的经营费用；D_1表示企业不投资该项目的折旧费用，D_2表示企业投资该项目的折旧费用。

（二）直接法

将上述公式整理，得到计算现金流量的直接法：

NCF=（现金收入的变化−现金费用的变化)×(1−所得税率)
+折旧费用的变化×所得税率
=（现金收入的变化−现金费用的变化)×(1−所得税率)
+折旧费用的纳税节约额

即：

$$NCF=(\Delta R-\Delta E)(1-T)+\Delta D\times T \tag{7.7}$$

三、项目终结时的现金流

在项目终结时，最后一期的现金流还要包括处理设备的价值和营运资本的回收。有关处理设备缴纳税收问题，一般原则如下：

1. 公司处理设备的价值与设备的账面价值相等，这说明公司既无收益，又无损失，因此，不考虑税收。

例如：某公司当前设备的账面价值为50 000元，处理设备时的售价为50 000元，这表明公司出售机器既无收益，又无损失，因此，不考虑税收，将出售设备时的收入直接作为现金流量即可。

2. 若处理设备的售价低于设备的账面价值，可将二者的差视为经营损失，可抵扣应税收益。

例如：在前例中，设备的账面价值不变，而处理设备时的售价为20 000元，那么20 000–50 000=–30 000（元）则视为税前损失，可抵扣应税收益。

3. 若设备的售价大于账面价值，但小于其原始价值，其差额应作为经营收益纳税。

仍以前例说明。若设备的账面价值不变，而设备售价为60 000元，则60 000–50 000=10 000（元）应作为经营收益纳税。

4. 若设备的售价大于账面价值，并且大于原始价值，其差额部分要视具体情况纳税。

在前例中，若设备的账面价值不变，出售设备的价值为120 000元，而设备的原始价值为110 000元，则120 000–50 000=70 000（元），这一数额可以分解为两部分，即：

原始价值–账面价值=110 000–50 000=60 000（元），这部分作为经营收益加到原来应税收益中；

处理售价–原始价值=120 000–110 000=10 000（元），这部分视为设备的增值部分，作为资本利得。

按美国1986年税法改革条款，这两部分征税34%，而加拿大的税法则将后者的一半加到应税收益中。由此可见，有关处理设备征税问题，各国有不同的规定，在资本预算时应根据具体情况来确定。

第三节　现金流量估算举例

实例7–3　慧达公司是一家高新技术企业，成功研制了一种商用的草坪节水喷灌控制系统。如果将它投产，需要生产场地、厂房和设备。公司现在可以购买一块价值1 000万元的地皮，在此之上建造厂房，造价约700万元，工期为两年，第1年需投资500万元，余下资金为第2年的投资额。两年后，厂房竣工交付使用，公司需要购置900万元的设备进行生产，另需运输及安装费40万元。

为了满足开工的需要，新项目投资将要增加存货1 000万元，应付账款增加800万元。请对慧达公司初始投资进行分析。

解析　这是在正式生产新产品之前的投资，即为初始投资，其中，净营运资本的增加额为200万元（存货的增加1 000万元–应付账款的增加800万元）。具体支出如表7–5所示。

表7–5　初始现金流量表　　单位：元

时间（年）	0	1	2
购置土地	10 000 000		
建造厂房	5 000 000	2 000 000	
购置设备			9 400 000
净营运资本投入			2 000 000
合计	15 000 000	2 000 000	11 400 000

实例7–4　慧达公司的上述投资项目运营期限为5年。预计第1年的销售量为10 000个，此后按10%常数增长，单位售价为2 000元。变动成本率为40%，未计入折旧费用的每年固定成本费用为600万元。厂房和生产设备的经济使用年限分别为20年和5年。计算税法允许的折旧费用时，全额折旧，对厂房使用直线法，而生产设备使用双倍余额递减法。公司的边际所得税率为20%。请对慧达公司经营期间的现金流量进行分析。

解析　对经营期间现金流量分析，首先要计算固定资产的折旧。由于土地不允许计提折旧，因此，只考虑厂房和设备的折旧。投资项目在经营期间每年税法允许的折旧费用计算如下：

$$\text{厂房折旧费用}=7\ 000\ 000\times\frac{1}{20}=350\ 000\ （元）$$

生产设备折旧费用使用双倍余额递减法，折旧率为（2/5），每年的折旧额如下：

时间（年）	**1**	**2**	**3**	**4**	**5**
年折旧额	3 760 000	2 256 000	1 353 600	1 015 200	1 015 200

经营期间的净现金流是项目投资的现金流入，可以运用公式（7.5）或公式（7.7）计算，但在实践中常采用列表的形式。因此，经营期间的现金流量如表7–6所示。

实例7–5　慧达公司投资项目结束时，土地的售价预计为1 200万元，厂房和设备的净残值分别为400万元和100万元。请分析该公司项目终结时的现金流量。

解析　在投资项目结束时的现金流量除了5 376 300元外，还要考虑处理设备的价值等。慧达公司在项目结束时要对土地、厂房和设备进行处理，根据前面分析，需要考虑受税收影响的未计提折旧额（账面价值）：

表 7-6　慧达公司经营期间现金流量（间接法）　　单位：千元

时间（年）	1	2	3	4	5
销售量	10 000.00	11 000.00	12 100.00	13 310.00	14 641.00
销售收入（销售量×2）	20 000.00	22 000.00	24 200.00	26 620.00	29 282.00
减：变动成本（收入的 40%）	8 000.00	8 800.00	9 680.00	10 648.00	11 712.80
管理费用	6 000.00	6 000.00	6 000.00	6 000.00	6 000.00
厂房折旧费用	350.00	350.00	350.00	350.00	350.00
生产设备折旧费用	3 760.00	2 256.00	1 353.60	1 015.20	1 015.20
税前收益	1 890.00	4 594.00	6 816.40	8 606.80	10 204.00
减：所得税支出（20%）	378.00	918.80	1 363.28	1 721.36	2 040.80
税后收益	1 512.00	3 675.20	5 453.12	6 885.44	8 163.20
加：厂房折旧费用	350.00	350.00	350.00	350.00	350.00
设备折旧费用	3 760.00	2 256.00	1 353.60	1 015.20	1 015.20
净经营现金流	5 622.00	6 281.20	7 156.72	8 250.64	9 528.40

土地不计提折旧，未计提折旧额为最初的取得成本10 000 000元。

厂房累计折旧总额为7 000 000×（$\frac{1}{20}$×5）=1 750 000(元)，未计提折旧额为：

$$7\ 000\ 000-1\ 750\ 000=5\ 250\ 000(\text{元})$$

设备由于经济使用年限为5年，依税法全额计提折旧，在项目结束时，未计提折旧额为零。出售土地、厂房和设备形成的现金流量如表7-7所示。

表 7-7　项目终结时现金流量　　单位：千元

	土地	厂房	设备	净营运资本
a. 出售收入	12 000	4 000	1 000	
b. 减：账面价值（未计提折旧额）	10 000	5 250	0	
c. 资本利得[1]（税率 10%）	2 000			
d. 通常收益（税率 20%）		−1 250	1 000	
e. 减：所得税支出	200	−250	200	
出售业务净现金流量（a−e）	11 800	4 250	800	2 000

1　资本利得见前面介绍的处理设备的税收问题。

以上我们是采用间接法进行分析，在实践中，也可使用直接法。下面通过实例7–6来分析说明。

实例7–6　怡新公司准备更新一台技术落后的设备，该设备现在的账面价值为40 000元，它仍可以使用6年。如果继续使用旧设备，在使用的第3年末要进行一次性维修，维修支出为3 000元。旧设备如果现在处理，其收入为1 000元。购买新设备需要200 000元，安装和运输费为10 000元，预计使用6年。第6年后设备的处理收入预计为5 000元。新设备的使用将占用公司原有的部分厂房，在所占用的厂房中，其中有一间厂房正在出租，预计每年的租金收入为5 000元，年末支付。税法允许的折旧费用是旧设备采用直线法，新设备则采用年数总和法，二者都是全额折旧。新设备的使用需要怡新公司最初增加营运资本10 000元，投入运营后，第1年的营运资本为初始营运资本的5%，此后随着生产量的增加，营运资本均在上一年的基础上连续5年增加5%，第6年没有营运资本的投入。新设备为公司每年节约生产成本20 000元。公司的边际所得税率为25%。请编制项目的现金流量表。

解析　由于这是考虑用新设备替换旧设备，因此这是一个重置项目分析。

(1) 初始现金流量（单位：元）

购买新设备成本	200 000
+ 安装和运输费	10 000
购买设备的总成本	210 000
– 出售旧设备收入	1 000
+ 出售旧设备的纳税支出 (1)	–9 750
+ 净营运资本的投入	10 000
初始现金流量	209 250

注 (1)：出售设备的价值是1 000元，但是账面价值是40 000元，因此出售设备的损失可以抵税，抵税金额为（1 000–40 000)×25%=–9 750（元）

(2) 经营期间的现金流和项目终结时的现金流

经常在项目分析中，将经营期间的现金流与终结时的现金流放在同一张现金流量表中。首先计算设备的折旧。

旧设备采用直线折旧法，每年折旧额为：

$$40\ 000/6=6\ 667\text{（元）}$$

新设备采用年数总和法，每年的折旧额如表7–8所示：

增量的折旧费用应该是使用新设备的折旧费用与使用旧设备的折旧费用的差额，如表7–9所示。

表 7-8 新设备每年的折旧额 单位：元

时间（年）	1	2	3	4	5	6
折旧率	6/21	5/21	4/21	3/21	2/21	1/21
折旧额	60 000	50 000	40 000	30 000	20 000	10 000

表 7-9 每年增量的折旧额 单位：元

时间（年）	1	2	3	4	5	6
新设备的折旧费用	60 000	50 000	40 000	30 000	20 000	10 000
旧设备的折旧费用	6 667	6 667	6 667	6 667	6 667	6 667
△折旧费用	53 333	43 333	33 333	23 333	13 333	3 333

因此，经营期间的现金流量和终结时的现金流量采用直接法计算如表7-10所示。

表 7-10 怡新公司现金流量表（直接法） 单位：元

时间（年）	1	2	3	4	5	6
节约的生产成本	20 000	20 000	20 000	20 000	20 000	20 000
减：失去的租金收入	5 000	5 000	5 000	5 000	5 000	5 000
大修理费用	——	——	-3 000	——	——	——
增量的税前收益	15 000	15 000	18 000	15 000	15 000	15 000
减：所得税支出（25%）	3 750	3 750	4 500	3 750	3 750	3 750
增量的税后收益	11 250	11 250	13 500	11 250	11 250	11 250
加：△折旧费用×25%	13 333	10 833	8 333	5 833	3 333	833
净经营现金流	24 583	22 083	21 833	17 083	14 583	12 083
净营运资本回收	(500)	(525)	(551)	(579)	(608)	12 763
处理设备的收入						5 000
减：处理设备的利得纳税支出	——	——	——	——	——	1 250
净现金流量	24 083	21 558	21 282	16 504	13 975	28 596

表7-10中第3年的大修理费用显示为负数，这是因为使用新设备后将不会产生这笔大修理费用，因此是节约的成本，或者可以理解为增量的大修理费用为：使用新设备的费用-使用旧设备的费用=0-3 000=-3 000（元）。

最后一年净营运资本回收额是各年投入营运资本之和，即：

$$10\ 000+500+525+551+579+608=12\ 763\ (\text{元})$$

因为设备是全额折旧，账面价值为0，而处理设备的价值为5 000元，高于账面价值，所以纳税金额为5 000×25%=1 250（元）。

关键术语

现金流量 cash flow
折旧 depreciation
净现金流量 net cash flow
残值 salvage
增量现金流量 incremental cash flow
初始投资 initial investment
净营运资本 net working capital
沉没成本 sunk cost
机会成本 opportunity cost

思考题

7-1 什么是现金流量？它与财务会计中的现金流量有何区别？

7-2 分析项目的现金流量应该坚持哪些原则？

7-3 举例说明项目的现金流量与会计收益的区别。

7-4 非现金费用、沉没成本、机会成本对现金流量有什么影响？

7-5 按照时间顺序和产生来源，可以将项目的现金流量分为哪三大类？分别由哪些项目构成？

7-6 在现金流量估算中，为什么可以忽略融资现金流？

练习题

7-1 假设华达公司拟投资一项目，需购入一台新设备，现有A、B两个方案可供选择，预计的有关资料如下：

A方案需投资250万元，使用寿命5年，5年后无残值。5年中每年营业收入为160万元，每年的付现成本为50万元。B方案需投资300万元，使用寿命也是5年，5年后账面价值为50万元，其出售设备收入为50万元。5年中每年营业收入为200万元，第1年的付现成本为50万元，以后随着设备陈旧将逐年增加修理费用10万元，假设年初需垫支流动资本80万元，两个方案销售货款均于当年实现，采用直线法计提折旧，公司所得税率为40%，试计算两个方案的现金流量。

7-2 已知某公司打算变卖一套尚可使用5年的旧设备，另购置一套新设备来替换它。取得新设备的投资额为180 000元，旧设备的账面价值为90 000元，而且处理旧设备的收入为80 000元，如果继续使用旧设备，其5年后的账面价值为0。到第5年末处理新设备的残值与处理旧设备时的收入相等，无任何资本损益。新旧设备的替换将在当年内完成（即更新设备的建设期为零）。使用新设备可使公司在第1年增加营业收入50 000元，增加经营成本25 000元；从第2~5年内每年增加营业收入60 000元，增加经营成本30 000元。设备采用直线法计提折旧。公司所得税税率为25%，假设与处理旧设备相关的营业税金可以忽略不计。请编制更新设备项目的现金流量表。

7-3 假设大明电子制造公司正在考虑将手工操作的装配机更换为全自动装配机，有关信息如表7-11所示，所得税率为25%。要求：根据以上资料确定与该项目相关的现金流。

表 7-11 手工操作机器与全自动机器的相关信息 金额单位：元

手工操作机器的目前状况		全自动机器使用后的预计状况	
操作工年薪	12 000	操作工年薪	0
年福利费	1 000	新机器价格	50 000
年加班费	1 000	运输费	1 000
年残次品费	6 000	安装费	5 000
机器账面价值	10 000	年残次品费	1 000
预计使用寿命	15 年	预计使用寿命	5 年
已使用寿命	10 年	新机器期末残值	0
机器期末残值	0	折旧方法	直线折旧
当前市价	12 000	年维护费	1 000
年折旧费	2 000		
年维护费	0		

7-4 光明公司正使用一台4年前购置的设备，现在的账面价值为1 000元，它仍可以使用5年。现在的市场价格为1 500元。公司准备购置一台新设备以更新旧设备，降低生产成本。新设备的买价为8 000元，安装费为500元。预计使用7年。第7年后的处理收入预计为500元。新旧设备的纳税目的的折旧费用采用直线法，全额折旧。新设备的使用需要光明公司增加存货1 500元，同时自发形成1 000元的应付账款。它可以使公司每年节约生产成本1 200元。公司的所得税率为25%。请编制现金流量表。

自测题

1. 在长期投资决策中，一般属于经营期间现金流出项目的有（ ）。

A. 固定资产投资 B. 开办费投资 C. 经营成本 D. 无形资产投资

2. 以下哪种说法正确？

A. 即使折旧不是一项现金费用，折旧率也经常会影响经营现金流

B. 公司在做投资决策时应该将沉没成本列入考虑范围中

C. 公司在做投资决策时应该将机会成本列入考虑范围中

D. 说法A和C是正确的

E. 以上说法都是正确的

3. 在决定接受项目时，以下哪项对投资决策方案无影响？

A. 沉没成本　　B. 相关成本　　C. 机会成本　　D. 重置成本

4. 下列哪项有关企业现金流转的论述是不正确的？

A. 盈利企业欲迅速扩大经营规模，不会面临现金短缺问题

B. 现金流转不平衡的外部原因有市场变化、亏损或扩充3个方面

C. 现金流转不平衡的外部原因包括市场变化、经济兴衰、企业间竞争等

D. 若企业不添置固定资产，只要亏损额不超过折旧，其现金余额并不减少

5. 某企业拟购置一项固定资产，需投资100万元，按直线法计提折旧，使用寿命为10年，期末无残值。该项工程于当年投产，预计投产后每年可获税前现金流量20万元，所得税税率为25%，则该项目的税后现金流量为（　　）。

A. 10万元　　B. 20万元　　C. 15万元　　D. 17.5万元

参考答案

1. C　2. D　3. A　4. A　5. D

第八章

资本预算的决策标准

本章学习目标

通过本章学习，读者应该能够：

- 了解资本预算的基本概念和投资项目的分类；
- 掌握资本预算的5种决策标准：回收期、会计收益率、净现值、现值指数和内含报酬率；
- 掌握在评价互斥项目时应该采用的决策标准。
- 了解实物期权在资本预算中的作用。

→引言

据2016年8月12日盖世汽车网报道“自动驾驶汽车掀起的大动荡:企业并购层出不穷”……最近的一些并购可能嗅到一些行业走向。采埃孚这家世界领先的汽车传动和底盘技术供应商2015年刚刚斥资129亿美元收购了全球领先的汽车安全系统供应商天合汽车公司(8年内最大一起),8月份宣布收购Ibeo汽车系统有限公司40%的股份,这是一家总部位于德国汉堡,致力于自动驾驶领域的技术应用的激光雷达技术和环境识别软件开发领域的市场领军供应商,后来又斥资5.15亿美元收购来自瑞典的制动系统供应商Haldex。8月3日有消息称三星电子公司正与菲亚特克莱斯勒汽车公司商讨收购汽车零部件厂商马瑞利部分或全部资产事宜,交易金额或达30亿美元。如果收购成功,将会是三星第一笔汽车收购。

除了获得技术的推动，中国国内增长的兴趣也是推动并购交易的一股重要力量。汽车零部件供应商宁波均胜电子公司2016年2月份以9.2亿美元买下美国安全气囊制造商……

自动驾驶功能未来几年将会取得飞跃进展。宝马和英特尔公司、摄像机软件公司Mobileye取得合作将在2021年推出能自动行驶于高速路上的汽车。沃尔沃汽车集团有同样的计划。业内对分享自动驾驶汽车的收益预期使得在测试自动汽车的汽车共享公司优步估值达620亿美元。

并购还涉及汽车车载娱乐信息系统、摄像机软件、感应器等。盈利能力一般的公司将被大公司合并。大的供应商可以借此节约成本,亦能在和汽车厂商协商中占得有利位置。一家公司创新力不足,产品不够独特就很难在汽车供应商中存活下去。

在不断并购中,评价是否可行的基本方法就是本章要学习的内容。只不过并购不考虑初始投资,只考虑未来现金流的现值。而项目评价则要考虑初始投资,即用NPV方法。

资料来源：根据http://auto.hexun.com/2016-08-12/185472611.html资料整理而成。

第一节　资本预算概述

资本预算是对长期项目投资进行规划、评价和取舍的过程。它告诉你哪些项目可取，哪些应该放弃，以及原因何在；还会告诉你，新项目将为你的公司价值和股东财富带来怎样的影响。它为长期投资项目运行期间的现金流量管理提供了一幅蓝图：何时需要增量融资？何时需要再投资？正确而有效地获取和使用资本才能使股东财富增值，这就需要为获取的资本寻求最佳的投资方向。

一、资本预算的意义

资本预算（capital budgeting）是公司的一项重要财务活动。首先，长期项目投资占用资金的数额大，时间长，流动性小，对公司的影响往往要持续很长一段时间，一旦决策失误，公司的损失也会很高，所以在投资前必须做好预算工作。其次，公司只有投资于净现值为正数的项目，才能使公司的价值增大，增加股东的财富，这就要求公司对项目现金流的风险及收益进行全面的估算。通过资本预算，可以确定长期项目最佳投资时机和最佳收益。另外，通过资本预算，可以使公司对于资金投入有足够的准备，提早做好有关投资项目的融资规划，以防错失良机。

二、资本预算的分类

为了正确评估长期投资项目，首先要了解长期投资项目的种类，以便对不同的项目采取不同的预算方法，以实现资本预算的科学性、合理性和有效性。

（一）按投资目的划分

资本预算按投资目的划分主要分为资产更新项目、扩大经营项目、法定投资项目、研究与开发项目。

1. 资产更新项目

公司进行资产更新是指对原有资产由于损耗而进行的替换。一种更新是指：当旧资产老化时，公司如果想继续维持现有的经营模式和规模，必须重新购置该种资产。另一种更新是指：技术进步等原因引起原有资产的无形损耗，即使原有资产能够继续使用，但是为了提高竞争力，公司必须使用先进的资产替代旧资产，降低公司经营成本。

2. 扩大经营项目

扩大经营项目一种是扩大现有产品的生产规模或扩大现有营销渠道的规模。另一种是生产新产品或开辟新营销渠道。

3. 法定投资项目

为了遵守政府颁布的法律规定必须进行的投资，如安全设施或环保设施的安装等。这些项目几乎没有收入，只是发生成本，但是它们一般能够带来社会效益。

4. 研究与开发项目

公司在投入生产新产品或开辟新的营销渠道之前，都少不了研究与开发环节，尤其高新技术公司，研究与开发支出也是经营费用中重要的组成部分。研究与开发项目的风险很高，需要重点进行风险分析。

（二）按可供选择的数量划分

资本预算按可供选择的数量划分可分为独立项目、互斥项目和关联项目。

1. 独立项目

独立项目是指为达到投资目的，只有一种投资项目可供选择。尽管这样，对于投资项目是否可行的决策仍可在两种方案中进行，即投资此项目和不投资此项目的选择，例如公司是否要购买一条生产流水线？这类决策属于采纳与否投资决策。

2. 互斥项目

互斥项目（mutually exclusive project）是指为达到投资目的，可供选择的投资项目有两种以上，而公司在一定时期的投资规模是有限的，或存在其他的资源限制，不可能将可行的全部项目都实施，只能选取满足公司需要的最佳项目。例如建设的发电厂是用水力、火力还是核能？公司为生产某产品是购置设备还是租赁设备？

3. 关联项目

关联项目是指必须依赖于其他项目的实施而存在的项目，例如建立电镀厂，相应地安装环保设备；建立轧钢厂，相应地建立发电设备等。

三、资本预算的程序

资本预算的基本程序如下：

1.投资战略确定

对公司而言，战略是指公司面对急剧变化的环境和激烈竞争的市场，为谋求自身的长期生存和持续发展，而制订的全局性发展规划。任何公司都有大量的潜在的投资项目，每项可能的投资都是公司的一个可能的选择。成功的公司理财是在环境分析中学会寻找项目机会和发现价值。确定投资战略，就是要通过寻找有价值的项目，确定公司全局性的投资规划，有效地分析外部环境和自身条件，诸如宏观经济环境、法律法规政策、市场供需状况、产品生命周期、替代品状况、管理能力、技术力量、原材料供应、融资能力等，认真研究可供选择的投资机会，及时把握机遇，确定投资战略，获取长期竞争优势，实现公司价值最大化。

2.投资项目筛选

在投资战略确定之后，就要分析公司目标和公司战略的符合性，项目先进性、可行性、盈利性，项目投资时机、投资方式与合作伙伴等，对各种投资机会进行筛选。一旦寻找到了好的投资机会，就要对投资项目进行价值判断，这是长期投资中最重要也是最困难的环节。投资项目筛选的内容包括：估计项目寿命期；估计项目计划预期产生的现金流量的大小及风险；估计用来计算项目计划预期现金流量的现值所需要的折现率等。根据各种投资项目现金流及其风险的评估，用净现值法、内含报酬率法等财务评价方法对不同项目的现金流量进行贴现，然后进行评估，拟订项目计划。

3.投资项目决策

拟订了项目计划，下一步也是最重要的一步就对项目计划进行取舍，选择现有条件下最利于公司长远发展的项目。项目决策的过程是对拟定项目进一步研究与分析、价值判断及提出项目投资建议的过程，比如通过项目洽谈、项目修正、项目环境因素分析等环节，对拟定项目进一步分析、判断、提出建议，报批投资管理委员会或预算管理委员会审议，在这一审议通过之后，再报批董事会、股东大会审议。

4.投资项目实施

一旦董事会、股东大会审议通过拟定项目，就必须付诸实施，投资经理负责项目的全部实施过程，并在项目整个寿命期内对其进行监督。对项目的现金流量和发生时间进行监控，确定其实际与预期的差异，并查明原因，结合环境的变化，及时对项目加以调整，降低项目投资风险，不断提高长期投资决策的水平。

5.项目实施的事后管理

公司进行长期投资的目标是获取长期竞争优势，实现公司价值最大化。项目实施的事后管理主要包括分析项目规划的战略性、先进性，项目决策的科学性、合理性，项目实施的可行性、盈利性，项目管理的操作性、风险性等，论证项目投资与公司目标的一致性与差异性，吸取项目成功的经验和失败的教训，及时反馈给决策部门，为寻找新的项目机会提供借鉴。

第二节 资本预算的决策标准分析

资本预算决策标准，又叫资本预算决策技术或资本预算决策方法。目前资本预算常用的决策标准可分为两类：一类是动态评价法，一类是静态评价法。

动态评价法，又称折现现金流法，是指考虑了货币时间价值的分析评价方法。这种方法假定不同时期的现金流量具有不同的价值，从而不能直接相加减，要通过一定的方法将不同时点上的现金流量折算到同一时点，然后才能进行比较、判断。主要有净现值法、现值指数法、内含报酬率法等。

静态评价法，又称非折现现金流法，是指不考虑货币时间价值的分析评价方法。这种方法假定不同时期的现金流量是等效的，对它们不加区别，直接相加减。主要有投资回收期法、平均收益率法等。

一、折现现金流法

（一）净现值法

1. 净现值法的含义及计算公式

净现值法是资本预算中最常使用的决策标准。所谓**净现值**（net present value），是指投资项目投入使用后，将经营期间及项目终结时的净现金流量，按一定折现率折算为现值，减去初始投资现值后的余额。净现值所反映的是，进行一项投资所能创造或增加的价值究竟是多少。其计算公式为：

净现值=未来报酬总现值-初始投资额的现值

$$NPV=\sum_{t=0}^{n}\frac{NCF_t}{(1+k)^t} \tag{8.1}$$

其中，NPV代表净现值，NCF_t代表第t年税后净现金流量（即经营期现金流入量-建设期现金流出量的净额），k代表折现率（资本成本或投资者要求的收益率），n代表项目计算期（包括建设期和经营期）。

如果项目是期初一次投资，则计算公式为：

$$NPV=\sum_{t=1}^{n}\frac{NCF_t}{(1+k)^t}-I_0 \tag{8.2}$$

其中，I_0代表期初一次性投资。

2. 净现值法的决策准则

对于独立项目，净现值大于零，说明投资收益能够抵补投资成本，则项目可行；反之，则项目不可行。对于互斥项目，应选择净现值大于零中的最大者。

实例8-1 大华公司A、B两个投资方案的现金流量分布如表8-1所示：

表8-1 大华公司A、B两个投资方案的现金流量 单位：元

时间（年）	0	1	2	3	4	5
A 方案 NCF_t	–200 000	70 000	70 000	70 000	70 000	70 000
B 方案 NCF_t	–200 000	0	50 000	50 000	200 000	100 000

假设投资方案的加权平均资本成本为10%，计算方案A和方案B的净现值。

解析 方案A的净现金流是相同的，因此，可直接运用年金现值公式进行计算，查附表4，$PVA_{10\%,5}$=3.7908，运用公式（8.2）得：

$$
\begin{aligned}
NPV_A &= NCF\times PVA_{10\%,5}-I_0 \\
&= 70\ 000\times 3.7908-200\ 000 \\
&= 65\ 356\text{（元）}
\end{aligned}
$$

由于方案B的现金流量不等，故分别按复利折现，然后求和。运用公式（8.2）得：

$$
\begin{aligned}
NPV_B &= \frac{0}{(1+10\%)^1}+\frac{50\ 000}{(1+10\%)^2}+\frac{50\ 000}{(1+10\%)^3}+\frac{200\ 000}{(1+10\%)^4}+\frac{100\ 000}{(1+10\%)^5}-200\ 000 \\
&= 0+41\ 820+37\ 565+136\ 600+62\ 090-200\ 000 \\
&= 78\ 075\text{（元）}
\end{aligned}
$$

如果方案A和方案B是独立项目，由于二者的净现值都大于零，因此两个项目都可行，如果两个方案是互斥项目，由于NPV_B大于NPV_A，且两方案的初始投资相同，所以应选择方案B。

注意：方案B的计算比较复杂，如果期限更长，每年的净现金流又不同，那么我们可以运用Excel进行计算，详见本章关于Excel的运用。

3. 净现值法的优缺点

净现值法的优点主要表现在以下3个方面：（1）考虑了货币的时间价值，因为净现值法不仅计算现金流量的数额，而且还考虑了现金流量的时间，有利于评价项目投资的经济性和时效性；（2）考虑了投资风险的影响，这是因为资本成本或投资者要求的收益率中包括了风险，对于风险较大的投资项目，可以选用较高的折现率来进行计算，以反映风险对投资决策的影响；（3）反映

了股东财富绝对值的增加，这是因为净现值反映了一项投资所能创造或增加的价值，这与公司财务管理目标是一致的，因而是一种较为科学、广泛运用的资本预算决策标准。

但净现值法也存在一定的局限性：（1）不能揭示各个投资项目本身可能达到的实际收益率是多少；（2）在互斥项目决策中，没有考虑互斥项目的投资规模差异，这是因为净现值是一个绝对值，其大小只能说明投资项目的盈亏总额，而不能说明单位投资的效益情况，因而在处理不同投资规模的决策问题时，就难以用净现值指标来评价各投资方案的效果；（3）折现率的确定比较困难，而其正确性对净现值的影响至关重要。

（二）现值指数法

1. 现值指数法的含义及其计算

现值指数法又称获利指数法，是指投资项目未来收益的总现值与初始投资额的现值之比。它反映了项目的投资效率，即投入1元初始投资所获得的未来收益的现值，因此，该值大于1就可行。其计算公式为：

$$PI=\sum_{t=1}^{n}\frac{NCF_t}{(1+k)^t}/\sum_{t=0}^{m}\frac{I_t}{(1+k)^t} \tag{8.3}$$

例如，根据实例8-1中的资料可以分别计算出方案A和方案B的现值指数如下：

$$PI_A=265\ 356/200\ 000=1.33$$
$$PI_B=278\ 075/200\ 000=1.39$$

由于投资规模相同，因此投资B比投资A要好，与净现值决策标准得出同样的结论。

2. 现值指数法的决策准则

评价独立项目时，现值指数大于1，表明未来收益的总现值超过初始投资的现值，项目可行，此时项目的净现值为正；反之，项目不可行。因此，对于独立的投资项目，现值指数法得到的评价结论与净现值法是一致的。在评价互斥项目时，同等投资规模下，现值指数越大，净现值就越大，项目对公司越有利，因此应该选择现值指数最大的项目。

在实例8-1中，项目A和项目B的现值指数都大于1，如果它们是独立项目则都是可行的。如果它们是互斥项目，在投资规模相同时，项目B的现值指数较高，公司应选择项目B。但当互斥项目的投资规模不同时，现值指数与净现值法的评价结论有可能出现矛盾。这个问题我们将在下一节讨论。

3. 现值指数法的优缺点

现值指数法的优点是考虑了货币的时间价值，能够真实地反映投资项目的投资价值。由于**现值指数**（profitability index）是用相对数来表示的，所以可以对投资规模不同的互斥项目进行比较。

但现值指数法的缺点表现为该方法无法反映投资项目本身的收益率水平。

（三）内含报酬率法

1. 内含报酬率法的含义及计算

内含报酬率法是以**内含报酬率**（internal rate of return）为项目评价标准的资本预算方法之一。所谓内含报酬率，是使投资项目的净现值等于零时的折现率，它反映了项目内在的属性，或者说固有的特征，它本身不受资本市场利率的影响，完全取决于项目的现金流。其计算公式为：

$$NPV=\sum_{t=1}^{n}\frac{NCF_t}{(1+k)^t}=0 \tag{8.4}$$

式中，k即为IRR，代表内含报酬率，其他符号与前相同。

内含报酬率的计算比较复杂，通常可以通过查年金现值系数表和使用插值法计算，但较为方便的计算还是使用EXCEL来计算，详细见本章EXCEL运用。

实例8–2　根据实例8–1数据，计算方案A和方案B的内含报酬率。

解析　因为方案A每年的NCF相等，均为70 000元，初始投资为200 000元，而内含报酬率是使净现值等于零的折现率，因此可采用查年金现值系数表方法，即：

$$200\,000=70\,000PVA_{IRR,5}$$

$$PVIFA_{IRR,5}=200\,000/70\,000=2.8571$$

查年金现值系数表，第5期与2.8571接近的年金现值系数是2.9906和2.7454，其对应的k分别指向20%和24%。现用插值法计算如下：

折现率	年金现值系数
20%	2.9906
IRR	2.8571
24%	2.7454

$$\frac{IRR-20\%}{24\%-20\%}=\frac{2.8571-2.9906}{2.7454-2.9906}$$

解得：IRR=22.18%。

由于方案B每年的NCF不相等，运用EXCEL计算得：IRR=20.05%。

2. 内含报酬率的决策规则

在评价独立项目时，只要内含报酬率大于或等于公司的资本成本或要求收益率时，投资项目可行，反之，则项目不可行。在评价互斥项目时，应选择内含报酬率较高的项目。

前例中，方案A和方案B的内含报酬率大于资本成本10%，如果二者是独立方案，它们都是可行的，如果二者是互斥项目，由于A的内含报酬率高于方案B的内含报酬率，从内含报酬率指标分析，项目A优于项目B。这一结论与前面决策标准的结论是有矛盾的，为什么会产生矛盾，我们在下一节讨论。

3. 内含报酬率法的优缺点

内含报酬率法是一种常用且重要的资本预算决策标准，它考虑了资金的时间价值，能正确反映投资项目本身实际能达到的真实报酬率。但这种方法的计算比较复杂，特别是对于每年*NCF*不相等的投资项目，一般要经过多次测算才能求得，故只能借助对计算机的应用才能解决这一问题。另外，内含报酬率法忽略了项目的规模。

二、非折现现金流法

（一）回收期法

1. 回收期法的含义及计算公式

回收期法是用投资回收期的长短作为评价长期投资项目优劣的一种决策分析方法，是最早广泛采用的资本预算决策标准之一。所谓**回收期**（payback period），是指投资项目收回全部初始投资所需要的时间，一般以年为单位。回收年限越短，投资越有利。

由于投资项目每年预计产生的经营净现金流量可能相等，也可能不相等，因此，计算投资回收期的方法有两种：

（1）如果每年的经营净现金流量（NCF）相等，则回收期可按下列公式计算：

$$\text{回收期}PB=\frac{\text{初始投资总额}}{\text{每年净现金流量}} \tag{8.5}$$

（2）如果每年经营净现金流量不相等，那么回收期可按下列公式计算：

$$\text{回收期}PB=n+\frac{\text{第}n\text{年末累计尚未回收额}}{\text{第（}n+1\text{）年回收额}} \tag{8.6}$$

实例8–3 根据实例8–1中数据，计算方案A和方案B的投资回收期。

解析 因为方案A每年的*NCF*相等，所以其回收期为：

$$PB_A=200\ 000/70\ 000=2.86\text{（年）}$$

而投资方案B每年的*NCF*不等，则累计计算。应先计算累计现金净流量和每年年末尚未收回的投资额，然后计算投资回收期。具体如表8–2所示。

表 8 – 2 投资方案 B 投资回收期的计算（Excel 表）

SUM =3+(-E3/F2)

	A	B	C	D	E	F	G
1	时间（年）	0	1	2	3	4	5
2	B方案NCFt	-200000	0	50000	50000	200000	100000
3			-200000	-150000	-100000	=3+(-E3/F2)	

表8–2中，将初始投资现金流与经营期间现金流进行累积计算，到第3年年底还有100 000元没有收回，从绝对值来讲，第4年的现金流入大于第3年年底的累积现金流，所以不到第4年年底就能收回全部投资。因为前一项是负数，所以在输入公式中括号里用了负号，按回车键即可得到，3.5年就可以把初始投资全部收回。

2. 回收期法的决策准则

公司的决策者在判定投资项目是否可行时，事先会设定一个公司可接受的投资回收期，称为基准回收期。当备选项目是独立方案时，只要投资项目回收期短于基准回收期，则项目可行；反之，则不可行。若备选项目是互斥方案时，首先应考虑其回收期短于设定的期限，然后选择回收期最短的投资项目。

如果在实例8–3中，大华公司的基准回收期为4年，则由于方案A和方案B的回收期分别为2.86年和3 .5年，所以方案A和方案B都是可行的；如果方案A和方案B是互斥项目，则只能选择方案A。

3. 投资回收期法的优缺点

回收期法的优点：计算简便，容易理解；可以用于衡量投资方案的相对风险。一般来讲，投资回收期越短，说明该项投资在未来时期内的风险越小，从而可避免将来经营环境变化的不利影响；反之，风险越大。

但回收期法也存在一些缺陷，主要有：

(1) 忽略了回收期内现金流量的时间序列和回收期后的项目现金流量。

例如，欣欣公司有A、B、C 3个项目，其预期现金流量如表8–3所示：

表8–3 欣欣公司预期现金流量 单位：万元

时间（年）	项目 A	项目 B	项目 C
0	–100	–100	–100
1	20	50	50
2	30	30	30
3	50	20	20
4	60	60	300
回收期（年数）	3	3	3

表8-3中所列的3个项目的回收期均为3年，是否能说它们没有区别呢？通过比较，便可发现并非如此。首先比较项目A和项目B，前3年，项目A的现金流量从20万元增加至50万元，与此同时，项目B的现金流量从50万元降到20万元。但由于项目B的大额现金流量50万元发生的时间早于项目A，其净现值相对较高，而两者回收期相等，体现不出这个差别，即回收期法不考虑回收期内的现金流量序列。

其次对比项目B和项目C，两者回收期内的现金流量完全相同，但项目C明显高于项目B，因为它在第4年有300万元的现金流入。所以回收期法忽略了回收期以后的现金流量。

(2) 回收期的长短不能代表投资项目的盈利能力，它只是投资项目的保本指标。

(3) 没有考虑资金时间价值，精确度不够。针对这一缺陷，一些决策者采用一种变通方法，称为“折现回收期法”，它是将未来各期的现金流量采用适当的折现率进行折算，然后再计算回收期，这样的回收期指标更为精确。假设上例中项目A的折现率为10%，如表8-4所示。

表8-4　项目A折现回收期法　　单位：万元

时间（年）	现金流量	现金流量现值	年末尚未回收的投资额
0	–100	–100	100
1	20	18.18	81.82
2	30	24.78	57.04
3	50	37.55	19.49
4	60	40.98	

$$投资回收期PB=3+19.49/40.98=3.48\ (年)$$

由此可见，通过考虑资金时间价值，项目A的回收期变长。折现回收期法虽然克服了忽略资金时间价值的缺陷，但其他缺陷依然存在。

总之，回收期法虽然简单、通俗易懂，但比较粗糙，具有局限性，所以一般情况下，它只适宜作为资本预算决策标准的辅助指标。

（二）平均收益率法

1. 平均收益率法的含义及计算公式

平均收益率是指投资项目寿命周期内年平均净利润与初始投资额的比率。它在计算时使用会计报表上的会计净利润和成本观念，也称为“会计收益率法”。其计算公式为：

$$ARR=\frac{年平均净利润}{初始投资额} \tag{8.7}$$

必须指出，西方学者对“平均收益率”的计算不是以净利润为基础，而是以“净现金流量”为基础。他们认为平均收益率是指投资项目在整个寿命期内的年均净现金流量与初始投资额的比率。其计算公式为：

$$ARR=\frac{\text{年平均净现金流量}}{\text{初始投资额}} \tag{8.8}$$

实例8–4　承续实例8–1。假设大华公司投资方案A和方案B的折旧额如表8–5所示：

表8–5　A、B两个方案的折旧额　　单位：元

时间（年）	1	2	3	4	5
方案 A	40 000	40 000	40 000	40 000	40 000
方案 B	0	50 000	50 000	50 000	50 000

计算方案A和方案B的平均收益率。

解析　（1）运用公式（8.7）计算平均收益率

由于两项投资的投资额都是200 000元，表8–6和表8–7分别显示了两个方案的净利润。

表8–6　方案A的净利润流量　　单位：元

时间（年）	0	1	2	3	4	5
净现金流量	(200 000)	70 000	70 000	70 000	70 000	70 000
折旧费用		(40 000)	(40 000)	(40 000)	(40 000)	(40 000)
净利润		30 000	30 000	30 000	30 000	30 000

方案A的平均收益率ARR=30 000/200 000=15%

表8–7　方案B的净利润流量　　单位：元

时间（年）	0	1	2	3	4	5
净现金流量		0	50 000	50 000	200 000	100 000
折旧费用		0	(50 000)	(50 000)	(50 000)	(50 000)
净利润		0	0	0	150 000	50 000

方案B的年平均净利润=（50 000+150 000）/5=40 000（元）

方案B的平均收益率ARR=40 000/200 000=20%

（2）运用公式（8.8）计算大华公司投资方案A和方案B的平均收益率

方案A的平均净现金流量为70 000元

方案A的平均收益率ARR=70 000/200 000=35%

方案B的年平均净现金流量=（0+50 000+50 000+200 000+100 000）/5=80 000（元）

方案B的平均收益率ARR=80 000/200 000=40%

由此可见，采用不同的方法，会得出不同的结果，并且差异还较大。因此，我们在比较不同项目时，应该采用同一方法才具有可比性。

2. 平均收益率法的决策准则

公司的决策者利用这一指标进行投资决策时,事先会设定一个公司要求达到的收益率,称为目标收益率。当备选项目是独立方案时,只要投资项目的平均收益率大于目标收益率,则投资项目可行;反之,则不可行。若备选方案是互斥项目时,首先应考虑其平均报酬率高于目标收益率,然后选择平均报酬率最高的投资项目。一般而言,平均报酬率越高,投资项目的投资价值可能越大。

3. 平均收益率法的优缺点

平均收益率法的优点：简明、易算、易懂；而且它考虑了投资项目在其整个寿命期内的全部现金流量，从而能够在某种程度上反映投资所产生的盈利水平，因而相对来说，它比回收期法更为全面。

尽管如此，平均收益率法也同样存在一些缺陷：

(1) 使用按会计净利润计算的平均收益率进行方案的取舍，抛开了客观且合理的现金流量指标，这与公司理财强调的是现金流量而非会计收益相背离。

(2) 没有考虑货币的时间价值和现金流量的时间性。在计算收益率时人为地将每年的净利润或现金流量平均化，使第一年的净利润或现金流量与最后一年的净利润或现金流量被看作具有相同的价值，以致有时会做出错误的决策。

由于平均收益率法存在着这些缺陷，所以同回收期法一样，在资本预算中只起到辅助作用。

第三节　资本预算决策标准的比较

在实践中究竟选择什么样的资本预算决策标准,应结合实际情况而定。一般而言,好的决策标准应具备这些特点:(1)必须考虑项目整个寿命周期内的现金流;(2)必须考虑货币的时间价值;(3)在选择互斥项目时,能实现公司价值最大化。回收期法和平均收益率法不具备上述特点,我们在此重点分析净现值法、现值指数法和内含报酬率法。

一、净现值法与现值指数法的比较

由于净现值法与现值指数法使用的是相同的信息，在评价独立项目与同等规模下的互斥项目时，结论是一致的，而在评价规模不同的互斥项目时得到的结论有可能不同，此时应考虑公司的财务实力。在资金无限制情况下，应以净现值为准；而在资金限制情况下，公司应按照现值指数的大小来选择净现值之和最大的投资项目组合，以保证公司获得最大的收益，增加股东财富。

在资金限制情况下，投资组合决策的基本程序以实例8–5为例说明。

实例8–5　华胜公司资本限额为600万元，现有5个投资项目可供选择，各项目的投资规模、*NPV*、*PI*如表8–8所示，试分析可能的投资项目。

表8–8　华胜公司投资备选方案

投资项目	投资规模（万元）	现值指数	净现值（万元）
A	400	2.0	400
B	100	1.5	50
C	250	2.2	300
D	150	0.9	–15
E	200	2.5	300

解析　（1）投资项目按现值指数由大到小进行排序，如表8–9所示。

表8–9　按现值指数排序的投资项目

投资项目	投资规模（万元）	现值指数	净现值（万元）
E	200	2.5	300
C	250	2.2	300
A	400	2.0	400
B	100	1.5	50
D	150	0.9	–15

（2）从现值指数较高的投资项目选取，确定投资组合，尽量充分利用资本限额，并计算各种组合的净现值总额。比较合适的投资组合，如表8–10所示。

表8–10　华胜公司的投资组合选择

投资组合	包括的项目	投资规模(万元)	净现值（万元）
1	E、A	600	300+400=700
2	E、C、B 和 50 万元的投资机会	600	650 万元与余下的 50 万元带来的净现值

（3）按照投资组合的净现值总额选取最佳组合。从表8–10中可看出，最佳组合的选择取决于投资组合2中未充分利用的50万元能够带来的净现值是否超过50万元（700–650）。例如，这50万元可以投资于有价证券或存在银行中赚取利息等。

二、净现值法与内含报酬率法的比较

净现值法与内含报酬率法是资本预算中最常用的两种方法，但相比之下，净现值法优于内含报酬率法。因为对于独立投资项目，内含报酬率法的评价结果始终与净现值法的结果是一致的，但在使用内含报酬率法评价互斥项目时可能会存在矛盾。

实例8-6 根据前面的计算，大华公司方案A和方案B的净现值和内含报酬率如表8-11所示(折现率为10%)：

表8-11 净现值和内含报酬率

方案	投资额（元）	*NPV*（元）	*IRR*（%）
A	200 000	65 356	22.18
B	200 000	78 075	20.05

试分析应该采用哪个决策标准。

解析 假如A和B是互斥项目，根据净现值法决策准则，由于$NPV_B>NPV_A$，公司应选择方案B；而根据内含报酬率决策准则，由于$IRR_A>IRR_B$，公司应选择方案A，结果产生了矛盾。为了进一步弄清其间的关系，我们分别计算不同资本成本下各方案的净现值，并将两个方案的净现值用图8-1显示。

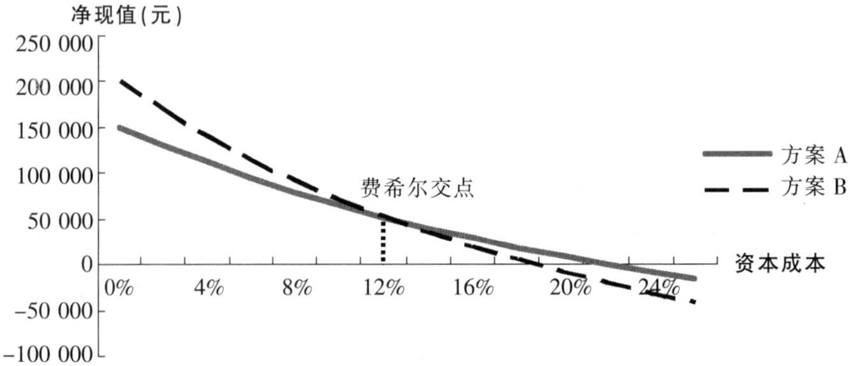

图8-1 净现值法与内含报酬率法的比较

由图8-1可以看出，A、B两个方案的净现值曲线相交于折现率为12%处，这一交点被称为费希尔交点。当项目的折现率小于12%，方案B的净现值大于方案A，即方案B优于方案A；当项目的折现率大于12%，方案A的净现值大于方案B，即方案A优于方案B。因此，在折现率为10%时，且资金无限制情况下，方案B净现值较高，可为公司带来较多的财富，是较优的项目；而当折现率大于12%时，不论用净现值法还是用内含报酬率法，都会得出项目A优于项目B的结论。也就是说，净现值法总是正确的，而内含报酬率法有时会得出错误的结论。因此，当对互斥项目进行评价时，应以净现值法作为决策的准则。

需要指出的是，造成净现值法和内含报酬率法发生矛盾的根本原因是两种方法对再投资收益率的假设各不相同。隐含在净现值法中的一个假设是，公司将投资方案所产生的净现金流量再投资后所能得到的收益率等于该方案的资本成本；而隐含在内含报酬率法中的一个假设是，公司能够按照投资方案的内含报酬率法将该方案所产生的净现金流量予以再投资。哪一种对再投资收益率的假设更合理呢？假定资本市场资金充裕，投资者对资本成本的预期和对项目风险的预期与现在相同，那么从项目中获取的现金可以返还给投资者再投资，投资者要求的报酬率是资本成本；或者留在公司再投资，它的机会成本就是投资者自己投资要求的报酬率即资本成本。无论使用哪一种方式，使用资本成本替代再投资收益率最为合理。即使再投资收益率在未来有可能高出资本成本很多，但是在资金充足的市场中，这只是暂时的。市场有效均衡理论告诉我们，再投资收益率最终会向资本成本回归。因此，在实践中，人们更愿意采用净现值法的评价结果。

三、资本预算方法在实际工作中的运用

尽管在前面的分析中净现值是最好的决策标准，而且在评估互斥项目时更是如此。但是，5种资本预算方法在实践中都有不同程度的运用。通过调查发现，在公司作资本预算时，都使用了不止一种评估标准，因此，经常是同时使用多种评估标准，从而避免了可能产生的一些矛盾结果。但是由于项目的重要性不同，各种方法在使用频率上也会有所不同，表8-12显示了一项调查结果，它是公司在项目评估时使用各种方法的情况。

表 8-12　公司使用评估方法的情况

方法	主要项目		次要项目	
	数目	百分比（%）	数目	百分比（%）
IRR	60	53.6	13	14.0
NPV	11	9.8	24	25.8
PB	10	8.9	41	44.0
PI	3	2.7	2	2.2
平均收益率法	28	25.0	13	14.0
总数	**112**	**100.0**	**93**	**100.0**

表8-12显示的结果表明：在实践中，主要项目常用的是内含报酬率，这是因为内含报酬率是用百分比表示的，与资本成本进行比较，则更容易与人沟通，比如向老板与投资者或潜在的投资者解释时，内含报酬率比净现值更容易令人理解。由于实践中使用了多种评估方法，从而避免了可能使用内含报酬率而带来的选择错误。此外，由于回收期计算简单，又是风险度量的一个粗略指标，因此，对一些不太重要的项目就较多使用这种方法。

四、应用内含报酬率指标遇到的问题

一般来讲，对于投资项目，其净现值将随着折现率的提高而降低，即净现值曲线是单调下降的，因此，内含报酬率的值只有一个；但对于有些投资项目，内含报酬率的值可能不存在，或者虽然存在但无效，或者可能多于一个，导致用内含报酬率对非常规项目进行评价时，结论错误，方法失效。

（一）评价结论错误

对于非常规项目，若初始现金流为正，其余为负，则内含报酬率的评价结果可能会出现错误。

实例8-7 假设一个投资项目的资本成本为10%，现金流量如表8-13所示。

表8-13 净现值随资本成本增加的现金流量表 单位：元

时间（年）	0	1	2	3
现金流量	1 000	2 500	–3 000	–2 000

通过EXCEL得到项目的净现值为–709.24，表明项目不可行；内含报酬率为23.61%，大于资本成本10%，项目可行。但如图8-2所示，此项目只有在折现率大于内含报酬率时项目才可行，这一结论与我们前面讲的评价标准相矛盾。因此，对类似这样的项目，用内含报酬率评价的结论是错误的。

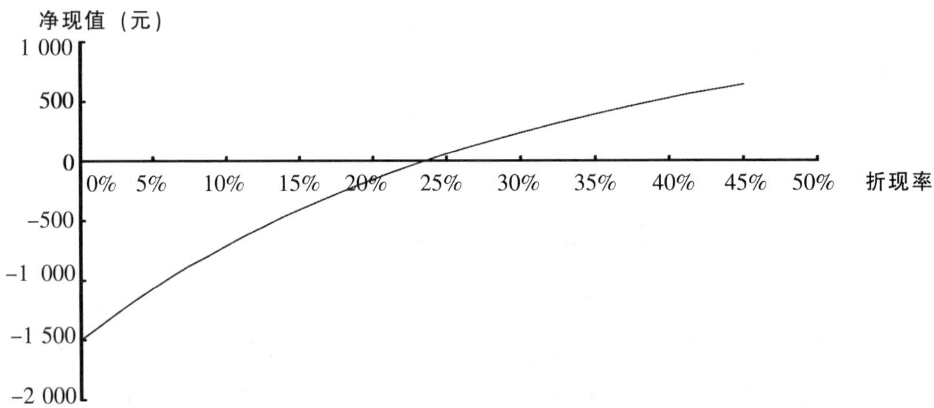

图8-2 净现值随资本成本同向变化的净现值曲线

（二）内含报酬率不存在

有些非正常项目，无论资本成本是多少，其净现值始终为正或始终为负，使得无法使用内含报酬率评价投资项目的优劣。

实例 8-8　假设一个项目的资本成本为 10%，现金流量如表 8-14 所示。

表8-14　不存在内含报酬率的现金流量

时间（年）	0	1	2
现金流量	1 500	-2 100	1 500

如图 8-3 所示，净现值曲线并未同 x 轴相交，不存在使净现值为零的折现率（内含报酬率）。

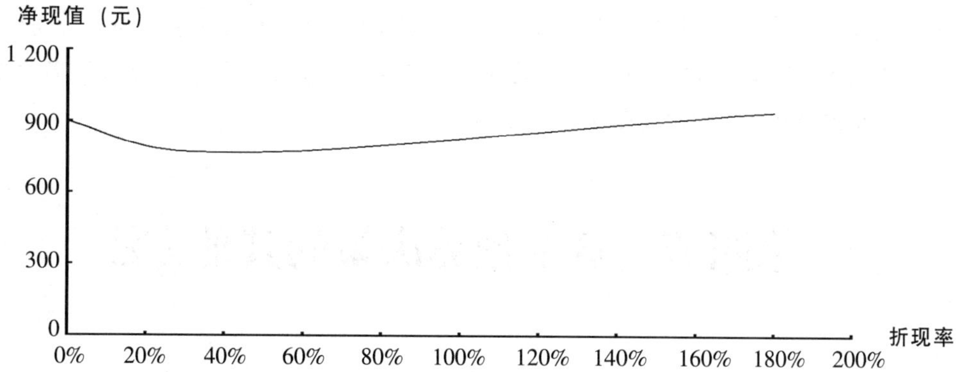

图8-3　不存在内含报酬率的净现值

（三）存在多个内含报酬率

从理论上讲，若项目现金流正负变号 n 次（现金流非单调递减），那么就可能有多达 n 个的合理的内含报酬率，此时将无法确定用哪一个内含报酬率来与资本成本比较，从而导致内含报酬率法失效。

实例 8-9　假设一个项目的资本成本为 10%，现金流量如表 8-15 所示。

表8-15　存在多个内含报酬率的现金流量　　单位：元

时间（年）	0	1	2	3	4
现金流量	1 000	-2 100	-1 500	2 000	1 000

项目净现值曲线如图 8-4 所示。该项目有两个内含报酬率，即与 x 轴的交点分别为 11%和 129%。

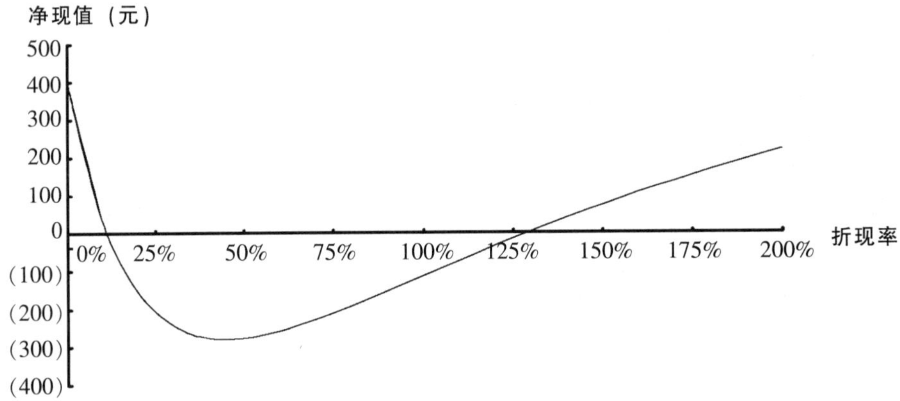

图8-4　存在多个内含报酬率的净现值曲线

总之，净现值法的取舍原则充分体现了投资决策准则，据以做出的决策符合公司理财的基本目标。所以当各种决策标准发生冲突时，若为互斥方案，应选择净现值大的方案；若为独立方案，则应选择净现值之和最大的投资组合。

第四节　资本预算决策的其他方法

一、不同投资期限的项目评估

很多互斥项目的期限不一致。当期限差别很大时，简单地比较各投资项目的净现值不一定能够得到最合理的结论。因为较短期限的投资项目结束后，公司可以利用从该项目中获得的资金继续投资，但此时较长期限的投资项目仍处于它的运营阶段并没有结束。通常，对于不同期限的项目进行评估时可采用重置链法和年金法。

所谓重置链法就是将不同期限的投资项目建立在共同期限上比较，共同期限的值等于所有被评价投资项目期限的最小公倍数。例如，项目1和2的期限分别为5年和4年，它们的共同期限是20年；在20年的期限上比较项目1和2，实际上假定项目1和2在20年里不断地被重新投资或称重置，项目1被重置了3次，分别在第5、10和15年末，项目2被重置了4次，分别在第4、8、12、16年末。但是这种方法使得计算很烦琐，因此为了便于计算，在假设可以重复投资的前提下，可采用年金法，即从成本的角度评价投资项目，把总投资分摊到每年去，比较每年的成本，因此，又叫**年平均成本法**（equivalent annual cost）。这两种方法得到的结论是一致的。

实例8–10　利达公司准备购进一套设备，可供选择的设备有两种，其功能一样，只是自动化程度不同。半自动化设备A需要200 000元的初始投资，每年产生92 000元的净现金流量，项目的使用寿命为3年，3年后必须更新且无残值；全自动设备B需要初始投资250 000元，使用寿命为6年，每年产生70 000元的净现金流量，6年后必须更新且无残值。公司的资本成本为15%。试分析该公司应选用哪套设备。

解析　（1）由于已知每套设备的净现金流量和初始投资，通常我们会考虑计算每套设备的净现值。

$$NPV_A=NCF_A\times PVA_{15\%,3}-I_{0A}$$
$$=92\ 000\times 2.2832-200\ 000=10\ 054\text{（元）}$$
$$NPV_B=NCF_B\times PVA_{15\%,6}-I_{0B}$$
$$=70\ 000\times 3.7845-250\ 000=14\ 915\text{（元）}$$

根据净现值决策标准，$NPV_A<NPV_B$，因此，应该选择设备B。但这种分析是不完全正确的，因为两个项目的寿命期是不同的，直接使用净现值法来评价两项目的优劣，会得出错误的结论，在此种情况下，应使用重置链法或年均净现值法。

（2）采用重置链法。根据题意，设备A和设备B的使用寿命年限的最小公倍数是6年。由于设备B的净现值原来就是按6年计算的，所以无须重新调整，对于设备A，必须计算一个新的假设项目在第0年和第3年进行相同投资的净现值，具体情况见表8–16所示。

表8–16　投资设备A的现金流量表　　单位：元

时间（年）	0	1	2	3	4	5	6
第 1 次投资的现金流量	–200 000	92 000	92 000	92 000			
重置投资的现金流量				–200 000	92 000	92 000	92 000
两次投资合并的现金流量	–200 000	92 000	92 000	–108 000	92 000	92 000	92 000

计算设备A的6年期的净现值:

$$NPV_A=\text{第0年投资的净现值}+\text{第3年重置投资的净现值}\times(1+15\%)^{-3}$$
$$=10\ 054+10\ 054(1+15\%)^{-3}$$
$$=16\ 664.7\text{（元）}$$

这时，就可以对两套设备的净现值进行比较，因为设备A的净现值为16 664.7元，而设备B的净现值为14 915元，因此，公司应选择半自动化设备A。

对该公司的这两套设备来说，它们的最小公倍寿命期为6年。但在有些情况下，计算两个项目的最小公倍寿命很麻烦。例如，一个项目的寿命期为7年，另一个项目的寿命期为5年，那么最小公倍寿命期为35年，在这种情况下，运用最小公倍寿命法来评价这两个项目，工作量就相当大。

(3) 采用年金法。年金法可以运用年金公式将净现值转化为年净现值，或将成本转化为年成本，这样可以将计算简化。

对利达公司的两套设备来说，可运用年金公式（3.8）分别计算设备A和设备B的年均净现值。

由 $NPV_A=NCF_A \times PVA_{15\%,3}$

得：$NCF_A=NPV_A/PVA_{15\%,3}$

$=10\ 054/2.2832=4\ 403.47$（元）

同理，$NCF_B=NPV_B \times PVA_{15\%,6}$

$=14\ 915/3.7847=3\ 940.87$（元）

从上面的计算可以看出，设备A的年净现值比设备B高，所以公司要选用设备A。把这一计算结果与重置链法计算的结果相比较，两者的结果是一致的，而用年金法更为方便。

二、综合案例分析

日前，辉利橡胶化工公司正在召开会议，为下一年的资本预算做计划。近年来，市场对该公司的大部分产品的需求特别多，整个行业正经历着生产能力不足的情况。在过去的两年里，生产稳步上升，由于需求量较大，价格已有所上升。

会议的参加者有公司董事长林欣、财务总监李立以及营销、生产等四个部门的负责人。大家从财务的角度和市场的角度来对资本支出的需要进行讨论。经过一番讨论，根据公司的整体目标和长远发展规划，大家把主要提案集中在四个项目上，每个部门一个项目，然后对每一提案进行评估分析。董事长让财务总监李立主要从财务的角度对这四个项目进行分析。

回到办公室，李立对四个项目认真地进行了如下分析：

项目A：化学部门，生产设施扩建；

项目B：轮胎部门，增加一生产线；

项目C：增加额外的仓储空间，来满足国际市场的需求；

项目D：将目前负责开票和应收、应付款管理的计算机系统更新。

表8–17是A、B、C 3个项目的一些预计情况。

表8–17　A、B、C 3个项目的预计情况

项目	投资（万元）	年限	折旧税前利润（万元）
A	500	1~10	130
B	400	1~10	100
C	200	1~8	60

项目D投资100万元，寿命期为5年，5年期间每年的折旧税前利润分别是30万元、40万元、70万元、50万元和30万元。

预计每个项目期末无残值，在预计使用年限内使用直线法计提折旧。

根据预测下一年的现金流量表，可从内部融资700万元，而目前从外部融资的成本过高，因此公司目前不予考虑。公司的加权平均资本成本为10%，公司所得税率为30%。

李立感到每一个项目对公司的发展而言都是有益的。由于生产设施不足化学部正面临着失去销售额的状况。轮胎产品越来越受欢迎，公司正试图保持公司的市场份额。国外市场对公司是极为重要的，额外的仓库能够使经营的效率更高。计算机系统的更新能够提高效率，降低人力成本。因此，李立决定从下面几个方面着手：

（1）计算每个项目的*NPV*和*IRR*。

（2）对这四个项目进行排序，如果资本限额为700万元，应进行哪些项目投资？

（3）采用*NPV*和*IRR*，排序是否会一致？

（4）进行决策时，是否要考虑其他因素？

解析　（1）计算每个项目的*NPV*和*IRR*。

由于投资额是确定的，因此要计算*NPV*和*IRR*首先就要计算折旧额，每个项目的折旧额如下：

项目A年折旧费=500÷10=50（万元）

项目B年折旧费=400÷10=40（万元）

项目C年折旧费=200÷8=25（万元）

项目D年折旧费=100÷5=20（万元）

其次，要计算经营期间的现金流，项目A、B、C每年的折旧税前利润是固定的，而项目D则是不固定的，因此，项目A、B、C以及项目D的现金流量如表8–18和表8–19所示。

表8–18　项目A、B、C经营期间的现金流量　　单位：元

项　目	A (1~10 年)	B (1~10 年)	C (1~8 年)
折旧税前利润	1 300 000	1 000 000	600 000
减：折旧费	500 000	400 000	250 000
税前利润	800 000	600 000	350 000
减：所得税（30%）	240 000	180 000	105 000
净利润	560 000	420 000	245 000
加：折旧	500 000	400 000	250 000
净现金流量	1 060 000	820 000	495 000

表8–19　项目D经营期间的现金流量　　单位：元

时间（年）	1	2	3	4	5
折旧税前利润	300 000	400 000	700 000	500 000	300 000
减：折旧费	200 000	200 000	200 000	200 000	200 000
税前利润	100 000	200 000	500 000	300 000	100 000
减：所得税（30%）	30 000	60 000	150 000	90 000	30 000
净利润	70 000	140 000	350 000	210 000	70 000
加：折旧	200 000	200 000	200 000	200 000	200 000
净现金流量	270 000	340 000	550 000	410 000	270 000

运用EXCEL，计算出各个项目的*NPV*和*IRR*如下：

	A	B	C	D
NPV（元）	1 513 241	1 038 545	640 788	387 354
IRR（%）	16.66	15.75	18.30	23.67

（2）当资本限额为700万元时，按现值指数大小排序如下：

项目	投资额（万元）	现值指数	净现值（元）
D	100	1.39	387 354
C	200	1.32	640 788
A	500	1.30	1 513 241
B	400	1.26	1 038 545

可见，当资本限额为700万元时，应投资项目C和A，从而使公司的净现值最大，达2 154 029元。

（3）采用*NPV*方法和*IRR*方法，排序不一致，因为*IRR*方法假设现金按照*IRR*进行再投资，而*NPV*方法假设现金流量按折现率再投资。

（4）公司应考虑项目的风险大小、不确定性的不同程度以及现金流量预测是否准确。公司还要考虑替代产品的出现可能对该公司产生的影响，并应考虑目前资金的使用可能会限制公司近几年对新的更有吸引力的项目的投资。

三、实物期权

（一）期权的基本概念

期权是一种选择权，是买卖双方的一种契约，它赋予契约持有者在一特定的时日或之前以事先约定的价格买进或卖出某种资产的权利。

1. 期权的种类

期权和期权市场有多种形式，为了说明期权的作用，我们以 2015 年 3 月 24 日雅虎财经提供的苹果股票期权为例说明，如表 8–20 所示。

表 8–20　股票期权报价（NASDAQ）　　单位：美元

AAPL 收盘价	协定价	看涨期权最后报价			看跌期权最后报价		
		3 月 27 日	4 月 17 日	5 月 15 日	3 月 27 日	4 月 17 日	5 月 15 日
127.21	120	7.75	7.85	10	0.05	0.68	2.74
127.21	125	2.78	4.25	6.75	0.39	1.91	4.56
127.21	130	0.24	1.74	4.2	2.85	4.3	7.25
127.21	135	0.01	0.54	2.51	7.46	8.3	10.45
127.21	140	0.01	0.15	1.4	12.15	13.87	14.45

数据来源：雅虎财经：http：//finance. yahoo. com

苹果公司的股票价格是 127.21 美元，某人预测未来苹果公司的股票价格将上升，因此他花了 10 美元购买了 5 月份到期的、可以按每股 120 美元购买苹果公司 100 股股票的权利。如果正如他所预料的那样，苹果公司的股票上升到 134 美元，则在他可以按每股 120 美元购买苹果公司的 100 股股票，如果股票价格没有像他所预料的那样上升，反而下跌，只有每股 100 美元，当该投资者看好苹果公司将来的发展时，他可以放弃按每股 120 美元购买股票的权利，而按市场价格 100 美元购买苹果公司的股票。在这里，120 美元叫作协定价格或行使价，该投资者获得按 120 美元购买苹果公司股票或放弃按 120 美元购买苹果公司股票的权利不是无偿的，实际上他花了 10 美元才获得，这就叫作期权费或权利金，购买 100 股股票的总期权费为 100×10=1 000（美元）。这里，我们是站在买方的角度考虑的。我们称这样的期权叫“买权”，或“看涨期权”，出售买权的人叫选择权书写人（writer）。在期权中，我们强调的是买方的权利，卖方的义务。因此，如果股票价格上涨到超过 120 美元，买方行使期权，即他要按每股 120 美元买入 100 股苹果公司的股票，则出售看涨期权的卖方必须按每股 120 美元卖出 100 股苹果的股票。

投资者也可以购买一种在未来一特定的时日或之前以协定价格卖出股票的权利，这种权利叫“卖权”或“看跌期权”。仍以前面苹果公司为例说明。如果投资者认为苹果公司的股票价格可能在最近 3 个月内降至现价 127.21 美元以下，因此他可花 2.74 美元购买一个协定价格为 120 美元、5 月份到期的卖权合约。该合约赋予投资者可以在到期前按每股 120 美元的价格卖出 100 股苹果公司股票的权利，如果苹果的股票跌到 100 美元，投资者可以行使其权利，即按每股 120 美元卖出苹果公司的股票；如果股票没有下跌，反而上升至 125 美元，则投资者可放弃其权利，按市场价 125 美元卖出苹果股票。这里的 2.74 美元是期权费，而 120 美元是协定价格，也是股票投资者的止损价。

从上面的分析中，我们可以看出，卖方承担着很大的风险，因此，通过获取期权费，卖方得到了对风险的补偿。

2. 期权市场

期权交易可在许多交易所进行，早期的期权交易是买卖双方直接交易，这样很难将买卖双方匹配。1973 年，有组织的期权交易所——芝加哥期权交易所（CBOE）成立，该交易所创建了标准合约和方便买卖合约结算的清算所，因此增加了期权交易的流动性，也降低了买卖期权合约的交易成本。在苹果期权例子中，我们没有准确说明期权具体行权的日期。有的期权在 5 月份之前的任何时间都可以行权，而有的期权只能在 5 月到期日那天才能行权，这就形成了美式期权和欧式期权，即可以在到期日之前任何时间行权的期权叫美式期权，只能在到期日行权的期权叫欧式期权。

3. 布莱克–舒尔斯期权定价模型

布莱克–舒尔斯期权定价模型中的期权价格指的是欧式期权的价格，它具有一系列假设条件：①没有交易成本或税；②无风险收益率和股票的波动率是常数，投资者可以按无风险利率借钱；③将来的波动率是可以通过过去股票价格的波动进行计算的；④股票价格遵循的是随机运动并服从正态分布；⑤没有股利分配等。

看涨期权的期权费 f_c 如公式（8.9）所示：

$$f_c = P_sN(d_1) - Xe^{-rT}N(d_2) \tag{8.9}$$

式中，$d_1 = \dfrac{\ln(P_s/X) + rT}{\sigma\sqrt{T}} + 0.5\sigma\sqrt{T}$，$d_2 = d_1 - \sigma\sqrt{T}$，$P_s$ 是资产的现行价格，X 是协定价格，r 代表无风险收益率，T 表示时间，σ 表示波动率。$N(d_1)$ 和 $N(d_2)$ 通过查累积正态分布表获得[1]。

（二）实物期权

由于期权具有选择权，因此这种灵活性可以增加投资价值，如对一项投资犹豫不定，运用期权可以在当市场没有像预期那样具有吸引力时避免将来的成本，这里的价值核心就是规避不利风险而保持有利潜能。

实物期权（real options）就是对价值的灵活性进行分类，通过金融期权定价的理念来开发它们，因此，在投资中，公司对做出战略投资是权利而不是义务，而要获得开发将来机会的权利或

1　查表时，若 $d_1>0$，则在查表数上加上 0.5；若 $d_1<0$，则查表后，在 0.5 基础上减去所查数额。

灵活性，可能会花费更多的期权费。

当项目具有高度的不确定性时，传统投资评价技术可能会低估其价值，因为不确定性越高，折现率就越高，NPV 就越低，但是这种不确定性在实物期权中则将更具有价值。

计算实物期权可以使用布莱克-舒尔斯期权定价模型，其中协定价格 X 用预期投资的资金替代；基础资产的价格通常用项目未来现金流的现值；若项目涉及单一投资，到期日是明确的；波动率可用行业风险度量基础资产的波动率；无风险利率可用长期国债利率。

关键术语

资本预算　capital budgeting
内含报酬率　internal rate of return
互斥项目　mutually exclusive project
回收期　payback period
净现值　net present value
年平均成本法　equivalent annual cost
现值指数　profitability index
实物期权　real options

→EXCEL运用：计算NPV、IRR和PI

在投资分析中，运用EXCEL来计算净现值和内含报酬率和现值指数非常方便，这里介绍具体如何运用，并为后面的敏感性分析打下基础。

1. 计算净现值

将有关项目的数据输入后，运用函数NPV，将相关数据输入。注意，第一项C10是已知的WACC（折现率），为10%，此例中，因为初始投资额已输入，是负数，所以在公式中显示是加投资，输入完毕后按回车键即可得到NPV，如图8-5所示。

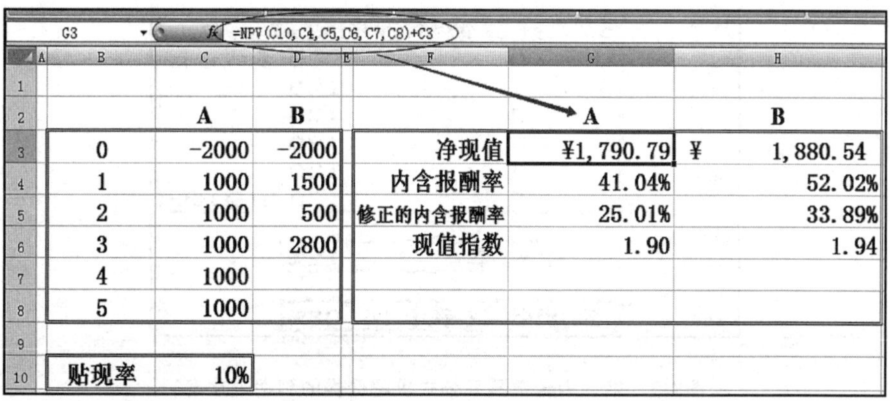
G3　=NPV(C10,C4,C5,C6,C7,C8)+C3

	B	C	D	F	G	H
1						
2		A	B		A	B
3	0	-2000	-2000	净现值	¥1,790.79	¥ 1,880.54
4	1	1000	1500	内含报酬率	41.04%	52.02%
5	2	1000	500	修正的内含报酬率	25.01%	33.89%
6	3	1000	2800	现值指数	1.90	1.94
7	4	1000				
8	5	1000				
9						
10	贴现率	10%				

图8-5　输入净现值公式求解

2. 计算内含报酬率

计算内含报酬率时，注意将初始投资设置为负数，这是因为内含报酬率是使得NPV为0的折现率，所以初始投资与净现金流量都在公式一边，如图8-6所示。

G4 =IRR(C3:C8)

	A	B
0	-2000	-2000
1	1000	1500
2	1000	500
3	1000	2800
4	1000	
5	1000	

	A	B
净现值	￥1,790.79	￥1,880.54
内含报酬率	41.04%	52.02%
修正的内含报酬率	25.01%	33.89%
现值指数	1.90	1.94

图8–6　输入内含报酬率公式求解

这种方法也可以用来计算债券的到期收益率。在债券公式中，购价就是期初投资，利息和还本就是未来的现金流入，因此，运用这种方法可以避免在单变量求解中输入债券公式的麻烦，同时也可以得出债券的到期收益率就是内含报酬率，如图8–7所示。

如果债券面值为1 000元，发行价格为900元，年利率为12%，期限为5年，一年付息一次。利用内含报酬率公式可计算得出债券的到期收益率为14.98%。

C12 =IRR(C3:C8)

计算债券到期收益率		
0	-900	发行价格
1	120	
2	120	
3	120	
4	120	
5	1120	面值1000
年利率	12%	
到期收益率	14.98%	

图8–7　输入内含报酬率公式求解债券的到期收益率

3. 计算修正的内含报酬率

当计算内含报酬率出现不能求解或有多个解时，这是因为计算时隐含着按内含报酬率进行再投资，现金流不是单调递减的，可能出现了不规则的现金流。那么，我们就要转化为按投资收益率进行再投资，这需要进行修正的内含报酬率的计算，如图8–8所示。

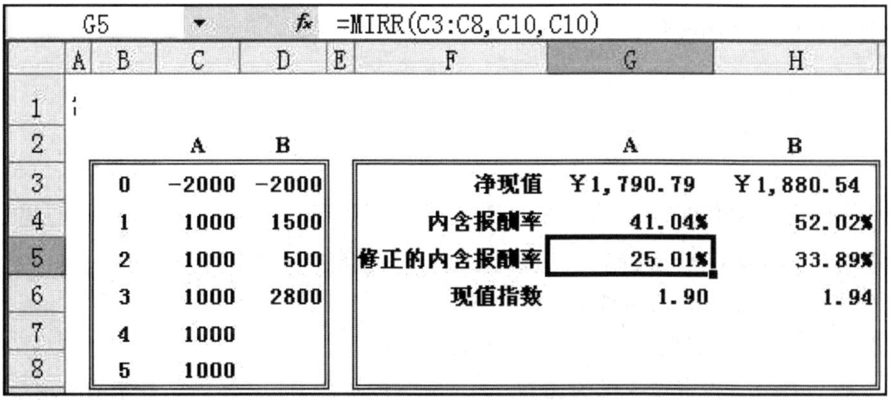

图8–8　输入修正的内含报酬率公式求解

4. 计算现值指数

现值指数是一个相对数，是指收益的现值与投资成本现值的比值。在此例中，由于已经计算出NPV，所以收益的现值需要将投资加上（在单元格中，投资用负数表示的，所以在输入公式中用了一个减号）。计算结果如图8–9所示。

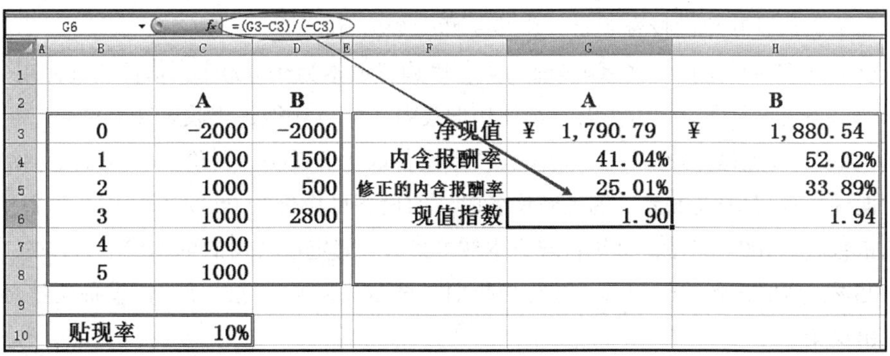

图8–9　输入现值指数公式求解

计算项目B的方法和计算项目A完全一样，这里从略，请读者自己练习。

思考题

8-1 什么是资本预算决策标准？主要包括哪两类？

8-2 解释净现值法和现值指数法在资本预算中的意义。

8-3 净现值法和内含报酬率法所隐含的再投资报酬率假设分别是什么？哪一个更合理？

8-4 简述投资回收期法的优缺点。

练习题

8-1 项目A的投资额为20 000元，预计项目期限6年，每年现金净流入8 000元。项目B的投资额为45 000元，预计项目期限6年，每年现金净流入14 000元。资本成本为12%。

(1) 分别计算两个项目的净现值、内含报酬率和现值指数。

(2) 如果项目A和项目B为互斥项目，应该选择哪个投资项目？

8-2 有两个投资项目，投资规模都为10 000元，资本成本都为12%，但是各年的净现金流量却不同。两个项目的现金流量表如下（单位：元）：

时间（年）	0	1	2	3	4
项目 A	−10 000	6 500	3 000	3 000	1 000
项目 B	−10 000	3 500	3 500	3 500	3 500

(1) 计算各个投资项目的回收期、净现值、内含报酬率和现值指数。

(2) 如果它们是独立的投资项目，它们是否可行？

(3) 如果它们是互斥的投资项目，应接受哪一个项目？

8-3 海沧公司现有一台生产设备系4年前购买，原购置成本为50 000元，估计还可使用6年，已提折旧20 000元，期满无残值。若继续使用旧设备每年可获得销售收入70 000元，每年付现成本40 000元。现该公司准备用一台高新技术设备取代旧设备，购价款80 000元，估计可用6年，期满估计残值8 000元。购入新设备时，旧设备可作价30 000元。使用新设备后，每年可获销售收入100 000元，每年付现成本50 000元。假定该公司的资本成本为10%，所得税税率为25%，新旧设备均使用直线法计提折旧。试对该公司是继续使用旧设备还是对其进行更新做出决策。

8-4 大洋公司拥有多台生产设备，其中一台已陈旧，如果现在加以大修翻新，需支付大修理成本20 000元，并预计在第5年末还需大修一次，估计大修成本8 000元。如果第5年末按时大修，该设备还可使用5年。10年后，预计该设备残值5 000元，另外，该设备每年的付现成本为18 000元。现在大洋公司拟将旧设备作价出售，可得价款7 000元（假设无任何资本损益）；

另行购置一台新设备需支付60 000元，新设备使用寿命为10年，每年的付现成本为10 000元。预计新设备在第5年末需大修一次，预计大修理成本为2 500元。使用期满，也有残值5 000元。假定该公司的资本成本为15%，新旧设备均按直线折旧法计提折旧，所得税税率为40%，那么大洋公司该如何决策？

8–5　某公司正在考虑两个互斥项目，其净现金流量如下 (单位：元)：

时间（年）	0	1	2	3	4	5
项目 A	–50 000	16 000	16 000	16 000	16 000	16 000
项目 B	–50 000	0	0	0	0	100 000

公司对该项目要求的收益率为10%，试计算每个项目的：

(1) 回收期；

(2) 净现值；

(3) 内含报酬率；

(4) 是什么因素引起指标间的矛盾？

(5) 应该接受哪个项目？为什么？

8–6　某公司正在考虑两个互斥投资项目，其净现金流量如下 (单位：元)：

时间（年）	0	1	2	3	4	5	6
项目 A	–160 000	80 000	80 000	80 000			
项目 B	–210 000	64 000	64 000	64 000	64 000	564 000	564 000

项目A的使用寿命为3年，3年后必须更新且无残值；项目B的使用寿命为6年，6年后必须更新且无残值。公司要求的收益率为16%，要求计算每个项目的：

(1) 回收期；

(2) 净现值；

(3) 内部收益率；

(4) 这两个项目是否可比？

(5) 根据年回收额，应该选择哪个项目？

8–7　某企业现有4个投资项目，有关资料如下（单位：万元）：

项　目	甲	乙	丙	丁
初始投资	300	200	100	100
获利指数	1.30	1.35	1.28	1.45

当投资总额受到限制，分别为300万元和500万元时，要求分别做出多方案组合决策。

自测题

1. 贴现现金流量的方法不包括下面哪项？

   A. 净现值　　B. 内含报酬率　　C. 回收期　　D. 现值指数

2. 在资本限量情况下最佳投资方案必然是（　　）。

   A. 净现值合计最高的投资组合　　B. 获利指数大于1的投资组合

   C. 内部收益率合计最高的投资组合　　D. 净现值之和大于零的投资组合

3. 以下哪种说法是正确的？

   A. 净现值法假设现金流会按资本成本再投资，而内含报酬率法假设是基于内含报酬率进行再投资

   B. 净现值法假设现金流会按无风险利率再投资，而内含报酬率法假设是基于内含报酬率进行再投资

   C. 净现值法假设现金流会按资本成本再投资，而内含报酬率法假设是基于无风险利率进行再投资

   D. 净现值法没有考虑通货膨胀率

   E. 内含报酬率法没有考虑所有相关的现金流，特别是超出回收期的现金流

4. M公司的资本成本为10.25%，该公司有两个风险相同的项目。项目A的内含报酬率为14%，而项目B的内含报酬率为12.25%。以下哪种说法是正确的？

   A. 两个项目都有正的净现值

   B. 假如项目是互斥的，公司应该选择项目A

   C. 假如费希尔交点（两个项目净现值线相交时的比率）是8%，则项目A的净现值高于项目B

   D. 说法A和B是正确的

   E. 说法A和C是正确的

5. 回收期法的一个主要缺陷是：

   A. 作为风险指标是无用的　　B. 忽视了回收期外的现金流

   C. 没有直接计算货币的时间价值　　D. 说法B和C是正确的

   E. 以上说法都是正确的

参考答案

1. C　2. A　3. A　4. E　5. D

第九章

资本预算中的风险分析

本章学习目标

通过本章学习，读者应该能够：

- 了解为什么资本预算要考虑风险因素，以及通货膨胀对资本预算的影响；
- 掌握风险调整折现率法、敏感性分析法；
- 了解资本预算的其他分析方法，掌握确定最佳资本预算的分析方法。

→引言

2015年9月28日，秘鲁邦巴斯特大铜矿发生抗议活动，抗议者与当地警察发生严重冲突。涉事一方是中国五矿集团下属的五矿资源公司（MMG），抗议者要求MMG修改环保计划，并修改原有的矿石物流方式，改变原来使用管道进行运输的计划，使用货车和火车经由内陆运往太平洋沿岸。示威者还要求MMG公司招聘更多当地员工。

邦巴斯铜矿原属于瑞士最大的能源公司嘉能可，2014年4月，由五矿资源公司牵头组成的联合体正式接手，以约58.5亿美元完成股权交割，从而实现了中国金属矿业史上的最大海外并购交易。

秘鲁邦巴斯特大铜矿抗议事件是中国资源类企业在秘鲁遭遇困局的最新案例。2014年3月，中国铝业控制的位于秘鲁中部的世界级特大型铜矿特罗莫克铜矿被叫停，秘鲁官方声称中国公司在施工生产中破坏当地环境。虽然中铝集团在项目开始前就已花费5 000万美元对附近村庄进行了整体搬迁，并为当地居民建设了一座新城，但还是未能完全避免矿产开发过程中的波折。类似经历的企业还有紫金矿业在秘鲁的里奥布兰科铜矿项目。

在第八章的学习中，我们知道投资预算的关键在于预计项目现金流和选择合适的折现率。但在实践中，预计的现金流和选择的折现率都有可能与现实有差距。从上述案例中，我们可以看到，突发的抗议活动和当地政府的制约就有可能令投资方支付一笔不小的费用，成为资本预算中的“意外”，从而增大投资的风险。那么，与投资项目相关的风险有哪些？在资本预算中如何调整并控制投资风险呢？

资料来源：根据和讯网（http://opinion.hexun.com/2015-11-04/180349401.html?from=rss）上的相关资料编写。

我们在前面讨论资本预算时，假定项目现金流量是确定的，即可以确知现金流的金额及其发生的时间，折现率就是资本成本即投资者要求的最低收益率（不包括风险和通货膨胀）。实际上，投资活动充满了不确定性，通货膨胀也是不可避免的。如果决策面临的不确定性小，通货膨胀率低，一般可以忽略它的影响；但如果决策面临的不确定性大，通货膨胀率高，那就应对它们进行计量并在决策时加以考虑。

第一节　资本预算中的风险

这里所要讨论的问题是：什么样的风险与资本预算有关？如何度量项目的风险？如何根据项目的风险调整资本预算？

一、风险与资本预算

资本预算中的风险是指项目评估中现金流的不确定性。从概率角度看，风险就是未来现金流的离散程度。在资本预算中，**项目风险**（project risk）可以从3个层次来看待：

(1) 从项目角度来看待，是项目自身特有的风险；

(2) 从公司角度来看待，是公司特有的风险；

(3) 从公司股东的角度来看待，是任何多元化投资都无法分散的系统性风险。

单个研究开发项目并不一定会增加公司的整体风险，因此，项目自身的特有风险不宜作为项目资本预算的风险度量。从资产组合及资本资产定价理论角度看，度量新项目资本预算的风险时，也不应考虑新项目实施对公司现有风险水平可能产生的增减影响。因此，唯一影响股东预期收益的是从股东角度看待的项目的系统性风险。根据资本资产定价理论，只有项目的系统性风险与项目的资本预算度量相关并需要获得风险补偿。但实际情况远比理论复杂：首先，系统性风险在实际度量时非常困难；其次，大多数情况下，公司股东的资产并未足够分散化，对他们来说，适用的风险度量不仅仅是项目的系统性风险，还应包括新项目对公司现有风险水平的增减效应。由于现实社会存在资产未充分分散化的股东以及破产的直接与间接费用，不符合资本资产定价理论的假设，使得我们在度量项目的资本预算风险时，必须同时考虑项目的系统性风险和项目对公司现有风险水平的增减效应。也就是说，从理论角度分析，公司理财的目标是使股东财富最大化，那么从公司股东角度分析的系统性风险（市场风险）是与资本预算决策最相关的风险，但项目的公司风险同样重要。实证研究表明，不仅项目的系统性风险影响股票的价格，项目的公司风险也会影响股票价格。因此，在资本预算中必须同时考虑项目的系统性风险和公司风险。

二、资本预算中风险的调整方法

（一）风险调整折现率法

风险调整折现率法（risk-adjusted discount rate）是指通过调整折现率的高低来反映风险的大小。在资本预算中，其基本步骤是：

步骤1：根据风险调整折现率，即：

风险调整的折现率=调整前的折现率（无风险利率）+风险报酬

步骤2：用风险调整后的折现率折现预期现金流；

步骤3：采用资本预算标准分析项目。

风险越大，折现率就越高，将来现金净流量的现值越少，可行项目随之减少。如果调整后的净现值小于零，则投资项目不可行。风险调整折现率的方法有如下几种。

1. β调整折现率

从资本资产定价模型可知，证券的风险可分为两部分：非系统性风险和系统性风险。非系统性风险属于公司特别风险，可以通过合理的投资组合来消除；而系统性风险的大小是通过β值来测量的。相应地，公司总资产的风险也是由非系统性和系统性风险构成的，因此特定投资项目风险调整折现率可按资本资产定价模型来计算，或通过调整β来调整股东的要求收益率，最终达到调整总的加权平均资本成本的目的。

调整β系数用下列公式进行：

$$\beta_L=\beta_U[1+(1-T)(B/E)]$$

或

$$\beta_U=\frac{\beta_L}{1+(1-T)(B/E)} \tag{9.1}$$

其中，β_L表示负债企业的贝塔系数，也称为权益的贝塔系数（β_E），β_U表示无负债企业的贝塔系数，也称为资产的贝塔系数（β_A），T表示税率，B表示资本结构中的负债额，E表示资本结构中的股本额，B/E表示负债权益比率，反映债权人与股东在企业资金供应中的相对贡献。

实例9–1　B公司是一家生产热气球的制造商，公司的权益负债比为5 : 2。假设公司的债务是无风险的，其利率为11%，公司的贝塔系数为1.1。目前市场的平均收益率为16%，公司的税率为30%。

B公司正在考虑生产水床项目，而S公司是一家生产水床的制造企业，该公司的负债权益比为1∶2，其贝塔系数是1.59。B公司为此项目的融资结构保持不变，计算该公司评价这一新项目的资本成本是多少。

解析 因为B公司融资结构中有债务，为新项目的融资其结构保持不变，所以这一资本成本即为加权平均资本成本。已知债务成本，所以此题的关键就是要求股东的要求收益率。

首先，B公司考虑进入一个新的生产领域生产水床，而不同领域的风险是不同的，从而反映在贝塔系数上也会不同。因此，不能直接用公司原有的贝塔系数计算公司的股东要求收益率，而要选择一家类似公司，求得资产的贝塔系数。

其次，S公司是生产水床的，基于新行业的信息：β_L=1.59，负债权益比是1∶2，可求得资产的贝塔系数β_U。

$$\beta_U=\frac{\beta_L}{1+\ (1-T)(B/E)}=\frac{1.59}{1+(1-30\%)\times(1/2)}=1.18$$

再次，运用S公司的β_U，根据B公司的资本结构，即负债权益比为2∶5，可计算出B公司的负债β_L如下：

$$\beta_U=\frac{\beta_L}{1+(1-T)(B/E)}$$

$$1.18=\frac{\beta_L}{1+(1-0.30)\times(2/5)}$$

$$\beta_L=1.18\times1.28=1.51$$

新项目的权益成本基于CAPM求得：

$$k_e=r_f+\ (R_m-r_f)\ \beta_L=11\%+1.51\times\ (16\%-11\%)\ =18.55\%$$

最后，根据公司的资本结构，求得项目的WACC为：

$$\text{WACC}=11\%\times\ (1-30\%)\ \times2/7+18.55\%\times5/7=15.45\%$$

结论：所计算出来的折现率15.45%则反映了特定项目的系统性风险。因此，在评估生产水床时，应该用这一资本成本。

2. 按投资项目的风险等级调整折现率

按投资项目的风险等级调整折现率是对影响投资项目风险的各因素进行评分，根据评分来确定风险等级，并根据风险等级来调整折现率的一种方法，可通过表9–1来加以说明。

表9–1中的分数、风险等级、折现率的确定都是由企业的管理人员根据以往的经验来设定的。具体的评分工作则应由财务、研发、销售、生产、技术等部门组成专家小组来进行。表9–1中的利

表9–1　按风险等级调整折现率

相关因素	A		B		C		D		E	
	状况	得分	状况	得分	状况	得分	状况	得分	状况	得分
市场竞争	无	1	较弱	3	一般	5	较强	7	很强	9
战略上的协调	很好	1	较好	3	一般	5	较差	7	很差	9
投资回收期	1.5 年	4	1 年	1	2.5 年	7	3 年	10	4 年	15
资源供应	一般	7	很好	1	较好	4	很差	15	较差	10
总分	—	13	—	8	—	21	—	39	—	43

总分	风险等级	调整后的折现率
0~8	很低	7%
8~16	较低	9%
16~24	一般	12%
24~32	较高	15%
32~40	很高	17%
40 分以上	很高	25%以上

K_A=9%	K_B=7%	K_C=12%	K_D=17%	K_E≥25%

率水平主要取决于评估项目时的经济环境，实践中可能更高或更低，在此仅作一例进行说明。此外，能列的影响风险的因素还有很多，风险状况也可能会有更多的情况。

3. 按投资项目类别调整折现率

按投资项目类别调整折现率也是调整折现率的一种广泛应用的方法。它首先把投资项目分成若干类别，然后，根据经验对每一类的投资项目的折现率进行调整，如表9–2所示。

表 9–2　不同投资项目按风险调整的折现率（假设资本成本=10%）

投资项目分组	调　整	风险调整后的折现率
扩充：		
第一类：新的机器和设备，可生产出与目前一样的产品	资本成本+2%	12%
第二类：新的机器和设备，可生产出与目前产品相互补充的产品	资本成本+5%	15%
第三类：新的机器和设备，可生产出与目前产品无关的产品	资本成本+10%	20%
更新：		
第一类：用新设备来更新与之基本相同的旧设备	资本成本–1%	9%
第二类：用新设备来更新与其性能相差较大的旧设备	资本成本+1%	11%
第三类：用更先进的设备来更新目前现代化设备	资本成本+9%	19%

进行了风险调整折现率以后，具体的评价方法与没有进行风险调整时基本相同。这种方法对风险大的项目采用较高的折现率，对风险小的项目采用较低的折现率，简单明了，便于理解。另

外，由于风险的程度以及相应的折现率调整是通过主观确定的，可随公司对风险偏好的改变而变动，因而比较灵活，且方法通俗易懂，因此，被广泛采用。但这种方法也容易受决策者对风险偏好及对项目风险看法的影响，有时把时间价值和风险价值混在一起，人为地假定风险一年比一年大，这一点是不合理的。

（二）风险调整现金流量法

风险调整现金流量法（risk-adjusted cash flow），是指按特定项目风险程度的大小，对各年的现金流量进行调整，将风险型的决策转换成无风险条件下的确定型决策，并据此进行资本预算的一种方法。常用的方法有以下几种。

1. 肯定当量法

肯定当量法（certainty equivalent）就是先用一个系数（通常称为肯定当量系数或约定系数），把各年不确定的现金流量调整为确定的现金流量，然后利用无风险折现率去计算净现值，以便用净现值法的规则来评价投资项目的决策分析方法。其基本步骤是：（1）用当量系数乘以预期现金流，以消除现金流中的风险，得到等价无风险现金流；（2）用无风险折现率折现等价的无风险现金流；（3）采用资本预算标准分析项目。

当量系数是肯定的现金流量和与之相当的、不肯定的现金流量的比值，通常用α来表示。

$$\alpha=\text{等价的无风险现金流（肯定当量）/原预期风险现金流} \tag{9.2}$$

或

$$\text{肯定当量}=\text{当量系数}\times\text{原预期风险现金流}$$

在进行项目投资评价时，可根据各年现金流量风险的大小，选用不同的当量系数。当现金流量为确定时，可取$\alpha=1.00$；当现金流量的风险很小时，可取$1.00>\alpha\geqslant 0.80$；当风险一般时，可取$0.80>\alpha\geqslant 0.40$；当现金流量的风险很大时，可取$0.40>\alpha>0$。

当量系数的选用可能会因人而异，敢于冒险的投资者会选用较高的当量系数，而不愿冒险的投资者可能选用较低的当量系数。为了防止因决策者的偏好不同而造成决策失误，有些公司根据变异系数来确定当量系数。因为变异系数是衡量风险大小的一个很好指标，因而用它来确定当量系数是合理的。表9–3表明了变异系数与当量系数之间的关系。

表9–3　变异系数与当量系数的经验对照关系

变异系数	0.00~0.07	0.08~0.15	0.16~0.23	0.24~0.32	0.33~0.42	0.43~0.54	0.55~0.70	……
当量系数	1.00	0.9	0.8	0.7	0.6	0.5	0.4	……

当当量系数确定后，决策分析就比较容易了。

实例9–2　假设某公司准备进行一项投资，其各年的现金流量和分析人员确定的当量系数已列示在表9–4中，无风险折现率为10%，试判断此项目是否可行。

表9–4　项目投资的净现金流量与当量系数

t	0	1	2	3	4
NCF_t（元）	–20 000	8 000	8 000	8 000	8 000
α_t	1.0	0.95	0.9	0.8	0.8

解析　根据以上资料，首先用当量系数调整现金流，然后利用净现值法进行评价，即：

$$NPV=0.95\times8\ 000\times PV_{10\%,1}+0.9\times8\ 000\times PV_{10\%,2}+0.8\times8\ 000\times PV_{10\%,3}+0.8\times8\ 000\times PV_{10\%,4}-1.0\times20\ 000$$
$$=7\ 600\times0.9091+7\ 200\times0.8264+6\ 400\times0.7513+6\ 400\times0.6830-20\ 000$$
$$=2\ 038.76（元）$$

从以上分析可以看出，按风险程度对现金流量进行调整后，计算出的净现值为正数，故可以进行投资。

2. 概率法

概率法是指通过计算投资项目的年期望现金流量和期望净现值来评价风险投资的一种方法。一般适用于每年的现金流量相互独立的投资项目。所谓现金流量独立，是指前一年和后一年的现金流量互不相关。

实例9–3　依兰公司的一个投资项目各年的现金流量与其概率分布情况如表9–5所示，资本成本为15%。试判断此项目是否可行。

表9–5　投资项目的现金流量与概率分布表

第0年现金流出量		净现金流量					
		第1年		第2年		第3年	
概率	NCF_0	概率	NCF_1	概率	NCF_2	概率	NCF_3
1.00	40 000	0.40	25 000	0.20	30 000	0.30	35 000
		0.60	15 000	0.60	20 000	0.40	25 000
				0.20	10 000	0.30	15 000

解析　首先，计算各年期望现金流量。其计算公式为：

$$\overline{NCF_t}=\sum_{i=1}^{n}NCF_{ti}\times P_{ti} \tag{9.3}$$

其中，NCF_{ti}代表第t年的第i种结果的净现金流量，P_{ti}代表第t年与第i种结果相对应的概率，n代表第t年可能结果的数量。

根据表9–5的资料，我们计算得各年期望净现金流量如下：

$$\overline{NCF_1}=25\ 000\times0.40+15\ 000\times0.60=19\ 000\text{（元）}$$
$$\overline{NCF_2}=30\ 000\times0.20+20\ 000\times0.60+10\ 000\times0.20=20\ 000\text{（元）}$$
$$\overline{NCF_3}=35\ 000\times0.30+25\ 000\times0.40+15\ 000\times0.30=25\ 000\text{（元）}$$

然后，计算投资项目的期望净现值，即：

$$\begin{aligned}\overline{NPV}&=\overline{NCF_1}\times PV_{15\%,1}+\overline{NCF_2}\times PV_{15\%,2}+\overline{NCF_3}\times PV_{15\%,3}-NCF_0\\&=19\ 000\times0.8696+20\ 000\times0.7561+25\ 000\times0.6575-40\ 000=8\ 081.9\text{（元）}\end{aligned}$$

由于该项目的期望净现值为正，故可以进行投资。

（三）风险调整现金流量法和风险调整折现率法的比较

风险调整现金流量法和风险调整折现率法的区别在于：

1. 风险调整计算的位置不同

风险调整现金流量法是通过调整净现值公式中的分子来考虑风险因素，而风险调整折现率法是通过调整净现值公式中的分母来考虑风险因素。

2. 风险调整计算的假设前提不同

在风险调整折现率法下，由于折现过程以复利进行，意味着随着项目时间的延续，风险溢酬会越来越高，项目的风险会越来越大，即项目现金流量的不确定性越来越高。那么只有风险随时间增长而增强的项目才适合采用风险调整折现率法。具有这类特点的项目是占很大部分的。风险调整折现率法隐含的这个假设，使得寿命期较长的项目被拒绝的可能性更大，即使它的风险低于短期项目。风险调整现金流量法是对各年的现金流量依据各年风险分别调整，没有风险调整折现率法下风险与时间同向增长的假设，在理论上更为合理。

3. 风险调整计算的适用范围不同

只有风险随时间延长而增大的项目才适合采用风险调整折现率法；对于风险随时间推移变小的项目，如一些公用事业投资（能源交通建设）或在新开发的社区里进行的工商业投资，开始时风险很大，随着技术的完善、规模的形成、发展的成熟，风险会随时间变得弱一些，这类项目不宜使用风险调整折现率法，以免决策的失误。如果两种方法下预计的风险相同，能合理按预计风险调整现金流量或折现率，那么两种方法下得到的净现值应该是接近的，项目的评价结果是一致的。

三、敏感性分析与情境分析

公司如何才能充分发挥净现值技术的潜在优势呢？一种重要的方法就是敏感性分析或情境分析。

（一）敏感性分析

敏感性分析（sensitivity analysis）是项目风险分析的一种重要技术，它有助于我们准确寻找那些预测风险较大的关键因素，以便对重点因素重点控制。敏感性分析的基本思想是：假定除某一用于分析的变量外，其余变量都保持不变，然后改变所选定的分析变量的值，观察项目决策标准的预测值（如净现值）相对于这一变量的敏感程度。如果项目决策标准对这一变量的微小变化有较大的反应，说明决策标准对这一变量敏感，即这一预测值对这一变量的风险较高；反之，如果项目决策标准对这一变量的变化反应不明显，则说明这一变量是非敏感因素，即使这一变量出现了较大偏差，也不会对项目决策标准产生根本性影响，其预测风险较低。

在实践中，敏感性分析主要有两种方法。一是相对数法，即测定某一变量按一定比例变化时，引起项目决策标准的变动幅度。变动幅度越大，项目决策标准对该变量的敏感程度越高。二是绝对数法，即测定项目决策标准达到某一临界值时，允许某一变量变动的最大幅度，即变化极限值。变化极限值越小，项目决策标准对该变量的敏感程度越高。

敏感性分析的程序一般如下：

1. 选择敏感性分析的对象

敏感性分析的对象就是指能反映项目投资效益的决策标准，如净现值、内含报酬率、现值指数、回收期等。最常用的指标是净现值。

2. 选择敏感性分析的变量

敏感性分析的变量是指影响项目决策标准的各种不确定因素，如销售量、单价、投资额、变动成本、固定成本、折现率等。

3. 确定项目决策标准的基础值

基础值是指没有考虑变量变动之前的项目预期决策标准，即根据对项目决策标准有影响的各种变量的预测值计算出的项目预期净现值。

4. 确定各变量的变化范围

根据历史资料和对市场的预测进行估计。如确定销售量的变化幅度为±15%，单价的变化幅度为±20%等。

5. 计算由于各变量变化引起的净现值的变化幅度

假定只有一个变量发生变化而其他变量保持不变，分别计算其净现值及变化幅度。

6. 通过比较找出影响项目决策标准的敏感因素

各变量变动的敏感程度可以用图形表示，横轴表示各变量的变动幅度，纵轴表示净现值。图形中直线坡度越陡，表示项目的净现值对该变量的变动越敏感，那么同这个变量相关的预测风险较高；反之，预测风险较低。

实例9–4 乐华公司准备上马的新项目计划投资110万元，其中100万元是固定资产投资，10万元是营运资本投资。项目运营期限为4年。每年新产品的销量预计为3 000个，单位售价为250元。每年公司经营的变动成本是当年销售收入的40%，不计折旧费用的固定成本为3万元。公司采用直线法全额折旧。第4年末，固定资产的处理收入为20万元，营运资本全额回收。第5年该项目停止经营，但是需要将生产场地恢复原貌，预计耗资约5万元。公司的所得税率为33%。项目具有平均风险，公司的资本成本为10%。请分析哪些因素对公司新项目的影响大。

解析 新项目涉及的变量如表9–6所示。

表9–6 项目的各种变量

变动成本率	40%	未计折旧固定成本（元）	30 000
所得税率	33%	每年销量（个）	3 000
资本成本	10%	单位售价（元）	250
固定资产投资（元）	1 000 000	第 5 年的恢复费用（元）	50 000
营运资本投资（元）	100 000	项目运营期限（年）	4
固定资产处理收入（元）	200 000		

新项目的现金流量如表9–7所示。

表9–7 乐华公司现金流量表

单位：元

时间（年）		1	2	3	4	5
固定资产投资	**(1 000 000)**					
营运资本投资	**(100 000)**					
a. 销量		3 000	3 000	3 000	3 000	
b. 单价		250	250	250	250	
c. 收入（a×b）		**750 000**	**750 000**	**750 000**	**750 000**	
d. 变动成本（c×40%）		(300 000)	(300 000)	(300 000)	(300 000)	
e. 不计折旧固定成本		(30 000)	(30 000)	(30 000)	(30 000)	
f. 固定资产折旧费用		(250 000)	(250 000)	(250 000)	(250 000)	
g. 税前利润（c–d–e–f）		**170 000**	**170 000**	**170 000**	**170 000**	
h. 所得税支出（g×33%）		**56 100**	**56 100**	**56 100**	**56 100**	
i. 税后利润（g–h）		**113 900**	**113 900**	**113 900**	**113 900**	
j. 固定资产折旧费用 (=f)		**250 000**	**250 000**	**250 000**	**250 000**	
k. 经营现金流量小计（i+j）		**363 900**	**363 900**	**363 900**	**363 900**	
l. 营运资本回收额					**100 000**	
m. 固定资产处理收入					**200 000**	
n. 处理收入纳税额					**(66 000)**	
o. 生产场地的恢复费用						**(50 000)**
p. 净现金流量	**(1 100 000)**	**363 900**	**363 900**	**363 900**	**597 900**	**(50 000)**

新项目的评价指标如表9–8所示。

表9–8　评价指标

净现值（元）	182 293
内含报酬率（%）	17.01

现在假定在以上基础方案中影响新项目净现值变化的因素上下波动+5%和+10%，重新计算净现值，结果见表9–9。

表9–9　各变量变化对净现值的影响

影响净现值变化的因素	各因素在不同变动情况下的净现值（元）				
	–10%	–5%	0%	5%	10%
每年销量（个）	86 722	134 507	182 293	230 079	277 865
单位售价（元）	86 722	134 507	182 293	230 079	277 865
变动成本率（%）	246 007	214 150	182 293	150 436	118 579
未计折旧固定成本（元）	188 665	185 479	182 293	179 107	175 922
第 5 年的恢复费用（元）	185 398	183 845	182 293	180 741	179 189
固定资产处理收入（元）	173 141	177 717	182 293	186 869	191 445
资本成本（元）	212 209	197 114	182 293	167 741	153 450

我们可以根据表9–9中的数据，分别绘制各因素变动对净现值的影响图。横轴表示各因素的变动幅度，纵轴表示各因素变动后的净现值。如果我们将不同因素对净现值的影响绘制在同一个图中，就可以让财务管理人员了解净现值或内含报酬率对不同因素的敏感程度，并做出比较（见图9–1），从而

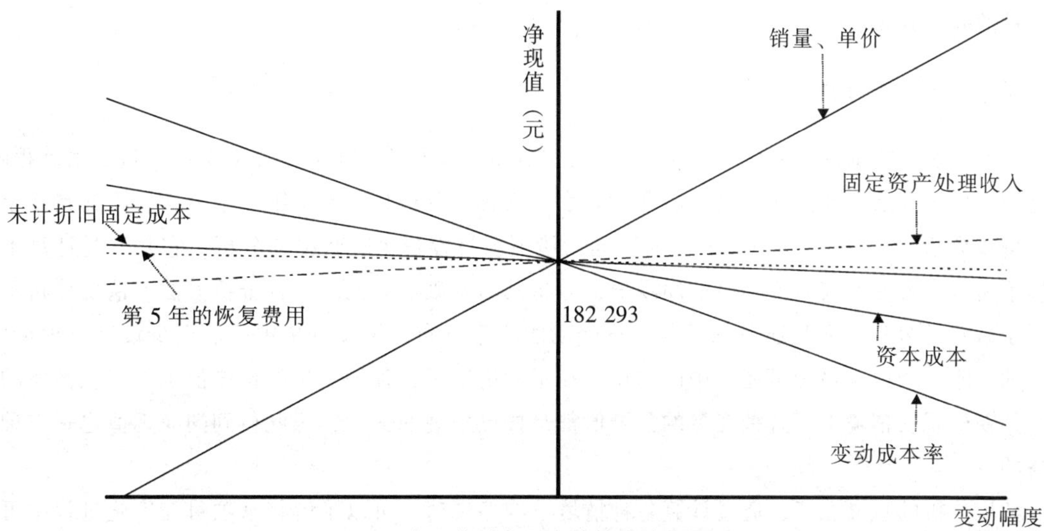

图9–1　净现值对各因素的敏感性分析图

对预测敏感程度较强的因素，注入更多的精力，保证预测的准确性，并且在项目投入运行后对敏感性强的因素加以控制，以保证项目的正常进行。

从图9–1中可以看出，净现值随着销量、单价和固定资产处理收入同向变化，表现为向上的曲线，各曲线的坡度由大到小依次排列是：销量与单价、固定资产处理收入；净现值随着变动成本率、固定成本、第5年的恢复费用和资本成本反向变化，表现为向下的曲线。各曲线的坡度由大到小依次排列是：变动成本率、资本成本、未计折旧固定成本和第5年的恢复费用。坡度越大，曲线越陡，意味着净现值对该因素的变动越敏感。所以乐华公司应对销量、单价、变动成本率和资本成本要认真预测，或在项目的运行中要加以严格控制，否则稍有估计偏差，对项目评价的结果就会有所不同。

此外，敏感性分析还可以让财务管理人员明确知道项目的保本能力。如“为使项目可行，销量至少应达到多少件？”“资本成本至多是多少时，项目的净现值为零？”等，通过这些问题可了解到使得项目保本的各因素的上限或下限。

另外，敏感性分析也存在如下一些缺陷：

1. 它只分析了单个变量变化对净现值的影响，对多个变量同时发生变化的情形尚未考虑，所以投资人员还需在敏感性分析的基础上进行综合分析。

2. 它有助于投资者找到关键变量，但它不能告诉投资者如何对待这一变量。如通过敏感性分析，我们发现项目净现值对销售量特别敏感，但我们无法知道它为什么特别敏感，只有通过市场调研才能了解其原因，采取相应措施，所以敏感性分析只起到诊断作用。

3. 它忽略了各变量概率分布的影响。有些变量即使对项目决策标准的敏感性很强，但是如果它不发生变化，那么敏感性分析就失去了意义，所以要对项目投资风险进行深入分析，还需明确各变量的概率分布。

（二）情境分析

一般来说，衡量一个项目风险的大小，必须同时考虑两个方面：一是对关键变量的敏感程度；二是用概率分布所反映的各变量值的变化幅度。敏感性分析只考虑了第一个方面，因此是不全面的。**情境分析**（scenario analysis）是对不同情境下项目投资风险状况的分析，它是通过计算不同情境下所有主要变量同时变动时的净现值，并将其与基础值对比的一种分析方法。情境分析不仅包括了敏感性分析，而且还考虑了各变量变动的概率分布。情境分析中一般至少设定三种情境：乐观的、悲观的以及最为可能的中间情境。在不同情境下，各种变量的预测值也具有该情境的特征，如在乐观的情境下，各种变量的预测值都是按最乐观的估计，因此得到的净现值也是三种中最高的。

情境分析的意义在于，通过计算各种情境下的净现值，可以了解将来项目在实施过程中可能遇到的机遇或麻烦。如通过计算悲观情境下的净现值，可以了解将来项目在实施过程中遇到较差的经济环境时可能遭受的最大损失。如果预期在最悲观的情境下，公司整体业绩依然平稳，不会遭受重大损失，则说明该项目的实施不会对公司产生致命的影响，但并不意味着该项目的风险不高。

情境分析的具体做法是，估计各种情境发生的概率，计算项目投资净现值的期望值、标准差和变异系数，将项目的变异系数与公司原有资产的变异系数进行比较，以此评价项目投资风险的大小。

实例9–5　假定乐华公司现有资产的变异系数为0.8，乐华公司新项目可能面临三种情境：悲观的、正常的和乐观的，这三种情境的发生概率分别为25%、50%和25%。试分析在不同的情境下，销量、单价和变动成本率的变化对净现值的影响。

解析　由于未来新项目面临着三种不同的情境，这三种情境会影响销量、单价和变动成本率相应发生变化。由此，我们可以得到乐华公司新项目的期望净现值、净现值的标准差和净现值的变异系数。如表9–10所示。

表9–10　乐华公司的情境分析

	概率分布（%）	销量（个）	单价（元）	变动成本率（%）	净现值（元）
悲观情境	25	2 900	230	42	48 196
正常情境	50	3 000	250	40	182 293
乐观情境	25	3 100	270	38	328 709
				期望值	185 373
				标准差	99 224
				变异系数	0.54

其中，平均净现值计算如下：

$$E(NPV)=\sum_{i=1}^{n}(P_i \times NPV_i)$$

$$E(NPV)=48\ 196\times25\%+182\ 293\times50\%+328\ 709\times25\%=185\ 373$$

净现值的标准差计算如下：

$$\sigma_{NPV}=\sqrt{\sum_{i=1}^{n}P_i\times[NPV_i-E(NPV)]^2}$$

$$\sigma_{NPV}=\sqrt{(48\ 196-185\ 373)^2\times25\%+(182\ 293-185\ 373)^2\times50\%+(328\ 709-185\ 373)^2\times25\%}=99\ 224$$

将其标准差标准化，得到净现值的变异系数：

$$V_{NPV}=\frac{\sigma_{NPV}}{E(NPV)}=\frac{99\ 224}{185\ 373}=0.54$$

变异系数0.54小于乐华公司现有资产的变异系数0.8，表明新项目的风险低于乐华公司资产的平均风险。即使环境转为对公司不利，新项目仍然有正的净现值。但是新项目如果变异系数高、风险大，环境变化引起各因素的变化对净现值的影响就会很大，当环境转为对公司不利时，新项目的实施就会使公司蒙受损失。

情境分析也存在一定的局限性：

1. 情境分析考虑了项目投资在各种情境下各变量变动的概率分布，所以它比敏感性分析更为详尽。但是从理论上讲，一个项目面临的情境会有无数种，现实中我们也可以构造出许多不同的情境，而上述情境分析考虑的情境只有三种，所以情境分析中的情境假设有局限。

2. 情境分析中的估计值也不完全符合实际。比如在乐观情境中，所有变量的估计值都是乐观的；在悲观情境中，所有变量的估计值都是悲观的。而现实中绝对最优情境和绝对最差情境的发生概率是微乎其微的。如销售量的上升往往引起单价的下降，单价的上升往往引起销售量的下降，固定成本的上升可能引起变动成本的下降等。也就是说，情境分析中各变量的相关程度不可能都成为正相关。因此，乐观情境下的项目净现值可能是过高的估计，悲观情境下的项目净现值可能是过低的估计。

3. 无论我们分析了多少种情境，我们所得到的也只是一些可能性，虽然情境分析有助于我们估计项目潜在的风险，但它不能告诉我们项目是否应接受或拒绝。

第二节　资本预算与通货膨胀

通货膨胀（inflation）是指货币的购买力风险。由于资本预算中需要对现金流量和资本成本进行估计，不可避免地会受到通货膨胀的影响。即使是相当低的通货膨胀，从长期看其产生的累积影响也会十分惊人。不估计它的影响，就会使计算出来的各项评价指标不能如实反映各个投资方案可能取得的真实的投资效益，并可能由此引起决策的失误。因此，在长期投资项目的决策中，应十分重视通货膨胀对资本预算的影响。

一、通货膨胀与资本成本

在通货膨胀条件下，市场上的各种利率都是名义利率，而实际利率却不容易直接获取。所以公司一般是根据当前的资本状况估计资本成本，通货膨胀的影响已经涵盖其中，是名义资本成本，即投资者预期的收益率，由三部分组成：一是无风险收益率，二是风险报酬率，三是通货膨胀补偿率。若把剔除通货膨胀影响后的资本成本称为实际资本成本，那么它与名义资本成本的关系为：

1+名义资本成本=(1+实际资本成本)×(1+通货膨胀率) (9.4)

将公式（9.4）进行变换，则有：

实际资本成本=(1+名义资本成本)/(1+通货膨胀率)−1 (9.5)

二、通货膨胀与现金流量

在资本预算中，不仅需要资本成本估计值，而且还需要现金流量估计值。与资本成本一样，现金流量也有名义现金流量与实际现金流量两种表示方式。公司一般对现金流量的估计是基于预算年度的价格水平进行的，是实际现金流量，也就是不考虑未来通货膨胀的影响。考虑了通货膨胀影响后的现金流量称为名义现金流量，它同实际现金流量的关系如下：

名义现金流量=实际现金流量×(1+通货膨胀率) (9.6)

三、通货膨胀与净现值

资本预算中应使现金流量和资本成本在是否考虑通货膨胀方面口径一致，即在计算项目净现值时，名义现金流量必须以名义资本成本来贴现；实际现金流量必须以实际资本成本来贴现。根据这一原则，处理通货膨胀的两种方法所得到的净现值是相等的。

实例9-6 宏远公司现考虑一项投资，根据资本成本和风险程度，该公司要求的实际报酬率为9.1%，估计每年通货膨胀率为10%。该项投资支出为20 000元，投资有效期为5年，每年净现金流入量为8 000元，均以当年币值计算。请用净现值法对该项目进行评价，确定是否可行。

解析 由于净现金流量包含了通货膨胀的因素，因此用于折现的折现率也需调整为包含通货膨胀的折现率，即：

名义资本成本=实际资本成本+通货膨胀率+实际资本成本×通货膨胀率

=9.1%+10%+9.1%×10%=20%

用20%折现，5年年金现值系数为2.9906，则净现值为：

净现值=8 000×2.9906−20 000

=23 924.8−20 000=3 925（元）

由于净现值为正，表明此项投资方案可行。

由于每年的现金流量8 000元包含了通货膨胀率因素，因此运用EXCEL计算得出的*IRR*=29%就包含了通货膨胀率因素，确定其实际*IRR*则不包含通货膨胀因素，即运用公式（9.5）得：

$$IRR'=(IRR+1)/(\text{通货膨胀率}+1)-1=(29\%+1)/(10\%+1)-1=17.27\%$$

包含通货膨胀因素的内含报酬率高达29%，而剔除通货膨胀因素以后，实际的内含报酬率只有17.27%。

可见通货膨胀的影响是不容忽视的，在对投资项目的评价分析中，应对通货膨胀的影响进行单独的计算。

第三节　最佳资本预算

前面进行资本预算的前提是不考虑项目的资金来源。假如公司有很多可行性项目，这时如果将这些项目全部投资则要取决于公司的融资能力，因此对这些可行性项目不一定都能进行投资，所以本节主要通过具体案例来分析，如何将融资和投资结合进行项目的选择，这就是**最佳资本预算**（optimal capital budgeting）。

实例9–7　通达公司明年的投资机会资料如表9–11所示：

表9–11　通达公司明年的投资机会

项　目	A	B	C	D	E	F
所需投资额（元）	100 000	200 000	650 000	250 000	300 000	100 000
内含报酬率（%）	20. 24	28. 49	18. 87	13. 53	9. 59	16. 65

其中，项目A和F是互斥项目。

此外，通达公司面临的筹资环境如下：长期负债方面，公司可以从银行贷款20万元，税前资本成本为10%；可以通过发行公司债券筹集30万元，税后资本成本为8.5%；除上述两种渠道外，额外增加负债的税前资本成本为16%。公司发行优先股筹资的成本为17%。普通股权益方面，通过发行新股进行外部筹资，资本成本为18.69%；利用留存收益进行内部筹资，资本成本为18.52%，公司预期可通过经营增加留存收益10万元，折旧费用为5万元。公司的目标（最佳）资本结构是债务占40%，优先股占10%，普通股占50%。公司的所得税税率为25%，请确定通达公司的最佳资本预算。

解析　首先，将该公司投资机会按内含报酬率排序，画出该公司的投资机会表。

1. 投资机会表

所谓**投资机会表**（investment opportunity schedule），是将有关项目用图表的形式表示出来，从而反映潜在的资本项目的情况。它是将每个项目的内含报酬率由大到小排序，同时和相对应的新的资本需求量，形成投资组合线。图中横轴代表累计投资额，纵轴代表内含报酬率，投资组合线是一条逐级向下的阶梯线。

此例中，由于A和F是互斥项目，所以公司有两组可供选择的投资组合，即投资组合1（A、B、C、D、E）和投资组合2（B、C、D、E、F）。表9-12和表9-13分别列出了投资组合1和投资组合2内各项目的内含报酬率、投资额以及按照内含报酬率由大到小排列选取投资项目时的累计投资额。

表9-12　投资组合1

项目	内含报酬率	投资额（元）	累计投资额（元）
B	28. 49%	200 000	200 000
A	20. 24%	100 000	300 000
C	18. 87%	650 000	950 000
D	13. 53%	250 000	1 200 000
E	9. 59%	300 000	1 500 000

表9-13　投资组合2

项目	内含报酬率	投资额（元）	累计投资额（元）
B	28. 49%	200 000	200 000
C	18. 87%	650 000	850 000
F	16. 65%	100 000	950 000
D	13. 53%	250 000	1 200 000
E	9. 59%	300 000	1 500 000

将表9-12和表9-13中的内含报酬率和累计投资额反映在图9-2中，就是两条投资组合线。图中实线是投资组合1线，用大写字母表示；虚线是投资组合2线，用小写字母表示。可以看到，累计投资额在20万元和95万元之间两条线不重合，投资组合线1先A后C，投资组合线2先c后f。

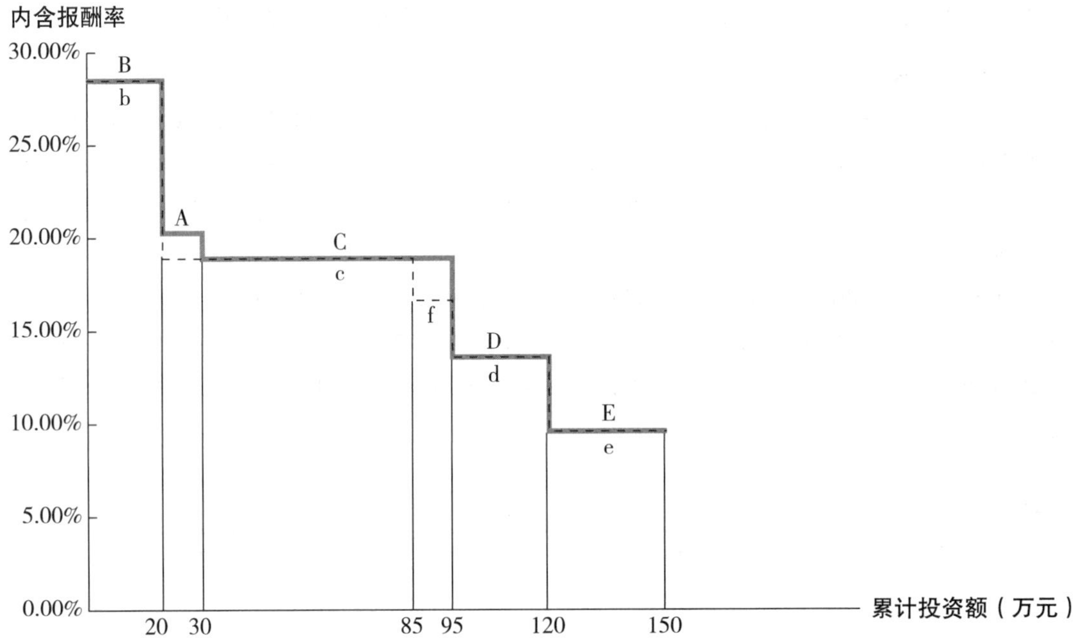

图9–2　投资机会图

2. 边际成本表

下面，我们通过编制边际资本成本表（可参见第六章），来画出边际资本成本图。

第一步：确定各资本要素在不同筹资范围内的资本成本。

债务成本：

筹资额	税后资本成本
0~20万元	银行贷款成本为10%×（1–25%）=7.5%
20万~50万元	公司债券成本为8.5%
50万元以上	额外负债的成本为16%×（1–25%）=12%

优先股成本：

筹资无限额，资本成本为17%

普通股成本：

0~10万元	留存收益成本为18.52%
10万元以上	发行新普通股成本为18.69%

来自折旧的资金成本：

0~5万元　　　　资本成本与留存收益成本相同，为18.52%

第二步：计算筹资间断点。

通达公司债务成本发生变化的临界筹资额分别是20万元和50万元，而债务成本在目标资本结构中的比重是40%。因此，运用公式（6.14），可知债务成本上的筹资突破点有两个，分别为$\frac{20}{40\%}$=50万元和$\frac{50}{40\%}$=125万元。

由于优先股筹资额不影响优先股成本，所以不存在优先股资本上的筹资突破点。另外，使通达公司普通股权益成本发生变化的临界筹资额是10万元，而普通股权益成本在目标资本结构中的比重是50%。因此，普通股权益资本上的筹资间断点只有一个，为$\frac{10万元}{50\%}$=20万元。

所以，通达公司的筹资间断点共有三个，分别是20万元、50万元和125万元。

通达公司有来自折旧的现金5万元，因此，应加入重新计算，最后通达公司的筹资间断点分别为20+5=25万元、50+5=55万元和125+5=130万元。

筹资间断点的具体确定见表9–14。

表9–14　筹资间断点

第一步				第二步
资本种类	目标资本结构	各类资本要素筹资范围（万元）	资本成本	筹资间断点（万元）
长期负债	40%	20 以内	7.50%	20 ÷ 0.4 + 5 = 55
		20 ~ 50*	8.50%	50 ÷ 0.4 + 5 = 130
		50 以上	12.00%	—
优先股	10%	—	17.00%	—
普通股权益	50%	10 以内	18.52%	10 ÷ 0.5 + 5 = 25
		10 以上	18.69%	—

* 累计筹资额 = 20 + 30 = 50（万元）

表9–14显示，债务成本：筹资总额在55万元以内，从银行贷款的成本为7.5%；在55万~130万元之间，发行公司债的成本为8.5%；在130万元以上，为12%。优先股成本为17%，不随筹资总额变化。普通股权益成本：筹资总额在25万元以内，利用内部融资（产生自折旧的现金和留存收益），为留存收益成本18.52%；在25万元以上，利用外部融资，为新发行普通股成本18.69%。

根据表9–14可确定任意两个间断点之间的资本要素成本和边际资本成本。表9–15列出了不同融资范围内的各类资本成本及相应的加权平均资本成本（边际资本成本）。

表 9–15　边际资本成本表

筹资总额（万元）	要素资本成本			边际资本成本
	长期负债	优先股	普通股权益	
25 以内	7. 50%	17. 00%	18. 52%	0. 075 ×0. 4 +0. 17 ×0. 1 +0. 1852 ×0. 5 =0. 1396
25 ~55	7. 50%	17. 00%	18. 69%	0. 075 ×0. 4 +0. 17 ×0. 1 +0. 1869 ×0. 5 =0. 1405
55 ~130	8. 50%	17. 00%	18. 69%	0. 085 ×0. 4 +0. 17 ×0. 1 +0. 1869 ×0. 5 =0. 14445
130 以上	12. 00%	17. 00%	18. 69%	0. 12 ×0. 4 +0. 17 ×0. 1 +0. 1869 ×0. 5 =0. 1585

根据边际资本成本表，可以绘制边际资本成本图（见图9–3），从而可观察由于筹资总额的变化所引起的资本成本变化。

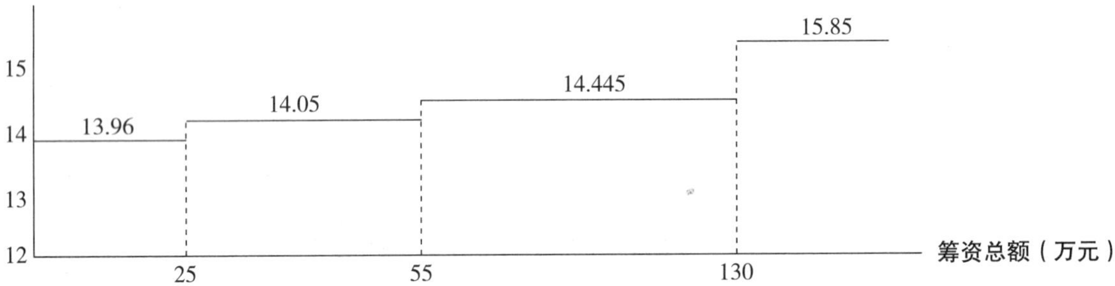

图9–3　边际资本成本图

3. 确定最佳资本预算

将投资机会表与边际资本成本表结合就确定了最佳资本预算。运用凯恩斯的边际效率的概念可以解释最佳资本预算。凯恩斯说："在投资需求表上，投资的增长将被推向资本的边际效率……等于市场利率的高度。"这一理论直接用于企业的微观环境，我们会发现，一家企业将不断对资本资产进行投资，直到最后一个投资项目（按收益递减的次序排列）已经等于或刚刚超过企业规定的极限利率为止。因此，把边际资本成本表与投资机会表相结合，资本预算中的资本成本实际上由投资机会曲线和边际资本成本曲线的交点决定。内含报酬率大于或等于这个交点上的资本成本的投资项目是可行的，反之则不行。下面我们详细介绍怎样确定最佳资本预算。

我们知道，内含报酬率（IRR）越高的项目为公司带来的利益也越大，所以公司选择投资机会通常按内含报酬率的排序由高到低来进行选择。从投资机会表中我们会看到，按此规律选择不同的投资组合时，公司对资金会产生不同需求。然而获取资金是要付出代价的，只有内含报酬率大于资本成本的项目，才有可能为公司所接受。那么，每个投资项目的资本成本究竟是多少应如何来评价呢？正是边际资本成本表提供了解决这个问题的机会。边际资本成本表能够提供公司为获取不同资本所付出的代价。当我们将投资机会表与边际资本成本表相叠时，就会看到不同的投资机会面临的资金需求所对应的资本成本，将它的内含报酬率同相应的资本成本比较，就可判断投资项目的可行性。

由于投资机会表中的内含报酬率是由高到低向下排列，所以图中是由左至右逐级向下的阶梯式直线；同时由于资本成本随着资金需求的加大而逐渐提高，所以边际资本成本表在图中是由左至右逐级向上的阶梯式直线。两图相叠时，两条线必然会相交。交点左边的所有投资机会的内含报酬率大于相应的资本成本，净现值为正，对公司来说是可行的；交点右边的投资机会由于内含报酬率小于相应的资本成本，净现值为负，是公司应拒绝的项目。那么，交点上的资本成本可以看作是公司的资本成本，凡是内含报酬率高于它的投资项目都是可行的。但是应注意，使用交点上的资本成本即公司的资本成本评价投资项目是假定所有投资项目具有相同的风险，并且这个风险是公司的平均风险。

如图9-4所示，两线相交的边际资本成本是14.45%，交点左边的投资项目A、B、C和F的内含报酬率高于14.45%，是公司可接受的项目。交点右边的投资项目D和E的内含报酬率低于14.45%，是公司应拒绝的项目。交点上对应的资本总额是公司的最佳投资规模，为95万元，此时公司的资本成本为14.45%。

有时边际资本成本线会在投资组合线中某个投资机会的所需资本范围内穿过，使得交点上投资机会的内含报酬率需要与两个资本成本进行比较，遇到这种情况，我们可以按以下步骤解决问题：

（1）判断该项目是否可分割。如果可以分割，选取内含报酬率大于资本成本的部分进行投资。

（2）当项目不可分割时，计算该项目相应的加权平均资本成本，再将内含报酬率与加权平均资本成本比较，判断其是否可行。

（3）如果在（2）中不可行，公司拒绝该项目，那么公司的投资机会表由于这个项目的撤出，使得排列在它之下的投资机会得以左移，再将左移的投资项目的内含报酬率与相应的资本成本比较，以判断可行性。

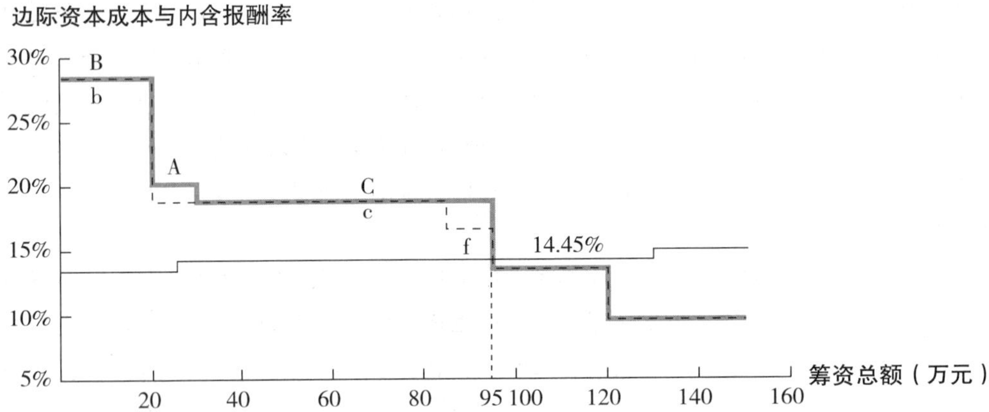

图9-4　投资机会表与边际资本成本表的结合

关键术语

项目风险　project risk
风险调整折现率法　risk-adjusted discount rate
风险调整现金流量法　risk-adjusted cash flow
肯定当量法　certainty equivalent
敏感性分析　sensitivity analysis
情境分析　scenario analysis
通货膨胀　inflation
最佳资本预算　optimal capital budgeting
投资机会表　investment opportunity schedule

→EXCEL运用：敏感性分析

敏感性分析建立在计算净现值或IRR等基础上，这里以NPV为例。在第八章中，已经计算出项目A和项目B的净现值，我们需要了解两个项目中哪个项目的NPV对折现率更敏感，同理，可以进行其他变量的敏感性分析。

敏感性分析是通过建立模拟运算表进行的。我们可以使用菜单“数据”中的“模拟运算表”功能计算在不同折现率下的净现值，并利用折现率和净现值的多个数对绘出净现值曲线，还可以通过观察不同投资项目的净现值曲线的交叉情况，理解净现值指标和内含报酬率指标在评价互斥投资项目时的区别。

步骤：

1. 利用原始数据计算分析所需的数据，并确定敏感性分析中的自变量和因变量

首先计算出NPV，其中净现值是因变量，自变量为折现率，C10为折现率，在此例中为10%。

2. 建立模拟运算表

例如：在单元格F11，G11和H11里分别输入公式=C10，=G3，=H3。模拟运算表最左侧一列为自变量，即折现率。如法炮制，将右边两单元格完成（见图9–5）。

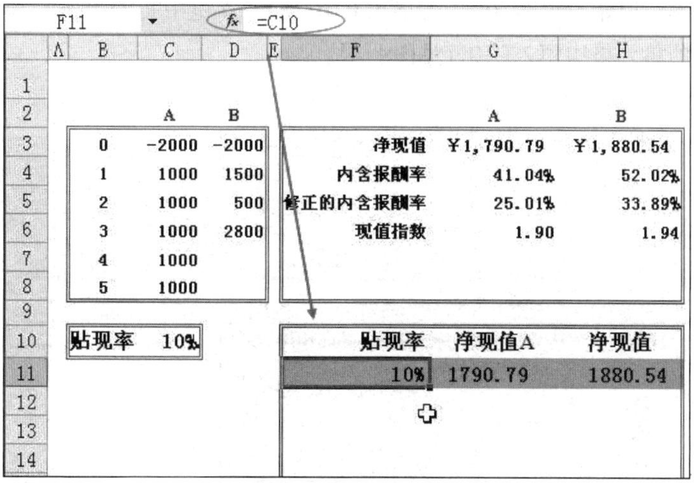

图9–5　构造模拟运算表

然后在单元格F11之下的F列输入不同的折现率值，该例选择了0~50%的间距为2.5%的所有折现率（见图9–6）。

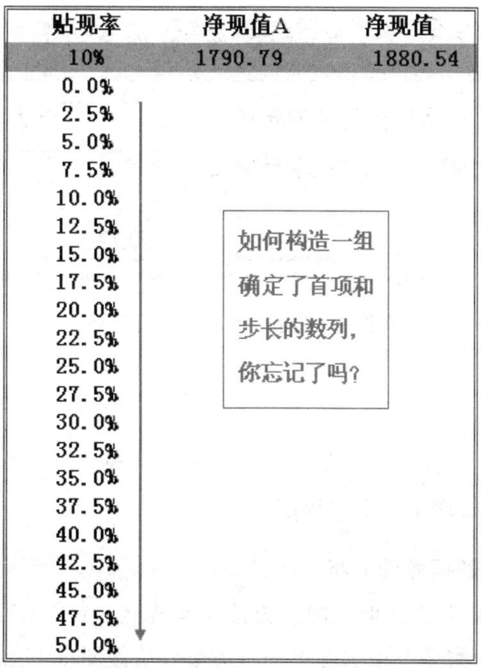

图9–6　建立纵向数列

3. 进行模拟运算

例如：选中F11:H32的区域，执行菜单“数据”中“模拟运算表”命令，输入引用行（或列）的单元格（见图9–7）。引用行（或列）的单元格是指模拟运算表中自变量原始数值所在的位置，本例自变量为折现率，原始数值为10%，位置在C10。同时本例中自变量折现率是按列给出的，所以应在输入引用列的单元格中填入C10（见图9–8）。

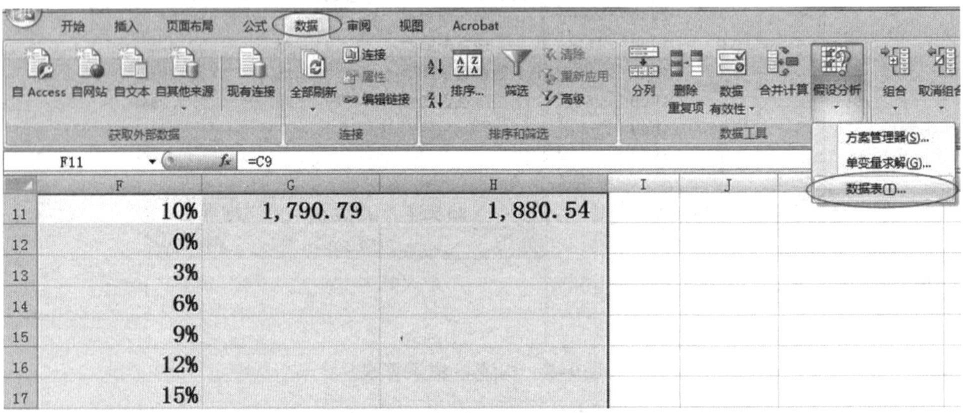

图9–7　打开模拟运算表对话框

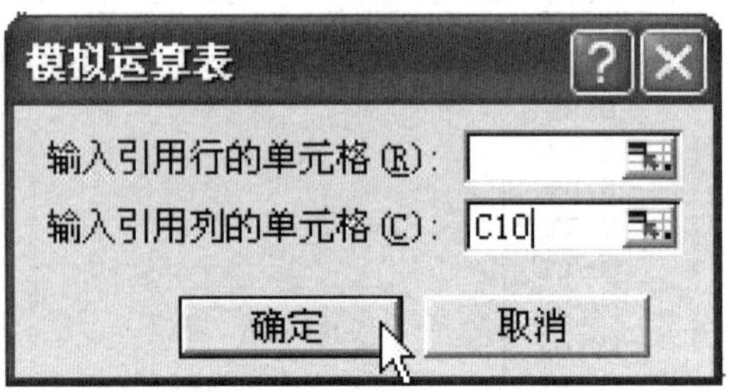

图9–8　按条件运行模拟运算表

4. 运行

通过运行模拟运算表，你会发现，表中出现了不同折现率下的两个投资项目的不同净现值。由此，你可以分析净现值对折现率的敏感程度。

5. 利用模拟运算表中的数据做图分析

例如：利用F12:H32区域中的数据做图。方法是首先选中G12:H32的区域，然后选择“插入”中的“折线图”，在“子图表类型”中选择第一个类型开始做图（见图9–9）。

图9–9　插入图表

在图表右侧的“系列”标签上单击右键，选择“选择数据”选项卡（见图9–10）。

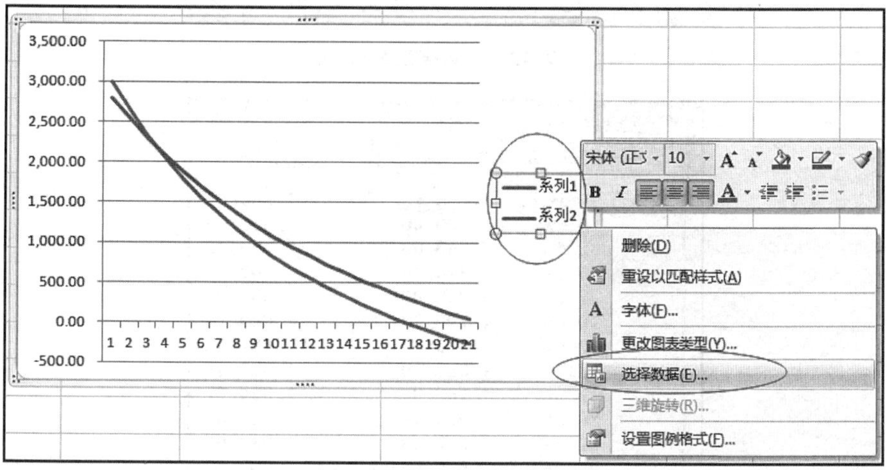

图9–10　选中系列图例

进入“选择数据源”选项卡之后，分别选中系列1和系列2，并单击“编辑”来为系列1和系列2命名（见图9–11和图9–12）。但不要急于点击“确定”，而是再设立水平轴（x轴）的标志值，方法是选择图9–11右侧“水平分类轴标签”下方的“编辑”，在原界面将“0%~50%”全部圈中（见图9–13），最后点击“确定”。

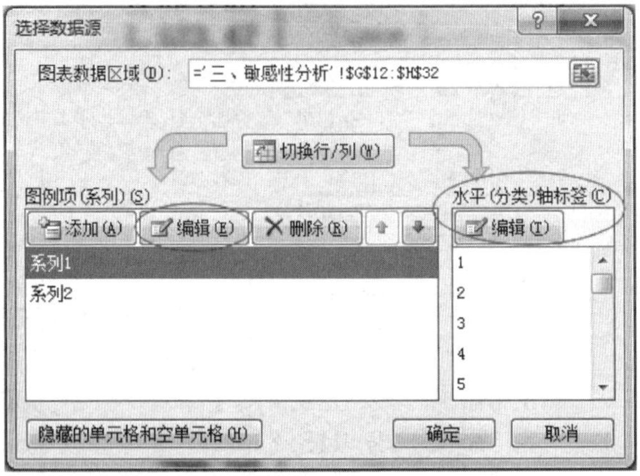

图9–11 选中系列1

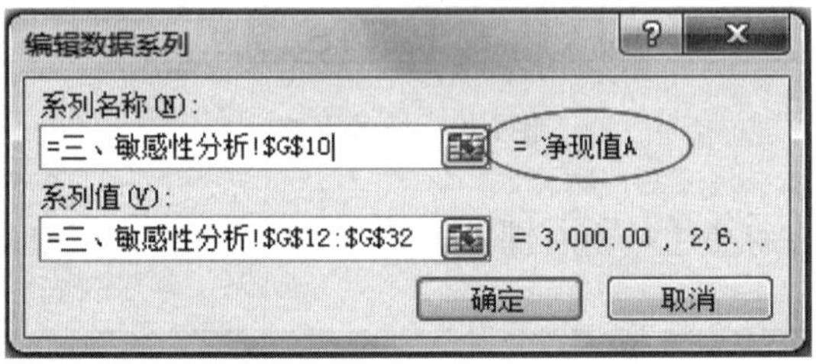

图9–12 为数据系列1命名

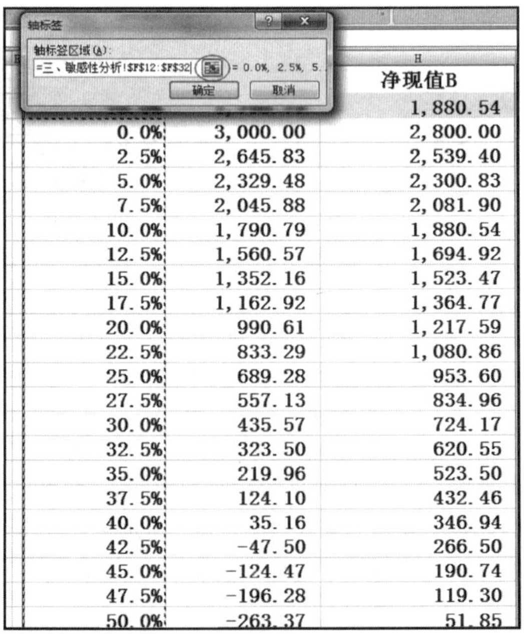

图9–13 设置分类（x）轴标志

出现如图9–14所示的图表后，双击该图表，在出现的“设计”栏内选择图表类型，输入标题和分类轴名称，并结束画图。

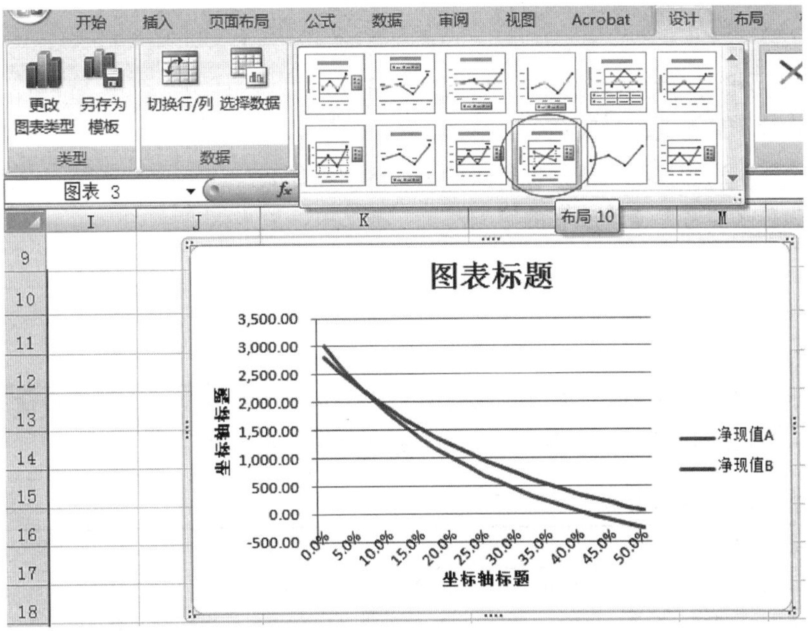

图9–14　设置图表名称及分类轴名称

这样做出来的净现值敏感性分析图如图9–15所示：

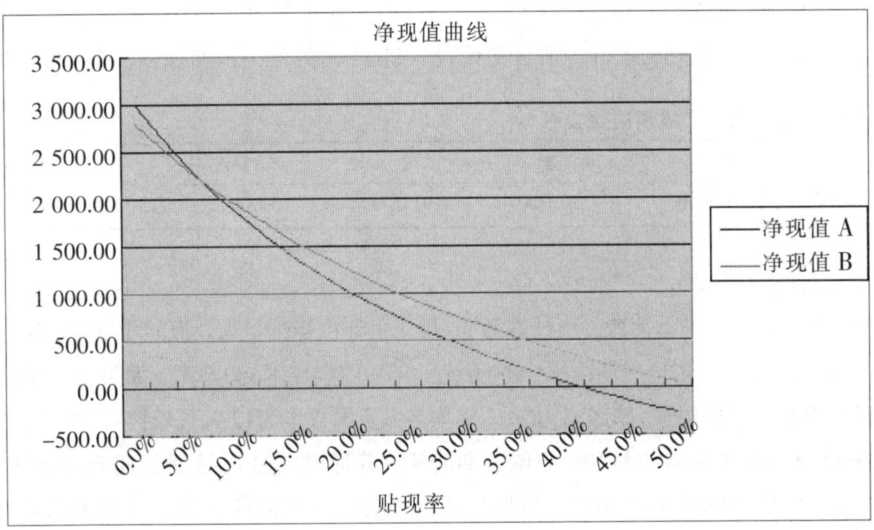

图9–15　敏感性分析图

从图中可以看出，由于项目A的曲线相对于项目B的曲线更陡，因此，项目A对折线率的敏感性更强，也就是说，折现率的变化对项目A的影响程度更大。

思考题

9–1 在资本预算中，项目风险可以从哪三个层次来看待？

9–2 什么是与资本预算最相关的风险？

9–3 风险调整现金流量法和风险调整折现率法的主要区别是什么？

9–4 资本预算中为什么要考虑通货膨胀的影响？

练习题

9–1 某公司所要求的收益率为10%，无风险收益率为6%。公司计划建造一个预期寿命为5年的项目，初始投资为120 000美元，预期现金流和当量系数如表9–16所示：

表 9–16 预期现金流和当量系数

时间（年）	1	2	3	4	5
预期现金流（元）	10 000	20 000	40 000	80 000	80 000
当量系数	0.95	0.90	0.85	0.75	0.65

试确定该投资项目是否可行。

9–2 某玩具厂考虑引进一条新的生产线，预期寿命5年。引进生产线是一项风险超乎寻常的项目。公司管理人员认为，对这个项目来说，以公司通常所要求的10%的收益率来折现是远远不够的，至少要达到15%才行。项目初始投入110 000美元，预期现金流如表9–17所示：

表 9–17 玩具厂新生产线预期现金流

时间（年）	1	2	3	4	5
预期现金流（美元）	30 000	30 000	30 000	30 000	30 000

试对此项目进行决策。

9–3 某公司进行一项目的资本预算，预计寿命为3年，预计现金流量为：原始投资额1 890万元，年均销售收入3 000万元，年均变动成本1 500万元，年均固定成本650万元。如果按直线法计提折旧，所得税率为25%，年均通货膨胀率为6%，年均名义资本成本为12%。试计算该项目的净现值。

9–4 华夏公司的目标资本结构是40%的债务和60%的普通股，公司经理预期公司的净利润为100万元，公司的股利支付率为50%。按照目前公司与银行的协议，该公司贷款数额在40万元以内的利率是8%，在40万元以上的利率为12%。公司目前股票的市场价格是每股50元，当年的股息分配为每股1.8元，公司预期按8%的速率稳定增长，发行新股的筹资成本是15%。华夏公司的所得税税率为25%，明年的投资机会如表9–18所示：

表 9–18　华夏公司的投资项目

项　目	A	B	C
投资额（万元）	75	100	25
内含报酬率	13%	9%	12%

要求：确定公司的最佳资本预算。

自测题

1. 在资本预算的风险分析中，以下哪项在讨论范围中？

   A. 敏感性分析　　B. 风险调整折现率

   C. 情境分析　　D. 以上都是

2. 一家公司正在考虑基于风险评估的方法去购买一项风险大于当前公司风险的资产。在评估这项资产时，决策者必须______。

   A. 提高资产的内含报酬率以反映较高的风险

   B. 提高资产的净现值以反映较高的风险

   C. 拒绝该资产，因为接受它会增加公司的风险

   D. 使用较高的资本成本来评估该项资产，以反映该资产较高的风险

3. 在一个风险项目中，能通过以下哪种方法可以最好地调节？

   A. 忽略它

   B. 对于较高的风险通过向上调整折现率

   C. 对于较高的风险通过向下调整折现率

   D. 挑选与平均折现率相等的风险因素

4. 一家公司评估一个平均风险项目的WACC是10%，低于平均风险项目的WACC是8%，而高于平均风险项目的WACC是12%。公司应该接受以下哪个独立项目？

   A. 项目A有平均风险，其内含报酬率为9%

   B. 项目B有低于平均水平的风险，其内含报酬率是8.5%

   C. 项目C有高于平均水平的风险，其内含报酬率是11%

   D. 以上项目都是可以接受的

5. 万豪工业品公司总的加权平均资本成本（WACC）是10%。这一资本成本反映了该公司平均风

险水平。但是项目之间存在较大的风险差异。公司估计低风险的项目资本成本是8%，而高风险的项目资本成本是12%。公司正在考虑表9–19中的项目：

表 9–19　万豪工业品公司正在考虑的项目

项　目	A	B	C	D	E
预期收益	15%	12%	11%	9%	6%
风险	高	中	高	低	低

公司应该选择以下哪些项目来实现公司股东财富最大化？

A. A和B　　B. A，B和C　　C. A，B和D　　D. A，B，C和D

参考答案

1. D　2. D　3. B　4. B　5. C

第三篇

资本结构和股利政策

财务决策对企业的发展起着重要的作用。本篇将论述为实现股东财富最大化，企业应该采用的最佳资本结构以及股利政策。为了说明企业是如何受财务决策的影响的，我们在本篇将讨论固定费用对企业的影响——杠杆分析、资本结构决策、股利政策的相关理论以及在实践中常用的一些股利政策。本篇还将涉及资本预算理论与资本结构理论的有机结合。

第十章

杠杆分析

本章学习目标

通过本章学习，读者应该能够：

- 掌握分析企业盈亏平衡点的方法，即掌握保本点分析（本-量-利分析）；
- 理解经营风险和财务风险的概念，掌握计算经营杠杆度、财务杠杆度和综合杠杆度的方法，会解释计算结果的经济含义；
- 会运用 EBIT-EPS 分析，即融资无差异点分析，来确定企业的融资方式。

→引言

随着上市公司 2015 年年报披露的加快，一些公司因资产负债率居高不下而导致业绩下滑甚至亏损。北京商报记者细数了上市公司财务杠杆“超标”的原因。

逾 10%公司负债报警　虽然现在没有任何法律规定上市公司资产负债率达到多少属于合适、超过多少属于危险，但是行业内已经有了一条自己的规则。根据此前发审会曾经公布的企业上市规则（现已经取消），企业上市前资产负债率不得超过 70%。所以，很多财务人士将资产负债率危险警戒线定在了 70%。在剔除金融企业后数据显示，已经发布年报的1 298 家上市公司中，资产负债率超过 70%的有 132 家，占已经公布年报上市公司的比例约为 10%，也就是说 A 股上市公司中约有 10%的公司资产负债率已经超过了潜在的警戒线。

从资产负债率超过 70%的公司行业背景来看，基建以及传统能源类公司占比较大。这主要是因为行业背景低迷，公司自身造血能力减弱，同时公司还要不断扩充产能以保持竞争力。

盲目借债扩产能　对于很多上市公司来说，之所以要借钱，主要是因为公司要扩大经营规模，而对于这些借钱扩大产能的公司来说，很容易出现的风险就是对行业前景的过分乐观或者错估，然后借入大笔资金囤积存货后出现存货贬值，从而使得年报要计提资产减值损失。

财务费用压倒业绩增长　公司不断借债导致资产负债率的增加，而超高资产负债率直接增加了上市公司的财务负担，这也成为拖累公司经营业绩的主要因素。

综合来看，那些资产负债率达到警戒线并导致财务费用高企或者借债无法转为利润的上市公司都存在财务杠杆破裂的风险。

在市场人士看来，这些公司前期虽然通过合理利用财务杠杆带来了利润的增长，但是仍旧存在随着资产负债率逐渐增加，导致财务费用累计出现财务杠杆破裂的风险。资产负债率这个指标虽然不能很清晰地作为判断一家企业财务风险的指标，但是超过 70%的高资产负债率仍旧是需要上市公司注意的。

对于上市公司来说，到底怎样的资产负债率算合适？在企业管理中，资产负债率的高低并不是一成不变的，在企业的不同发展阶段，有着不一样的标准。

但是，资产负债率最终的决定方还是上市公司的经营者，对于上市公司高管来说，首先要注意的是对公司所属行业的前景判断，公司是否有必要在主营上扩大产能而向外大举借债，如果有必要则增加资产负债率属于正常经营策略，此后完全可以通过偿还债务或者定增补血的形式冲淡资产负债率。但是仍旧要以 70%资产负债率警戒线作为危险信号，因为举债经营属于加杠杆经营，一旦无法持续产出，则会导致债务杠杆破裂而出现巨亏。

资料来源：根据“细数财务杠杆‘超标’公司：逾 10%公司负债报警”，《北京商报》http：//henan.hexun.com/2016-04-07/183171410.html 资料整理。

第一节　保本点分析

自然科学中，有一句很著名的话："给我一个支点，我能把地球撬起来。"这就是杠杆的原理，这意味着使用较小的力气可以产生很大的作用。但是我们也应该注意到，支点的位置不当，可能我们会有力使不上。因此，杠杆的作用会产生两方面的效果，既可以产生有利的作用，也可以产生不利的作用。将这一含义延伸到财务中，物理学中的支点就是固定费用。本章讨论的杠杆包括经营杠杆和财务杠杆。经营杠杆表明公司使用固定资产（厂房和设备）所带来的效应，影响的是资产负债表的左边；而财务杠杆则是公司在其资本结构中使用债务（或优先股）所带来的效应，影响的是资产负债表的右边。具体如下所示：

资产负债表

资　产	负债+所有者权益
经营杠杆	财务杠杆

为了有利于理解财务中的杠杆原理，我们首先讨论盈亏平衡点分析模型（保本点分析）。

保本点分析（break-even point analysis）是通过研究公司的成本结构、销售量和利润三者之间的关系来决定公司保本销售量或保本销售收入水平。保本销售量是使息税前收益（EBIT）为零的销售量。应用保本点分析模型有助于确定能弥补全部经营成本的最低销售量，并可以计算各销售水平下能取得的息税前收益。

一、成本习性

（一）变动成本

变动成本（variable cost），也称为直接成本，是随产量而变化的成本。单位产品的变动成本值是固定的，变动成本总额等于单位变动成本乘以销售量。对于制造业来说，变动成本的构成项目主要包括：直接人工成本、直接原材料成本、与生产领域相关的能源成本、产品的运输成本、包装费用、销售佣金等。

（二）固定成本

固定成本（fixed cost）是指不随销售量或生产量变化的成本，它独立于销售量，为一个固定的金额。由于固定成本要分摊到全部产品上，因此随着销售量的增加，单位产品的固定成本将下降。固定成本包括折旧费、保险费、固定的广告支出、租金、管理人员的工资等。

（三）半变动成本

有些成本可能在某一产量内是固定的，然后随着产销量达到一个更高的水平时会迅速上升到一个新的水平。这样的成本可以称为**半变动成本**（semi-variable cost）或半固定成本。例如，支付给销售人员的佣金有可能在某一销售量内为一固定金额，而当销售量再上升时，佣金会达到一个新的水平。

划分出不同类型的成本是有效应用保本点分析模型，并处理复杂的成本结构的第一步。首先要注意相关的产销量范围，然后在此范围内将半变动成本与固定成本、变动成本分开，估计半变动成本的影响。在实际分析中往往将成本划分为固定成本和变动成本。各种成本习性图如图 10–1 所示。

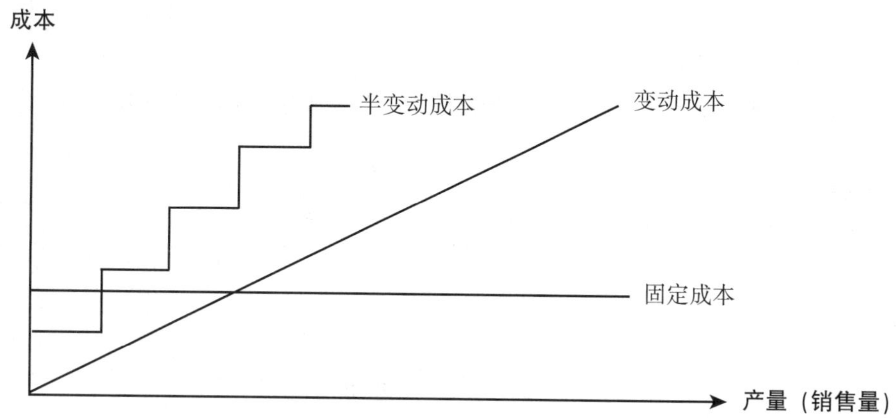

图10–1 各种成本习性图

二、确定盈亏平衡点（保本点）

保本点分析模型的基本思路是：在生产或销售中，考虑当成本和收益相等时，即企业处于不亏不盈情况下的产量或销售量。

因为　　总收益$=TR=P\times Q$

　　　　总成本$=TC=F+v\times Q$

而　　　息税前收益（营业利润）$=EBIT=TR-TC$

又保本点就是使$EBIT=0$的点，则上式可转化为：

$$EBIT=TR-TC=0$$

所以有：　$P\times Q=F+v\times Q$

整理得：

$$Q_b=\frac{F}{P-v} \tag{10.1}$$

在前面各式中，Q表示销售量，Q_b表示保本点销售量，P表示单位产品售价，F表示计划期内的预期固定成本总额，v表示单位变动成本。

如果以销售收入表示保本点，在公式（10.1）的两边同时乘以售价P，则公式（10.1）可转化为：

$$S_b=\frac{F}{1-(v/P)} \tag{10.2}$$

其中，S_b表示保本销售收入。

我们还可以用图表的形式把盈亏平衡点分析模型直观地表达出来，如图10–2所示。

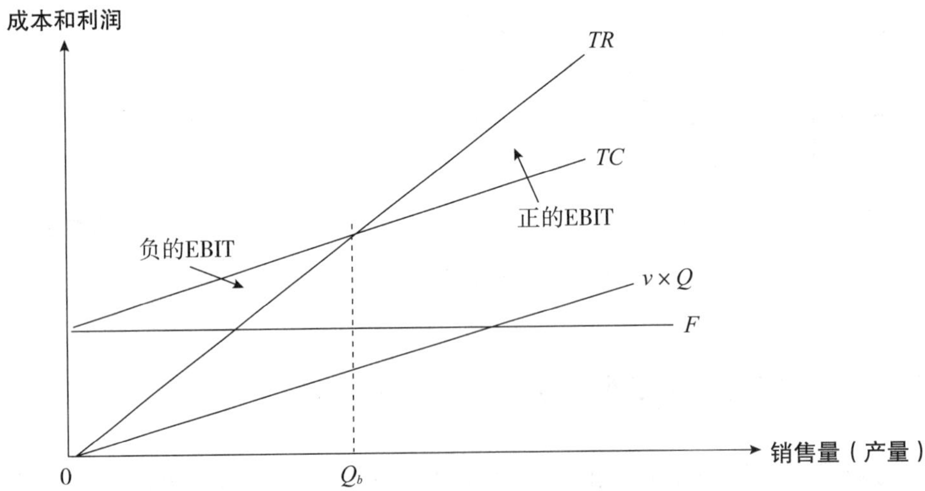

图10–2　盈亏临界图

实例 10–1　吉利公司所生产的产品 A 的销售价格为 500 元，单位变动成本为 300 元，公司每年的固定成本总额为 1 000 000 元。计算公司以销售收入表示的保本点。

解析　方法 1：先计算公司的保本销售量，运用公式（10.1）得：

$$Q_b=\frac{F}{P-v}=\frac{1\ 000\ 000}{500-300}=5\ 000\text{（件）}$$

然后将保本点的销售量乘以售价，即得出以销售收入表示的保本点，即：

$$5\ 000\times500=2\ 500\ 000\text{（元）}$$

方法2：直接运用公式（10.2）即求得以销售收入表示的保本点，即：

$$S_b=\frac{F}{1-(v/P)}=\frac{1\ 000\ 000}{1-(300/500)}=2\ 500\ 000\text{（元）}$$

在保本点分析中，假设在一个相关的范围内销售量变动，产品的单位变动成本和单位售价不变，总变动成本与销售收入之比在任何销售水平下不变。

我们还可以利用此方法进行目标利润分析。只要确定了下一年的目标利润，就可预测相应的销售额、售价等。假设吉利公司下一年的目标利润是 600 000 万元，则下一年销售商品的数量和销售额分别为：

$$Q_b=\frac{F+\text{目标利润}}{P-v}=\frac{1\ 000\ 000+600\ 000}{500-300}=8\ 000\text{（件）}$$

$$S_b=\frac{F+\text{目标利润}}{1-v/P}=\frac{1\ 000\ 000+600\ 000}{1-(300/500)}=4\ 000\ 000\text{（元）}$$

保本点分析不仅能够解释公司达到盈亏平衡的状况，而且还可以有以下实际应用：

1. 在既定的成本结构和预期的销售水平下，预测公司、部门和产品的盈利能力；
2. 分析由于固定成本、变动成本及销售收入的变化对经营收益产生的影响；
3. 分析在生产过程中以固定成本（如改进设备投资）来替代变动成本（如劳动力费用）所产生的影响；
4. 分析公司在重整生产结构中试图减少固定成本对公司盈利能力的影响。

保本点分析对于财务管理人员决定企业的生产和销售最低水平是非常有效的，可以分析价格变化、成本结构变化或产销量变化对 EBIT 的影响。

三、保本点分析模型的局限性

保本点分析模型在很多情况下是一项很有用的分析工具，但并非能对所有问题给出答案。本-

量-利分析法有以下局限性：

1. 成本、销售量和利润关系假定是线性的

实际上，这种线性关系只存在于一定的销售量范围内。

2. 销售收入曲线假定随着产量线性增长

这表示在相关的产量范围内，任何数量的产品都能以同一价格销售出去。实际上，在很多情况下需要用不同的价格来计算销售收入和相关的保本点。

3. 假定多种产品的销售量组合是恒定的

如果公司决定对一种产品增加生产而对另一种产品减少产量，则应重新计算保本点。

4. 保本点图解和公式计算都属于静态分析

公司成本或产品价格结构的任何变动都需要重新计算保本点。因此，保本点分析模型更适合较为稳定的行业。

第二节　经营风险和经营杠杆

一、经营风险

企业在其经营中必然存在一定的风险，即**经营风险**（operating risk）。经营风险可定义为公司固有的、预期的未来经营收益即息税前收益的不确定性。经营风险中的一部分风险是企业所特有的，可采取多元化经营来消除；另一部分风险则是市场风险，是不能通过多元化经营活动来分散消除。经营风险是由公司投资决策决定的，即公司的资产结构决定了它所面临的经营风险的大小。经营风险又称为商业风险，可使用预期 EBIT 的协方差来度量。

经营风险是由多种因素决定的，包括公司的成本结构、产品需求状况和行业内部的竞争地位等。其中，比较重要的有：

1. 需求的变化

在其他条件不变的情况下，对企业产品的需求越稳定，企业的经营风险越小。

2. 售价的变化

产品售价经常变化的企业的经营风险高于价格稳定的企业的经营风险。

3. 投入成本的变化

投入成本不稳定，企业的经营风险较高。

4. 投入成本变化时，企业调整产品价格的能力

当投入成本升高时，相对于其他企业而言，有些企业能提高自己的产品价格。在其他条件不变时，相对于成本变化而调节产品价格的能力越强，则经营风险越小。

5. 固定成本的比重，即经营杠杆

如果产品的固定成本较高，在对产品的需求下降时，企业固定成本并不降低，则经营风险较高。

经营风险的影响因素包括宏观经济环境对公司产品的需求的影响、市场竞争的程度、产品种类、经营杠杆、资产规模、发展前景等因素。这些因素都部分地由企业的产业特性所决定，通常公司可以在一定程度上控制这些因素。

企业的经营风险与该企业所从事的行业和一般经济状况有关。如公用事业的经营风险通常比制造业的经营风险低得多，这反映了对公用事业如水电公司所提供服务的需求波动比工业企业对工业企业的产品的需求相对稳定。即使企业从不发行债券，我们仍会预计到工业企业比公用事业的每股收益额的波动更大，这就是通常所说的工业企业比公用事业具有更高的经营风险，而且这种风险与企业的财务结构无关。因此，可以通过企业支付利息和所得税前的收益，即息税前收益的变动来衡量这种风险。

二、经营杠杆

经营杠杆（operating leverage）是企业在经营活动中对固定成本的使用。为了说明经营杠杆对经营风险的影响，我们可以通过对比信迪公司使用不同经营杠杆所达到的不同结果来说明，具体如图 10–3a 和图 10–3b 所示。

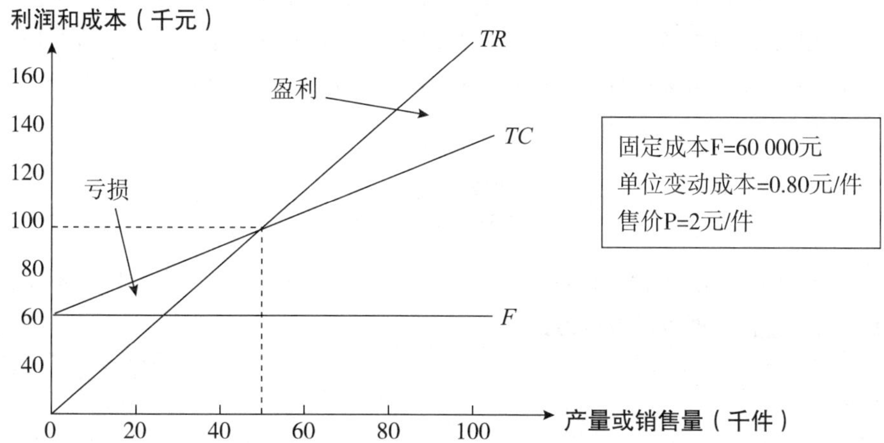

图10–3a　高经营杠杆企业盈亏平衡点分析

从图 10-3a 中可以看出，该企业的成本结构中，固定成本高，因此，要抵补这一固定成本，达到不亏不盈的产量需要 50 000 件。

在同一行业中，并不是所有企业都愿意选择高经营杠杆，一些企业担心达不到 50 000 件的保本点，通常愿意选择更贵一些的变动成本来替代自动化程度高的厂房和设备。这样，盈亏平衡点就会下降。如果信迪公司采用低经营杠杆，那么情况将如图 10-3b 所示。

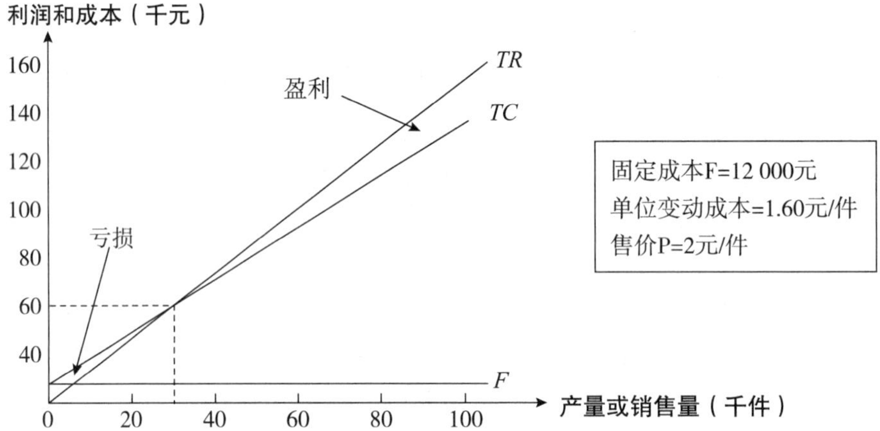

图10-3b　低经营杠杆企业盈亏平衡点分析

图 10-3b 表明，将固定成本降至 12 000 元，变动成本将从 0.80 元提高到 1.60 元，而单位售价不变，则保本点为 30 000 件。随着固定成本的降低，潜在的损失也减少了。比较图 10-3a 和图 10-3b 可以看出，高经营杠杆随着产量的增加，盈利的空间也增大，而随着产量的下降，亏损也会增大。所以，杠杆放大了收益的同时也放大了亏损。因此，固定成本越高，一方面可以生产更多的产品，实现更多的销售收入；另一方面，需要弥补更高的固定经营成本，从而加大了企业的经营风险。因此，这种经营中的固定成本所起的作用就是一种杠杆作用。经营杠杆用经营杠杆度（简称 DOL）来度量。**经营杠杆度**（degree of operating leverage）反映的是公司销售收入变动对 *EBIT* 的影响程度，用公式可表示为：

$$DOL=\frac{EBIT\text{变化百分比}}{\text{销售额变化百分比}} \tag{10.3}$$

如果假定公司的本-量-利保持线性关系，变动成本在销售收入中所占的比例不变，固定成本也保持稳定，则经营杠杆度可以表示为：

$$DOL=\frac{Q\ (P-v)}{Q\ (P-v)\ -F} \quad (10.4)$$ [1]

该公式表明在 Q 这一销售水平上的经营杠杆度。

将公式（10.4）整理，经营杠杆度还可表示为：

$$DOL=\frac{S-V}{S-V-F}=1+\frac{F}{EBIT} \quad (10.5)$$

其中，S 表示销售收入，V 表示总的变动成本，其余字母含义与前相同。

从公式（10.5）中可以看出，当企业的固定经营成本为零时，企业的经营杠杆度为 1。固定成本越高，企业的经营杠杆度越大；企业的息税前收益越高，企业的经营杠杆度越小。

注意：我们在解释经营杠杆度时，要考虑在一定销售水平上，销售收入的变化对营业利润的影响，并且这种影响是双向的。

实例 10–2　根据图 10–3a 和图 10–3b 中的数据计算公司在销售 100 000 单位水平上的经营杠杆度。

解析　运用公式（10.4）得：

高经营杠杆企业：$DOL=\frac{Q\ (P-v)}{Q\ (P-v)\ -F}=\frac{100\ 000\times\ (2-0.8)}{100\ 000\times\ (2-0.8)\ -60\ 000}=2$

低经营杠杆企业：$DOL=\frac{Q\ (P-v)}{Q\ (P-v)\ -F}=\frac{100\ 000\times\ (2-1.6)}{100\ 000\times\ (2-1.6)\ -12\ 000}=1.43$

以上计算也从数据上说明了上述对两张图的解释。高经营杠杆企业的 EBIT 对销售收入变化的敏感性要大于低经营杠杆企业。

以高经营杠杆的结论解释为例，经营杠杆度为 2 可以解释为：在 10 000 单位销售水平上，销售收入每增长 1%，公司的 EBIT 将增长 2%；反之，销售收入每减少 1%，公司的 EBIT 将减少 2%。如果公司下一年的销售收入预计增长 10%，则 EBIT 预计可增长 2×10%=20%；反之，销售收入预计每下降 10%，EBIT 将下降 2×10%=20%。

图 10–4 显示了，随着销售量的增加，高经营杠杆系数的变化越来越平稳，与低经营杠杆系数趋同。

1　该公式表明在当前某一销售水平上的经营杠杠度，其计算公式是由公式（10.3）推演出来的，即在其他变量不变的情况下，只是销售量发生变化。因此，分子的 EBIT 变化表示为：$\frac{[Q_1\ (p-v)\ F]\ -\ [Q_0\ (p-v)\ -F]}{Q_0\ (p-v)\ -F}=\frac{(Q_1-Q_0)\ (p-v)}{Q_0\ (p-v)\ -F}$，分母销售额的变化为：$\frac{Q_1\,p-Q_0\,p}{Q_0\,p}=\frac{Q_1-Q_0}{Q_0}$，将分子分母相除，即可得到公式（10.4）。

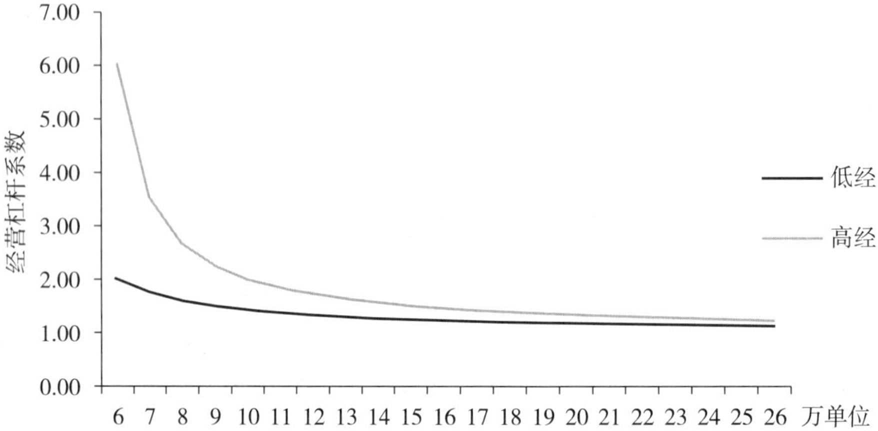

图10–4 高经营杠杆系数和低经营杠杆系数对销量的敏感性

从这个例子的经营杠杆度计算中可以看到，公司的经营杠杆度越大，经营利润对销售收入变动就越敏感。因此，经营杠杆度反映了公司所面临的经营风险程度。随着销售收入超过公司保本点并保持增长，经营杠杆度呈下降趋势。即销售水平越高，经营杠杆程度越低。因此，增加绝对规模和经营盈利水平能减轻公司所面临的经营风险。

如果经营杠杆度为负数，通过公式（10.4）可知，这是因为 EBIT<0，而保本点分析表明这是由于销售收入没有达到保本点。因此，经营杠杆度为负数说明随着销售收入的增加，会使企业亏损逐渐减少；而销售收入的逐渐减少，会使企业亏损进一步增加。

经营杠杆度的概念有助于管理者进行公司成本结构变动决策。例如，在考虑用机器代替部分人工时，可能的结果是新机器的固定成本增加而变动成本减少，这将提高公司的经营杠杆度。如果预计未来销售收入增长前景很好，则增加经营杠杆度是有利的决策；如果销售前景不看好，则会得出相反的结论。

三、经营杠杆分析的局限性

在经营杠杆分析中，我们借助了盈亏平衡点的分析模型，这就要求收入和成本的变化是线性的，并且在所有经营水平上，其售价是不变的。然而，在现实生活中，为了提高产品的市场份额，企业可能会降价；或者企业生产的产品有一最佳经营区间，在此区间各变量是不变的，而超过这一区间各变量会发生变化。当各变量都发生变化时，这时计算的经营杠杆度则无法与之前计算的经营杠杆度进行比较。

第三节　财务风险和财务杠杆

一、财务风险

财务风险（financial risk），是指由于公司使用了如债券、优先股等固定财务费用的融资方式所增加的公司普通股股东收益的风险。财务风险是公司融资决策的直接后果。

公司运用了需要支付固定费用的融资方式时，即当公司使用债务、优先股等方式融集的资金增加时，公司需要支付的固定财务费用，如利息费用、优先股股息，也随之增加。公司必须取得更高的息税前收益才能维持目前的普通股股东的收益水平。财务杠杆运用得当，则在不增加资本的情况下会提高收益。财务杠杆的运用增加了普通股每股收益的变动程度，也增加了公司无力偿还债务的可能性。因此，在经营风险（即EBIT的变动程度）既定的条件下，财务杠杆越高，普通股每股收益及公司无力偿还到期债务的风险越大。

二、财务杠杆

由于公司使用了如债券、优先股等固定财务费用的融资方式，一方面增加了资金来源，可以扩大生产规模，取得更高的销售收入，使股东获得更高的收益；另一方面，增加了更高的固定财务支出，需要更高的收入来弥补，从而增加了公司普通股股东收益的风险。也就是说，当公司运用了债务融资方式时，*EBIT*的变化会导致*EPS*发生更大幅度的变化，这种融资中的固定成本所起的杠杆作用，叫作**财务杠杆**（financial leverage），其度量指标用财务杠杆度（DFL）来表示。**财务杠杆度**（degree of financial leverage）衡量的是公司的*EBIT*变化对*EPS*的影响程度，用公式可表示为：

$$DFL=\frac{EPS\text{变化百分比}}{EBIT\text{变化百分比}} \tag{10.6}$$

或整理为：

$$DFL=\frac{EBIT}{EBIT-I-D_p/(1-T)} \tag{10.7}$$

其中，I表示利息费用，D_P表示优先股股息。

实例 10–3 信迪公司计划筹集 200 000 元，采用的两种融资方案如表 10–1 所示：

表 10–1 信迪公司的融资方案 单位：元

	融资方案 A（高财务杠杆）	融资方案 B（低财务杠杆）
债务（8%）	150 000（利息 12 000）	50 000（利息 4 000）
普通股	50 000（8 000 股，每股 6. 25 元）	150 000（24 000 股，每股 6. 25 元）
	—	—
融资总额	200 000	200 000

计算信迪公司在 EBIT 为 60 000 元时两种融资方案的财务杠杆度，并解释计算结果的含义。

解析 公司没有优先股，因此 D_P=0，运用公式（10.7）得：

方案A（高财务杠杆）：$DFL=\frac{EBIT}{EBIT-I}=\frac{60\ 000}{60\ 000-12\ 000}=1.25$

方案 B（低财务杠杆）：$DFL=\frac{EBIT}{EBIT-I}=\frac{60\ 000}{60\ 000-4\ 000}=1.07$

计算结果表明：方案 A 具有较高的财务杠杆度，在 EBIT 为 60 000 元的水平上，EBIT 变化 1%，每股收益变化 1.25%，而方案 B 每股收益仅变化 1.07%，这种影响也是正、负双向的。高财务杠杆随着 EBIT 的变化，对每股收益的影响总是要超过低财务杠杆。因此，当公司管理层使用较高的财务杠杆时，公司普通股股东的收益相应需要承受较大的波动风险。

财务杠杆也是一把双刃剑。在实例 10–3 中我们看到，在资本结构中引入附有固定利息的证券会增加 *EPS*，但在某些情况下也会减少 *EPS*。这种负财务杠杆产生了除公司固有的经营风险外的一种新的财务风险。我们看到，引入财务杠杆会增加企业的平均利润率，也会增加风险。在经济状况好的年景，财务杠杆的影响很可能是正面的，而在经济状况不好的年景，财务杠杆的影响会是负面的，管理者的一项重要工作就是通过预测经营状况的好坏以评估杠杆的风险。利用大家熟知的工具——盈亏平衡分析法，这项工作会容易一些。

第四节 综合杠杆分析

一、企业的总风险

企业的最终所有者——股东的收益的不确定性就是企业的**总风险**（total risk），即经营风险和财务风险之和。企业进入某一经济领域或从事某一项投资项目的决策都会影响其经营风险，而（部分或全部）用债务对企业的投资进行融资决定了企业的财务风险。显然，持有公司股票的股东要承受全部风险，即企业的经营风险和财务风险。通过改变公司的资产结构或财务结构都可达到企业预计的风险水平。固定资产所占的比例越高，经营风险越大；使用的固定资金越多，支付的费用越高，财务风险越大。因此，在总风险确定的条件下，经营杠杆越高，企业会采用越保守的财务杠杆；反之，企业可采用较高的财务杠杆。在制定财务战略时，公司面临的是确定它所愿意承担的风险程度。

二、综合杠杆度

综合杠杆度（degree of combined leverage）衡量的是企业总的风险水平，即经营风险和财务风险的变化程度，这一指标可用销售额变动的百分比与 *EPS* 变动的百分比之比来表示，也可以看成是将经营杠杆度与财务杠杆度结合起来，即相当于两种杠杆度的综合效应。综合杠杆度衡量的是每股收益对销售收入变化的敏感性。

综合杠杆度的计算公式如下：

$$DCL=\frac{EPS\text{ 变化百分比}}{\text{销售额变化百分比}} \tag{10.8}$$

或整理为：

$$DCL=DOL\times DFL=\frac{Q(P-v)}{Q(P-v)-F-I-\dfrac{D_p}{(1-T)}} \tag{10.9}$$

公式中的符号意义与前面相同。

实例10–4　仍以信迪公司为例，计算该公司在高经营杠杆和高财务杠杆水平上，销售量在 100 000 单位水平上的综合杠杆度。

解析　根据前面数据已知：售价为 2 元，固定成本为 60 000 元，单位变动成本为 0.80 元，利息为 12 000 元，将这些数据代入公式（10.9），可计算出该公司的综合杠杆度如下：

$$DCL=\frac{Q(P-v)}{EBIT-I}=\frac{100\,000\times(2-0.8)}{100\,000\times(2-0.8)-60\,000-12\,000}=2.5$$

或根据前面分别计算的经营杠杆度和财务杠杆度求得综合杠杆度，即：

$$DCL=DOL\times DFL=2\times1.25=2.5$$

在这个例子中，当销售收入变动 1%时，经营收益变动了 2%，而每股收益额变动了 2.5%。

公司所面临的总风险可以在不同程度上通过经营杠杆度和财务杠杆度来进行管理。各种杠杆度的知识可以帮助财务管理者了解公司承受的全部风险的适当水平。如果较高经营风险对特定的行业来说是固有的，则降低财务风险将减少由于销售收入变化所带来的额外的收益波动；反之，如果公司固定经营成本较低，可以使用较高的财务杠杆来增加每股收益和股权投资的收益率。

通过分析财务杠杆我们看到：在相同的经营风险条件下，如果杠杆为正，债务的使用会增加 *EPS*；如果杠杆为负，*EPS* 会下降。尽管一般假设总的情况是财务杠杆为正，但是负债的使用也会使 *EPS* 波动，因此增加财务风险，从而导致财务杠杆为负。因此，公司理财面临着企业财务结构杠杆化的权衡任务。为此，应将企业的经营风险和财务风险相区分，前者与公司所从事的行业、经营杠杆和现行的经济状况有关，企业的息税前收益是经营风险的恰当的衡量指标；而财务风险与企业的杠杆使用有关。

财务杠杆和经营杠杆不能互相替代，许多企业发现要想对其经营杠杆作重大的改变，即使不是不可能的也是非常困难的。两种杠杆对 *EPS* 及其风险的变动的影响是同方向的。因此，可以推测出因为经营杠杆造成的收益的不稳定性减少了企业要承担额外的高负债比率所具有的财务风险的积极性。研究发现，采掘业、食品和饮料业的财务杠杆较低，石油、化工、橡胶和塑料的财务杠杆为中等，造纸和印刷的财务杠杆则较高。

第五节　企业融资的无差异点分析

引入财务杠杆会加剧 EPS 的波动，把由于引入财务杠杆而增加的收益的波动称为财务风险。对财务杠杆的使用在增加企业的收益的同时也会增加风险。若经济状况好，财务杠杆的影响可能是正向的；而在经济状况不好时，财务杠杆的影响会是负向的，管理者可以通过预测经营状况的好坏来评估财务杠杆带来的风险，确定未来的融资方式。本节利用融资无差异点分析方法，分析在不同的息税前收益条件下，各种融资方式的选择对 EPS 的影响。

企业在进行融资决策时，根据对未来息税前收益或销售额的预测，通过无差异点分析［即**息税前收益—每股收益分析**（EBIT-EPS analysis）］来确定融资方式。无差异点分析就是指每股收益不受融资方式影响的销售水平或息税前收益，无差异点分析可通过实例 10-5 来说明。

实例 10–5　A 公司目前的资本结构如表 10–2 所示。公司欲增加投资 100 万元，预计 EBIT 将达到 60 万元。公司现在有两种融资方式可供选择：（1）以每股 50 元的价格增发新普通股，增发新股数为 20 000 股；（2）发行面值为 1 000 元、利率为 10%的债券，共 1 000 张。试分析两种融资方式对目前资本结构和 EPS 的影响。

解析　（1）根据题意，不同融资方式对资本结构和 EPS 的影响如表 10–2 和表 10–3 所示。

表 10–2　A 公司不同融资方式对资本结构的影响

	目前的资本结构	发行股票后的资本结构	发行债券后的资本结构
长期负债（元）			
现有债务（8%）	500 000	500 000	500 000
新增债务（10%）	—	—	1 000 000
普通股（元）			
现有普通股	2 500 000	2 500 000	2 500 000
增发新股	—	1 000 000	—
负债与股东权益（元）	3 000 000	4 000 000	4 000 000
股票数量（股）	50 000	70 000	50 000

表 10–3　A 公司在不同 EBIT 条件下的不同融资方式对 EPS 的影响

	增加投资前	融资方式（1）	融资方式（2）
EBIT（元）	400 000	600 000	600 000
减：利息费用	40 000	40 000	140 000
税前收益（元）	360 000	560 000	460 000
减：所得税（25%）	90 000	140 000	115 000
净收益（元）	270 000	420 000	345 000
股票数量（股）	50 000	70 000	50 000
EPS（元）	5.4	6	6.9

EBIT 为 60 万元时，采用股权融资和债务融资两种方案下的 EPS 均高于投资前的水平，且负债融资方案的 EPS 更高。但如果 EBIT 没有达到 60 万元，负债融资是否还会带来更高的 EPS？当 EBIT 不确定时，用图形分析更有助于融资方式的选择。

（2）进行图形分析。采用 EBIT–EPS 分析图，能直观地了解不同融资方案下 EBIT 对 EPS 的影响。EPS 与 EBIT 呈线性关系，只知两点即可确定位置，如图 10–5 所示。

图中的交点 a 和 b 为 EBIT–EPS 的**无差异点**（indifferent point），在此点，两种方案的 EBIT 和

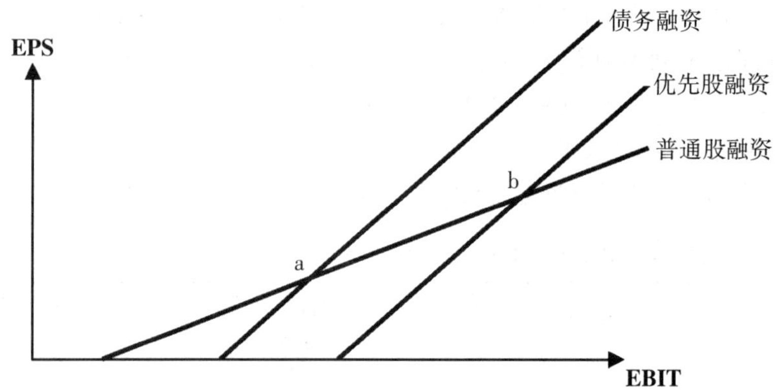

图10-5 EBIT-EPS分析图

EPS 都一样，融资方案的不同不会造成差异。当 EBIT 水平超过此点时，融资方案的财务杠杆越高，EPS 上升得越快，反之亦然。在图 10-4 中，我们加入了优先股融资，主要在于优先股是一种固定收益证券，其优先股股息为固定费用，因此债务融资和优先股融资形成两条平行线正好说明了这一点。此外，由于债务融资的利息是在税前支出，从税后角度来看，其成本要低于优先股成本，因此债务融资的那条线在优先股融资之前。

用无差异点分析的关键在于计算无差异 $EBIT_0$，在无差异点，两种融资方式的每股收益额相同，即：

EPS（债务融资）=EPS（股权融资）

则得出计算公式：

$$\frac{(EBIT_0-I_d)(1-T)-D_p}{N_d}=\frac{(EBIT_0-I_e)(1-T)-D_p}{N_e} \tag{10.10}$$

其中，N_d 和 N_e 分别表示采用债务融资时的普通股股数和采用股权融资时的普通股股数。

将本例中的相关数据代入公式（10.10），得：

$$\frac{(EBIT_0-140\,000)(1-25\%)-0}{50\,000}=\frac{(EBIT_0-40\,000)(1-25\%)-0}{70\,000}$$

由此可计算出无差异点的 $EBIT_0$ 为 390 000 元，EPS 为 3.75 元。因此，企业可在预计的 EBIT 超过 390 000 元时，采用债务融资方式；当 EBIT 低于 390 000 元的可能性较大时，采用股权融资。在本例分析中，因为 EBIT 为 600 000 元，超过了 390 000 元，所以应该采用债务融资，这样可以使得每股收益达到 6.9 元。

关键术语

保本点分析　break-even point analysis
变动成本　variable cost
固定成本　fixcd cost
半变动成本　semi-variable cost
经营风险　operating risk
经营杠杆　operating leverage
经营杠杆度　degree of operating leverage
财务风险　financial risk
财务杠杆　financial leverage
财务杠杆度　degree of financial leverage
总风险　total risk
综合杠杆度　degree of combined leverage
息税前收益—每股收益分析　EBIT-EPS analysis
无差异点　indifferent point

思考题

10–1　保本点分析模型的基本因素和局限性有哪些？

10–2　影响企业经营风险的因素有哪些？

10–3　解释劳动密集型与资本密集型的生产设施的选择对保本点和经营杠杆的影响。

10–4　影响企业财务风险的因素有哪些？

10–5　新债的利率对财务杠杆的使用有何影响？

练习题

10–1　长利公司的固定成本是 60 万元，公司产品售价为 200 元，产品单位变动成本为 80 元。公司的保本点销售量是多少？如果单位变动成本上升到 120 元，公司的保本点销售金额是多少？

10–2　某企业只生产一种产品，单位售价为 300 元，单位变动成本为 150 元，每年固定成本为 30 万元，若达到其目标利润，则年销量为 10 000 件。请问该企业达到目标利润的保本销售量是多少？

10–3　福乐公司年销售额为 500 万元，固定成本为 100 万元，边际贡献率为 60%，全部资本为 400 万元，负债比率为 40%，负债利率为 15%。计算该公司在该销售水平上的经营杠杆度、财务杠杆度和综合杠杆度。假如销售下降到 250 万元，预测公司的在新的销售水平下的经营杠杆度、财务杠杆度和综合杠杆度。

10–4　某企业年销售额为 210 万元，息税前收益为 60 万元，变动成本率为 60%，全部资本为 200 万元，负债比率为 40%，负债利率为 15%，股票价格为 40 元。

（1）试计算该企业的经营杠杆度、财务杠杆度和综合杠杆度。

（2）公司现要增加投资 100 000 元，有以下两个方案可供选择：

方案 A：发行利率为 16%的债券。

方案 B：按每股 40 元发行股票。

a. 计算两种融资方案的 *EPS* 无差异点的 $EBIT_0$。

b. 若公司预计息税前收益为 220 000 元，则应采用哪一种融资方案？

10–5　A 公司资本结构中，有债务 500 000 元，利率为 10%；普通股 250 000 股，每股价值 4 元。公司目前的固定经营成本为 280 000 元，息税前收益为 175 000 元，公司税率为 30%。

（1）计算公司的经营杠杆度和财务杠杆度。

（2）公司现要增加投资 400 000 元，有以下两个方案可供选择：

方案 A：发行利率为 12%的债券 400 000 元。

方案 B：增发新股 100 000 股。

计算两种融资方案的 *EPS* 无差异点的 $EBIT_0$ 。

（3）若公司预计息税前收益为 220 000 元，则应采用哪一方案？

10–6　一家新公司的资金来源有两种融资方案可采用：

方案 A：公司以 14%的利率发行 100 万元债券，同时以每股 50 元的价格募集 500 万元股本。

方案 B：公司以 16%的利率发行 300 万元的债券，同时以每股 50 元的价格募集 300 万元股本。

两种方案下的财务结构都将作为公司长期的资本结构，所以不必考虑债券到期的问题。公司的税率为 50%。

（1）计算上述两种方案下的 *EPS* 无差异点 $EBIT_0$，并绘出 EBIT–EPS 分析图。

（2）假设公司预计 *EBIT* 将保持在每年 1 000 000 元的水平上，哪个方案会产生更多的 *EPS*？

10–7　张力完成了 MBA 的学习后，加入了安舍公司，任财务经理助理。财务经理让他看一下公司的财务报表及公司目前发展的有关计划，提出自己的建议。张力对公司的报表进行了分析，看到公司的资本结构中，有 400 万元债务，利率为 10%；普通股有 300 000 股，目前每股市值为 20 元。公司今年的息税前收益为 120 万元。公司的总资产周转率为 1.4，边际贡献率为 30%。公司的税率为 25%。

公司目前的经营风险、财务风险和总风险处在一个什么样的水平呢？张力认为需要计算公司目前状况下的经营杠杆度、财务杠杆度和综合杠杆度。

看到了有关的发展计划，根据计划书，公司现需要增加投资 200 万元，根据目前的金融市场状况，张力认为有两种方案可供选择：

方案 A：发行利率为 12%的债券 200 万元。

方案 B：增发新股 100 000 股，市价仍为 20 元。

预计到增加该项投资后公司的息税前收益不会低于160万元，张力如何根据所做的分析来提出他的建议？

自测题

1. 经营风险是______的函数。

A. 只是经营杠杆　　B. 只是财务杠杆

C. 经营杠杆和财务杠杆　　D. 以上都不是

2. 一项投资的不可分散风险取决于______。

A. 只是经营杠杆　　B. 只是财务杠杆

C. 经营杠杆和财务杠杆　　D. 以上都不是

3. 以上哪种说法是不正确的？

A. 经营杠杆能够归结于固定成本的存在

B. 财务杠杆能够归结于固定成本的存在

C. 融资决策不能简单地基于完成一个一个项目的考虑

D. 财务杠杆比经营杠杆更难控制

4. 负债比率的降低通常对______没有影响。

A. 财务风险　　B. 总风险　　C. 经营风险

D. 市场风险　　E. 以上都没有影响

5. 下列哪种说法正确？

A. 企业的经营风险只由其行业的财务特征决定

B. 影响企业经营风险的因素部分取决于行业特征，部分取决于经济条件。不幸的是，影响企业经营风险的这些因素和其他因素并不是企业管理者可控的

C. 企业按目标资本结构的好处之一是财务的灵活性越来越不重要了

D. 企业的财务风险可能来自市场风险和可分散风险

E. 以上说法都不对

参考答案

1. A　2. C　3. D　4. C　5. D

第十一章

资本结构决策

本章学习目标

通过本章学习，读者应该能够：

- 掌握资本结构、财务结构的基本概念，并了解资本结构、资本成本与企业价值之间的关系；
- 掌握现代资本结构理论（MM理论）、权衡理论的基本内容；
- 会解释财务困境成本、代理成本和不对称信息对确定最佳资本结构的影响；
- 了解新资本结构理论——新优序融资理论、信号模型理论、择时理论等；
- 了解如何建立目标资本结构。

→引言

2014年3月4日，是中国资本市场也是债券史上值得铭记的一天。*ST超日(股票代码:002506)宣布,公司因资金原因无法按时支付债券的到期利息，中国债券市场首次实质性违约宣告诞生。

其实，就在*ST超日宣布违约之前，其已经深陷资金困局,债台高筑。这家光伏行业的上市公司将募集资金大量用于生产线上,同时又参与海外的多个电站项目并自投资金。通过举债等筹资方式,超日太阳的资产总额在4年间由12.62亿元上升至75.76亿元，同时2012年时其负债总额也随即攀升至63.79亿元,资产负债率超过80%。2013年第三季度,超日太阳的资产负债率已经越过了90%的生死线。

靠债务杠杆做大企业资产,一旦需求端萎缩,则企业大厦将倾。前期投资巨大,产能快速扩张迎来了行业过剩,反成超日太阳重负。在业绩断崖式滑坡的同时,债务高企最终将自己和债务投资者们绑在了同一条船上，共同承担去杠杆过程中的痛苦和损失。依靠债务杠杆做大企业资产的上市公司并非只有*ST超日一家。截至目前,85家上市公司资产负债率超过70%这一市场“心理警戒线”,而*ST国通更是资不抵债,负债率为103.61%。

一般来说,上市公司出现高负债的原因主要有三:其一,部分上市公司管理不善导致恶意负债;其二,先天不足,行业环境恶化,导致后天负债率高企,*ST超日就属于其中一家;其三,多年与证券市场的再融资无缘,单靠银行贷款导致负债率提高。许多上市公司在上市之初募集过资金后,由于种种原因很难进行再融资。

2001年，刘姝威曾经通过分析蓝田公开披露的财务报告发现蓝田的偿债能力正在急剧恶化,完全依靠银行的贷款在维持生存,非常危险。于是,她的一篇短文《应立即停止对蓝田股份发放贷款》,成为终结蓝田神话的“最后一根稻草”。

十多年过去了,上市公司的债务问题依然困扰着投资者,负债高企必然引起偿债能力担忧,尤其在盈利并未增长的情况下,负债的持续增长使公司债务负担进一步加重,信用风险将日益突出。

资料来源：根据“胡潇滢. 警惕上市公司高负债引发偿债危机. 证券日报，2014-03-20”整理而成。

资本结构决策与企业其他财务决策有着相互的关联。资本结构决策的失误会导致较高的资本成本，从而降低项目的净现值。而有效的资本结构决策会降低资本成本，提高项目的净现值，从而使企业可进行更多的项目，提高企业的价值。

第一节　财务结构与资本结构

企业资产负债表的右边体现的是资金的来源，各种比例关系称为**财务结构**（financial structure），而其中的长期资金来源称为资本，分别为债务资本和股权资本，其比例关系称为**资本结构**（capital structure）。资本结构和财务结构的关系如图 11–1 所示。

资产	=	负债+所有者权益		
流动资产		流动负债		财务结构
长期资产		长期负债	资本结构	财务结构
		股东权益	资本结构	财务结构
		留存收益	资本结构	财务结构

图 11–1　资本结构和财务结构的关系

在国内，有的学者将财务结构称为广义的资本结构，而将资本结构称为狭义的资本结构，其实不管如何界定，实质都是在债务融资和权益融资之间进行抉择。本章还是以图 11–1 所示的资本结构展开讨论。

根据前面的介绍我们知道，债务资本成本比企业其他融资的成本都低，这是因为贷款人所要求的报酬率较低，其原因在于：(1) 债权人对企业的收益和财产有优先索偿权利；(2) 要求定期获得利息，到期获得本金；(3) 利息的节税优势又可降低债务资金的成本。而权益资本则不是，权益资本包括优先股和普通股，普通股资本成本最高，低于普通股成本的是留存收益和优先股。

在前面杠杆分析中我们看到，企业使用固定支出的融资形式，即债务和优先股融资会产生杠杆作用。债务比率既是衡量企业的财务杠杆，同时也是说明资本结构的指标。怎样的资本结构算是最佳？也就是说负债比率多少，能使企业价值最高？许多学者对此进行了探讨，形成了资本结构理论。

第二节　现代资本结构理论

企业的资本结构、企业价值和资本成本之间存在着怎样的关系？学者们对此进行了长期的研究。企业融资来源对企业价值和资本成本有何影响的相关研究形成了资本结构理论。最初，资本结构理论只是描述投资者行为的一些观点。1958年，莫迪格莱尼（Modigliani）和米勒（Miller）在《美国经济评论》上发表的最有影响的论文"资本成本、公司财务和投资理论"，开创了现代资本结构理论研究的开端，这就是著名的MM理论，他们的研究工作使公司理财成为一门真正的科学，其研究成果为以后的研究奠定了基础，研究方法也广泛应用于金融等领域，为此他们荣获了诺贝尔经济学奖。

一、无公司所得税的MM理论

（一）MM的假设

MM最初对其研究的市场定义为无摩擦的市场，具体假设如下：

1. 没有公司所得税和个人所得税。
2. **经营风险**（business risk）可用σ_{EBIT}衡量，经营风险相同的企业处于同等的风险等级。
3. 所有目前和潜在的投资者对企业未来的EBIT估计相同，企业为零增长，企业的EBIT为常数。
4. 股票和债券在完全的资本市场上进行交易。该假设即：(1) 无佣金成本；(2) 投资者（包括个人和机构）的借款利率和公司的借款利率相同。
5. 公司的资本结构只由股票和债券组成，改变财务杠杆可以通过发行股票替换债券或反向操作来完成，而资本结构总的账面价值保持不变。
6. 企业和个人的债务均为无风险债务，即所有债务利率均为无风险利率，而且不会因债务的增加而改变。

（二）无公司所得税情况下的MM命题

MM首先分析了无公司所得税情况下的杠杆作用，提出了主要的两个命题。

命题 I 企业的价值是将经营收益（*EBIT*）按与企业风险程度相应的一固定利率（K_{SU}）进行资本化来确定的：

$$V_L=V_U=\frac{EBIT}{K_a}=\frac{EBIT}{K_{SU}} \tag{11.1}$$

其中，下标 *L* 表示负债企业，*U* 表示无负债企业，V_L 表示负债企业的价值，V_U 表示无负债企业的价值。假设两企业经营风险相同，即 *EBIT* 相同。K_{SU} 为无负债企业的股东要求收益率（若看成是一个企业面临着两种融资方式的选择更便于理解）。

按照公式（11.1），企业价值 *V* 为一常数，则在 MM 模型无公司税情况下，企业的价值独立于其杠杆程度，即企业的价值与其资本结构无关。同时也表明：（1）企业的加权平均成本独立于其资本结构；（2）企业的加权平均成本与无负债时的股权成本相等。

命题 II 负债企业的股权成本 K_{SL} 等于具有相同风险的无负债企业的股权成本 K_{SU} 加一风险溢酬，该风险溢酬的大小取决于无负债企业的股权成本、债务成本和负债与股本的数量之比，即：

$$K_{SL}=K_{SU}+\text{风险溢酬}=K_{SU}+(K_{SU}-K_d)(B/S) \tag{11.2}$$

其中，*B* 为企业债务的市场价值，*S* 为企业股权的市场价值，K_d 为债务成本。公式（11.2）表明随着企业债务的增加，其股权成本按此公式核算出的方式增加。

这两个 MM 命题说明，如果企业的资本结构中债务比重提高，企业的价值并不会增加，因为债务较低成本的优势会因债务比重的提高而使风险增大，被权益成本的增加而抵消。MM 认为企业的价值和其加权平均资本成本不会因其资本结构而变化。

（三）MM 套利证明

MM 采用套利理论来证明了他们的命题。他们认为，如果两种相似的资产，比如负债企业的股票和无负债企业的股票的价格不同，**套利**（arbitrage）行为就会出现。套利者会买进价值低估的股票，卖出价值高估的股票，从而赚取利润，这个过程一直持续到两家企业的市值相同为止。

实例 11–1 假设有两家企业 L 和 U，除资本结构外，其他方面相同。企业 L 有利率为 6%的债务 200 万元，企业 U 只有股权。两家企业的 *EBIT* 均为 50 万元，两家企业的 σ_{EBIT} 相同，即具有相同的经营风险。

假设所有的企业均为零增长，即 *EBIT* 为常数，所有的收益均作为股利分派。则企业普通股的市值 *S* 为一永久年金的现值，即：

$$S=\frac{\text{股利}}{K_S}=\frac{\text{净收益}}{K_S}=\frac{(EBIT-K_dB)(1-T)}{K_S} \tag{11.3}$$

其中，分子为可供普通股分派的净收益，分母为普通股的成本。

在MM无公司所得税的情况下，公式（11.3）为：

$$S=(EBIT-K_dB)/K_S \tag{11.3a}$$

试分析在无公司所得税条件下企业的套利过程。

解析 假设在套利发生前两家企业的权益资本化率相同：$K_{SU}=K_{SL}=10\%$，则

企业U：

股票价值：$S_U=\dfrac{(EBIT-K_dB)}{K_{SU}}=\dfrac{(500\,000-0)}{0.10}=5\,000\,000$（元）

总市值：$V_U=B_U+S_U=0+5\,000\,000=5\,000\,000$（元）

企业L：

股票价值：$S_L=\dfrac{(EBIT-K_dB)}{K_{SL}}=\dfrac{(500\,000-6\%\times 2\,000\,000)}{0.10}=3\,800\,000$（元）

总市值：$V_L=B_L+S_L=2\,000\,000+3\,800\,000=5\,800\,000$（元）

这样，在套利前假设$K_{SU}=K_{SL}$，这也就是隐含资本结构对权益成本没有影响。负债企业的价值超过无负债企业的价值。

MM认为这种不均衡的情况是不会持续的。为说明这个问题，假设你拥有10%的L公司的股票，则你的投资股票的市值为10%×3 800 000=380 000（元）。按照MM理论，你可以增加你的收入而不会增加风险。假设你按380 000元卖掉L公司的股票，再按照相当于L公司的10%负债借款200 000元，最后花500 000元买进U公司的10%的股票。这样，通过出售股票、借债，你有580 000元，而买U公司的股票只支出500 000元，则你可得到80 000元（=580 000–500 000）的额外收入，MM假设你将这80 000元投资于无风险利率为6%的债券，年利息收入为4 800元，即：

原收入：10%的L公司的权益收益380 000元		38 000元
现收入：10%的U公司的权益收益500 000元	50 000	
减：6%的200 000元债务的利息	(12 000)	38 000
加：额外的80 000元的6%的利息收入		4 800
新净收入：		42 800元

这样，你的普通股的收益与以前相同，为38 000元，但你有额外的80 000元可投资于无风险债券，从而增加收入4 800元。你的总的38 000元的收益提高到42 800元，而且你的风险没有增

加，只不过是用“自制”的杠杆来取代企业 L 的 10%的公司的杠杆 2 000 000 元。这样，你的“实际”债务和风险都没有增加。

二、有公司所得税情况下的 MM 理论

MM 最初的研究成果发表于 1958 年，假设公司税率为零。由于企业所面临的税收环境很少有公司税率为零的情况，于是 1963 年，他们在《美国经济评论》上又发表了第二篇文章“公司所得税和资本成本：一项修正”，加入了公司所得税存在的条件。有了公司所得税，他们得出这样的结论：债务会增加企业的价值。原因是利息是纳税可抵扣费用，因此更多的经营收益流到了投资者手中。公司所得税下 MM 的两个命题如下。

命题 I　负债企业的价值等于无负债企业的价值加纳税节省价值，纳税节省价值为公司税率（T）与债务额（B）的乘积，即：

$$V_L=V_U+TB \tag{11.4}$$

可见，当公司所得税存在的条件下，负债企业的价值超过了无负债企业的价值，金额为 TD。由于债务的增加有其优势，从理论上讲，企业在债务融资达 100%时，企业的价值达到最大。

由于假设现金流量是永久年金形式，因此无负债企业的价值可用下式表示：

$$V_U=\frac{EBIT\ (1-T)}{K_{SU}} \tag{11.5}$$

命题 II　负债企业的股权成本等于同风险的无负债企业的股权成本加风险溢酬，该风险溢酬的大小取决于无杠杆企业的股权成本与债务成本之差，以及财务杠杆的情况和公司税率，即：

$$K_{SL}=K_{SU}+(K_{SU}-K_d)(1-T)(B/S) \tag{11.6}$$

其中，B 为企业债务的市场价值，S 为企业股权的市场价值，K_d 为债务成本。

命题 II 表明随着企业债务的增加，其股权成本按此公式核算出的方式增加。由于（$1-T$）小于 1，公司税所引起的股权成本上升的速度会低于杠杆增长的速度。

三、MM 模型举例

实例 11–2　假设方利公司目前无债务，是一家具有 100%股权的公司。预计 $EBIT$ 为 120 万元，假设 EBIT 不变。公司不需要新资本，故把所有的收益作为股利支付。如果公司开始使用债

务，可按6%的利率借款。假设借款利率不变，即借款利率不随债务额而变化。增加债务所获得的资金用来购买普通股，即公司的资产不变。公司在无债务时的要求收益率 K_{SU} 为10%。试分析在不同税收条件下增加债务400万元后的企业价值，同时计算 K_{SL} 和 $WACC$。

解析 1. 无公司所得税条件下

假设无公司所得税，即税率为0，在任何债务水平下：

$$V_L=V_U=\frac{EBIT}{K_{SU}}=\frac{120\text{万元}}{0.10}=1\ 200\text{（万元）}$$

如果公司使用400万元的债务，则其股权价值是800万元：

$$S=V-B=1\ 200-400=800\text{（万元）}$$

那么公司在负债为400万元时的权益成本和WACC为：

$$\begin{aligned}K_{SL}&=K_{SU}+(K_{SU}-K_d)(B/S)\\&=10\%+(10\%-6\%)(400/800)\\&=10\%+2\%\\&=12\%\end{aligned}$$

$$\begin{aligned}WACC=K_a&=(B/V)K_d(1-T)+(S/V)K_{SL}\\&=(400/1\ 200)(6\%)(1-0)+(800/1\ 200)(12\%)\\&=10\%\end{aligned}$$

方利公司在无税情况下，按各种债务水平的企业价值和资本成本如图11-2（a）所示。我们可以看到在MM模型无税的情况下，财务杠杆无关紧要：企业的价值和其资本成本独立于债务的金额。

2. 有公司所得税条件下

假设公司税率为25%。若公司债务为0，考虑税收后企业的价值将为：

$$V_U=\frac{EBIT(1-T)}{K_{SU}}=\frac{120(1-0.25)}{0.10}=900\text{（万元）}$$

如果公司采用400万元的债务，根据税收条件下MM命题I，企业的价值为：

$$V_L=V_U+TB=900+0.25(400)=1\ 000\text{（万元）}$$

企业股票的市场价值则为：

$$S=V-B=1\ 000-400=600\text{（万元）}$$

根据命题 II，负债企业的权益成本和企业的加权平均成本分别为：

$$
\begin{aligned}
K_{SL} &= K_{SU} + (K_{SU} - K_d)(1-T)(B/S) \\
&= 10\% + (10\% - 6\%)(1-25\%)(400/600) \\
&= 10\% + 2\% \\
&= 12\%
\end{aligned}
$$

$$
\begin{aligned}
WACC = K_a &= (B/V)K_d(1-T) + (S/V)K_{SL} \\
&= (400/1\,000)(6\%)(1-25\%) + (600/1\,000)(12\%) \\
&= 9\%
\end{aligned}
$$

方利公司在有公司所得税情况下，按各种债务水平的企业价值和资本成本如图 11-2（b）所示。我们可以看到在 MM 模型有公司所得税的情况下，企业价值与财务杠杆有关系：当企业为 100%债务融资时，其价值最高，其资本成本最低，负债企业价值的增加完全是由于支付利息的纳税抵扣造成的。从以上计算中还得出一个非常有意思的结论，无论存在税收与否，股本成本均为 12%，这表明在 EBIT 相同和负债水平相同的条件下，税收并不改变权益资本成本的风险特性。

将前面所讨论的存在公司所得税和不存在公司所得税的情况总结见图 11-2。无公司所得税时，加

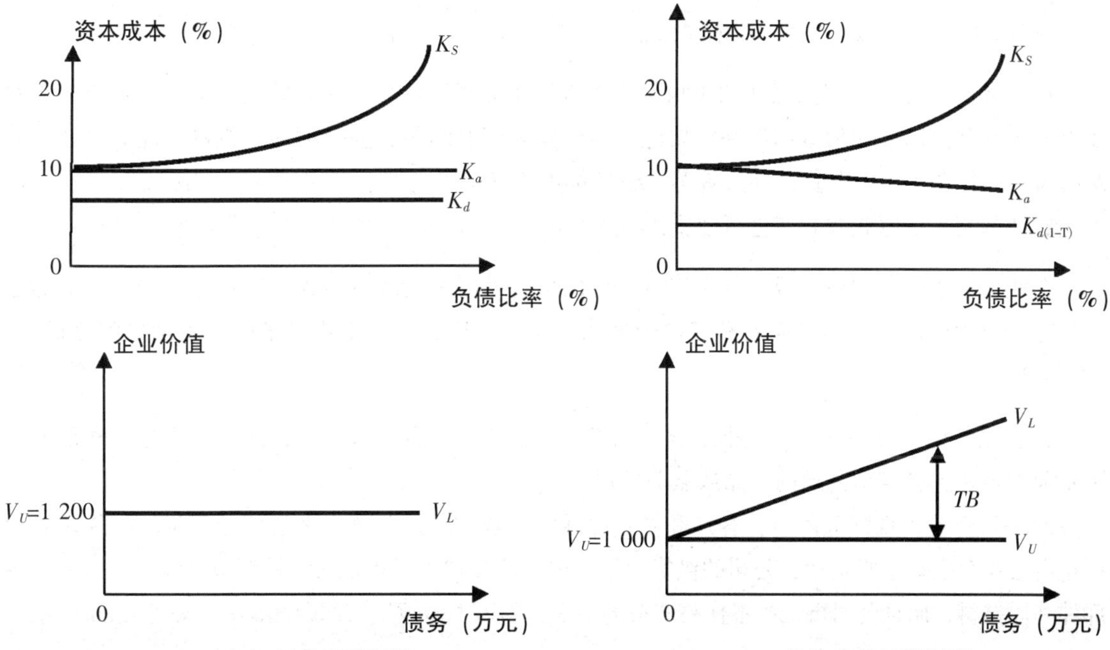

（a）无公司所得税　　（b）有公司所得税

图 11-2　财务杠杆效应：MM 模型

权平均资本成本和企业的价值是恒定的。存在公司所得税时，随着债务的增加，加权平均资本成本降低，企业的价值增加，从而按照 MM 模型有公司所得税时，最佳资本结构是债务为 100%的情况。

第三节　权衡模型

在现实情况中，企业存在财务困境和代理成本，考虑到这两项成本，企业的价值与资本结构的关系就复杂一些。

一、财务困境成本

实际情况中，企业在考虑利息的纳税抵扣的优势的同时，必须考虑由于增加债务带来的其他问题。首先就是当企业进行债务融资时破产风险的存在。由于存在破产风险，产生了财务困境成本。[1]财务困境一旦出现，其财务困境的直接成本和间接成本就会发生。

财务困境的直接成本表现为以下两点：

1. 企业所有者和债权人之间的争执常常会推迟企业资产清算，从而导致存货和固定资产在物质上的破损和过时。而债务纠纷往往要经过若干年才能有结果，在这期间，机器可能会生锈，建筑物可能会年久失修，存货过期失效等等事件都可能发生。

2. 律师费、法庭收费和其他行政支出。

企业出现了财务困境，或者甚至出现破产的可能性时，经理可能为了应付这一局面，会做出一些短期行为的决策，而供应商和客户则采取回避的态度，这些则构成了财务困境的间接成本。具体来说有：

1. 企业各种必要的支出，如推迟设备的维修，低价出售资产来筹资，或削减成本，从而影响了企业的经营，影响了公司的产品或服务的质量。

2. 一旦企业出现财务困境，客户和供货商通常采取“躲避”政策来避免进一步的损失。客户还担心公司会削减维修费用，公司的供货商不再愿意给公司提供正常的赊销期限以及长期地提供零部件和原材料，而且公司再也留不住高质量的工人，因为大多数工人都会选择一家较稳定的公司。

1　破产是当企业不能从财务困境中挣脱出来的最终结果。

经理所采取的短期行为，以及与客户、供货商和资本提供者相关的非最佳行动给企业造成的损失是巨大的。随着企业的债务融资比例越高，固定利息支出就越大，收益的下降导致财务困境出现的概率也越大，与财务困境相关的成本发生的概率也越大，从而降低企业的价值。当然，即使企业没有破产，这些成本也会发生。破产不过是财务困境的最终结果。

二、代理成本

在前面所述的代理关系中，一种非常重要的代理关系是企业经理作为股东和债权人之间代理的代理关系。在没有任何限制条件时，经理们会采取为股东谋利益而以债权人的利益为代价的行动。例如，如果公司只发行了少量的债券，那么债券风险就相对小，债券的等级就高，利率则低。如果该公司在发行了低风险的债券后，还可以用最初债券作担保再发行债券，这就会增加所有债权人的风险，这会使债务成本上升，从而使原来的债券持有人蒙受资本损失。同样，如果公司在发行债务之后决定进行资产重组，决定卖掉低经营风险的资产，购置高风险高收益的资产，则如果经营得好，所有的好处均归股东，如果情况不妙，大部分的亏损会落到债券持有者的头上，所以股东与债权人在玩“正面我赢，背面你输”的游戏。代理成本会使企业价值下降。

由于股东会以这样或那样的方式利用债券持有人，于是债权人会使用限制性条款来保护其自身的利益，这些条款在一定程度上约束着企业的合法经营，而且必须对企业进行监督以确保遵守这些条款。监督的成本以更高的债务成本的形式转到了股东头上。失去的效率和监督成本就是**代理成本**（agency cost），这会使负债的成本增加而减少了负债的好处，减少了股东的利益。

三、权衡模型分析

如果 MM 公司税率模型是正确的，那么随着负债率从零移向 100%时，企业的价值会不断增加。公式（11.4）表明，如 B 为极大值，TB 和 V_L 也最大，公式中持续增值的 TB 直接源于负债利息减税，但是考虑了被 MM 忽略的因素：（1）企业可能发生财务困境成本的现值；（2）代理成本的现值将使 V_L 随负债增加而下降。这样，企业价值及其负债杠杆之间的关系可表示为：

$$V_L=V_U+TB-（预期财务困境成本的现值）-（代理成本的现值） \tag{11.7}$$

图 11–3 是公式（11.7）的图示。在负债量达到 A 点前，减税效应起完全支配作用。超过 A 点，财务困境和代理成本的作用显著增强，抵消部分减税利益。在 B 点上减税的边际效益 TB 正好与边际成本相互抵消，企业价值最大；超过 B 点，则财务困境成本和代理成本起主导作用，企业价值呈下降趋势。

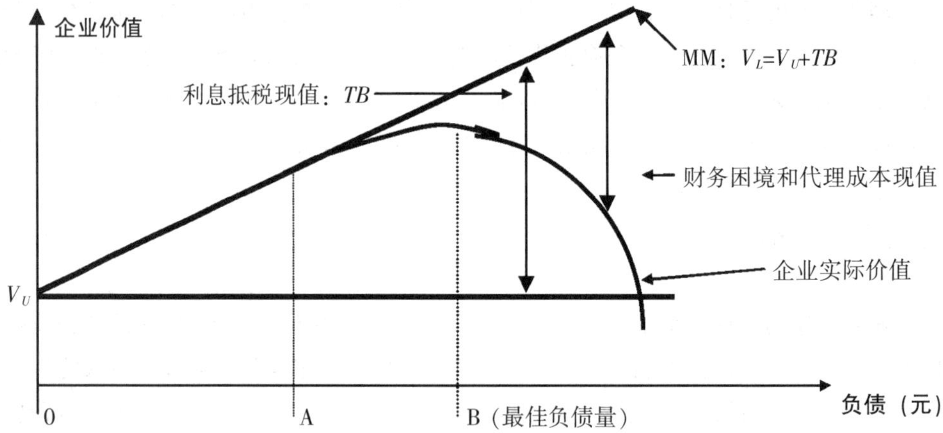

图 11-3　权衡模型

四、权衡模型的含义

权衡模型的含义表明，当减税利益与负债的财务困境和代理成本相互平衡时，即成本和利益相互抵消时，这便是**最佳资本结构**（optimal capital structure）了。虽然权衡模型并不能精确地确定最佳资本结构，但利用这个模型可得出以下 3 个财务数量关系。

1. 风险企业，即资产收益波动性大的企业，在其他条件不变的情况下负债应该较低。波动性越大，在任何负债水平上发生财务困境的可能性也增大，财务困境的预期成本也越大。所以，经营风险低的企业在预期财务困境成本完全抵消负债减税利益之前，可举借较高的债务。

2. 使用有形资产，具有不动产和设备的企业比那些资产价值仅为无形资产，如专利、商誉和增长机会的企业可举借更多的债务。财务困境成本不仅取决于财务困境发生的概率，而且还取决于财务困境发生之后的状况，专业化的资产、无形资产和增长机会在财务困境发生时更易于失去其价值。

3. 当前以最高税率支付税款并在将来不会改变的企业比现在或将来以较低税率支付税款的企业能承担更多的负债。公司税赋高的企业能从负债中得到更多的减税利益。若其他条件不变，在财务困境成本和代理成本抵消减税利益之前，企业可承担更多的负债。

根据权衡模型，每家企业都应建立一个使成本和收益相平衡的资本结构，从而使企业的价值达到最大。如果权衡模型是正确的，我们就能够找到符合上述 3 点的实际的资本结构。实际情况中，企业所面临的是当债务权益比率超过某一水平时，利率将会不断增长。因为贷款人和借款人对破产都是很敏感的。

第四节　资本结构理论的发展

经济学理论的发展为资本结构的研究开辟了新的天地。信息经济学、代理理论的相继问世，使资本结构的研究出现了一个新的繁荣，许多学者对资本结构的许多现实问题进行了研究，出现了一些新的理论。这里主要介绍新优序融资理论和信号模型理论。

一、新优序融资理论

20 世纪 60 年代，哈佛大学的戈登·唐纳森（Gordon Donaldson）教授对于企业的资本结构的建立做了广泛的研究。[2] 以下为他的研究成果：

> 企业一般愿意首先进行内部融资，即使用留存收益和折旧的现金流量来融资。企业根据预计未来的投资机会和未来的现金流量来确定股利支付率。
>
> 股利在短期呈“黏性状态”——企业不轻易提高股利，除非企业确信可保持较高的股利。企业更不会轻易削减股利，除非不得已而为之。
>
> 如果企业的内部现金流量超过其资本支出，一般会投资于有价证券，或偿还债务，提高股利，回购股票或收购企业。另一方面，如果企业的内部资金不足以为新项目提供资金时，企业首先会撤回短期投资，然后进入外部资本市场。如果企业要外部筹资，会首先发行债券，然后是可转换债券，最后万不得已才是普通股票。唐纳森认为，融资有“选择顺序”，而不是权衡模型所得出的一个均衡的融资方式。

20世纪 80 年代出现的新综合理论以及信息不对称理论对 MM 理论进行了进一步修正。新综合理论认为，企业的期望免税现值受各种不稳定因素的影响，因而不可能是一个稳定的量，期望免税现值一般会随企业负债率上升而下降，而且当存在其他免税渠道时，企业通过增加债务来增加免税的热情会降低。信息不对称理论认为，企业和投资者并不是都能对企业未来收益有充分信息，往往是企业比投着者更了解企业的内部经营活动，二者处于一种典型的信息非对称环境中。在这种情况下，投资者必须通过由企业输出的信息来间接评价企业的市场价值。企业的资产负债率上

2　Gordon Donaldson, *Corporate Debt Capacity: A Study of Corporate Debt Policy and the Determination of Corporate Debt Capacity,* by 1961 Division of Research, Graduate School of Business Administration, Harvard University.

升，表明企业对未来有较高的期望，企业的市场价值也会随之增加。当企业通过发行股票筹资时，会被市场误解，认为其前景不佳，由此造成股价下跌。但是，多发债券又会使企业受到财务危机的制约。因此，梅耶斯等人提出了企业新优序融资理论。

新**优序融资理论**（pecking order theory）的3个基本点是：在信息不对称情况下，（1）企业将以各种借口避免通过发行普通股票或其他风险证券来取得对投资项目的融资；（2）为使内部融资能够满足正常权益投资收益率的需要，企业必然要确定一个目标股利比率；（3）在确保安全的前提下，企业才会计划通过向外部融资以解决其部分资金需要，而且会从发行风险较低的证券开始。

梅耶斯等认为，信息不对称现象是因为控股权和管理权的分离而产生的，在不对称信息管理下，管理者（内部人）比市场或投资者（外部人）更了解企业收益和投资的真实情况，外部人只有根据内部人所传递的信号来重新评价他们的投资决策。企业的资本结构、财务决策和股利政策都是内部人传递信号的手段。如果企业需要进行融资去投资新项目，由于管理者比潜在的投资者更了解这一投资项目的实际价值，则如果项目的净现值是正的，表明项目具有较好的盈利能力，这时管理者代表旧股东的利益，不愿意发行新股以免把包含有项目好消息的信号传递给投资者，从而把投资收益转让给新股东（即新投资者）。投资者在知道管理者这种行为模式后，自然会把企业发行新股信息当成一种坏信息。在有效市场假设下，投资者会根据项目价值重新进行估价，从而影响到投资者对新股的估价，企业融资成本可能超过净现值，从而使企业的融资决策受到影响。因此，梅耶斯从理论上论证了该理论的中心思想，即企业融资“偏好内部融资，如果需要外部融资，则偏好债务融资”。[3]这与美国1956~1982年企业筹资结构基本相符。在这段时期，美国企业内部积累资金占资金来源总额的61%，发行债券占23%，发行股票仅占2.7%。[4]

新优序融资理论从信号理论角度考虑了企业的融资顺序，揭示了资本结构的变化以及解释了现实世界中的一些问题，但是该理论并没有考虑税收的影响、财务困境、证券发行费和代理成本等因素。

二、信号模型理论

信号模型理论同样也是在信息不对称情况下出现的，用于解释企业资本结构的一种理论。信号模型理论是探讨企业怎样通过适当的方法向市场传递有关企业的信号，以此来影响投资者的决策。信号模型属于新资本结构理论的分支。

自从斯彭斯（Spence）提出信号理论以来，信号模型在企业资本结构方面的研究越来越多，形成了许多有关资本结构的信号模型，如利兰—派尔模型、罗斯模型。

根据罗斯的信号模型理论得出的结论是，企业负债率越高，企业质量越高，负债比率显示了

---

3 沈艺峰. 资本结构理论史. 北京：经济科学出版社，1999.

4 李扬，王国刚. 资本市场导论. 北京：经济管理出版社，1998.

企业的质量。[5]经理通过使用负债比率向投资者传递企业利润分布信息，投资者将较高的负债率看做是企业高质量的表现，这是因为破产概率和企业质量存在负相关关系，即质量越高（利润越高）的企业越不可能破产。破产概率与负债率存在正相关关系，即负债比率越高，发生破产的概率就越大，在这种情况下，低质量（利润小）的企业不敢用过度负债的方法来模仿高质量的企业。

有关信号理论从资本结构角度来讲，有很多学者进行了研究。弗兰纳里（Flannery，1986）与卡尔（Kale）和诺埃（Noe）（1990）指出，在信息不对称的情况下，虽然长、短期债务均会被错误定价，但长期债务被错误定价的程度更大。因此，他们认为，高质量公司应发行短期债务，而低质量公司应发行长期债务。[6]

戈斯瓦梅（Goswami）、诺埃（Noe）和丽贝洛（Rebello）（1995）分析了有价证券的设计，并将它与未来现金流量的不确定性联系起来。他们得出的结论是，如果信息不对称涉及长期现金流量的不确定性，那么公司应该发行长期的付息债务，并限制股利发放。相反，近期现金流量不确定、有重大再融资风险的公司应发行长期债务，并不限制股利的发放。当信息的不确定性是随时间相同分布时，公司应使用短期债务进行融资。[7]

三、择时理论

择时理论（Market timing theory）认为，公司会根据股票市场的估值择时采用相应的融资策略。当公司股价被高估时，公司会倾向于发行股票，当公司股价被低估时，公司会倾向于回购股票。杜克大学的约翰·格雷厄姆（John R. Graham）教授和坎贝尔·哈维（Campbell R. Harvey）教授通过对1998年世界财富五百强企业财务总监（CFO）的问卷调查发现[8]，2/3的财务总监认为公司在发行股票时会考虑市场是否高估或者低估这一时机（timing）[9]。哈佛大学的马尔科姆·贝克（Malcolm Baker）教授和纽约大学的杰弗里·沃格勒（Jeffrey Wurgler）教授在2002年通过实证研究检验了择时理论[10]，他们发现，市净率（股票的市场价值/每股净资产）对公司的资本结构具有长期持久的显著影响。因此，公司的资本结构是公司长期择时发行股票的结果。

总之，公司的资本结构理论说明，债务融资和股权融资各有优势，以上各种理论从不同角度

---

5 Rose，Stephen A.，"The Determination of Financial Structure：The Incentive Signaling Approach，" *The Bell Journal of Economics*，8，No.1（Spring 1977），23–40.

6 蒋屏. 公司财务管理. 北京：对外经济贸易大学出版社，2001.

7 同上。

8 GrahamJ. R. and C. R.Wurgler，2001，TheTheory and Practice of Corporate Finance: Evidence from the Field，*Journal of Financial Economics*，Vol. 60（2–3）：187–243.

9 王斌. 公司财务理论. 北京：清华大学出版社，2015.

10 Baker M. and J. Wurgler，2002，Market Timing and Capital Structure，*Journal of Finance*，Vol. 57（1）：1–32.

说明了企业的融资行为，这些理论阐述了一家企业在面临股权融资还是债权融资决策时，会受到各种因素的制约，这些因素包括企业的融资成本、代理成本以及企业内部与外部之间因信息不对称而导致的各种费用等。

四、影响资本结构决策的重要因素

1. 经营风险

(1) 收入的稳定性

相对于收入波动较大的企业，收入稳定的企业的资本结构中可有更高比重的债务。收入增长的企业可利用财务杠杆正向作用来扩大增长的效应。

不同行业及同一行业的不同公司对财务杠杆的运用是多种多样的。药品和电子行业的债务较低，是因为行业固有的周期、研究等的不确定性，而且一般而言，这些公司通常利润较高，能够用留存收益来提供资金。而公用事业和零售业，使用债务比例较大。公用事业传统上的债务经常是长期债务，比重很高，其固定资产可为抵押贷款提供可靠的保障，相对稳定的销售收入使其能够比那些有经营风险的企业更多地举债。

研究表明，收入稳定的企业的负债比率一般高于行业的平均水平。有投资机会的企业的负债比率低于行业的平均水平。

(2) 现金流量

建立一个新的资本结构时，企业应关注企业产生现金流量偿还债务的能力。

2. 代理成本

(1) 契约合同

企业有可能会受到合同的限制。如对企业的投资方向、再融资方式、股利分派等的限制。

(2) 管理者的偏好

企业管理层对债务的比例也会有所限制。管理者的态度，对目标资本结构的设定起着重要的作用。

(3) 控制

管理层避免失去控制权而进行债务融资，而非股票融资。

3. 信息不对称

(1) 外部风险评价

企业融资的速度和评级取决于贷款人和评级机构对企业的评价。

(2) 时间

当利率较低时，债务融资会有吸引力，而利率较高时，更容易采用股权融资。资本市场的状况对融资也有很大影响。

目标资本结构（target capital structure）的建立不仅需要考虑债务比重，还要考虑融资渠道、融资成本、现实的融资条件、企业投资项目的盈利能力及相对应的融资方式。图 11–4 为我们提供了分析资本结构时的框架。

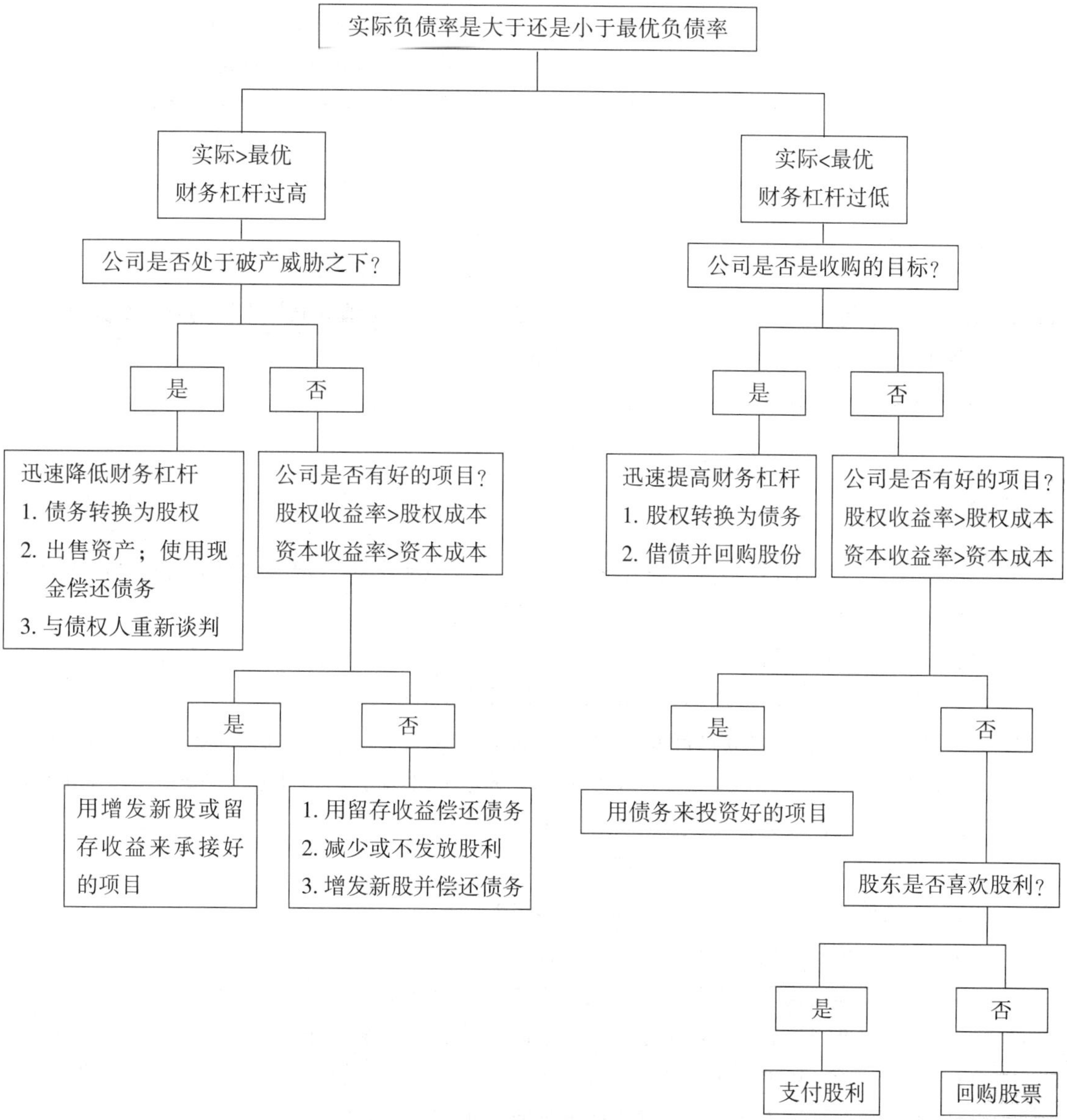

图 11–4 资本结构的分析框架 [11]

11 Aswath Damodaran, *Applied Corporate Finance*, by 1999 John Wiley & Sons, Inc.

关键术语

财务结构 financial structure
资本结构 capital structure
经营风险 business risk
套利 arbitrage
代理成本 agency cost
最佳资本结构 optimal capital structure
优序融资理论 pecking order theory
择时理论 market timing theory
目标资本结构 target capital structure

思考题

11-1 在有公司所得税、破产成本、代理成本情况下，企业的价值和其资本结构有什么关系？

11-2 实践中，企业怎样确定其资本结构是最佳的？

11-3 企业资本结构的信号作用是什么？

练习题

11-1 永嘉公司为100%股权融资。在外流通的普通股为100万股，股票价格为每股20元，预计*EBIT*为500万元，股利支付率100%。假设公司税率为25%。

(1) 计算企业的价值。

(2) 股权成本 K_S 和加权平均资本成本 K_a 分别是多少？

11-2 吉优公司目前正在考虑融资问题。如果全部为股权融资，股本成本为10%。如果采用债权与股权的混合方式，则发行2 000万元、利率为6%的债务。预计公司的*EBIT*为600万元，并假设MM的假设条件都成立且无税，问：

(1) 两种资本结构下的企业价值是多少？

(2) 在负债条件下的股东要求收益率是多少？

(3) 确定在负债情况下股权的价值，并证明 $S_L+B=V=6\ 000$ 万元。

(4) 两种资本结构下企业的加权平均资本成本分别是多少？

11-3 接上题。假设所有的条件均不变，只是企业的税率为25%，问：

(1) 两种资本结构下的企业价值分别是多少？

(2) 在负债条件下企业的股东要求收益率是多少？

(3) 确定 S_L，并证明 $S_L+B=V=5\ 000$ 万元。

(4) 两种资本结构下企业的加权平均资本成本分别是多少？

11-4 天时公司的 *EBIT* 为 800 万元，企业有 2 400 万元负债，债务成本为 8%，股权成本为 10%。

(1) 计算天时公司的价值。

(2) 企业的资本化率是多少？负债/股权比率是多少？

自测题

1. 财务困境通常伴随着______。

 A. 大量的行政开支 B. 不得不以较低的售价出售产品

 C. 通过管理层进行资产替代 D. 以上都是

2. 不同产业的资本结构差异主要归结于______。

 A. 经营风险的程度 B. 债务税盾的可行性

 C. 支持借款的资产能力 D. 以上都是

3. 融资优序理论表明，企业通常的融资顺序为：______。

 A. 留存收益、债务、发行新股 B. 债务、发行新股、留存收益

 C. 债务、留存收益、发行新股 D. 留存收益、发行新股、债务

4. 根据以下信息，为 ME 公司选择最佳资本结构______。

 A. 债务 = 40%； 权益 = 60%； EPS = \$2.95； 股票价格 = \$26.50

 B. 债务 = 50%； 权益 = 50%； EPS = \$3.05； 股票价格 = \$28.90

 C. 债务 = 60%； 权益 = 40%； EPS = \$3.18； 股票价格 = \$31.20

 D. 债务 = 80%； 权益 = 20%； EPS = \$3.42； 股票价格 = \$30.40

 E. 债务 = 70%； 权益 = 30%； EPS = \$3.31； 股票价格 = \$30.00

5. 以下哪句关于资本结构理论的陈述是正确的？

 A. 信号理论建议企业在正常情况下应该储备借债能力，以便有好的投资机会时使用

 B. 一般来讲，公司税率的提高可能使得企业在其资本结构中会使用较少的债务

 C. 根据“权衡理论”，破产成本的提高将导致企业在资本结构中减少债务的比重

 D. A 和 C 是正确的 E. 以上都正确

参考答案

1.D 2.D 3.A 4.C 5.D

第十二章

股利政策

本章学习目标

通过本章学习，读者应该能够：

- 掌握股利支付程序，会解释除息日、除权日的基本含义；
- 了解股利理论的三种观点：股利无关理论、在手之鸟理论和税差理论；
- 了解影响股利政策的各种因素，并掌握现实中的股利政策，如固定股利政策、剩余股利政策等各种股利政策的特点；
- 会解释股利政策的其他问题，如股利政策所涉及的代理成本、信号理论、客户效应理论、迎合理论和股利再投资计划；
- 掌握股票回购的目的、程序及其优缺点，并会解释股票回购对股票价格的影响；
- 掌握股票股利和股票分割的特点，会解释股票股利和股票分割对股票价格和股东权益账户的影响。

→引言

苹果首席执行官蒂姆·库克2012年3月19日通过电话会议宣布决定：苹果定于2012年7月1日起每股每季度派放股利2.65美元，年化分红额为10.60美元，相当于苹果当时股价的1.8%。预计头一年分红总额为100亿美元。同时，苹果决定自下一财政年度，即2012年9月30日起回购股票，计划持续3年，回购股票总价值为100亿美元。

按照美国国际战略和投资集团分析师布雷恩·马歇尔估测，苹果囤积大约980亿美元现金和有价证券。苹果上次决定分红是1995年，原定每股派息12美分，后因苹果管理层更迭和计算机市场份额缩小中断。企业已故创始人、前首席执行官史蒂夫·乔布斯一直拒绝分红，主张“持币”以保障运营空间。

库克19日说，分红和回购股票不会影响企业运营选项。苹果将维持一定量“战备金”以应对投资机会，分红和回购股票“不会为我们关闭其他的门”。

以年化红利与股价比例计，苹果股利收益率低于标准普尔500指数上市企业平均值2%。对比苹果，美国微软公司每股股利为股价的2.5%。以绝对数值计，苹果这次分红在美国企业中属佼佼者。苹果每年100亿美元的股利支出仅少于美国电话电报公司和韦里孙通信公司，而后两家企业以分红为主要手段吸引投资者。

“我既有些吃惊又有些失望”，长期关注企业分红的美国分析师赫什·科恩说，“他们派送股息是好事，只是在我看来，（苹果的）策略没有改变。”科恩原本预计苹果以股价3%的力度分红。而用BGC合伙公司分析师科林·吉利斯的话说，对于不少手握苹果股票的人，“有一些分红总好过啥也没有”。分析师普遍认为，分红和回购股票后，苹果依然“不差钱”。

资料来源：根据新华每日电讯（http://ews.xinhuanet.com/mrdx/012-03/21/c_131479726.htm）的相关资料整理而成。

股利政策是关于公司是否发放股利、发放多少股利以及何时发放股利等方面的方针和策略，所涉及的主要是公司对其收益进行分配还是留存以用于再投资的决策问题。当期支付较高的股利，会提高股东的短期收益率，但公司只能留存较少的资金用于再投资，这显然又会限制企业的增长速度，从而降低股票的价格。股利政策的变化对股票价格有着相互矛盾的双重影响，因此公司在制定股利政策时，应当兼顾企业未来发展的需要和股东对本期收益的要求，以实现其股票价格最大化。

因此，确定股利政策对公司而言是很重要的。如何确定股利政策，在实务中并没有一个标准的答案。本章仅就股利政策的相关问题进行介绍。

第一节　股利支付

一、股利支付

公司将其税后收益分派给股东叫作股利。股利支付受多种因素的影响，如公司的现金流量和投资需求可能变化很大，企业就不能长期固定支付很高的股利。若公司削减股利，投资者很可能认为公司经营、财务出现了问题。股利支付会影响企业的融资计划和资本预算，而流动性差的企业会被迫减少股利的分派。支付股利时，留存收益减少，从而降低股东权益，提高了企业的负债比率，由此而改变企业财务结构。股利一般按季度或年度以现金股利或股票股利的形式向股东分发。股利的分派一般先由董事会提出股利分配预案，然后提交股东大会决议通过才能分配。股东大会通过之后，要向股东宣布发放股利的方案。

例如，2015 年 6 月 11 日，青岛海尔股份有限公司发布公告，公告表明在 2015 年 6 月 10 日召开的 2014 年年度股东大会上通过了《青岛海尔股份有限公司 2014 年度利润分配及资本公积金转增股本预案报告》。2015 年 7 月 10 日，又发布了 2014 年度利润分配及资本公积金转增股本实施公告。该公告表明“青岛海尔股份有限公司 2014 年度利润分配方案已经于 2015 年 6 月 10 日召开的 2014 年年度股东大会审议通过，相关股东大会决议公告已于 2015 年 6 月 11 日刊登在《上海证券报》《中国证券报》《证券时报》《证券日报》以及上海证券交易所网站”。

二、股利支付程序

实际股利支付程序具有重要意义，这点无论对股东还是管理层都是很重要的。仍以青岛海尔股份有限公司为例说明股利支付程序。

实例 12–1 2015 年 7 月 10 日，青岛海尔股份有限公司的实施公告中宣布了具体的分红方案：“本次分配以 3 046 125 134 股为基数，向全体股东每 10 股派发现金股利 4.92 元（含税），转增 10 股。税前共计派发股利 1 498 693 565.93 元，实施后总股本为 6 092 250 268 股。

“个人股东及证券投资基金扣税后每 10 股派发现金股利 4.674 元。

“1. 股权登记日：2015 年 7 月 15 日。

“2. 除息（除权）日：2015 年 7 月 16 日。

“3. 现金红利发放日：2015 年 7 月 16 日。

“分派对象为：截至 2015 年 7 月 15 日（A 股股权登记日）下午上海证券交易所收市后，在中国证券登记结算有限责任公司登记在册的全体股东。”

解析 青岛海尔股份有限公司的股利发放程序如图 12–1 所示：

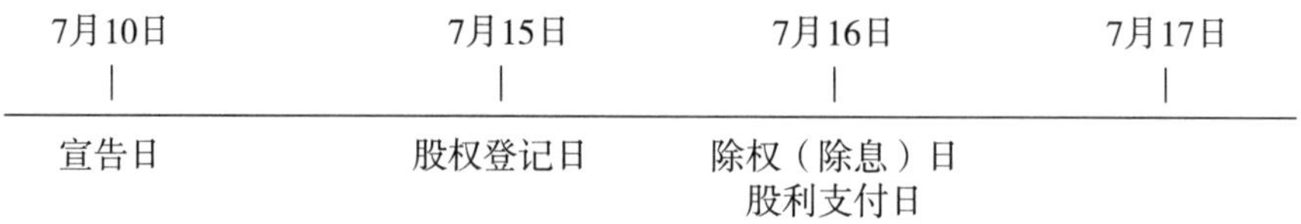

图 12–1 股利支付程序

在股利支付程序中，需要注意以下几个重要的概念。

1. 宣告日

在宣告日，董事会发布公告，内容包括所要发放的每股股利、股权登记日、除息（除权）日、股利支付日等。如在实例 12–1 中列示的青岛海尔股份有限公司在 2015 年 7 月 10 日发布的实施公告中指出“青岛海尔股份有限公司 2014 年度利润分配方案已经于 2015 年 6 月 10 日召开的 2014 年年度股东大会审议通过，相关股东大会决议公告已于 2015 年 6 月 11 日刊登在《上海证券报》《中国证券报》《证券时报》《证券日报》以及上海证券交易所网站”。

2. 股权登记日

上市公司的股份每日在交易市场上流通，上市公司在送股、派息或配股的时候，必须要以某一天为界定日，以规定哪些股东可以参加分红，定出的这一天就是股权登记日。也就是说，在股权登记日这一天仍持有或买进该公司的股票的投资者是可以享有此次分红或参与此次配股的股东，这部分股东名册由证券登记公司统计在案，届时将所应送的红股、现金股利或者配股权划到这部分股东的账上。

青岛海尔股份有限公司的股权登记日为 7 月 15 日，表明这天交易结束后，登记在册的股东则享有这次分红派息的权利。

3. 除息（除权）日

股权登记日后的第一个交易日就是除权日或**除息日**（ex-dividend date），这一天购入该公司股票的股东是不能享有本次分红的“新股东”，不再享有公司此次分红配股。在实例 12–1 分析中，青岛海尔的除息除权日为 7 月 16 日，正好是股权登记日 7 月 15 日的第二天（星期四）。如果股权登记日正好是星期五，那么除息（除权）日则要顺延两天，即之后的第一个工作日。根据上海证券交易所的有关规定，股票在除权日当天，在其证券名称前记上 XR，为英文 Ex-Right 的缩写，表示该股已除权，购买这样的股票后将不再享有分红的权利；证券代码前标上 DR，为英文 Ex-Dividend 和 Ex-Right 合在一起的缩写，表示除权除息，购买这样的股票不再享有送红派息的权利。证券代码前标上 XD，为英文 Ex-Dividend 的缩写，表示股票除息，购买这样的股票后将不再享有派息的权利。

有关我国股利支付程序总结如表 12–1 所示。

表 12–1 我国股利支付程序

B 股	深圳	上海
R 日 股权登记日	R 日 股权登记日	R 日 股权登记日
R+1 日 除息（除权）日	R+1 日 除息（除权）日	R+1 日 除息（除权）日和红股（转增股）到账日
R+3 日 股权确认，红股到账	R+2 日 股息、分红转增股到账日	R+2 日 股息到账日
R+4 日 股民可以开始交易红股，并在托管商处领取红利		

资料来源：根据证券网中的资料整理。

根据深、沪证券交易所交易规则规定，除权（息）价的计算公式为：

$$除权（息）报价=\frac{（前收盘价-现金股利）+配（新）股价格\times流通股份变动比例}{1+流通股份变动比例} \tag{12.1}$$

从公式（12.1）可知，在除息除权日这一天，股票价格要下降，下降的幅度大约等于分红派息的幅度，这时的价格称为除息除权价。但是，证券每日的开盘价是经过集合竞价产生的，开盘价不完全等于除权价。此时，除权价只能作为除权日当天个股开盘的参考价，如果大部分人对该股一致看好，委托价相对除权价高填，经集合竞价产生出的开盘价高于除权价，则填权；反之，则贴权。

如果出现大多数以委托买入和委托卖出对除权价均认可的价格，则产生与除权价相等的开盘价。

但要注意的是，国外股票市场上的除息（除权）日是在股权登记日前的两个营业日，这主要源于其最初的交割日。最早除息（除权）日是在股权登记日前 4 个营业日，近几年来已改为前两个营业日。

此外，股利支付日在此例中与除息除权日同一天，这没有严格的规定，也可以滞后一段时间。

第二节　股利政策理论

一、股利无关理论

财务学家莫迪格莱尼和米勒（以下简称 MM）认为，股利政策对公司的股票价格或资本成本没有影响。他们认为股利政策与公司的价值无关，公司的价值只由公司本身的获利能力和风险决定，因而它取决于公司的资产投资决策而不是收益的分配与留存的比例情况。他们进而阐述道：在一系列特定的假设条件下，假如公司发放给股东较高的股利，那么他们就必须发行更多的股票，其金额正好等于公司支付的股利。

MM 的这个理论观点有以下 5 个假定条件：(1) 不存在任何个人或公司所得税；(2) 股票的发行或交易不存在任何费用；(3) 股利政策对公司的股本成本没有任何影响；(4) 公司的资本投资政策独立于其股利政策；(5) 关于未来的投资机会，投资者和管理者可获得相同的信息。显然，MM 的假设条件与现实之间存在很大的差异。因为所得税、交易成本都是存在的，会使公司的资本成本受到股利政策的影响。于是许多观点不同的理论相继问世。

二、股利相关理论

股利无关理论（the irrelevance of dividends theory）与股利相关理论的根本分歧在于：股利政策是否对股本成本产生影响。MM 认为，股利政策对股本不产生影响，而相对立的是股利政策对股本成本产生影响，即股利相关理论，具有代表性的就是以下介绍的**“在手之鸟”理论**（bird-in-the-hand theory）和税差理论。

（一）“在手之鸟”理论

迈伦·戈登（Myron Gordon）和约翰·林特纳（John Lintner）认为：随着股利支出的减少，股本要求收益率 K_S 增加，因为投资者认为股利收入要比由留存收益带来的资本收益更为可靠，他们认为，在投资者眼里，1 元的股利收入的价值实际上超过了 1 元资本收益的价值。股利收益率 (D_1/P_0) 的风险小于资本收益率 (g) 的风险。因此，公司应当采纳较高股利发放率的政策，提供较高的股利收益率以使其资本成本最小化。

（二）税差理论

莱森伯格（Lizenberger）和拉姆斯韦（Ramaswamy）根据税收效应在 1979 年提出了有关**税差理论**（tax preference theory）。在有些国家，资本利得的税率低于股利收入的税率，投资者持有股票而不将其卖掉，资本利得将延迟确认从而推迟支付资本收益税。此外，即使资本利得和股利收入的税率相同，但如果继续持有股票就可以获得资本利得延迟纳税。由于将来支付的 1 元，其价值低于今天支付的 1 元，因而这种递延特性成为资本利得的又一个优势。这就是税收差异理论。这一理论表明投资者偏好资本收益，公司应该采纳较低股利发放率的政策。

图 12-2 反映了以上 MM、GL 和 LR 之间的分歧。

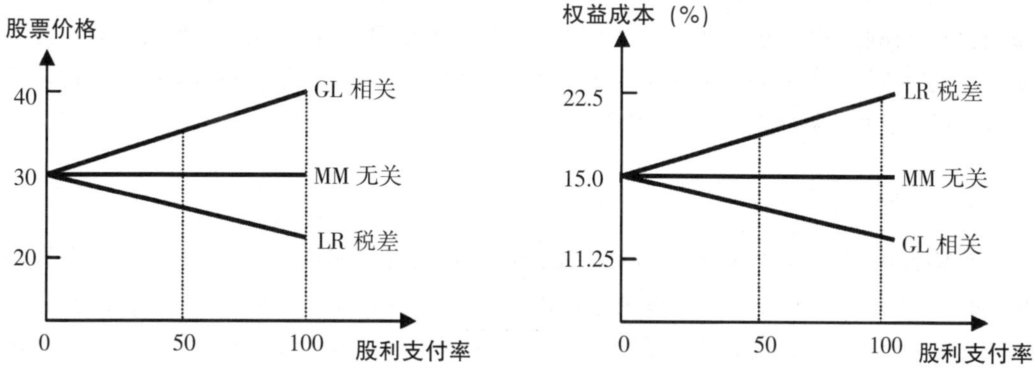

图 12-2　3 种股利政策理论的比较

三、股利政策的新理论

（一）股利信号理论

金融市场对公司采取的对将来现金流量和公司价值产生潜在影响的每一行动都会做出反应。根据信号传递原理，当公司宣布改变股利政策时，实际上是向市场传递了信息，或向投资者发出了信号。这一信号有其正面性，也有其负面性。

股利信号理论认为：(1) 股利政策向投资者传递重要信息。如果公司支付的股利稳定，说明该公司的经营业绩比较稳定，经营风险较小，有利于股票价格上升；如果公司的股利政策不稳定，股利忽高忽低，这就给投资者传递企业经营不稳定的信息，导致投资者对风险的担心，进而使股票价格下降。(2) 稳定的股利政策，是许多依靠固定股利收入生活的股东更喜欢的股利支付方式，它更利于投资者有规律地安排股利收入和支出。普通投资者一般不愿意投资于股利支付额忽高忽低的股票，因此，这种股票不大可能长期维持于相对较高的价位。(3) 稳定的股利或稳定的股利增长率可以消除投资者内心的不确定性，等于向投资者传递了该公司经营业绩稳定或稳定增长的信息，从而使公司股票价格上升。

（二）客户效应理论

客户效应理论（Clientele effects theory）是对税差理论的进一步拓展。不同收入水平的股东对股利发放率有不同的要求，比如说，某些股东如退休人员和基金组织通常比较关心本期收入，他们希望公司能将其收益的较高比重作为股利予以发放。他们通常处于低税级甚至零税级，因而对纳税问题并不太重视，该类股东偏好高股利支付率的股票。但是，一些收入较高的股东却更愿意重新投资，他们并不需要本期投资收入用作开销，因此，所得的股利纳完所得税后，又用做再投资，该类股东偏好低股利支付率或不支付股利的股票。这种股东根据各自偏好集中在采用不同股利政策股票上的现象称为“客户效应”。

（三）迎合理论

哈佛大学的马尔科姆·贝克（Malcolm Baker）教授和纽约大学的杰弗里·沃格勒（Jeffrey Wurgler）教授在 2004 年提出了股利**迎合理论**（Catering theory of dividends）[1]，该理论认为，公司支付股利是因为管理者必须满足股东对股利不断变化的需求。贝克和沃格勒两位教授利用美国市场 1962~2000 年的数据发现，开始支付股利的公司比率与股利溢价率（即支付股利的公司与不支付股利的公司在平均市场/账面比率上的差额）显著正相关，而终止支付股利的公司比率与股利溢价率显著负相关，而且“股利溢价”现象无法用股利的客户效应理论来解释。他们认为，投资者基于心理因素或者制度因素会对支付股利的公司产生较强的需求，从而导致这类股票形成股利溢价。

（四）股利政策和代理成本

有关股利政策的一个令人困惑的问题是为什么公司支付股利的同时又发行新股。由于发行成本较高，因此如果公司有较好的投资机会，公司不应分派股利而是应用公司所产生的收益进行再投资从而使公司的成本最低。

一个答案是股利的分派有信号作用。但很难算出信号作用所产生的价值会比发行新股的成本高。第二个解释是与代理成本有关。前面我们解释过股东与经理之间存在着代理冲突：作为企业的主人，股东要求经理们以股东财富最大化来行动，而经理们更多地会从自身利益出发。

1 Baker M. and J. Wurgler, 2004, A Catering Theory of Dividends, *Journal of Finance*, Vol. 59 (3): 1125-1165.

由于这个潜在的代理冲突，股东需要支付代理成本来监督经理的行动。但对于公众持股的公司而言，要股东一起来监督经理是困难的。最有效的方式便是委托第三方，类似于代表债券持有人和代表股东的受托人来对经理们进行监督。

当企业经常进行外部融资时，监督问题会大幅度下降。当企业发行新股或新债时，负责承销的投资银行、评级机构的分析家、交易所的证券分析家和潜在的投资者会对企业的经营决策和财务决策进行审慎的分析。尽管企业现有的投资者可通过投票多出售证券来影响经理们的行动，新的投资者可对经理们的行为仔细审查，如果发现问题可拒绝购买新的证券。实际上，在监督经理们的行动而言，新的投资者比现有的投资者更为有效，从而企业需要不断地从外部获得资金以降低代理问题。

在资本市场上监督，股利政策的作用是先而易见的。投资规模一定，**股利支付率**（dividend payout ratio）越高，企业要发行更多的证券。较高的支付率迫使企业要经受资本市场的检验，这个评估过程对代理问题会有所缓解。

第三节　实践中的股利政策

一、剩余股利政策

股利政策受投资机会及所需资金的可得性两者的共同影响。这一现象导致了剩余股利支付理论的发展。该理论论述了公司在决定其股利发放率时，必须遵循以下 4 个步骤：（1）确定最佳资本预算；（2）确定为此预算需要所应筹集的股本数额；（3）最大可能地利用留存收益来满足这一股本数额的需要；（4）只有在其收益满足最优资本预算需要还有剩余的情况下才能发放股利。奉行**剩余股利政策**（residual dividend policy）意味着公司只能利用剩余的收益作为股利分派。

实例12–2　华石公司的最佳资本结构为 40%的债务和 60%的权益，最佳资本成本为 10%，可筹集 10 000 万元。现在，公司经理正在考虑几个未来的投资机会。图 12–3 为 3 种不同年份投资机会图。这 3 种不同年份分别是：好年份（IOS_G），一般年份（IOS_N）和差年份（IOS_B）。

如果公司的净利润为 7 000 万元，华石公司采取剩余股利政策，试分析该公司的股利支付率。

解析　根据题意，公司的最佳资本结构为 40%的债务和 60%的权益，在此条件下，最佳资本成本（加权平均资本成本）为 10%，可以筹集 10 000 万元资金，那么其中 4 000 万元来自债务，

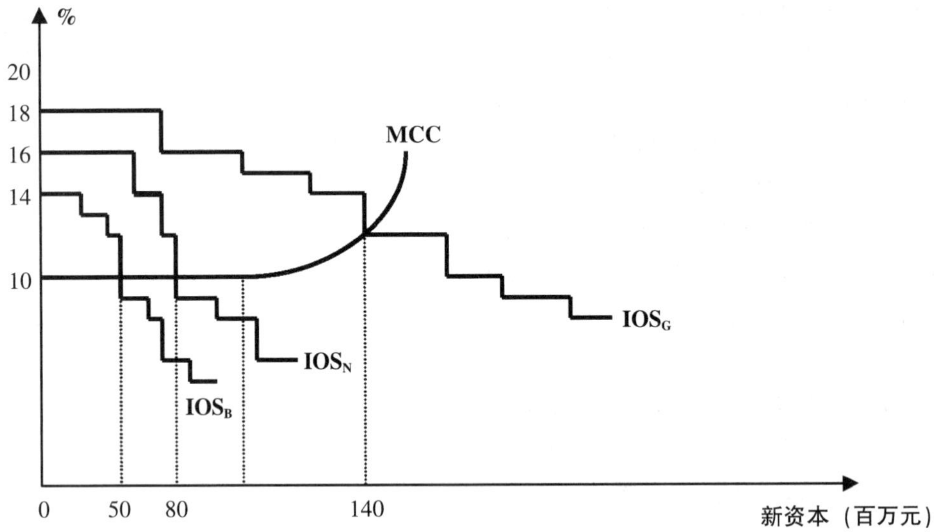

图 12–3　投资机会图和边际成本图的结合

6 000 万元来自权益，一旦超过 10 000 万元时，加权平均资本成本将随着公司的要素成本的增加而上升。

图 12–3 中 IOS 与 MCC 的交点分别对应于 3 种投资状态下的边际资本成本及其新增投资的最佳水平，当投资机会相对好时公司的新增投资数量应为 14 000 万元。

假定 IOS_G 计划可行，公司就必须筹集和投资 14 000 万元。由于公司的目标负债率是40%，即在 14 000 万元中，有 14 000×60%=8 400 万元来自权益。当前净利润为 7 000 万元，在净利润全部留存在企业的情况下，它的平均资本成本为 10%。其他的权益资本 1 400 万元将通过从增发新股来筹资，因而成本较高。若公司把其部分利润作为股利发放，那就得更早地发行成本较高的普通股票，从而使其 MCC 曲线将比原来更早地上升。这意味着在 IOS_G 条件下，公司应留存其全部利润。若采纳 IOS_G 计划，那么根据剩余股利政策，公司的股利支付率应当等于零。

在 IOS_N 条件下，公司只需投资 8 000 万元。那么如何筹措这 8 000 万元呢？首先，我们看到假若公司留存其全部利润 7 000 万元，它就只需发行 1 000 万元新债，但是这样做就背离了目标资本结构。按照目标资本结构的要求，在 8 000 万元中，通过股本/留存收益筹集的资金占 60%，依赖新债筹集的资金占 40%，也就是说，公司应留存 4 800 万元（8 000×60%）利润并筹集 3 200 万元（8 000–4 800）债务。若公司仅保留其 7 000 万元全部利润中的 4 800 万元，它就可以将剩余的 2 200 万元作为股利分配给股东，因此，在 IOS_N 条件下，它的最优股利支付率是 2 200/7 000=31.43%。

在 IOS_B 条件下，公司只需投资 5 000 万元。同理，为了保持目标资本结构的要求，权益比率为 60%，公司必须留存 3 000 万元利润，余下的 4 000 万元作为股利分派。根据剩余股利政策，这时的股利支付率为 4 000/7 000=67.14%。

由此可见，如果 IOS 计划和收益年年有变，那么一丝不苟地执行剩余政策将会导致股利变动，而且即使投资机会情况稳定，现金流量的波动也会导致股利变化，而且导致 K_S 的增加。因此，几乎没有人会机械地照搬剩余股利政策，但是正如我们所讨论的那样，许多公司的确运用剩余股利政策来帮助设立一个长期目标发放率。

二、固定股利或稳定增长股利

许多公司都规定每股股利的大小，并保持这个水平不变。但随着公司的收益增长或通货膨胀率的影响，那些奉行固定股利政策的公司有时会转而实行稳定增长的股利政策。有关固定股利政策如图 12–4 所示。

从图 12–4 看出，飞亚达 A（股票代码：000026）2007~2014 年股利比其盈利更为稳定，这也是多数公司典型的股利政策模式。当公司遭受巨大损失时，稳定的股利不可能永远坚持下去，如果亏损持续，大多数公司最终便削减股利。

这种稳定的、可预见的股利政策有其逻辑上的原因。首先，如果信息内涵假设成立，那么股利政策的波动会导致较为严重的不稳定局面及较高的股本成本，引起股价下跌，其次，那些需要股利作本期消费的股东希望能获得固定股利。因而，股利的异乎寻常的变动会降低股票的市场需求，进而导致股价下跌。即使是为剩余股利政策所限定的最佳发放率也会因时而异，因此，为避

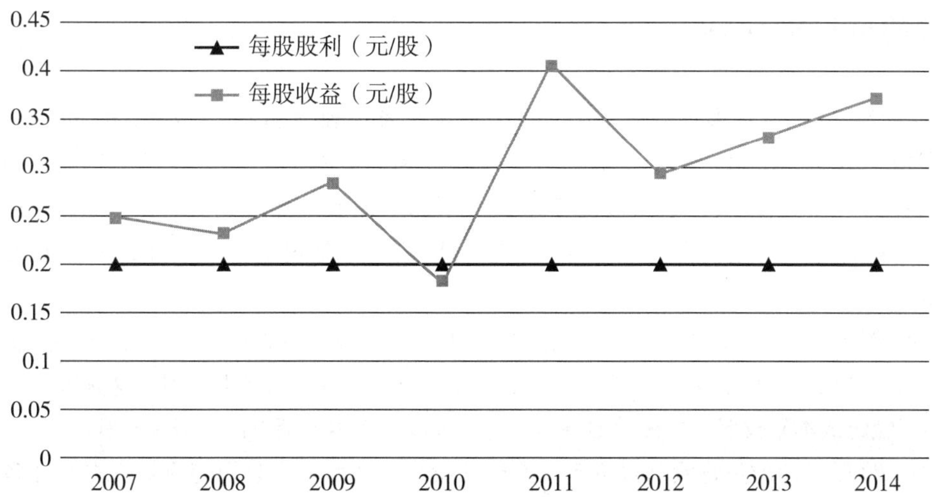

图 12–4 飞亚达 A 每股股利和每股收益之间的关系（2007~2014 年）

免减少股利或降低投资者所期望的增长率，可实行某种综合性措施，比如，延缓某些投资项目，必要时偏离目标资本结构或出售普通股票等。

三、固定发放率

固定股利要与固定发放率区别开来。固定发放率是按照固定的比例发放股利，比如，50%的固定发放率，即表明如果有 2 元钱的净收益，公司留 1 元，股东得 1 元。但事实上，实行这一股利政策的公司很少，因为收益是变动的，遵循上述政策就意味着股利金额也时有波动。

四、固定低股利加额外分红

固定**低股利加额外分红**（low-regular-dividend-plus-extras policy）是一种常见的股利政策，它将每年发放的股利固定在较低水平上，然后，再根据公司经营情况，决定在年末是否给予一笔额外分红。这一政策既赋予公司一定的灵活性，又可使投资者的最低股利收入得到保证。假若收益及现金流量变动相当大，这种政策也许是最佳选择。按照这一政策原理，公司可以制定一个比较低的固定股利，即使低得足以使公司在收益最低时或需留存较多收益时也能够负担，而在收益较高或无须留存较多收益的情况下，则可支付额外的红利。这一政策适用于受经济周期影响较大的公司。

当然，如果公司长期有额外分红，股东可能会将这额外分红视为正常的股利收益，一旦减少额外分红，股东就会认为是公司财务状况恶化，从而导致股票价格的下降。

五、股利再投资计划

在 20 世纪 70 年代，多数公司开始实行**股利再投资计划**（dividend reinvestment plan，简称为 DRP，或 DRIP），在此计划下，股东可将所得股利以股票的形式重新投资于该公司。DRP 可分为两种：（1）只涉及已在市场上流通的股票的“旧股”型计划；（2）包括新发行股票的“新股”型计划。不论何种计划，即使只收到股票而不是现金，股东都必须根据所得的股利缴纳税款。

在“旧股”型计划下，若股东选择再投资，那么作为受托人的银行将提走全部再投资资金（除去费用），在股票市场购买该公司股票，而后按比例记到各股东名下。因为这是大宗购买，故交易成本（经纪成本）较低。这种计划对不需将现金股利作本期消费的小股东有利。

“新股”型股利计划是将股利投资于新发行的股票，从而能为公司筹集新资本。许多公司如 AT&T、施乐、联合碳化等公司靠推行这种计划筹集到了相当数量的权益资本。公司对股东免收费用，还按低于实际市价3%~5%的折扣出售股票。这些成本均由公司承担，从而取代了通过投资银行筹资所需承担的发行成本。

第四节　影响股利政策的因素

在现实中，公司可根据对股利理论的理解和实践中常使用的股利政策，结合本公司的实际情况来考虑公司的股利政策。要考虑的因素包括：(1) 股利发放的限制条件；(2) 投资机会；(3) 各种资本来源的可得性；(4) 企业处在不同的发展阶段；(5) 股利政策对资本成本的影响。

一、限制条件

1. 债券契约

公司在接受贷款后，通常要受到债务合同的约束，只有在流动比率、利息保障倍数和其他安全比率超过其规定的最小值后，才能支付股利。债券合同，特别是涉及长期债务时，常常限制企业支付现金股利的能力，这些限制主要在于保护贷款人的利益。未来股利只能用签订贷款协议以后所产生的收益支付股利。

2. 资本减损规则

按照法律的要求，股利的支出不得超出资产负债表中的“留存收益”项目的金额，这叫作“资本减损规则”，用来保护贷款人的权益（清偿性股利可从资本中支付，但不能使资本低于公司债务合同规定的最低限度），即禁止企业用资本支付股利。

3. 现金的可得性

现金股利只能用现金支付，如果企业现金短缺会使股利支付受到限制。但是，未使用的借款能力可以抵消这一因素的影响。

4. 非正当积累收益惩罚税

为防止逃避缴纳个人所得税，税法规定，对非正当积累收益加收一种特殊的附加税。在美国，一旦国内税务局（IRS）查出某公司以故意压低股利发放率来帮助股东逃避缴纳个人所得税，那么该公司就会被课以重罚。然而事实上，这种限制仅对私有公司，即其股票不在公开市场上买卖的公司施行。

二、投资机会

股利政策的制定当然还要考虑企业目前和未来存在的投资机会。企业的投资机会越多，企业所需资金越多，使用低成本的留存收益可使总成本降低，企业则会采用低股利政策；投资机会越少，则会采用高股利政策，而且如果企业具有加快或延缓投资项目的能力，则公司股利政策具有更大的灵活性。

三、各种资本来源的可得性

1. 新股发行成本

公司要为投资项目筹资，可通过留存收益或发行新股来获得资金。如果发行成本很高，价格下跌压力很大，则 K_e 将高于 K_s，也就是说通过留存收益筹资要优于出售新股筹资。如果，这些成本都很低，那么股利政策就显得不那么重要了。各公司的发行新股成本和下跌压力不一样，小公司的这些成本高于大公司。因此，发行成本的高低以及由此而引起的制定股利政策的灵活性程度将因公司而异。

2. 控制权

出售更多的新股会稀释控制权。如果管理部门关注公司的控制权，那么它就可能不愿意通过出售新股而宁愿通过保留更多的收益来获得资本。这一因素对封闭型公司尤为重要。

3. 资本结构弹性

如果股票发行成本较低，公司的股利政策就较为灵活，因为企业自有资本既可通过留存收益也可通过出售新股来获得。关于债务政策，也有类似的情形，如果一个公司可以调整其负债比率而不至于严重影响其资本成本，那么它就可以借助于可变的负债比率来保持它的固定股利或稳定增长股利政策。

四、处于不同阶段的股利政策

企业的股利政策取决于企业的投资机会和现金流量是否充足等多种因素。这里，我们根据企业的生命周期来决定采用相应的股利政策，即使股东财富最大化的政策。

企业的生命周期如同产品的生命周期一样，分为引入阶段、成长阶段、成熟阶段、衰退阶段，根据不同阶段对资金的需求和投资的报酬率的情况可采用不同的股利政策。如图 12–5 所示。

引入阶段和成长阶段，企业需要大量资金，要进行大量的融资，一般没有富余的现金进行股

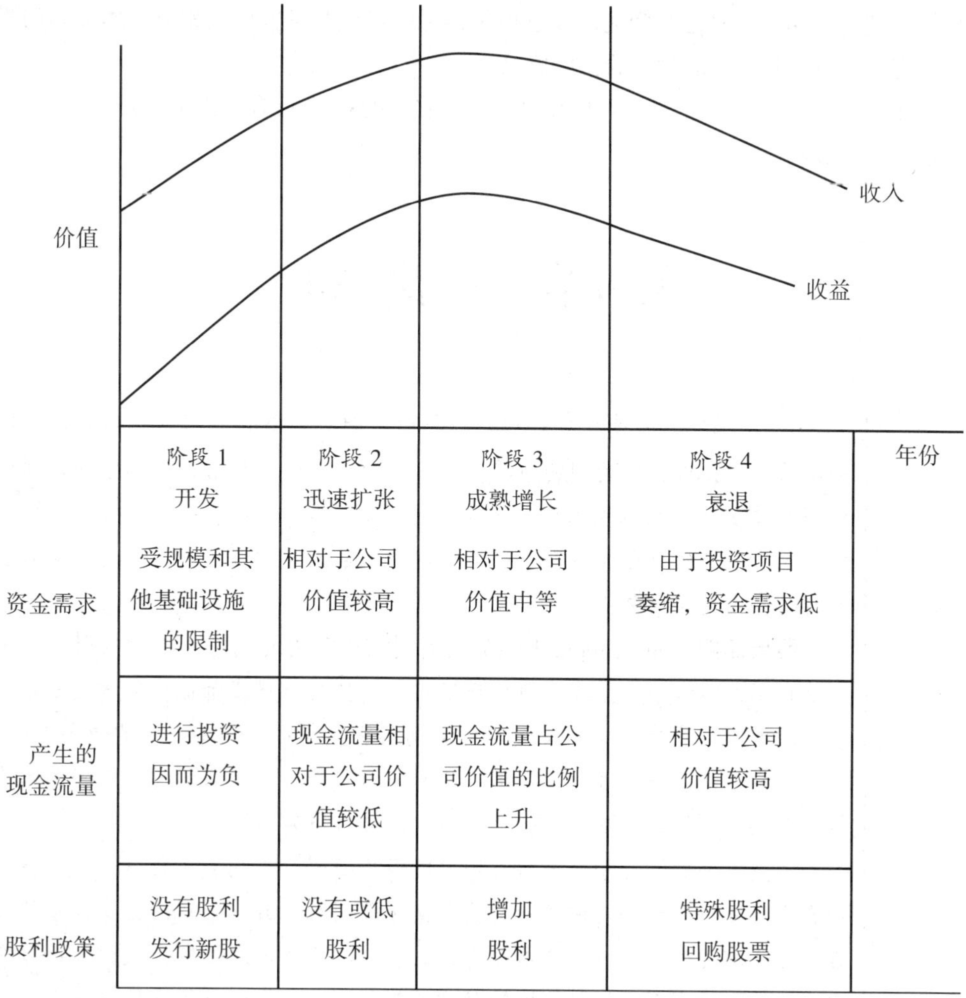

图 12–5　不同阶段的股利政策

利分派，故这时发放股票股利而不是现金股利。成熟阶段，这时产品的销量很好，能带来大量的现金流量，这时可分派现金股利。到了衰退阶段，收益率降低，可进行股票回购，从而让现金回到投资者手中，让他们去投资于报酬率更高的项目，从而实现股东财富的最大化。

五、股利政策对资本成本的影响

股利政策对资本成本的影响可从以下四个方面考虑：(1) 资本利得税的递延；(2) 股东对本期收入（与未来收入比较）的重视；(3) 对股利风险和资本利得风险之间差异的观察；(4) 股利

的信息内涵（信号）作用。对这些问题前面已做了详尽的讨论。各方面因素对资本成本的影响因素不同，制定政策时尤其要考虑股东的构成情况。

股利政策的决策的制定只能建立在信息准确判断的基础上，只有严谨地分析上述各个因素，才能制定出合理的股利政策。

第五节　股票回购

支付现金股利的一种替代方法是股票回购，即将公司收入通过回购的方式分配给股东，被公司购回的股票称为库藏股。回购股票后，市场上所流通的股票将因此减少，如果回购对公司不会产生不良影响，那么在总盈利不变的条件下，在外流通股票的每股收益额将会有所增加，从而导致股价上涨，这意味着股利收益将被资本收益所替代。

股票回购（stock repurchase）是针对信息不对称的一种有效的财务政策。由于信息不对称和预期差异，股票市场存在低估公司投资价值现象和股票市场的内在不稳定性，上市公司有必要保持较高的资信等级，储备一定的债务融资能力，增强财务弹性，以应付股票市场不认同公司配售计划带来的投资与经营困难，或者在股票市场严重低估公司投资价值时，进行股票回购。

多数大宗回购计划是公司总调整的组成部分，在调整过程中，某些重大资产如整个分公司或子公司被拍卖而使负债比率明显上升。资产的出卖及新债的发行带来了新增资金，这些资金通过大宗的、一次性的股票回购方式分配给股东。作为公司改组组成部分的股票回购与“常规”回购的影响是不同的，后者只是一种取代现金股利分配公司收入的一种方法。

一、股票回购的实际操作

实例 12-3　预期泰明公司 2016 年的预期收益可达 800 万元，其中的一半，即 400 万元计划分配给普通股股东。公司在外流通的股票数共计 200 万股，市价为每股 30 元，公司可以用这 400 万元以每股 32 元的价格购回股票 12.5 万股，也可用以支付股利，股利额为每股 2 元。试分析该公司是否可以采取股票回购的政策。

解析　股票回购是否可行，主要看回购后股票价格对剩余股东是否有利，如果回购股票后，股票价格上升，则有利于剩余股东，则股票回购是可行的。

本期每股收益 EPS=总收益/总股数=800 万元/200 万股=4 元/股

本期市盈率 P/E=30/4=7.5，假定市盈率保持不变，回购股票 125 000 股后，在外流通的股数减少为 187.5 万股，因此，

每股收益 EPS=800 万元/187.5 万股=4.267 元/股

预期回购后的市价 P=（P/E）（EPS）=7.5×4.267 元/股=32 元/股

预期剩余股票的资本利得为：32−30=2.00（元/股）

应当注意，在此例中，不管发生什么情况，投资者都会得利 2 元。这种得利可能表现为 2 元的现金股利，也可表现为 2 元的股价升值。这一结果的发生主要是因为我们已假设：(1) 股票回购的价格均为每股 32 元；(2) P/E 比率将保持不变。假如回购股价低于 32 元，这对剩余的股东有利。反之，则不利。此外，回购也可能导致 P/E 比率发生波动。若投资者认为回购于己有利，P/E 比率就会上升；反之，则下降。

二、股票回购的优点和缺点

（一）股票回购的优点

1. 从股东角度看回购之优点

股票回购的宣布可以被看作一个好兆头，因为回购的决定往往是在管理层认为公司股票价格过低的情况下做出的。例如，拥有 30 亿元资产，每年盈利 4 亿元的某公司在过去的 20 年里从未支付过一分现金股利，它的利润被用于股票的回购以刺激其股价上涨。公司的股票价格从 1975 年的 4 元涨至 1986 年的 355 元，该公司的回购行为显然是明智之举。

企业进行股票回购时，股东可选择是否出售股票。而在企业支付股利时，股东必须接受，同时缴纳相应的所得税。因此，如果企业选择通过回购股票将多余的现金分派给股东，急需现金的股东就可以卖掉一些股份，而那些不急需现金的股东只需保留股票即可。这样做可以推迟纳税。

2. 从管理者角度看回购之优点

正如前所论，股利水平在短期内是“黏性”的。管理者不会轻易提高股利，除非新的股利水平有望可以长期维持。由于信号影响的存在，管理层也不愿削减股利。他们把现金流量的过剩看成是一种暂时现象，宁愿以回购的方式将它分配给股东，也不愿降低股利水平。

公司可用剩余模型来建立目标现金分配水平，而后将其分为股利部分和回购部分。股利支付率通常较低，而股利本身比较有保证，当流通股减少时会有所提高。相对于全部以现金股利分派

而言，公司对全部分派有更多的灵活性，因为每年的股票回购有所变化而不会给出不好的信号。

回购可对资本结构产生大规模的变化。回购的股票可用来兼并企业或在股票选择权行使、可更换债券兑换以及股权证认股时发放出去。为避免每股收益下跌，多数公司愿意采用股票回购这种方式。

（二）股票回购的缺点

1. 从股东角度看回购之缺点

现金股利对股利的影响可能大于回购，因为，人们通常认为现金股利比较可靠。此外，公司如果施行有保障的定期回购计划，那么就很有可能被课以非正当积累税。但如果公司回购不是定期的，可以区别对待。

出售股票的股东或许是因为并没有掌握公司现在及将来活动的准确信息，因此，公司在施行股票回购之前，要将回购计划公之于众，以免出售股票的股东诉诸法律。

公司在回购股票时也许出价甚高，这将不利于剩下的股东。若某公司的股票交易并不活跃，而却急于回购相当数量的股票，则其股票价格将有可能被哄抬以至于超过均衡价格。而在公司股票回购行动停止后，股价便又会下跌。

2. 从管理者角度看回购之缺点

一些人认为那些施行回购的公司的增长率通常要低于那些不施行回购的公司，好的投资机会也较少。因此，如果说回购是公司经济增长情况不好的标志的话，那么就有可能对股票价格造成不利影响。如果公司确实没有较好的投资机会，那就不如将资金分配给投资者，由他们自己随意将资金投资于别的地方，但还没有证据表明股东喜欢股票回购政策。

从法律的角度看，回购也许会带来一些风险，在有些国家，如果政府认为公司股票回购的目的主要是为了逃避对股利征税，那么就要对该公司课以重罚。

如果某公司被认为在操纵其股票价格，管理机构就可能提出质询。当公司计划在近期出售其股票或进行兼并谈判并将其股票兑换成被兼并公司的股票时，政府管制将防止公司进行过多的回购。

第六节　股票股利和股票分割

股票股利和**股票分割**（stock split）与企业的股利政策有关。股票股利（送股）是用额外的股票支付，而不是用现金支付，它只涉及从留存收益账户向股本账户的转账。而在股票分割情况下，股东权益账户没有变化，但是会使在外流通股增多。

一、股票分割

股票应该以多高的价格在市场上有利于其流通？普遍认为存在着股票的最优价格范围。这里“最优”是指股票价格在此范围内，市盈率（P/E）及企业的价值最大化。在美国纽约股票市场上，大多数股价的最优值在20~80美元。具体到各国，根据其证券市场的发达程度、一国股份制经济的成分多少，股票价格的“最优”是有差异的。如果一家公司认为本公司的股票价格超过了最优范围，该公司可以实行1∶2或其他比例将股票进行分割。例如，一家公司的股票价格为每股60元，若实行1∶2分割，则每股分为两股，每股股票价格为30元；若实行1∶3分割，则每股分为3股，每股价格为20元。这样整个股份数增加，股票价格下降。

二、股票股利

与股票分割类似，**股票股利**（stock dividend）是在不改变现有股东权利的情况下采用的化整为零的方针。如果股票股利是5%，那么持有100股股份的股东就可收到额外的5股。如果股票股利为20%，那么这个股东就可收到20股新股，依此类推。不过，股票总数的增加会导致每股收益和价格的下跌。

如果公司要降低其股价，究竟应该采用股票股利还是采用股票分割呢？一般说来，在股价猛涨的情况下，可采用股票分割来抑制股价的上涨；股票股利可用于对年度内股价的抑制。比如，公司的收益和股利每年按10%的幅度同步增长，那么股价也会以相同的增长率上涨，以至于很快就超出了公司所期望的范围。对于这个公司来说，采用10%的股票股利即可将股票价格控制在最优范围之内。

三、股票股利和股票分割对价格的影响

公司实行股票分割或股票股利后，股票在市场上会发生什么变化？股票的市场价格是否会上升？对这一问题所做的研究表明：

1. 一般而言，在宣布实行股票股利或股票分割之后，股票价格会出现短暂上涨。

2. 股票价格上涨的主要原因是投资者的心理因素，因为投资者认为实行股票股利和股票分割预示着企业将会有高收益和高股利，他们认为只有那些对其经济情况自信乐观的公司才会宣布采用这种方法。因此，宣布实行股票股利及分割这一行动标志着公司收益及现金股利将有可能上升。因此，伴随股票股利而来的股价上涨是因为股东对公司收益及股利持乐观态度，而不是股票股利

及股票分割本身促成的。

3. 如果在公司宣布分割股票或实行股票股利之后的几个月内收益和股利并没有达到所预期的水平，上涨的股价又将跌回原来的水平。

4. 低价股票的经纪费用占交易额百分比较高，即经营低价股票交易要比经营高价股票花费大，这也说明股票股利和股票分割减少了公司股票的流动性。从这点来看，股票股利和股票分割是不利的。

股票分割和股票股利似乎仅仅是增加了股票的数量。然而事实上，这些方法确实是用以表明公司前景乐观的一种花费相对低廉的办法。此外，几乎没有大公司出售过价格高达几百元的股票。假如IBM、埃克森等一些极为成功的公司不实行股票分割，而是以几千至上万元的价格销售股票，其结果难以想象。总而言之，在公司前景看好，尤其是股票价格远远地超出正常水平的时候，实行股票分割和股票股利是有意义的。

第七节　合理的股利政策

一、股利的稳定性

企业的股利政策是否稳定是非常重要的。投资机会、利润、现金流量有所变化，似乎企业股利分派也会随着发生变化。现金流量多、对资金的需求量少时应增加股利，当相对于投资机会而言，现金少时应减少股利。然而，许多股东是依靠股利来支付费用的，如果股利不稳定，他们就会受到影响，而且减少股利来提供投资资金会给出不正确的信号，引起股价的下降。为了使股价最大化，需要企业对其内部资金的需求和股东的需求进行平衡。

怎样维持一个稳定的股利呢?

1. 每个公众持股的公司都会作5~10年的收益和股利的财务预测。尽管这个预测只是为内部计划，并不向外公布，但证券分析家们做类似的预测并提供给投资者。

2. 股利的稳定有两方面：(1) 增长率是否可靠；(2) 将来收到的股利的多少。从投资者的角度来看，最稳定的股利政策是：股利增长率是可以预测的，长期来看，公司总的收益率（股利收益率+资本利得率）是稳定的。其次，股东可合理地认为当前的股利不会减少。

3. 公司需要有一个稳定的股利政策。投资者更倾向于稳定的股利的股票。这说明，如果公司有稳定的股利，就会使其权益成本最低，股价最高。

二、股利政策分析框架

股利政策不是一个孤立的决策，应与资本预算决策和资本结构决策结合起来，还应该考虑企业的自由现金量和资金使用成本，同时要考虑由于不对称信息给投资者的正向或负向的信号作用。只有通过进行综合分析，才能得出适合于企业的股利政策。图 12-6 为我们提供了确定股利政策的分析框架。

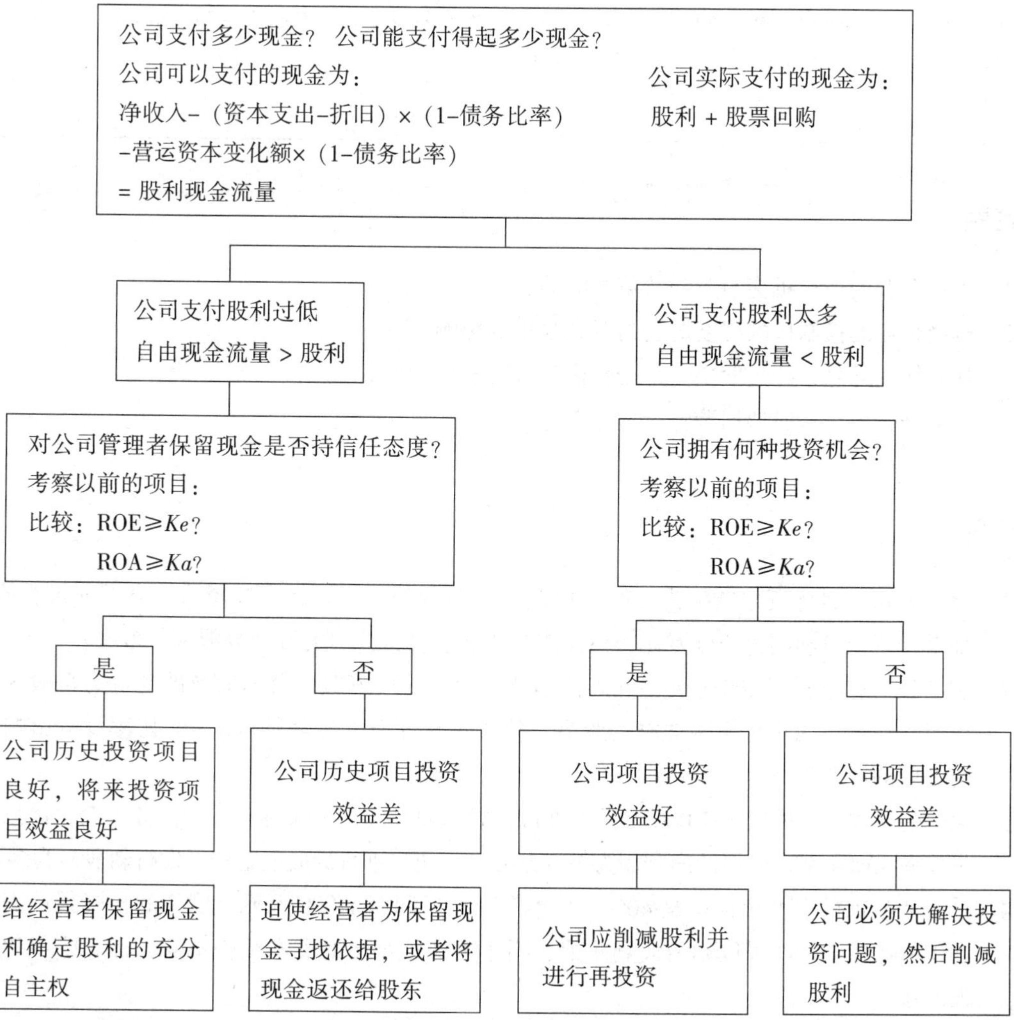

图 12-6 股利政策分析框架[2]

2 Aswath Damodaran, *Applied Corporate Finance*, by 1999 John Wiley & Sons, Inc.

关键术语

除息日 ex-dividend date
股利无关理论 the irrelevance of dividends theory
“在手之鸟”理论 bird-in-the-hand theory
税差理论 tax preference theory
股利支付率 dividend payout ratio
剩余股利政策 residual dividend policy
低股利加额外分红 low-regular-dividend-plus-extras policy
股利再投资计划 dividend reinvestment plan
股票回购 stock repurchase
股票分割 stock split
股票股利 stock dividend
股利迎合 dividend catering
客户效应理论 clientele effects theory

思考题

12-1 解释企业的增长机会与股利政策之间的关系。

12-2 解释企业的控制权的程度对公司股利政策的影响。

12-3 如果你在除息日购买股票，是否会得到将要发放的股利?

12-4 公司是否应进行股票回购?

练习题

12-1 金达公司的目标资本结构为60%的权益和40%的债务，预计需要资金500万元进行投资。如果公司的净利润为400万元，根据剩余股利政策，公司的股利分派率是多少?

12-2 利丰公司有净利润200万元，在外流通普通股为100万股。公司股票的现价为每股32元。公司正在考虑用现金回购20%的股票。预计回购对公司的净利润和P/E比率没有影响，回购之后的股票价格为多少?

12-3 益茗公司需要新的资金1 000万元来进行扩展。如果公司想保持40%的债务不变，保持股利发放率45%不变。公司的净利润为500万元，公司应进行的股权融资（发行新股）为多少?

12-4 某企业目前的资产负债率是40%，今年实现税后利润1 000万元。明年的投资预计需要增加1 100万元。如采取剩余股利政策，明年仍保持今年的资本结构不变，计算明年的股利发放额。

12-5 美达公司预期2011年的净收益达440万元，计划用其中50%进行股利分配。目前公司在外股票数共计110万股，市价为每股20元。公司可以用这220万元按每股22元回购股票10万股，也可以按每股支付股利2元。计算回购后股票的价格。

自测题

1. 与剩余股利政策相比，固定股利政策的优点是（　　）。
   A. 能改善公司的资本结构　　B. 为投资者提供可预测的现金流
   C. 常为企业保持充足的资金　　D. 避免公司出现负的现金流
2. 以下哪句陈述正确？
   A. 如果公司采用1:2股票分割，则分割后的股票价格大约是原股票价格的2倍
   B. 股利征税比股票回购征税更优惠，这就是为什么公司愿意支付股利而竭力避免股票回购的原因
   C. 平均来说，当公司宣布实施股票回购计划后，股票价格将上升
   D. A和B是对的
   E. 以上都对
3. 公司以股票的形式发放股利，可能带来的结果是以下哪项？
   A. 引起公司资产减少　　B. 引起公司负债减少
   C. 引起股东权益内部结构变化　　D. 引起股东权益和负债同时变化
4. 以下哪句陈述最能描述投资者偏好的股利理论？
   A. MM理论认为投资者偏好股利收益而不是资本收益
   B. "在手之鸟"理论建议公司可以通过减少股利支付率来减少其股本成本
   C. 税差理论建议，公司可以通过提高股利支付率来提高股票价格
   D. 剩余股利政策的主要优点是能确保公司的股利政策稳定
   E. 以上都不对。
5. "在手之鸟"理论认为股利比资本利得具有较大的确定性，因此（　　）。
   A. 公司应保持较高的股利支付率政策　　B. 公司应保持较低的股利支付率政策
   C. 股利支付率高低对投资收益没有影响　　D. 公司的风险状况主要是由股利政策决策的

参考答案

1. B　2. C　3. C　4. E　5. A

第四篇

融资决策

公司理财的一个重要内容就是融资。只有资金的支持，企业的成长或项目的进行才成为可能，才能够实现价值的增加。企业的资金来源有多种渠道，按时间的长短可分为长期资金和短期资金，按来源可分为债务融资和权益融资。本篇首先讨论如何进行短期和长期财务预测，如何确定资金缺口，然后分析各种长期融资方式，如发行公司债券、发行股票和一些新的融资工具。

第十三章

财务预测

本章学习目标

通过本章学习，读者应该能够：

- 掌握财务预测的基本概念；
- 会编制现金预算表；
- 会编制预计资产负债表和利润表；
- 掌握预测所需额外融资的销售百分比法；
- 了解公司所能达到的最高内部增长率和可持续增长率的基本概念。

→引言

某日，一家发展迅速的企业财务经理到银行申请贷款100 000元，其理由是要用这笔贷款支付给坚持要收取现金的一位供应商，同时，财务经理向银行承诺，3个月后，公司将收到一笔货款可用于偿还这笔贷款。但是银行一份关于该公司的可持续增长的分析表明，该公司目前的增长率已经超过可持续增长率的4~6倍，并且预计这种状况可能还会持续下去。需要收到现金而没有耐心的供应商只是提供了一个信息，它表明公司的过快增长存在着许多根本性的弊病，贷款100 000元只不过是今后数年更多支付额的一个底数而已。企业如何了解自己的可持续增长率，如何进行财务规划为融资做好准备？

财务预测是公司理财的重要技术方法之一，是公司对某一时期的融资、投资、股利分配和营运资本等全部财务活动进行管理和控制的基础。例如，公司要对外提供产品或服务，必须拥有或控制一定的资产。在销售增加或减少时，也会相应地增加或减少流动资产和固定资产，资产增加或减少就会引起资本的增加或减少，从而引起财务需求的变化，这就需要财务预测。

第一节　短期财务预测

一、什么是财务预测

财务预测是在公司战略、经营策略指导下，根据财务活动的历史资料，考虑现实的要求和条件，对公司未来的财务活动和财务成果做出预计和测算，据此判断公司未来的发展，为公司实现其理财目标提供决策支持。财务预测可以分为短期财务预测和长期财务预测。短期财务预测就是对公司未来一个年度之内的财务收支做出预计和测算，主要编制现金预算表；长期财务预测是对未来若干年度的财务需求及财务成果的预计和测算，主要编制预计的财务报表。

二、财务预测的基本要素

财务预测的基本要素涉及投入、模型分析和产出，其中投入包括预计销售额、成本、利息和汇率，也包括当前公司的现金余额、债务责任，以及可选的决策方案等。而模型分析则是指建立投入与产出之间的数学关系。财务预测的产出是指预计财务报表和一系列预算。预计财务报表是指财务报表的预算，而预算则是指财务活动的详细计划，如广告预算、费用预算、销售预算和资本预算，以及与之相关的外部融资计划。

在确定财务预测时，要考虑以下因素：

1. 时间框架

财务预测是对未来工作所做的安排，大多数决策都有较长时间的提前期，要花很长的时间实施这些决策。在不确定的环境下，决策制定要远远超前于具体实施。例如，企业想在2007年建一家工厂，就需要在2005年开始选择承包商等。因此，我们有必要将未来分为短期和长期。通常，如果规划仅涉及一年以内的财务安排，则为短期预测；如果规划涉及一年以上的财务安排，一般为 2~5 年，则是长期预测。

2. 总体水平

企业每年各个部门都可能有自己的规划，而本章所讨论的财务预测是指汇集了企业每个部门的各个项目，将其看成一个大的项目进行规划或预算。

3. 情景分析

财务预测要求就未来各种可能的情况，如最糟糕的、一般的和最好的做出假设。最糟糕的包括放弃，或陷入破产清算，而最好的可能包括新产品的开发和公司的扩展等内容。在此，需要关注的是最糟糕的情况，当发生最糟糕的情况时，我们是否有资金的支撑。

三、现金预算

公司要想获得其未来现金需求在时间和数量上更为精确的估计值，就需要进行现金预算。现金预算是对公司预期现金流入量和流出量的估计，它可以让财务经理识别短期融资需求和机会，帮助财务经理研究短期借款需求。现金预算不仅指出了在计划期内的融资需求的数量，同时也指出了这些融资需求的具体时间。它是一种在现金流量时间线上确定现金溢缺的方法。

现金预算的编制可以按一定期间进行，通常按年分季或月编制，也可以针对未来的月份编制更为详尽的周或日现金预算。公司通过按年分季或月编制的预算来达到规划现金收支的目的，而周或日预算则被用来满足其实际控制现金收支的需要。

现金预算的编制方法主要有直接法和间接法两种，一般采用直接法。

（一）直接法（现金收支法）

直接法是将预算期内可能发生的一切现金收支项目分类列入现金预算表内，确定收支差额，以采取适当财务策略的方法。现金预算表的内容主要包括：现金收入、现金支出、现金溢缺、现金融通。

现金收入包括期初现金余额和预算期现金收入。经营活动所获取的现金收入是其主要来源，即销售商品、提供劳务收到的现金，包括当期销售当期收到的现金、前期应收账款收回及预收账款。此外，还有资产销售、租赁、投资收益和长期融资（包括权益融资和债务融资）等其他现金流入。

现金支出包括预算的采购货款、工资及薪金、租金、债务利息、购置设备、纳税、偿还本金、支付股利等。

现金溢缺列示现金收入合计与现金支出合计。差额为正，说明收大于支，现金有多余；差额为负，说明支大于收，现金不足。

现金融通列示短期融资或投资计划。通过公司的现金收入及现金支出的预测，推算出预算期末现金结余情况。现金有多余，用于短期投资；现金不足，需要取得新的借款，借款额=最低现金余额+现金不足额。

借款利息一般按“期初借入，期末归还”来计算。

实例13–1 大华公司的有关资料如下：

1. 大华公司生产某种产品，2016年预计价格为2 000元。该公司2016年有关预测资料如下：各季度该产品销售量分别为5 000件、15 000件、20 000件和10 000件；假设2015年末应收账款余额为4 000 000元，收账政策是当月收赊销额的70%，次月收30%。

2. 其他现金收入如表13–1所示。

表13–1 大华公司2016年其他现金收入 单位：元

项 目	第一季度	第二季度	第三季度	第四季度	本年合计
股利收入		3 000 000			3 000 000
处置固定资产				4 000 000	4 000 000
合计		3 000 000		4 000 000	7 000 000

3. 大华公司根据销售预算、生产预算、有关库存要求和材料消耗定额，预计2016年各季度购买额分别为1 370 000元、3 240 000元、3 440 000元、2 075 000元。每季度采购金额的60%在当季支付，其余40%在下季支付，2015年末应付账款余额为950 000元。

4. 其他现金支出如表13–2所示。

表13–2 大华公司其他现金支出 单位：元

项 目	第一季度	第二季度	第三季度	第四季度	本年合计
直接人工	2 600 000	6 400 000	7 200 000	4 000 000	20 200 000
制造费用	2 940 000	4 460 000	4 780 000	3 500 000	15 680 000
销售及管理费用	8 450 000	7 950 000	11 700 000	8 400 000	36 500 000
预缴所得税	1 700 000	1 700 000	1 700 000	1 700 000	6 800 000
预分股利	1 000 000		1 000 000		2 000 000
购入设备	2 000 000	1 000 000	1 000 000	1 000 000	5 000 000
合计	**18 690 000**	**21 510 000**	**27 380 000**	**18 600 000**	**86 180 000**

5. 公司第一季度的期初现金余额来自资产负债表，金额为3 100 000元，公司最低现金余额要求为3 000 000元。

6. 假设融资利息的支付方式是还款时付息。

根据上述条件，请编制大华公司2016年的现金预算表。

解析　1. 确定现金流入量

（1）营业现金流入量如表13–3所示。

表13–3　大华公司2016年营业现金流入量

项　目	第一季度	第二季度	第三季度	第四季度	本年合计
销售量（件）	5 000	15 000	20 000	10 000	50 000
销售单价（元）	2 000	2 000	2 000	2 000	2 000
销售收入合计（元）	10 000 000	30 000 000	40 000 000	20 000 000	100 000 000
当季收入（元）	7 000 000	21 000 000	28 000 000	14 000 000	70 000 000
回收前期应收账款（元）	4 000 000	3 000 000	9 000 000	12 000 000	28 000 000
现金收入小计(元)	11 000 000	24 000 000	37 000 000	26 000 000	98 000 000

（2）其他现金流入量参见表13–1。

2. 确定现金流出量

（1）现金采购支出如表13–4所示。

表13–4　大华公司2016年采购支出

单位：元

项　目	第一季度	第二季度	第三季度	第四季度	本年合计
预计采购成本	1 370 000	3 240 000	3 440 000	2 075 000	10 125 000
当季付款	822 000	1 944 000	2 064 000	1 245 000	6 075 000
支付前期货款	950 000	548 000	1 296 000	1 376 000	4 170 000
当季现金支出	1 772 000	2 492 000	3 360 000	2 621 000	10 245 000

（2）其他现金支出参见表13–2。

3. 编制现金预算表

编制的现金预算表如表13–5所示。

需要说明的是：对于现金多余与不足的处置方式，应视具体的情况而定。一般说来，临时性的现金多余可以考虑归还短期借款或购买短期有价证券。如果这种多余是长期性的，则比较适合归还长期借款或进行有价证券投资，甚至可以考虑分配给投资者。同样，对于临时性的现金不足，主要通过筹措短期借款或出售有价证券加以弥补；如果是长期不足，则可以利用长期负债或变卖长期有价证券来弥补，甚至可以考虑缩小经营规模。

现金收支法编制的现金预算，其优点是可直接同现金收支的实际情况进行比较，有利于企业对现金收支执行情况进行控制与分析。其缺点是无法将编制的现金预算与企业预算期内经营与理财成果的密切关系清晰地反映出来。

（二）间接法（调整净收益法）

调整净收益法是指运用一定的方式，将企业按权责发生制计算的净收益调整为按收付实现制

表13-5 大华公司2016年现金预算表 单位：千元

项目 \ 时间	第一季度	第二季度	第三季度	第四季度	本年合计
一、现金收入					
（1）期初现金余额	3 100	3 138	3 076	3 156	3 100
（2）营业现金流入	11 000	24 000	37 000	26 000	98 000
（3）其他现金流入		3 000		4 000	7 000
现金收入合计	14 100	30 138	40 076	33 156	108 100
二、现金支出					
（1）采购支出	1 772	2 492	3 360	2 621	10 245
（2）其他支出	18 690	21 510	27 380	18 600	86 180
现金支出合计	20 462	24 002	30 740	21 221	96 425
加：最低现金余额	3 000	3 000	3 000	3 000	3 000
现金需求合计	23 462	27 002	33 740	24 221	99 425
三、现金余缺	–9 362	3 136	6 336	8 935	8 675
四、现金融通					
借款	9 500				9 500
偿还借款		3 000	6 000	500	9 500
支付利息（利率4%）		60	180	20	260
投资				8 415	8 415
期末现金余额	3 138	3 076	3 156	3 000	3 000

注：第二季度末支付利息=3 000 000×4%×(2/4)=60 000（元）

第三季度末支付利息=6 000 000×4%×(3/4)=180 000（元）

第四季度末支付利息=500 000×4%=20 000（元）

计算的净收益，在此基础上加减有关现金收支项目，使企业净收益与现金流量相互关联，从而确定预算期现金溢缺，并做出财务安排的方法。

具体步骤：

1. 将以权责发生制计算的税前净收益调整为以收付实现制计算的税前净收益。

2. 将以收付实现制计算的税前收益减去按权责发生制的税前净收益计算的应纳税款，则调整为收付实现制的税后净收益。

3. 将以收付实现制计算的税后净收益加减与计算收益无关的现金收支额，则调整为预算期现金流入净额。

4. 预算期的现金流入净额，加减期初、期末现金余额，再减去预计现金股利派发额，即为预算期现金溢缺。

5. 对现金的溢缺预先做出妥当的财务安排。

调整净收益法的优点是：将权责发生制计算的收益与收付实现制计算的净收益统一了起来，不仅反映出企业收益额与现金流量间的内在关系，而且还可以揭示公司有时虽盈利但现金却拮据或虽亏损但现金却富余的原因。其缺点是不能直观地反映出企业经营活动中现金流入与流出的具体情况。

第二节　长期财务预测

长期财务预测（Long-term financial forecast）是应对风险的一种有效方法。任何公司要立足市场，都必须经受住市场的考验。因此，长期财务预测的目的是提高企业应对风险、实现可持续增长的财务管理能力。实际上，长期财务预测系统地阐述了实现财务目标的方法，包括以某些标准为基础做出预测和为改进企业业绩不断做出反馈和调整。这种预测过程包括若干种预算的编制和使用，最终体现在预计财务报表上。

一、长期财务预测假设前提

从销售增长与外部融资需要量之间的逻辑关系和数量模型可以看出，财务规划是基于一定的假设的。这些假设有些是针对企业内部的（如企业经营模式稳定假定、资产周转与运营能力保持不变假定等），而有些则是针对企业外部的（如资本可得性假定）。归纳起来有：

1. 市场不变假定

它是假定企业根据市场分析与环境判断而得出的销售预测，已包含了未来年度的所有市场变动风险，从而所预测的销售增长率是合理、恰当的，它可以作为财务预测的基础。

2. 经营稳定假定

它是指企业在进行财务预测时，假定企业现有盈利模式是稳定的，企业资产周转效率是不变的。其潜在含义是，资产、负债等变量与销售收入间的比例关系在规划期内保持不变。

3. 融资优序假定

它是假定企业融资是按照以下先后顺序进行的，即先内部融资，后债务融资，最后为权益融资。这一假定不仅在理论上可行（在第十一章中详细讨论），而且被财务实践所证实。美国财务学家在对经营者的一项实地调查中发现，对于五种不同的资本来源（内部留存、外部股权、外部债务、优先股、可转换债券），经营者所偏好的融资顺序分别是内部留存、外部债务、可转换债券、外部股权、优先股。

二、长期财务预测的步骤

长期财务预测必须是公司整体战略计划和营业计划的有机结合。预测可分为6个步骤：

1. 建立一套预计财务报表系统，分析经营计划对预计利润和各财务比率的影响。该系统也可用于监督计划制订后的执行情况。对于一个好的控制系统来说，及时、迅速地发现实际执行情况与计划的偏差是很重要的，这对在千变万化的经营环境中企业的成败至关重要。

2. 根据计划要求设立特殊的资金需求项目，包括建立工厂和购买设备所需资金，库存与应收账款所需资金，研究与发展资金，以及主要广告业务所需资金。

3. 预测5年中所需要的资金。估计内部形成的资金和源于外部的资金。任何由于资金的限制而对计划的影响都应考虑到计划中，例如，负债比率、流动比率和利息保障倍数的限制等。

4. 建立资金分配和使用的财务控制系统。这关系到基本计划能否顺利实现。

5. 建立反馈和调整程序，当制订计划所依据的经济条件发生变化而不能实现时，能及时调整基本计划。例如，目前的经济情况比所预计的要好，因此要提高生产预算和市场销售量。认识到这点后，要及时对原计划做相应的变动。

6. 建立以业绩为基础的管理者补偿体系。系统应根据经理们是否以股东的利益工作，即股票价格的最大化来进行奖励。

第三节　预测外部融资金额

企业在发展过程中，需要资金的支持，如何了解企业资金额的大小，以便事前作好融资准备是非常重要的。预测资金额的常用方法是采用预计财务报表，这是因为公司的决策在将来财务报表上会有所反映。在财务规划过程中，公司使用预计财务报表有利于评价各种决策在各项目之间的影响和关系，如销售和净利润之间的关系，同时也有助于做出决策的过程；预计财务报表还有助于企业创造整体规划，对未来不可预期的情形做出反应，同时该报表也反映了企业在发展中的资金缺口，有利于企业根据自身的融资结构和能力，调整决策。

一、预计财务报表

常用的预计财务报表方法是**销售百分比法**（percentage of sales method），该方法是在预测财务报表各要素时使用的一种简单的、在实际工作中常用的方法。这种方法建立在两个假设的基础上：

(1) 假设财务报表中所有的要素与销售紧密联系；

(2) 目前资产负债表中的各项水平对当前的销售来讲都是最佳的。

实例 13–2 新东公司是一家大型电器生产商，其 2015 年的利润表和资产负债表如表 13–6 所示。表中列示了有关成本、费用、资产、负债等项目与销售收入（营业收入）的比例关系，凡是与销售无关的项目用“/”反映。通过预测判断，公司下一年度的电器产品市场将有较大增长，公司销售收入有望增长 10%。根据历史数据所得出的基本经验，该公司财务经理认为，公司收入增长将需要追加新的资本投入。经综合测算认为，销售成本和管理费用（不包括折旧）的增长与销售收入的增长同步；利息费用由借款和利息率决定，利息率 10%不变；所得税率 25%不变；公司股利支付率 50%不变；公司没有剩余生产能力，资产项目增长率与销售增长率相同（即资产周转率不变）；公司提取折旧形成的现金流量全部用于当年固定资产更新改造；应付账款增长率与销售增长率相同，长期借款暂时不变；公司 2015 年度既不发行新股，也不回购股票，即股本总额不变；2016 年留存收益=2015 年留存收益+2016 年净收益–2016 年分配的股利。

表 13–6 新东公司 2015 年的财务报表 单位：万元

利润表				资产负债表			
营业收入	4 000	100%	10%	**资产**			
营业成本	3 000	75%	10%	货币资产	80	2%	10%
毛利	1 000	25%	10%	应收账款	320	8%	10%
管理费用	600	/	10%	存货	400	10%	10%
其中：折旧	300	/		流动资产小计	800	20%	10%
息税前收益	400	10%		固定资产净值	1 600	40%	10%
利息（10%）	80	/		**资产总计**	**2 400**	**60%**	**10%**
税前收益	320	8%		**负债和股东权益**			
所得税（25%）	80	/		应付账款	400	10%	10%
净收益	240	6%		长期负债	800	N/A	/
股利（50%）	120	/		股本	1 100	N/A	/
留存收益（增量）	120	/		留存收益	100	N/A	
				负债和股东权益总计	**2 400**	**N/A**	

假设**所需额外融资**（additional financing needed，AFN）全部为长期负债，利率仍为 10%，请根据 2016 年的预计财务报表，并确定所需额外融资量。

解析 根据题意，新东公司 2016 年的预计财务报表如表 13–7 所示。

根据新东公司 2015 年的财务报表，其 2016 年的预计利润表见表 13–7 的第一次预测，预计增加的留存收益为 135 万元，该留存收益加入 2015 年资产负债表中的留存收益 100 万元中，得第一

表 13-7　新东公司 2016 年的预计财务报表　　单位：万元

项目	2015 年		2016 年				
	实际		第一次预测		第二次预测		第三次预测
利润表							
营业收入	4 000	×1. 1	4 400		4 400. 00		4 400. 00
营业成本	3 000	×1. 1	3 300		3 300. 00		3 300. 00
毛利	1 000	×1. 1	1 100		1 100. 00		1 100. 00
管理费用	600	×1. 1	660		660. 00		660. 00
其中：折旧	300	×1. 1	330		330. 00		330. 00
息税前收益	400		440		440. 00		440. 00
利息（10%）	80	=	80	+6. 5	86. 50	+0. 244	86. 74
税前收益	320		360		353. 50		353. 26
所得税（25%）	80		90		88. 37		88. 31
净利润	240		270		265. 13		264. 94
股利（50%）	120		135		132. 56		132. 47
留存收益（增量）	120		135		132. 56		132. 47
资产负债表							
资产							
货币资产	80	×1. 1	88		88. 00		88
应收账款	320	×1. 1	352		352. 00		352
存货	400	×1. 1	440		440. 00		440
流动资产小计	800		880		880. 00		880
固定资产净值	1 600	×1. 1	1 760		1 760. 00		1 760
资产总计	**2 400**		**2 640**		**2 640. 00**		**2 640**
负债和股东权益							
应付账款	400	×1. 1	440		440. 00		440
长期负债	800	=	800	+65	865. 00	+2. 44	867
股本	1 100	=	1 100		1 100. 00		1 100
留存收益	100		235		232. 56		232. 47
负债和股东权益总计	**2 400**		**2 575**		**2 637. 56**		**2 640**
所需外部筹资额			65		2. 44		

次预测的资产负债表中的留存收益为 235（100+135）万元。

由于营业收入上升，公司的资产规模必定要扩大。公司在 2015 年已经使用了全部资产，这样，在更高的销售水平上必然需要更多的现金，同时也会产生更多的应收账款、存货以及固定资产。因此，在资产负债表中，流动资产和固定资产随销售额增长的比例上升。

如果增加以上资产，则相应就要通过增加负债和权益来为资产提供资金来源。比如，随着销售增加，公司需要购买更多的原材料，应付账款也随之增加；更高的销售水平会导致需要更多的雇员，从而导致更多的应付工资和应付税款额等，因而流动负债会随着销售增加而增加。

因此，在表 13–7 中，对资产负债表的第一次预测中，资产与负债和股东权益部分出现了一个差额 65 万元，这个差额则要通过外部融资方式取得，而外部融资方式取决于公司的融资决策。在本实例中，假定所需资金全部由债务融资。

通常预计外部融资额可以到此为止，但是，由于所需资金通过债务融资，会增加利息成本，从而导致预计利润表发生变化，留存收益也随之发生变化，所以要精确预测外部融资额，还需重复上述过程，使得资产负债表完全相等为止。对新东公司的财务报表再作一次调整，即进行第二次预测。由于 65 万元全部源于长期负债，因此，根据利率水平 10%，需要支付利息 6.5（65×10%）万元，从而使得第二次预测的利润表中的利息为 86.5（80+6.5）万元。因此，在其他条件不变的情况下，导致公司的 2016 年预计留存收益为 132.56 万元，当年资产负债表中的留存收益调整为 232.56（100+132.45）万元。同时，在资产负债表中，长期负债增加 65 万元，第二次预测的资产负债表中长期负债为 865（800+65）万元。对资产负债表的第二次预测中，资产与负债和股东权益部分出现了一个差额 2.44 万元，同理，这一差额通过长期债务融资，融资成本为 10%。依此类推，通过三次预测，最终使得资产负债表达到平衡。

这样，由于销售额增长 10%所带来的额外资金需求量为表 13–7 中最后一行的和，即 67.44（65+2.44）万元。

二、预测所需额外资金公式

由于销售量的增加需要增加资金的支持，那么需要筹集多少资金呢？企业资金的来源一部分来自外部，一部分来自内部，而内部资金就是留存收益，即：

内部提供的融资额=预计的税后收益–现金股利

因此，所需增加的资金除留存收益外，还来自外部筹资。所需外部资金除了按照上述的预计收益表和预计资产负债表进行预测外，还可利用下列公式进行估计，即：

所需外部资金=所需融资总额–内部提供的融资额

用符号表示为：

所需融资总额=$(A_t/S_t)\ gS_t-(L_t/S_t)\ gS_t$

内部提供的融资额$=M_t(1+g)S_t-D_{t+1}$

即预计额外资金为：

$$AFN_{t+1}=(A_t/S_t)gS_t-(L_t/S_t)gS_t-[M_t(1+g)S_t-D_{t+1}] \quad (13.1)$$

因为$\Delta S_{t+1}=gS_t$，$S_{t+1}=(1+g)S_t$，$D_{t+1}=dM_t(1+g)S_t$，所以（13.1）式可以表示为：

$$AFN_{t+1}=(A_t/S_t)\Delta S_{t+1}-(L_t/S_t)\Delta S_{t+1}-M_tS_{t+1}(1-d) \quad (13.2)$$

以上公式中，AFN_{t+1}为下一年所需额外资金，A_t/S_t为预计销售水平增长时增长的资产金额，L_t/S_t为销售额增长时相应的负债增长额，S_t为当前t年的销售额，g为销售额的增长率，M_t（=净利润/销售额）为销售净利润率，D_{t+1}为计划支付给普通股东的现金股利，d为股利支付率。

实例 13–3 根据表 13–2 中数据，预测新东公司 2016 年所需额外资金额是多少？

解析 根据表 13–6 中 2015 年的实际数据，并考虑随销售额增长的相关资产和负债，预测增加的销售额为：

$$\Delta S_{t+1}=gS_t=10\%\times4\ 000=400\text{（万元）}$$

假定净利润率 6%（净利润/营业收入=240/4 000）保持不变，运用公式（13.2）得 2016 年所需额外资金为：

$$(2\ 400/4\ 000)\times400-(400/4\ 000)\times400-0.06\times4\ 400\times(1-50\%)=68\text{（万元）}$$

值得注意的是，用预计利润表第三次预测的数据计算出来的净利润率为 6.0214%，近似于 6%，所以假设 6%保持不变是可行的，计算的误差也是最后净利润率的差异造成的。

第四节 企业增长率的确定

销售收入的快速增加要求应收账款、存货和固定资产等形式的资产也相应增加，反之，如果资金不足，增长就会受阻，企业究竟应该以怎样的速度增长？回答这一问题取决于几个因素，即给定增长率条件下的投资额的大小、企业的销售净利润率、对风险的态度以及获取新的外部资金的能力。本节讨论的企业增长率重点放在内部增长率和可持续增长率。

一、内部增长率

公式（13.1）表明了为满足增长所需的额外融资，而**内部增长率**（internal growth rate）则是仅使用内源资金，即除留存收益外，还有企业短期的应付账款的最高的增长率。因此，令公式（13.1）中的额外资金 AFN=0，即可得到内部增长率 g：

$$AFN_{t+1}=(A_t/S_t)gS_t-(L_t/S_t)gS_t-[M_t(1+g)S_t-D_{t+1}]=0$$

$$g=\frac{M_tS_t-D_{t+1}}{S_t[(A_t/S_t)-(L_t/S_t)-M_t]} \tag{13.3}$$

若假设公司每年的现金股利支付率为一固定比例 d，下一年的净利润为净利润率乘以下一年的销售额，则下一年的股利为 $D_{t+1}=dM_t(1+g)S_t$，可求得内部增长率为：

$$g=\frac{M_t(1-d)}{(A_t/S_t)-(L_t/S_t)-M_t(1-d)} \tag{13.4}$$

公式（13.4）表明，内部增长率直接与净利润率呈正相关，而与股利支付率呈负相关，即较高的净利润率有较高的增长率，而较高的股利支付率则限制了增长。

实例 13-4　腾尼克公司目前每年的销售额是 1 000 万元，若公司销售额每增加 1 元，需要 0.75 元的额外资产，短期债务上升 0.10 元。若公司销售净利润率为 12%，股利支付率为 1/3，则在不需要额外外部融资条件下公司最大的增长率为多少？

解析　根据题意，条件满足公式（13.4），则将所需数据代入公式得腾尼克公司的内部增长率为：

$$g=\frac{M_t(1-d)}{(A_t/S_t)-(L_t/S_t)-M_t(1-d)}$$

$$=\frac{0.12(1-1/3)}{(0.75)-(0.10)-0.12(1-1/3)}=\frac{0.08}{0.75-0.10-0.08}=14.04\%$$

因此，公司若在 14.04%的增长水平上发展，就不需要额外的外部融资，公司如果增长超过 14.04%，则需要增加外部融资以支撑公司的发展。

二、可持续增长率

若公司仅仅只需要内部融资支持公司的发展，不筹集长期债务资金，这样公司的财务杠杆将下降。如果公司想保持其资本结构，那么随着留存收益增加的同时公司必须筹集新的债务。**可持续增长率**（sustainable growth rate）就是公司在使用留存收益和新的外部资金，而不需要增加财务杠杆时的公司的最大增长率。由于可持续增长率包含了新的外部债务和内部资金，显然，可持续增长率大于内部增长率。

在公式（13.1）中考虑公司的资本结构不变，即所需额外资金公式为：

$$\begin{aligned}AFN_{t+1}&=(A_t/S_t)\,gS_t-(L_t/S_t)\,gS_t-M_t(1+g)\,S_t\,(1-d)-(B/E)\,(M_tS_t)\,(1+g)\,(1-d)\\&=(A_t/S_t)\,gS_t-(L_t/S_t)\,gS_t-M_t(1+g)\,S_t\,(1-d)\,[1+(B/E)]\end{aligned} \tag{13.5}$$

让 $AFN_{t+1}=0$，就可得到可持续增长率 g：

$$g=\frac{M_t\,(1-d)\,(1+B/E)}{(A_t/S_t)-(L_t/S_t)-M_t\,(1-d)\,(1+B/E)} \tag{13.6}$$

从公式（13.6）中可知，可持续增长率与财务杠杆比率 B/E 和净利润率有直接的关系，而与股利支付率呈负相关。

实例 13–5　继续实例 13–4。如果腾尼克公司的负债和权益比率为 50%，为了保持这一资本结构不变，即每增加 1 元钱的留存收益，就必须增加 0.50 元的新债务，那么在不提高公司财务杠杆比率条件下，该公司的最高增长率是多少？

解析　将 $B/E=0.50$，$S_t=1\ 000$ 万元，$A_t/S_t=0.75$，$L_t/S_t=0.10$，$M_t=0.12$，$d=1/3$ 代入公式（13.6），得腾尼克公式的可持续增长率为：

$$\begin{aligned}g&=\frac{M_t\,(1-d)\,(1+B/E)}{(A_t/S_t)-(L_t/S_t)-M_t\,(1-d)\,(1+B/E)}\\&=\frac{0.12\,(1-1/3)\,(1+0.50)}{(0.75)-(0.10)-0.12\,(1-1/3)(1+0.50)}=\frac{0.12}{0.75-0.10-0.12}=22.64\%\end{aligned}$$

该结果表明，公司在不提高财务杠杆比率条件下，靠使用内部融资和新的外部债务可以使得公司按 22.64%增长。

结合以上两个实例可知，公司的内部增长率要低于公司的可持续增长率，这是因为可持续增长率依靠了外部资金，从而使得公司增长更快，二者的不同如图 13–1 所示。

对企业的内部增长率或可持续增长率的分析有助于企业管理者和银行安排合适的融资工具或推出金融产品。

从公司的角度来看，当实际增长率高于内部增长率或可持续增长率时，财务经理可事前作好融资安排，或者说，对缺乏管理经验的小企业主和过于乐观的企业家发出了信号，从企业的长远利益考虑，保持增长与盈利的适当平衡是十分必要的。

从银行的角度来看，将实际增长率与可持续增长率进行比较，可以很快了解企业最高管理层

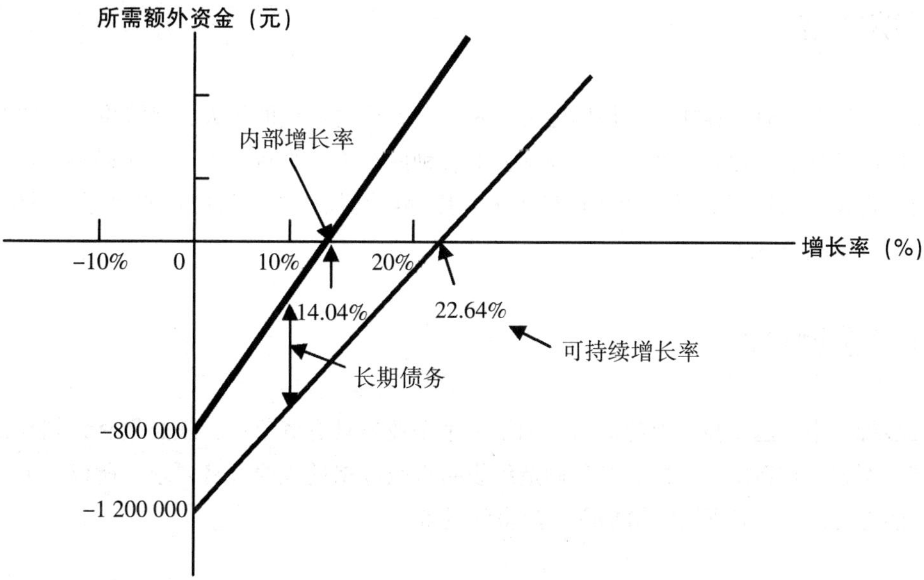

图 13-1　增长率与资金需求的关系

的财务安排会出现什么样的问题。

如果实际增长率高于内部增长率或可持续增长率，企业管理当局会面临着从何处取得资金来支持增长的问题，这样，银行就可以事前确定其融资品种的利息；若实际增长率低于内部增长率或可持续增长率，企业有盈余资金，这时企业管理当局的问题是面临如何处置其不断积聚的现金，因此银行最好准备好投资品种。

第五节　预计财务报表存在的问题

我们在预计财务报表时，主要用到销售百分比法，这是一种非常简化的方法。采用销售百分比法进行预测，是假设财务报表中的各比率固定不变，而各资产项目则随销量的增加而增加，并且隐含各资产项目与销售量之间的关系是呈线性关系。这样，如果公司销售额从 2 亿元增加到 4 亿元时，库存则成比例地从 1 亿元增加到 2 亿元。但是在某些情况下，这种假设就失去了其真实性，主要表现为以下几个方面。

一、规模经济

在使用各种资产时，存在一个规模经济问题。随着公司规模的扩大，经济发展中的各要素比率也随时间的推移而变化。例如，企业经常要对各种库存项目维持一个基本库存量，甚至当销售量很低时，也需保持这一数量。随着销量扩大，库存的增加比销量的增长速度略为缓慢，所以，库存与销量之比趋于下降。

二、批量递增资产

在许多行业中，基于技术上的需求，如果一个企业要具有竞争性，就必须有计划地批量增加固定资产。例如，在造纸工业中，其基础造纸设备有较严格的规模经济要求，所以当造纸企业扩大其生产能力时，它们必须同时增加既定数量的设备。

三、剩余生产能力

为确定 2012 年的外部筹资需求量，我们曾假设其固定资产生产能力已饱和。这样，销量的任何少量增长，都会要求增加新的固定资产。如果公司的固定资产利用率为 95%，情况如何呢？在这种情况下，固定资产数量将保持一定水平不变，直到销量达到固定资产被充分利用为止。此时称为“最大生产能力”。

四、周期性变化

实际销售量常与预计销售量会发生偏差。如经济萧条时期，实际销售量比预计的销售量要少，而经济繁荣时期，则实际销售量可能比预计销售量要多。

因此，除了销售百分比法用于预测财务报表，还有一些其他方法可用于进行预测，如趋势分析法，或建立财务规划的计算机模型等。

关键术语

长期财务预测	long-term financial forecast	内部增长率	internal growth rate
预计财务报表	pro forma financial statement	可持续增长率	sustainable growth rate
销售百分比法	percentage of sales method	现金预算	the cash budget
所需额外融资	additional financing needed		

思考题

13-1　为什么要编制现金预算？现金预算由哪三部分组成？

13-2　预计财务报表有什么作用？

13-3　内部增长率与可持续增长率的区别是什么？

13-4　从企业和银行的角度分别说明了解企业内部增长率或可持续增长率的意义。

练习题

13-1　迪利玩具店生意很好，同时又临近圣诞节，对现金有着大量的需求。经理准备作好现金预算，应付即将到来的销售高峰。玩具店的收入都来自现销，当月购货款一般在下月支付。每月支付工资4 800元，每月支付房租2 000元。在每年的12月份支付全年所得税12 000元。12月初未送存的现金余额为400元。玩具店的目标现金余额是平均每月维持6 000元的银行存款。与购货和销货相关的资料如表13-8所示：

表13-8　迪利玩具店的购货和销货资料　　单位：元

	销货总额	购货总额
11 月		140 000
12 月	160 000	40 000
1 月	40 000	40 000
2 月	60 000	40 000

（1）编制玩具店12月份、1月份和2月份的现金预算表。

（2）如果玩具店从12月初实行赊销政策，给予顾客30天的信用期，顾客也乐意接受，其他条件不变，那么玩具店在12月末应取得的银行贷款是多少？

13-2　罗斯公司 A_t/S_t=1.6；L_t/S_t=0.4；销售净利润率为 10%，股利支付率为 45%。若公司的销售额为 S_t=100 000 万元。

(1) 确定公司在没有外部资金时可达到的最大内部增长率。

(2) 若公司的资本结构为40%的债务和60%的权益，为了保持资本结构不变，请确定公司的可持续增长率。

13–3 奥肯公司2015年的财务报表如下：

表13–9 奥肯公司资产负债表（2015年12月31日） 单位：万元

资产		负债和所有者权益	
货币资产	1 800	应付账款	7 200
应收账款	10 800	应付票据	3 472
存货	12 600	应计负债	2 520
流动资产小计	25 200	流动负债小计	13 192
长期资产	21 600	长期债券	5 000
		普通股	2 000
		留存收益	26 608
资产总计	46 800	**负债和所有者权益总计**	46 800

表13–10 奥肯公司利润表（2015年度） 单位：万元

项目	金额
营业收入	36 000
营业成本	30 783
息税前收益	5 217
利息费用	1 017
税前收益	4 200
所得税（40%）	1 680
净利润	2 520
股利	1 512
增加的留存收益	1 008

假设2016年比2015年的营业收入（销售额）增长25%。公司的营业成本、长期资产的增长与销售额增长同比例，且流动资产和流动负债与销售额增长也相同，只是股利支付保持不变。如果公司需要额外资金，且全部为长期借款，利率为5%，请编制预计的财务报表来确定所需额外资金。

自测题

1. 销售百分比法是基于以下哪种假设？

A. 财务报表中所有要素与销售紧密联系　　B. 财务报表中大多数项目与销售紧密联系
C. 资产负债表中各项水平对当前的销售水平来讲是最佳的
D. A 和 C 的说法是正确的　　E. B 和 C 的说法是正确的

2. 一家公司正在运用 AFN 模型预测随销售增长所需筹集资金，以下哪个因素可能增加额外筹资金额（AFN）？
A. 公司具有大量的生产能力　　B. 公司有高股利支付率
C. 公司具有大量的随销售增加的自有负债　　D. 公司具有高净利润率
E. 以上都是正确的

3. 假设所有条件相同，以下哪项可能提高额外筹资额（AFN）？
A. 提高股利支付率　　B. 应付账款增加高于销售的增加
C. 以上都对　　D. 以上都不对

4. 以下哪一项清楚地包含在每月现金预算中？
A. 每月的折旧费用
B. 出售公司一个分支机构的现金净值
C. 支付给银行贷款的利息
D. 仅有 B 和 C 是正确的

5. 以下哪项可能减少在给定年限的所需额外资金（AFN）？
A. 公司提高留存比率　　B. 公司的净利润率提高
C. 公司销售增长率下降　　D. B 和 C 是对的
E. 以上都对

参考答案

1. D　2. B　3. A　4. D　5. E

第十四章

长期融资

本章学习目标

通过本章学习，读者应该能够：

- 会计算定期贷款的分期偿还额；
- 了解公司债券融资的类型、债券评级的作用以及长期债务融资的利与弊；
- 掌握普通股、优先股融资的特点，了解其融资的利与弊；
- 区分各种类型租赁的特点，掌握融资租赁对财务报表的影响；
- 掌握优先配股权的特点、除权日的概念以及配股对股票价格的影响；
- 会解释认股权证的特点以及与优先配股权的异同；
- 了解认股权证在融资中的运用；
- 掌握可转换债券的特点，以及与认股权证和优先配股权的异同；
- 会分析可转换债券模型。

→引言

近日，全国股转系统发布的最新数据显示，1月份，新三板挂牌企业完成298次定向增发，总计募集资金144.36亿元，环比增长33.32%。

2016年新三板定增市场仍将延续迅猛增长态势，其中主要将受益于公司挂牌同时发行股票的模式（俗称小IPO）完成升级。证监会2015年11月20日正式对外发布《关于进一步推进全国中小企业股份转让系统发展的若干意见》，提出探索放开公司挂牌同时向合格投资者发行股票新增股东人数35人的限制，加快推出储架发行制度和授权发行机制。坚持新三板以机构投资者为主体的发展方向。

有券商人士认为，未来该政策落地，虽然与IPO存在公开发行这一本质区别，但更加接近IPO，因为面向新三板合格投资者发行股票，是对“小IPO”的依次升级，其性质并非公开发行，但将在一定程度上提高挂牌企业融资效率。

2016年新三板还将全面推动优先股发行。继2015年9月份发布《全国中小企业股份转让系统优先股业务指引（试行）》以后，今年全国股转系统将完善优先股的规则体系和技术支持，制订优先股发行备案文件的审查要点和审查工作流程，加快优先股转让涉及的技术系统开发测试等工作，尽快实现转让功能。

据不完全统计，自2015年9月份以来，新三板已有鑫庄农贷、中视文化、中国康富、诚信小贷、思考投资5家挂牌企业披露非公开发行优先股预案，其中，诚信小贷已披露优先股发行认购结果公告，这意味着新三板首单优先股发行已完成。

一位券商人士表示，优先股的风险收益特征不同于债权和普通股权，而是介于两者之间，而且优先股涉及条款更多，设计灵活，给融资主体和投资者都提供了更多选择。

资料来源：根据证券日报网站（http://zqrb.ccstock.cn）2016年2月19日的相关资料整理而成。

第一节　长期债务融资

长期债务融资的工具可分为传统的债务融资工具和创新的负债融资工具两类，前者如定期贷款和普通公司债券，后者如零息债券，浮动利率债券等，本节重点讨论公司债券。

一、定期贷款

定期贷款是直接长期债务筹资的一种主要形式，借款人和贷款人之间要签订债务契约。债务契约中载明，借款人同意在某特定的时日将利息和本金支付给贷款人。定期贷款通常由借款公司直接与贷款金融机构（如人寿保险公司、退休基金或银行等）商定。虽然定期贷款的到期期间至少为2年，最长可达30年，不过，大多数定期贷款的到期期间都在3~15年之间。

相对于公开上市证券的筹资方式而言，定期贷款具有弹性大、速度快、发行成本低等优点。因为定期贷款是由借贷双方直接协商，所以：(1) 定期贷款中的主要条款也较富有弹性——它只需取得贷款机构的同意；(2) 它无须经过证券管理委员会的审批程序，从而使融资速度加快了；(3) 它无须做广泛的宣传和广告工作，而且定期贷款所需的正式文件也相对较少，从而大大降低了融资成本。

定期贷款的利率有固定利率和浮动利率两种。如果采用固定利率，通常根据借方的资信等条件来确定利率水平，资信低，利率水平高，反之，则利率水平低。如果采用浮动利率，借贷双方会将贷款的利率定在某一基准利率加若干个百分点的水平上，当基准利率上涨或下跌时，定期贷款中尚未偿还余额的利率将作相同幅度的涨跌。浮动定期贷款利率的调整期限根据契约中的规定执行，通常是每年调整一次，也可每隔半年或每3个月调整一次。

（一）固定利率贷款偿还

定期贷款常采用分期偿还的方式，这主要在于保护贷款方利益，避免到期时借方不能全部偿还贷款。分期偿还表一般要求企业根据贷方要求按季度、半年或一年编制还本付息表。每年还本付息额可用第三章年金公式计算。

实例 14–1　假设华港企业有一笔定期贷款，贷款额为400 000元，贷款利率为12%，每月等额偿还，连续偿还 25 年。

(1) 计算每月分期偿还额。

(2) 建立前 6 个月分期偿还表。

解析 计算每月偿还额和建立分期偿还表，有助于了解每期偿还的本金和利息，并安排偿还金额。

(1) 计算每月分期偿还额

运用第三章的知识，每月等额偿还实际上就是年金问题，运用公式（3.10）得每月偿还额如下：

$$A=P\left[\frac{1-(1+i)^{-n}}{i}\right]^{-1}=400\ 000\times\left[\frac{1-(1+12\%/12)^{-300}}{12\%/12}\right]^{-1}=\frac{400\ 000}{94.9466}=4\ 213\text{（元）}$$

(2) 建立前 6 个月分期偿还表

华港公司的分期偿还表见表 14–1 所示。

表 14–1 华港公司分期偿还表 单位：元

月 (1)	每月还款额 (2)	每月偿还利息 (3)	每月偿还本金 (4)	每月还款余额 (5)
0				400 000. 00
1	4 213	4 000. 00	213. 00	399 787. 00
2	4 213	3 997. 87	215. 13	399 571. 87
3	4 213	3 995. 72	217. 28	399 354. 59
4	4 213	3 993. 55	219. 45	399 135. 13
5	4 213	3 991. 35	221. 65	398 913. 49
6	4 213	3 989. 13	223. 87	398 689. 62
		23 967. 62	1 310. 38	

注：第 1 个月底：偿还的利息 =（5）×1% =400 000×1% =4 000（元）

偿还的本金 =（2）－（3）=4 213－4 000＝213（元）

未偿还余额＝上一期未偿还余额－当期本金＝400 000－213＝399 787（元）

以后各项依次类推。

每期偿还表中利息和本金偿还分布如图 14–1 所示。

通过此例分析可知，等额分期偿还方式下，偿还的利息支付随着时间的推移在减少，而本金却在增多。因此，如果要决定提前偿还贷款则需要慎重，实际上所贷款的利息早已支付完，因此，提前偿还的利息成本将上升。

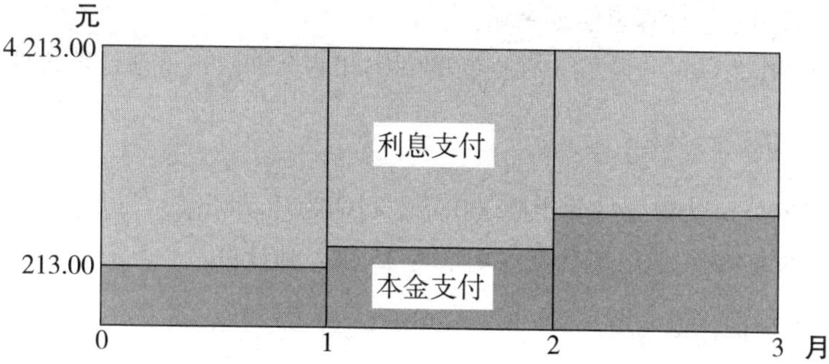

图 14–1　每期偿还的利息和本金分布

银行还提供另一种偿还方式，即本金等额偿还，这样每月偿还本金额为 1 333.33（400 000÷300）元。

前 6 个月的分期偿还表如表 14–2 所示：

表 14–2　华港公司分期偿还表

单位：元

月	每月还款额	每月偿还利息	每月偿还本金	每月还款余额
0				400 000. 00
1	5 333. 33	4 000. 00	1 333. 33	398 666. 67
2	5 320. 00	3 986. 67	1 333. 33	397 333. 33
3	5 306. 67	3 973. 33	1 333. 33	396 000. 00
4	5 293. 33	3 960. 00	1 333. 33	394 666. 67
5	5 280. 00	3 946. 67	1 333. 33	393 333. 33
6	5 266. 67	3 933. 33	1 333. 33	392 000. 00
		23 800. 00	8 000. 00	

表 14–2 中各项计算与表 14–1 中相同。表 14–2 的结果显示，这种还款方式下，每月的还款额比等额偿还方式要高，但在早期每月偿还金额要高于等额偿还方式 1 000 多元。因此，在选择哪种还款方式时，要根据自己可支配收入来确定。

（二）浮动利率贷款偿还

长期贷款如果采用浮动利率，则当贷款利率发生变化时，其每期偿还金额也会发生变化。如何计算利率变化对偿还贷款的影响，具体可参照以下步骤进行：

1. 根据已知利率和整个贷款期限计算每期偿还额。

2. 根据已知旧的利率，计算未偿还余额。

3. 将未偿还余额作为新的贷款额，根据新的利率和剩余期限，重新计算每期偿还额。

下面我们通过实例进行分析。

实例 14–2 华港公司从银行贷款 100 000 元，利率为浮动利率，每月偿还一次。前 5 年利率为 7.2%，5 年后利率为 9%。如果初始贷款期限为 25 年，则计算：

(1) 前 5 年每月的偿还额为多少？

(2) 5 年后还剩多少贷款未偿还？

(3) 5 年后每月偿还额增加了多少？

解析 根据前面介绍的步骤，计算如下：

(1) 根据已知利率和整个贷款期限计算每期偿还额（A）。

$$100\ 000=A\frac{1-(1+0.006)^{-300}}{0.006}$$

$$A=719.59（元）$$

若利率不变，则每月偿还 719.59 元。5 年后利率发生变化，故只前 5 年每月偿还额为 719.59 元。

(2) 根据已知旧的利率，计算未偿还余额。

已知前 5 年每月偿还 719.59 元，剩余期还有 240（12×25–12×5=300–60）期，这是计算年金现值问题，利率仍为 0.006（7.2%/12），5 年后未偿还额如下：

$$PV=719.59\times\frac{1-(1+0.006)^{-240}}{0.006}=91\ 394.00（元）$$

计算结果表明，虽然每月偿还 719.59 元，但早期还的更多是利息，本金只还了 8 606 元，故还剩本金 91 394 元没有偿还。

(3) 将未偿还余额作为新的贷款额，根据新的利率和剩余期限，重新计算每期偿还额。

新的本金为 91 394.00 元，期限为 240 期，利率由 7.2%上升至 9%，因此每月利率为 0.0075（9%/12），故新的每月偿还额（A）为：

$$91\ 394=A\frac{1-(1+0.0075)^{-240}}{0.0075}$$

$$A=822.30（元）$$

因此，5 年后，每月分期偿还额比原来每月多偿还 102.71（822.30–719.59）元。

二、债券

债券是一种借款人同意在某些特定的时日将利息与本金付给债券持有人的长期契约。传统上，债券的到期期间介于20~30年，但自20世纪80年代起，已有越来越多的公司将其缩短到7~8年。债券的性质与定期贷款类似，但由于定期贷款涉及的贷款人介于1~20位，而债券涉及的债权人是数以千计的个人投资者与机构投资者，因此，一般公司在发行债券时都需要进行促销活动，而对定期贷款则毫无必要。在资本市场上，**公司债券**（corporate bond）是由股份制公司发行的一种债务契约，公司承诺在未来特定日期偿还本金，并按事先规定的利率支付利息。通常债券的票面价值是1 000元（也可以是其他整数金额），也称为本金或面值，附于债券票面的利率称为息票率或票面利率，发行者据此利率支付利息。债券的利率一般固定不变，每半年或一年支付一次。不过，近年来发行浮动利率债券的公司也日益增多。

（一）债券的种类

1. 抵押债券

抵押债券（mortgage bond）就是指公司以一定的实际资产作为抵押品而发行的债券。例如，2015年7月，蓝峰公司必须筹措1 000万元的资金以购买土地并建造一座大型货运集散场。因此，该公司用财产抵押作担保，发行了400万元的债券（其余600万元来自权益资金）。如果该公司未能如期偿还债券本息，债券持有人有权没收或拍卖作为抵押品的财产，用其所得抵还到期的资金。

另外，蓝峰公司还可使用同样的1 000万元的财产作为抵押品，发行第二抵押债券。当公司遭到清算时，只有在第一抵押债券持有人的债权已得到清偿后，第二抵押债券持有人才有权分配剩余的财产拍卖收入，因此，第二抵押债券又称次级抵押债券，它的索偿顺序排在第一抵押债券之后，其利率也相对要高。

抵押债券又可分为封闭型和开放型。封闭型是指公司对已经抵押的固定资产除原发行的抵押债券外，不得以同一求偿权顺序发行额外的抵押债券。此种抵押债券因其抵押品价值通常较发行债券总额高，因而对债券投资者而言，较为安全可靠。开放型抵押债券，是指公司将已抵押，并发行过抵押债券的固定资产重新作为抵押品，再发行同级求偿权的抵押债券，但其最高发行额却不得超过抵押财产总值的某一特定百分比。

例如，蒙格公司所能抵押的固定资产总值是10亿元，而且它已有5亿元的抵押债券流通在外。根据流通在外抵押品债券的契约规定，此种债券为封闭型，则蒙格公司不得再以这10亿元的资产作为担保品来发行同级抵押债券，但若已流通在外的债券属于开放型，且契约规定其抵押债券的发行额不得超过资产价值的70%，则蒙格公司还可发行2亿元的同级抵押债券

（1 000 000 000×0.7−500 000 000）。

2. 信用债券

信用债券（debentures）是一种无担保债券，发行这种债券的公司并未提供任何特定的财产作为担保品。信用债券持有人是一般债权人，当公司清偿时，债权排列顺序较后，信用债券持有人的债权受抵押资产以外的资产保护。在实践中，信用债券的信用视公司资产的性质和公司的信誉而定。如果公司信贷能力强，企业便可以发行不需要特定抵押物的债券。像 IBM 那样信用极强的大公司，就很容易采用信用债券来筹措资金。此外，如果公司的大部分资产不适合做抵押品，公司也可以发行信用债券。像邮购商店一般以存货形式拥有大部分资产，对于抵押债券来说，不具备令人满意的担保，因此只能发行信用债券，只不过这类公司的信用风险比较大，因而利率也相对要高。

3. 次级信用债券

次级信用债券是指当公司进行清算时，求偿权顺序排在高级债务后面的债券。当公司清算时，只有在次级信用债券契约中指明的优先债务偿付以后，次级信用债券的持有人才能获得偿还。已使用完发放抵押债券能力的公司，次级信用债券的风险较大，利率一般要高出优级债券 4%~5%。

4. 担保债券

担保债券是由发行公司以外的第三者担保的债券。担保方式系背书和签订合同。它是一种无抵押债券，一般由发行公司的母公司或信誉较高的公司担保债券发行人的本金和利息的支付能力。

5. 可转换债券

可转换债券是一种允许债券持有人按照固定的价格将债券转换成优先股或普通股的债券。一般而言，可转换债券的票面利率较低，但是当股票上涨到较高水平时，债券的持有者可按固定的价格将其转换为优先股或普通股，从而赚取资本利得，也就是说，可转换债券给投资者提供了一个以资本利得交换低票面利率的机会。详细内容在第十五章中讨论。

6. 附有认股权证的债券

认股权证通常伴随债券一起发行，具有与可转换债券类似的性质，它是一种允许持有人按某一特定的价格来购买股票的长期选择权。因此，只有当股份上涨，持有人将其认股权证转化为股票时，才有机会获得资本利得，就像可转换债券一样，附有认股权证的债券其票面利率也低于正常债券的票面利率。详细内容在第十五章中讨论。

7. 收益债券

收益债券是只有当发行公司确定能获得盈利时，才支付利息给债权人的一种债券，这种债券因为无须固定的利息支出，故不会引起公司破产。对投资者而言，它的收益较高，风险也较大。

8. 指数债券

指数债券的特点是债券利率随通货膨胀指数而定。当通货膨胀指数上升时，指数债券的利率会立刻跟着上调，以避免投资总受通货膨胀的危害。例如，英国政府就曾经发行一种票面利率等于英国的通货膨胀再加上3个百分点的指数债券，以保证此种债券可以为投资者提供3%的真实报酬率。这类债券在巴西、以色列等少数通货膨胀率较高的国家非常普遍。

9. 零息债券

零息债券（zero coupon bond）是以较高的折扣额后发行的债券，正如其名称所示，它的息票率为零，利息的计算是体现在债券的价值随着时间越来越接近到期日而增加，到到期日，债券按全部面额赎回。

10. 浮动利率债券

浮动利率债券（floating rate bond）是指票面利率随一般利率水平的变动而变动的债券，它是通货膨胀的产物。在20世纪80年代初，西方国家的通货膨胀率达到了一个史无前例的高峰，长期债券的价格也因而急剧下降，甚至一些应该没有风险的美国国库券价值也缩减了一半。公司债券、抵押债券以及其他固定利率的长期债券上的问题就更为突出。其结果是除非采用高利率，许多贷款人不愿意采用固定利率的方式将资金贷放给借款人，因而，浮动利率债券就自然成了人们的宠物。

11. 垃圾债券

除以上债券以外，还有另一种新型债券，**垃圾债券**（junk），它的特点是高风险和高报酬并存。垃圾债券通常是在公司陷入财务困境后，或在企业合并/融资收购中发行的。

（二）债券评级

债券的信用等级，反映了债券能力的高低和违约风险的大小。进行**债券评级**（bond ratings）有助于保障投资者的利益，督促发行公司积极改进经营管理并健全财务结构。西方国家的债券评级开始于20世纪初期。目前，美国标准普尔投资公司、穆迪投资者服务公司以及欧资国际评级机构惠誉(Fitch Rating）是三大国际著名的评级机构。在我国，信用评级机构包括独立的信用评级公司、隶属或挂靠于银行的内部评级机构以及在中国成立办事机构的国外评级机构。目前我国有五家权威信用评级机构，它们是中诚信、联合资信、上海远东、上海新世纪、大公国际。

1. 债券评级的标准

信用评级一般以“现金流量对债务的保障程度”作为分析预测的核心，使用定量指标（资产负债结构、盈利能力、现金流量充足性、资产流动性等）和定性指标（行业风险评估和业务风险评估)，并注重不同行业或同行业内评级对象信用风险的相互比较。信用评级程序包括：评级准备、实地调研、初评、终评、级别公告和跟踪监测及复评。

信用评级机构对信用等级的划分大同小异。表 14–3 列出了标准普尔公司和穆迪公司对长期债券评级所使用的评级符号和级次说明。两家评级机构对于各级次还有更细致的划分：标准普尔公司在 AA 级至 CCC 级使用+或–符号，表示评级在各主要评级分类中的相对强度，如 A+、A 和 A–；

表 14–3　债券等级评级比较

标准普尔公司		穆迪公司	
AAA	授予的最高债务等级。借款人偿还债务的能力极强	Aaa	信誉最高，风险最低，被称为“金边债券”
AA	偿还债务能力很强，与最高等级差别很小	Aa	信誉高，但是因为保护边际小于 Aaa 或由于长期风险的其他因素，因而等级低于 Aaa
A	偿还债务的能力强，借款人易受环境和经济条件变化的负面影响	A	债券具有有利的投资属性，但易受未来风险影响
BBB	有足够的偿债能力，但由于不利经济条件或环境影响，更有可能面临风险	Baa	中等债券（既不受高度保护，也不会受太差保护）；有足够偿债能力
BB、B、CCC、CC、C	被评级为 BB、B、CCC、CC、C 的债务均有明显投机特征。BB 投机程度最低，C 最高		
BB	当面临严峻持续的不确定因素或接触不利业务、金融或经济状况时，可能导致借款人偿债能力不足	Ba	被认为有一定投机风险，特性不确定的债券也归入此类
B	偿债能力次于 BB，借款人目前有能力偿债。不利业务、金融或经济状况会削弱借款人偿债能力或意愿	B	一般缺少合意的投资项目具备的特点，还债的可能性小
CCC	以良好的业务、金融或经济状况为基础，借款人目前仍较易债务违约	Caa	信誉差，可能违约
CC	借款人目前极易债务违约	Ca	投机性很大，常常违约
C	借款人目前极易债务违约，且该债务优先权更低	C	未来预期极差
D	违约，或欠款，或借款人提起破产申请且债务违约已既定		
NR	借款人未获得评级		

穆迪公司则利用 1、2 和 3 数字，如标记 A1 的债券等级略高于标记 A3 的债券等级。债券的信用等级，反映了债券偿债能力的高低和违约风险的大小。

2. 债券等级的重要性

债券等级对公司和投资者而言都非常重要。比如，具有三个 A 级的企业违约的概率仅有万分之二，而有 1 个 A 级的企业违约的概率为万分之十，即等于三个 A 级企业的五倍，等级越低，违约的概率越高。比如，三个 C 级的企业，其违约的概率大约等于 4%，是三个 A 级企业的 200 倍。

由于等级低的债券风险大，市场限制多，因此，它们比高等级的债券所要求的收益率要高，正如我们在第二章中所讨论的公理 1，承担额外风险要给予额外补偿。

3. 债券等级的调整

信用评级机构会定期检查已流通在外的债券，再根据发行公司经营情况的变化，偶尔调高或调低其债券等级。

此外，当公司宣布即将发行大量新债券时，信用评级机构也会马上开始审查其信用情况。因此，如果公司最近的生产经营状况不佳，且信用机构尚未审查其信用等级时，公司最好使用定期贷款或短期负债来融资，而避免**公开发行**（public offering）新债券。

（三）长期债务融资的利与弊

从发行者的角度看，长期债务融资既有利，也有弊。其主要的好处表现为：

1. 债务成本与收益相脱离，如果公司盈利增多，债权人不能参与分配，只能收取事先约定的固定收益。
2. 债务利息在税前支出，由于税收效应，风险调整后的债务成本要低于普通股成本。
3. 债权人不拥有对公司的控制权。

债务融资的主要不利表现为：

1. 随着债务的增加，财务杠杆增加，债务和权益的成本也就会随之增加。
2. 债务通常有固定的到期日，因此，企业必须到期偿还本金。
3. 由于长期债务对债权人的风险增大，因此，相比短期债务和权益融资，长期债务融资所受到的限制性条件更多，或更苛刻。
4. 在“合理”的利率水平条件下，筹集长期债务金额有限，一旦超过这一“合理”范围，融资成本会上升。

第二节　普通股融资

股票是股份公司发给股东的所有权证明，是股东借以取得公司经营决策权和股利的一种有价证券。股票持有者为公司股东，对公司财产具有剩余资产的索偿权。

一、普通股股票的类型

股票可以按照不同的方式和标准进行分类：（1）按照股东所享有的权利，股票可以分为**普通股**（common stock）和优先股。优先股股东可以根据他们所持有的股票向公司要求优先于普通股股东而获得一定的股利。一般优先股的收益比较稳定，公司每年都以一个固定的回报率向股东支付股利。而普通股股东则在满足全部债权后，享有对企业收入和资产的所有权。（2）按照票面是否标有持有者姓名，可以分为记名股票和不记名股票。记名股票的股东公司均登记在册，因此记名股票要进行转让，必须到公司办理过户手续，而不像不记名股票那样可以在市场上直接买卖。（3）按股票票面是否记明入股金额，股票可以分为有面值股票和无面值股票。（4）按能否向股份公司赎回自己的财产，股票可分为可赎回的股票和不可赎回的股票。另外，人们还经常根据股票的上市地点来对股票进行分类：例如，N 股表示在纽约交易所上市交易的股票；H 股表示在香港联合交易所上市的股票；S 股表示在新加坡上市交易的股票等。

中国股票有 A 股、B 股、红筹股、蓝筹股、法人股、国家股、国有法人股等多种说法。A 股是以人民币标明面值，以人民币进行投资的社会公众股，投资者可以是个人，也可以是法人。B 股为人民币特种股票，股票以人民币标明面值，但投资者必须以外币（美元）购买。红筹股是一种约定俗成的说法，指大陆公司在香港上市的股票，但严格意义上讲，此类股是外资股，即中国大陆公司控股，在境外注册公司，然后在香港上市。蓝筹股指业绩优良，在行业中处于主导地位的公司的股票。

二、普通股股东的权利

普通股的股东一般具有如下权利：

（一）对公司的管理权

普通股股东具有对公司的管理权。对大公司来说，普通股股东成千上万，不可能每个人都直接对公司进行管理。普通股股东的管理权主要体现在董事会选举中的选举权和被选举权。通过选出的董事来代表所有股东对企业进行控制和管理。具体来说，普通股股东的管理权主要表现为：

1. 投票权

普通股股东有权投票选举公司董事会成员并有权对修改公司章程，改变公司资本结构，批准出售公司某些资产，兼并或联合其他大公司等重大问题进行投票表决。

2. 查账权

从原则上讲，普通股股东具有查账权。但由于保密的原因，这种权利往往受到限制。因此，并不是每个股东都可自由查账，这种权利是通过股东每年选举的独立会计师和审计师等人员来行使的，由他们来查证公司的各项财务报表。

3. 阻止越权的权利

当公司的管理人员进行越权经营时，股东有权阻止。

（二）分享盈余的权利

分享盈余也是普通股股东的一项基本权利。盈余的分配方案首先由董事会提出，经股东大会通过后，由公司经营人员执行。

（三）出售或转让股票的权利

股东有权出售或转让股票，这也是普通股股东的一项基本权利。股东在与管理当局意见不一致而又无法对当局进行控制时，或对投资股票的报酬率感到失望时，或出于套现的目的，如此种种，均可出售转让自己的股票。

（四）优先认股权

当公司增发新股票时，旧股东有权按持有公司股票的比率，优先认购新股票。这主要是通过配股权或配售权来实现的。

（五）剩余财产的要求权

当公司解散，清盘时，普通股股东对剩余财产有要求权。

三、股票市场

股份制企业一般都允许股东自由转让自己的股东权益，这也是股份制相比于合伙制的优势之一。良好的退出机制，减少了投资者的后顾之忧，增加了投资者的积极性。股权交易有场外交易和场内交易两种。未发行股票的有限责任公司的股权份额和股份有限公司所发行股票中的一部分股票只能进行场外交易。买方和卖方需要进行直接的接洽，权益的转让需要签订合同，有时还需经过公证机构的公证，股权才能正式转让。

股票市场可以分为一级市场和二级市场。一级市场是股票的发行新股的市场。公司发售的新股，一般是通过证券公司的承购包销行为发售出去的。在一级市场上，执行承销业务的证券公司作为待售股票唯一的卖方，一般是通过网上定价发行或网上竞价发行的方式将新股卖给广大的散户。而像基金、保险公司这样的大机构投资者申购新股则一般是通过网下交易（即场外交易）实现的。网上定价发行，就是承销机构作为卖方，通过交易所的交易网络将股票卖出去。投资者可像平日购买其他股票一样申购新股，只不过价格是既定的。在申购完毕后，**承销商**（underwriter）可根据申购情况进行比率配售或摇号配售。股票在发行后发生的交易，就属于二级市场交易。二级市场交易是已发行股票在不同投资者之间的交易，一般是通过交易所的主机进行的无纸化网上交易。而清算机构则帮助交易者结清每笔交易。

四、在主板上市和在创业板上市

首先要对“上市”一词的含义加以界定。日常生活中有“股票上市”和“公司上市”的说法。股票上市是指公司发行在外的股票在交易所申请挂牌交易，以便在二级市场流通；公司上市则是指公司发行普通股票并申请在交易所挂牌交易，将资本公众化。这里所称“上市决策”指的是公司发行普通股票并促使股票在二级市场流通，将公司资本公众化。

（一）上市的优点

1. 便于筹措新的资金

私有化公司在筹措资金时，可供其选择的融资方式十分有限。它可以请原有股东买下全部新股，但可能原有股东无法凑够足量的资金；就算原有股东有足够资金，他们通常也不情愿，这样无异于将所有鸡蛋放在一个篮子里。另外，公司还可以寻找那些愿意投资的出资人，然而，要说服这些人来投资一家私有化公司，同样相当困难，因为这种公司的管理者大多拥有过半的股票，牢牢掌握了公司的控制权，他们可以为所欲为：可以决定股利的支付；可以给自己加薪；

可以以私人名义买下一座仓库，再以高价租给公司使用，等等。更为甚者，因为私有化公司的财务资料不对外公开，所以外来人士无法知道公司的经营状况或其实际价值。在上述情况下，管理当局可轻而易举地剥夺投资者的财富。因此，这种公司很难从外界筹措到大量资金。但如果将私有化的公司资本公众化，让公司上市，它就要受到一些政府部门的监管，并执行有关财务披露和股票上市的种种规定，从而使上述问题的严重性大大降低。这样，一般投资大众也乐意购买该公司的股票。

2. 便于确定公司的价值

企业经营理念大体经历了三个阶段。在企业规模不大，企业为所有者直接经营时，经营者的主要目标是实现利润，在股权不能轻易转让时，利润是投资者收回投资并赚取投资回报的唯一方法。后来，随着社会不少企业规模的扩张，出现了所有权与经营权的分离，经理阶层开始出现，经理人实际上控制了企业的经营权。从自身利益出发，经理人控制的企业出现了以扩大企业总资产的经营理念。而现在企业经营则以企业价值的最大化为目标，从而实现股东财富的最大化。而企业要是实现价值最大化的经营目标，首先需要知道企业的价值究竟有多大。要确定企业的价值，最有效、最准确的方法便是企业上市。通过上市知道自己的市场价值，企业才能及时发现经营中的不足，及时调整自己的经营方针，使企业稳定地发展下去。

3. 便于原有股东作多元化投资以分散风险

当私有化公司持续成长并变得更有价值时，其创办人员或管理人员会发现，个人财富的大部分已同公司的价值紧密联系在一起了。这样就使得他们的个人资产组合的风险过大。公司上市后，他们就可以将其持有的部分公司股票转售给其他投资者，再将他们所得到的资金投资到其他资产上去。如此一来，原来的股东就可达到分散个人资产组合的目的。

4. 可以提高股权的变现能力

私有化公司的股权由于无法在股票市场上公开交易，所以变现能力很差。但如果公司发行普通股票并上市交易，则可大大提高公司股权的变现能力。

（二）上市的缺点

1. 会造成控制权的外流

上市后原有股东的控制权会被稀释，在某些情况下，老股东会失去对公司的控制。而在公司已经上市的情况下，原来的控制者要想继续维持对公司的控制，可能就要付出更高的成本。

2. 信息披露成本高

上市公司依法必须定期将财务报告或有关报告提交给证券管理部门、政府主管机关及投资大众等利益相关者参考。印制并发送这些报表的成本相当可观，特别是对于小公司而言，这种信息披露成本更是一种沉重的负担。

3. 必须对外公开公司的经营状况与财务资料

对外公布公司的经营状况与财务资料致使竞争对手有机可乘，他可以用来了解公司的情况并制定出相应的对付公司的策略。此外，由于法律的规定，公众化公司的一些内部人士，如公司的董事、经理及主要股东等，必须对外公布所持有的公司股份，这就使他个人所拥有的财富因此而曝光。

4. 难以进行某些私下交易

在私有化公司中，所有者兼经营者有很多机会可以轻易地从事一些有问题，但却合法的私下交易，如付给自己高薪，以及从事其他给自己而非公司谋利的活动。但在公司上市后，上述行为将受到来自各方面的种种限制。

（三）上市决策

通过上述讨论可知，公司是否应该上市，应视公司本身及其股东的性质，全面权衡上述各种利弊，并找出目前影响公司前进的主要因素，然后再做决定。例如，如果目前公司面临的主要是资金不足、原有股东风险过大的问题，就可以通过上市加以解决；若公司面临的是控制权等重要问题，一旦上市就有可能使控制权外流，从而导致公司的经营不稳定，影响公司的经营发展，这就应当放弃资本公众化的计划；即使已经上市的企业，在处于上述第二种情况下，也可以考虑通过经理人收购复归到资本私有化的道路上去。

当然，我们在对上市作全面的考虑之前，首先应对一些显性成本做一番计量，把直接融资与间接融资的成本作比较。而两者的成本直接与公司原来的资本结构相联系，如果公司股权资金占的比率很大，则可能贷款的成本会比直接融资的成本低得多，公司不应当选择上市；相反，如果公司资产负债率太高，则上市是更好的选择。

五、主板市场和创业板市场

目前世界范围内，普遍将主要股票市场区分为主板市场和创业板市场。所谓的主板市场，就是传统意义上的证券市场，是一个国家或地区证券发行、上市及交易的主要场所。所谓的创业板市场，又称二板市场，是指主板之外的、专为暂时无法上市的中小企业和新兴公司提供融资途径和成长空间的证券交易市场，是对主板市场的有效补充。创业板市场最初见于20世纪70年代的美国，兴起于20世纪90年代。美国的纳斯达克市场曾孵化出一批像微软这样的世界500强公司，被视为创业板市场的代名词。所以，创业板市场是一个门槛低、风险大、监管严格的股票市场，也是一个孵化科技型、成长型企业的摇篮。

创业板市场与主板市场的主要区别体现在以下三个方面。

（一）市场角色定位不同

创业板市场往往是主板市场发展到一定阶段之后，为了适应不同企业的融资需求而设立的，是对主板市场的一个有益补充。主板市场主要服务于那些发展较为成熟的企业，而对于一些中小企业、新兴高科技企业如果想要在主板市场上融资非常困难，创业板市场则是这些企业融资的理想选择。

（二）上市准入标准不同

由于市场定位不同，所以企业在两个市场上市的要求准入门槛也不一样。一般来讲，创业板要求的上市公司股本规模比主板市场要小许多；对上市前的盈利状况一般也不做硬性规定等。这样，就使得创业板市场的门槛较低，满足了一些中小企业和高科技企业融资的需求。

（三）股票交易机制不同

主板市场与创业板市场在交易机制上也有所不同。做市商制度（market maker）以在美国纳斯达克市场中的运用最为完善和著名，做市商制度可以提升股票市场的流动性、一定程度上保证股价的稳定性、矫正买卖盘不均衡的状态，因此很多创业板市场在设立的时候使用做市商制度。但是，随着创业板市场的发展，做市商制度的缺点也暴露了出来，即做市商可能会利用自己的优势地位侵害其他投资者的利益。为解决这个问题，1997 年之后纳斯达克市场上也引入了竞价制度，形成了现在的混合交易制度。不同国家在主板市场和创业板市场的股票交易制度的设计上也可能会不同。

1990 年，中国在上海和深圳分别开设了股票市场，但我们并没有多层次的市场，那时沪市和深市都是主板市场。2004 年，深交所设立中小企业板，是对创业板推出的一个过渡。2009 年，深交所又设立创业板，从而完成了我国多层次股票市场的构建。2013 年以来，国家放开对新三板挂牌企业地域上的限制（原来挑选了部分地点进行试点），新三板挂牌的企业数量激增，这里需要注意，挂牌新三板并不是公开上市，因为能够进入新三板的投资者都是经过审核的机构投资者和投资大户。

六、新股发行制度

简单回顾一下我国的新股发行制度。

1990年至2000年，实行行政审批制。新股发行需要通过国家相关部门的行政审批。

2001年至2016年，实行核准制。公司上市需要经过券商辅导后，再由证监会发审委审核通过。其中在2005年之后，规定新股发行的价格应该向机构投资者询价后确定，因此后面这一阶段又被称为询价制。

2016年至今，实行注册制。注册制是指发行股票的公司在招股说明书中将与发行有关的一切信息充分披露，审核机构只对发行文件进行形式审查，不进行实质判断。这也是我国证券市场进一步深化市场化改革的必经之路，是目前迫在眉睫的改革任务。2015年年底全国人大常委会表决通过《关于授权国务院在实施股票发行注册制改革中调整适用〈中华人民共和国证券法〉有关规定的决定》，拉开了注册制改革的弓弦。对于箭在弦上的注册制改革，从投资者的角度而言，更需要努力提高自己的专业水平和投资技巧，否则等待他们的就是被市场淘汰的命运。

第三节　优先股融资

优先股（preferred stock）是一种介于普通股和债券之间的、具有混合特征的有价证券，其筹集的资金不用还本，投资者通过出售股票的形式获得投资本金，表现为具有普通股的特征；公司按一定的比率给予优先股东的优先股息与债券的利息特征类似，因而表现为具有债券的特征。从会计的角度，优先股属于所有者权益，列示在资产负债表中的股东权益中，而从财务的角度优先股属于**混合证券**（hybrid），由于优先股的固定收益，从而发行优先股可提高公司的财务杠杆。

一、优先股的特征

优先股通常有一面值，优先股的股利一般是面值的一定百分比或每股支付多少股利，是一固定的金额。一般优先股的收益比较稳定，公司每年都以一个固定的回报率向股东支付股利。当然，优先股中也有两种特殊的形式：累积分派的优先股和参加分派的优先股。**累积分派的优先股**（cumulative preferred stock）在公司由于没有盈利而不能向股东支付定额股利时，未支付的股利被累积下来，在公司盈利时一并偿付。**参加分派的优先股**（participating preferred stock）是指公司对普通股股东第一次参加分配获得的股利设有上限，在公司获利丰厚，支付完优先股股东定额股利并按上限支付完普通股股东股利后，仍有剩余，此时优先股股东能和普通股股东一道按照事先约定好的比率参加剩余利润的分配。在这里公司利润的分配分两次进行，优先股股东有权参与第二次分配，而不是像一般情况下那样，扣除优先股股利后所有剩余的利润均归普通股股东所有。因此，优先股丰富了公司资金融通的形式，给金融产品赋予了更多的变化形式和更大的灵活性。

优先股的股东没有选举权，除非在很长时间内，公司一直没有分配优先股股利，或者新发行的优先股的权利优于现有的优先股股东。在第一种情况下，优先股的股东可选举1~2名优先股的股东进入董事会；在第二种情况下，经现有优先股股东同意后，才能发行新的优先股。

总的说来，优先股一般具有以下特点：

1. 多种等级

优先股根据能否转化为优先股、转化为优先股的条件和公司清偿时的顺序可以分为许多不同的等级。而不同等级的优先股又可以满足投资者不同的需求，这无疑增加了企业融资时可供选择的途径。不同等级的优先股也代表着不同的投资风险和投资收益率。

2. 对公司收益和资产的追偿权在债券之后，普通股之前

3. 优先股股利可累计

一般的优先股都有股利累计的特点。当公司当年没有利润或利润很少时，公司可以不派发优先股的股利，但是该未派发的股利被累计下来，在公司有利润的年份一并派发。事实上这种规定使得优先股的回报变得相当稳定。

4. 限制公司的某些经营行为，这点类似于债券

由于优先股的持有者在一般情况下和债券持有者一样没有投票权，因此为了保障自己的权益，优先股股东往往在投资合约上对公司的某些经营行为作一些限制。比如：(1) 允许股利不能付清时，拥有投票权；(2) 当公司按规定提取偿债基金或公司处于财务困难时，限制发放普通股利；(3) 限制公司发行新的同级或高级优先股或债券，等等。

5. 可转换性

不少优先股都允许持有者在一定条件下转换成普通股。这对于融资企业来说，可以降解财务风险，优化资本结构。而对于投资者拥有了转换选择权后，也可在公司股价上涨时分享到好处。

6. 可赎回性

赎回性有两种，一种是公司要求的，一种是投资者要求的，都是为防范固定回报率所带来的风险。公司要求可赎回时，主要是为了防止市场利率下跌而要继续支付高额优先股股利而带来的损失。投资者要求可赎回时，主要是为了防止市场利率上升而只能享受低额优先股股利而遭受的损失。

近些年来，优先股还具有一些创新，其表现为：

1. 股利可调整

为了吸引更多的投资者，有些优先股的股利可以调整。调整的依据一般有两种，一种是根据市场利率进行调整，当市场利率很高时，可以相应调高红利收益率；另一种是根据公司的经营业绩，在公司经营较好，发放普通股股利较多的时候，也相应调高优先股的收益率。

2. 参与剩余收益分配权

这种优先股又称为参与分派的优先股。

3. 特惠送股

公司先付给优先股股东的是优先股股利（相当于股票股利）。五六年后公司现金充足后，再付现金股利，一般股利率较高，达到 12%~18%。

二、优先股融资的利与弊

优先股融资与普通股和债券融资一样，既有利又有弊。从发行者的角度看，主要的有利之处为：

1. 与债券相比，尽管优先股的股利是固定支出，但是，不支付优先股的股利不会导致企业破产。
2. 由于优先股的股东不拥有投票权，因此发行优先股股票不会稀释股权。
3. 优先股没有到期日，从而使得发行者没有到期偿还本金的现金压力。

但是公司采用优先股筹资也有其不利因素：

1. 发行优先股的筹资成本高。优先股的筹资成本高于债务，债务的利息是在所得税前支付，可以抵扣所得税。而优先股的股息是在税后支付，无法抵扣所得税，从而优先股的税后成本高于债务成本。

2. 对于扩张型企业而言，由于优先股股息支付的固定性，故使企业不能多留利润以满足进一步扩大再生产的需要。对这些企业而言，发行普通股更可取。尤其是在债务资本易于获得时，发行普通股和债券对企业更有吸引力。

3. 尽管优先股在公司经营不好的情况下可以不用发放股息，但由于其固定比率，优先股股东仍然希望公司发放股息，公司如果停发股息，会导致股票价格下跌。一般来说，公司一旦确定了股利政策，就应该尽量按政策行事，以保持政策的相对稳定。我国证监会在 2013 年 12 月审议通过、2014 年 3 月发布的《优先股试点管理办法》，标志着优先股这种融资方式在我国被正式引入。

第四节　其他长期融资工具

一、租赁融资

通常企业都拥有固定资产，并将其作为企业的资产体现在资产负债表上。不过，企业更注重的是固定资产的“使用权”，而非这些资产本身的所有权。购买固定资产是获得使用权的一种方法，而租赁则是获得使用权的另一种方法。**租赁**（lease）是财产所有者（出租人）将其财产定期出租给该财产的需求者（承租人）使用，而后者向前者按期支付一定数额的租金作为报酬的经济行为。租赁涉及几乎各种类型的资产。在许多情况下，租赁是贷款的一种极好的替代方法，租赁是企业获得资金来源的一种重要渠道。

出租人（lessor）在提供租赁时也能成为受益者。首先，当承租人遇到财务困难时，出租人比贷款人在债权上处于较为有利的地位。其次，如果承租人（lessee）不能承担租赁合同中的义务，出租人有更为强有力的合法权利收回资产，因为出租人在法律上仍是资产的所有者；而作为贷款人，甚至是获得担保的贷款人，在收回直接或间接筹集的资产时会发生成本和时间的耽搁；还有，资产的出租人和承租人由于所处的税收等级不同，也会使他们在租赁融资中各自获得好处。

（一）租赁的类型

租赁表现为若干不同的形式，这里主要讨论以下几种类型。

1. 经营性租赁

经营性租赁（operating lease）也叫服务性租赁，这种租赁在为企业提供融资便利的同时还为企业提供资产的维修服务。计算机、复印机、小汽车和卡车等一些具有通用性和先进性的设备是经营性租赁的主要标志物，这种租赁安排通常要求出租人负责维修和保养出租的设备，而维修和保养费用包含在租金中，也可以是单独签约，一般来说，其租金费用比较高，而且这种租赁要求出租人必须具备相应的技术力量。

由于经营性租赁的租期一般要低于租赁设备的寿命期，出租人收回租赁设备所有成本的方法有两种：一是把设备反复出租给其他承租人；二是将其设备卖掉。因此，经营性租赁的另一个重要特征是租赁设备的所有成本费用不要求全部在一次租赁契约的租金中摊还。

规范的经营性租赁还有一个特征，即租赁契约通常含有“撤销条款”，该条款赋予承租人在基本租赁协议到期前有取消租赁合同、退还租赁设备的权利。这点对承租人是非常重要的。如果技术发展使设备变得落后，或由于承租人的经营不景气而不再需要这种设备时，可将设备退还给出租人。

2. 融资租赁（资本租赁）

融资租赁（financial lease）又叫资本租赁，是由出租人融通资金为承租人提供所需设备，且具有融资融物双重职能，是集信贷、贸易和技术更新于一体的新型的金融工具。融资租赁与经营性租赁的不同在于：(1) 融资租赁不提供维修服务；(2) 融资租赁不能被撤销；(3) 出租人投资的成本和收益要全部在租金中摊还，即出租人收到的租金款额等于出租设备的全部价格加上投资收益。

为什么融资租赁具有上述特点？图 14–2 是一种典型的融资租赁形式，在这种形式下，首先由要使用设备的企业（承租人）根据自己的需要，选定所需设备和制造商（或供应商），并就有关供货条款如价格、交货日期等进行谈判。承租人对设备及供货人的选定是其自己的权利，不依赖于出租人的判断和决定。出租人可以向承租人推荐供货人或设备，但不得干涉承租人对供货人和设备的选择（国家有特殊规定的设备除外）。

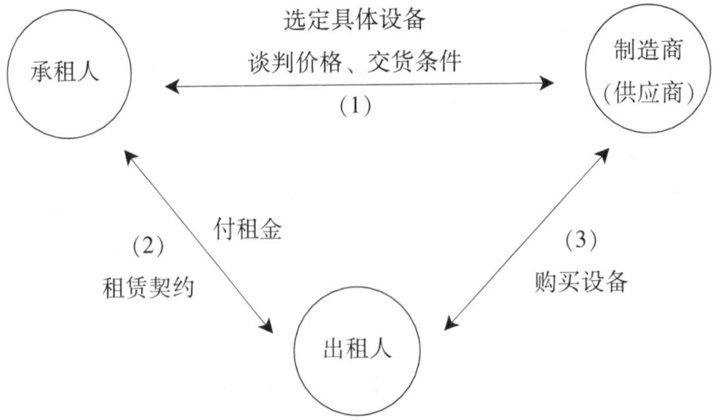

图 14–2　典型的融资租赁

接着，使用设备的企业由于受到资金限制，自己不能购买设备，因此这家企业安排一家租赁公司或银行（出租人）从制造商或供应商处买下这一设备，与此同时达成协议，该企业向租赁公司租赁该设备。租赁的条件是：分期摊还投资者的全部投资并加出租人的投资收益。收益率大约等于承租人支付贷款的利率。例如，承租人支付定期贷款的利率是 10%，则计入租赁契约中的收益率大约为 10%。承租人通常具有在基本租约期满而延长租约时要求降低租金的选择权，但是在付清出租人的租金之前，不能撤销基本租约。

另外，融资租赁一般由承租人缴纳所租财产的财产税和财产保险。由于出租人的收益是在支付完所有投资成本后的净收益，因此，这种租赁常称为“纯”租赁。当承租人事前没有拥有此资产，直接与供应商或制造商，甚至金融机构签署租赁协议时，我们又称这种融资租赁为直接租赁。

3. 售后租回租赁

售后租回租赁是指拥有土地、建筑业或设备的企业将资产卖给另一企业或租赁公司，并同时达成协议，按一定的条件将此资产再租回，此是融资租赁的一种特例。典型的售后租回如图 14–3 所示：

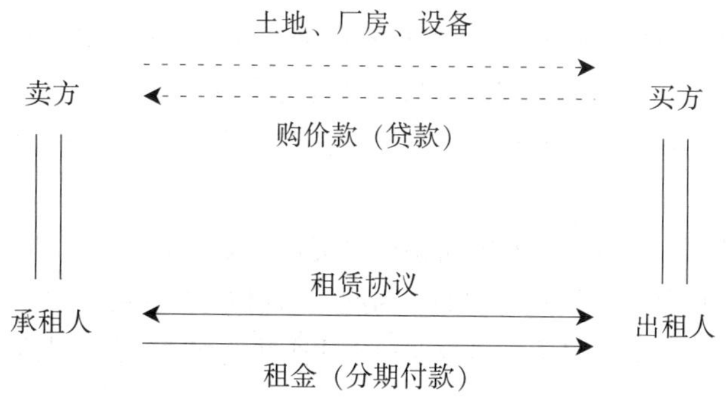

图 14–3　售后租回

由图 14–3 可知，**售后租回**（sale-and-lease-back）可看成是一种抵押贷款的方式，只不过在这种租赁条件下，抵押资产的所有权已转移。但是卖方（承租人）立刻收到买方（出租人）支付的购价款，同时，卖方（承租人）仍保留财产的使用权，二者的关系将反映在支付租金的时间表中。另外，根据抵押贷款协议，贷款人收到一系列固定等额分期付款，这些分期付款在偿还完贷款的同时，还为贷方提供一定的收益；而在一个售后租回协议中，租金的支付也采用了完全相同的方式，即租金是固定的，租金中除抵偿投资者的全部购价外，还给出租人对这项投资提供了一定的收益。

售后租回与融资租赁的主要不同点在于：融资租赁的设备是新的，出租人是从制造商或经销商处购买，而不是从使用者（承租人）处购买；而售后租回则正好相反。售后租回与融资租赁有相同的分析方法。

售后租回一般在以下两种情况下使用：

（1）当企业资金不足而又急需某种设备的情况下，先出资从制造商处购置自己所需的设备，然后转卖给租赁公司，企业再从租赁公司租回设备使用。

（2）当企业进行技术改造或扩建时，如果资金不足，可将本企业原有的大型设备或生产线先卖给租赁公司得到现金以解决急需，但卖出的设备不拆除，同时与租赁公司签订租赁协议，由企业继续使用，直到租金付清后，以少量代价办理产权转移，最后设备仍归属于企业。

4. 举债租赁（杠杆租赁）

举债租赁又称**杠杆租赁**（leveraged lease）。前面所述的租赁形式均涉及两个当事人，即出租人和承租人，出租人为承租人提供了资金来源。但是在实践中，有时也会出现出租人并没有充足的资金去购买设备并将其出租，此时出租人通过部分举债购买设备用于出租，这就是举债租赁。因此，举债租赁分析仅仅针对的是出租人，与承租人无关。在举债租赁中，当出租人不能单独承担资金密集型项目（如飞机、轮船、火车等）的巨额投资时，通常将待购买的设备作为第一抵押权给予贷款人，或以转让收取租金权利作为贷款的额外保证，从银行、保险公司等金融机构获得设备的 60%~80%的贷款，剩余部分由出租人自筹解决。最后，由出租人购进设备供承租人使用，承租人按期支付租金，出租人以租金归还贷款。出租人在举债租赁中仍可得到由于加速折旧而产生的避税好处，但是因为出租人的地位低于享有设备第一抵押权的贷款人的地位，出租人承担的风险也较大。

国际上，举债租赁可以享受全部加速折旧或投资税收减免的好处，这不仅可以扩大出租人的投资能力，而且还可以使其取得较高的利润。因此，出租人将这些优惠好处通过降低租金的形式间接地转移给承租人，所以举债租赁的租金水平比其他种类租赁的租金水平要低一些。

（二）租赁对纳税及财务报表的影响

1. 租赁对纳税的影响

租金是可以减免所得税的，如果没有条件限制，公司可以利用租赁方式，通过支付租金达到减免税款的目的，从而设备将在比用加速成本回收制更短的寿命期内折旧完。

实例 14–3 华阳公司计划引进一条生产线，其价值为 200 万元。试分析购买和租赁的税款节省额。

解析 如果购买生产线，则在加速成本回收制中的寿命期是 5 年，年折旧额如表 14–4 所示。

表 14–4 折旧税款节省额 单位：万元

时间（年）	1	2	3	4	5
年折旧额	40	64	40	28	28
税款节省额（T=25%）	10	16	10	7	7

若以 6%的折现率计算，税款节省额的现值为 42.85 万元。

假设企业可通过租赁获得该生产线，租期是 3 年，每年租赁费用是 66.67 万元，并附有购买选择权。由于租金是可减免税收的，因此，这3 年，每年可提供的税款节省额是：

$$66.67\times0.25=16.67\text{（万元）}$$

若仍以 6%的折现率计算，税款节省额的现值为 44.55 万元。

由此看来，虽然租金和折旧二者提供的税款节省额相差不大，但是租赁只有 3 年，税款节省额来得更快些，因而，现值较高。因此，华阳公司最好采用租赁获得设备。

通过实例 14–3 可以看出，任何一种契约只要可以称作租约，并且税收处理都按租约来处理，那么与设备的折旧避税方法比较，租赁的避税时间安排就加速了，这样对企业是有利的，但国家的税收就减少了。于是，出于税收的目的，各国对此在不同程度上作了相应的有关规定。比如，在美国，国内税务局对租赁的要求是租赁契约必须是符合国内税务局标准的真正的租约。如果对契约的法律地位有任何疑问，财务经理必须让企业的律师和会计核对最近的国内税务局的有关规定。

2. 租赁对财务报表的影响

租金作为经营费用出现在企业利润表上，在一定条件下，租赁契约的租赁资产或负债不出现在企业的资产负债表上。由于这个原因，租赁经常被称为"资产负债表外的筹资"。

实例14–4 有两家企业 B 和 L，需要获得价值 1 000 万元的设备，获得这一设备的渠道可以是借钱购买，也可以是租赁。假如企业 B 借钱购买此设备，而企业 L 通过租赁获得此设备，有关资产增加前和资产增加后两家企业的资产负债表如表 14–5 所示。

表 14–5 资产增加前资产负债表 单位：万元

企业 B 和企业 L 的资产负债表			
流动资产	500	负债	500
固定资产	500	股东权益	500
资产总计	1 000	负债及股东权益总计	1 000
资产负债比率=500/1 000=50%			

试分析这两家企业在资产增加后的资产负债表。

解析 资产增加后，企业 B 和企业 L 的资产负债表如下：

企业 B（借款购买）			
流动资产	500	流动负债	1 500
固定资产	1 500	股东权益	500
资产总计	2 000	负债及权益总计	2 000
资产负债比率=75%			

企业 L（租赁）			
流动资产	500	流动负债	500
固定资产	500	股东权益	500
资产总计	1 000	负债及权益总计	1 000
资产负债比率=50%			

由此可见，企业 B 借了 1 000 万元来购买该资产，因此，资产和负债都出现在资产负债表上，它的资产负债比率也从原来的 50%上升到 75%。而企业 L 是租赁该资产，如果是融资租赁，租赁

所需的固定费用可能等于或高于贷款的费用，支付不了租金，将如同支付不了利息一样可以导致企业破产。因此，在融资租赁条件下，企业 L 的财务风险应该与企业 B 相同。但是企业 L 的资产负债比率只有 50%，保持不变。这对两家企业是否公平？或者说，是否会误导投资者呢？

应该说，如果企业是通过经营性租赁获得该设备，由于经营性租赁的租期比融资租赁要短，前面我们已经介绍了它们的有关特点，因此，对承租人允诺的支付租金的义务，一般不需要在资产负债表上列为一项负债。承租人对经营性租赁资产所支付的租金一般应在租赁期限内均衡地计入费用，列入利润表。正因为如此，经营性租赁经常被称为“资产负债表外筹资”。为了避免企业 L 的投资者错误地高估该企业的财务状况，财政部门要求企业在财务报表上用脚注的形式披露其租赁情况。

如果企业通过融资租赁获得该设备，虽然从法律形式上承租人未获得该项资产的所有权，但从交易的实质内容上讲，由于出租人专门为承租人购买了此设备，并且承租人在租金中已反映了偿还设备的成本，另外还给予了出租人一定的收益率，因此，租赁资产上的风险和收益都已转移给了承租人，承租人支付不了租金，如同支付不了利息一样，将导致企业破产。上述企业 L 和企业 B 具有相同的财务风险，只有将其租入资产以相应的融资记录在资产负债表上，才能充分反映企业在某一时日所拥有的经济资源和所承担的债务责任，才不会使投资者错误地估计企业的财务状况。

为了正确地反映企业融资租赁对企业财务状况的影响，2006 年 2 月，我国财政部颁发了新的会计准则，在《企业会计准则第 21 号——租赁》中，第六条对融资租赁划分的标准作了规定，即符合下列一项或数项标准的，应当认定为融资租赁：（1）在租赁期届满时，租赁资产的所有权转移给承租人。（2）承租人有购买租赁资产的选择权，所订立的购买价款预计将远低于行使选择权时租赁资产的公允价值，因而在租赁开始日就可以合理确定承租人将会行使这种选择权。（3）即使资产的所有权不转移，但租赁期占租赁资产使用寿命的大部分。（4）承租人在租赁开始日的最低租赁付款额现值，几乎相当于租赁开始日租赁资产公允价值；出租人在租赁开始日的最低租赁收款额现值，几乎相当于租赁开始日租赁资产公允价值。（5）租赁资产性质特殊，如果不作较大改造，只有承租人才能使用。

因此，对于融资租赁承租人在会计上的处理作了明确规定，即：“在租赁期开始日，承租人应当将租赁开始日租赁资产公允价值与最低租赁付款额现值两者中较低者作为租入资产的入账价值，将最低租赁付款额作为长期应付款的入账价值，其差额作为未确认融资费用。”未确认融资费用应当在租赁期内各个期间进行分摊。承租人应当采用实际利率法计算确认当期的融资费用。

将企业 L 和企业 B 的资产负债表作简化处理，这样两家企业的负债比率就一样了。如表 14–6 所示。

因此，企业签署融资租赁协议的结果，会使企业的负债比率提高，因而也改变了企业的资本结构，如果企业需要保持原定的最佳资本结构的话，则需要筹集额外的股本来支持。

表 14-6　企业 L 租赁资本化后的资产负债表　　单位：万元

资产		负债及权益	
流动资产	500	流动负债	500
固定资产	500	租金的现值	1 000
租赁资产的现值	1 000	股东权益	500
资产总计	2 000	负债及权益总计	2 000

资产负债比率=1 500/2 000=75%

（三）融资租赁的分析方法

有关租赁分析，通常采用资本预算的方法，在资本预算可行的条件下，分析是采用购买还是租赁的形式。

承租人对租赁的分析主要从成本角度出发，分析是购买成本低还是租赁成本低。分析的主要技术方法是租赁净收益方法，即拥有成本的现值减去租赁成本的现值（或净成本现值）。而出租人对租赁的分析是作为投资进行的，因此，出租人对租赁的分析主要从收益的角度来进行，确定 NPV 是否大于零。

由于租赁分析中现金流量基本上是相对确定的，因此，分析中所使用的折现率一般采用债务的税后成本。如果承租人和出租人的税率及折现率相同，承租人的分析与出租人的分析就是对称的，即出租人的收益是承租人的亏损，出租人的亏损则是承租人的收益。

二、具有期权特征的融资工具

（一）优先认股权

优先认股权（pre-emptive rights）是给予普通股股东以固定的价格优先购买企业增发普通股的选择权。这种认股权使得现有股东可以在一定的时期内以低于市场水平的价格购买新股，从而保护目前股东的控制权，防止股权稀释。另外，利用优先认股权筹集新资金的成本低于用其他发行方式筹资的成本。[1] 优先认股权在发行中，财务管理人员所遇到的问题我们可以华南电力公司为例说明。

实例 14-5　华南电力公司最近需要筹集 1 000 万元的资金用于技术改造，公司管理层想通过股权融资。当前公司的股票价格为每股 50 元，在外流通股为 100 万股，如果通过优先认股权（配

1　这是一个普遍的观点，认为优先认股权筹集新资本的成本比公开发行的成本要低，但有些实证研究得出的结论正好相反，认为优先认股权行使的时间实际上使得其成本要高于公开发行，这也许是优先认股权近些年来有所下降的一种可能解释。详见 Robert S. Hansen，“The Demise of the Rights Issue,” *Review of Financial Studies 1*（Fall 1988）：288–309。

股）筹集所需资金，认股价为每股 40 元。试分析优先认股权发行后对公司股票价格的影响。

解析 公司计划通过优先认股权筹集所需资金，认购价为每股 40 元，这是允许现有股东付款购买每股股票的价格，一个理性的股东只有当认购价格低于股票市场价格的情况下才会以优先认股权认购发行的股票，因此，这是看涨期权。

另外，优先认股权的发行过程与现金发放过程不同，现有的股东被告知其所拥有的每股股票赋予了一份认股权。当股东把款项支付给公司认购代理证券商时，则表明股东行使了他的买方期权。在告知具有优先认股权时，公司的股东实际上有以下 3 种选择：(1) 认购名下所能认购的股票；(2) 出售其优先认股权（假若可以转让）；(3) 放弃优先认股权，让其失效。

作为华南电力公司的财务经理则应当提出的问题是：

1. 购买一股新发行的股票需要多少份优先认股权？
2. 每一份优先认股权的价值是多少？
3. 优先认股权的发行对现有股东会产生什么影响？

下面就每个问题来具体谈一下：

1. *购买一股新发行的股票需要多少份优先认股权？*

首先考虑华南电力公司想要筹集 1 000 万元的权益资本需发行的新股数量。将所需筹资的总数除以认购价格得出所需发行股票数：

$$新股票数=\frac{所需筹资额}{每股认购价格}=\frac{10\ 000\ 000\ 元}{40\ 元}=250\ 000（股）$$

华南电力公司为了筹集所需资金需要增发新股 250 000 股，由于股东从其拥有的每一股股票上只能得到一份优先认股权，所以要确定为得到每一股新股究竟需要多少份优先认股权，即用已发行在外的普通股数除以新股数就得出认购一股新股需要的优先认股权份数：

$$购买一股新股所需的认股权数=\frac{原股票数}{新股票数}=\frac{1\ 000\ 000}{250\ 000}=4（份）$$

因此，每个股东必须拥有 4 份优先认股权和40 元，才能购得一股新发行的股票。如果每个股东都行使他们的权利，则华南电力公司就可筹集到所需的 1 000 万元。

值得注意的是，认购价格、新股数量和买入一股新股所需的优先认股权的数量是相互联系的，若认购价格为 10 元，则认购一股新股只需一份优先认股权。

2. *每一份优先认股权的价值是多少？*

能够用 40 元去购买市价为 50 元的股票显然是值得的，认股权规定了这一权利，所以它必然有价值。

假定该公司以每股 40 元的价格出售 250 000 股新股，筹集了 1 000 万元，则公司发行新、旧股票的全部市场价值为 6 000 万元，用这个价值除以全部股票流通数 1 250 000 股，则每股股票新的市场价值为 48 元，即：

$$\text{新市场价值}=\frac{60\ 000\ 000\text{元}}{1\ 250\ 000\text{股}}=48\text{元/股}$$

由于优先认股权赋予股东能以 40元购买一股价值为 48 元的股票，因而股东们每股节省了 8 元（48 元−40 元）。因为买一股新股需要 4 份认股权，用 8 元除以 4 份就得到每份优先认股权的价值为 2 元。新的市场价值比原来的市场价值下降的幅度正好是每份优先认股权的价值——2 元（50 元−48 元）。

从理论上讲，优先认股权归属于看涨期权，因此，优先认股权的实际市场价值要高于理论价格，如果我们把优先认股权发行后的股票除权价格定义为正股价，则理论上认股权的合理价区为：

（正股价−认购价）≤优先认股权价格<正股价

正如我们在前面第十二章所学的除息日，这里有一个**除权日**（ex-rights date）。无论什么时候分配优先认股权，在除权日之前买入股票的人都将得到优先认股权，我们称股票是**附权**（rights-on）买卖；在除权日当天，股票的所有权和优先认股权分离，即在除权日当天或除权日以后买进股票的人都不可能得到优先认股权，在除权日当天股票价格将下降，其下降的幅度正好等于优先认股权的价值。在此例中，股票的附权价格为 50 元，除权价格为 48 元。

3. 优先认股权的发行对现有股东会产生什么影响？

优先认股权发行后，公司的股票价格会低于发行前的价格，但由于投资者获得了认股权价值，因此，他们既不赚，也不赔。而股票价格的降低在性质上与股票分割相同，新股的认购价定得越低，发行的新股就越多，股票的分割效应就越大，除权后股票价格也就越低。如果公司想大幅度降低股票价格，可将股票的认购价格定得远远低于目前的市价。如果不想使股票价格降得太多，在公司能出售新股、新资金能涌入公司的前提下，公司可将股票的认购价格定到略低于目前市场价格，但能确保股票发行期间的市场价值高于认购价格的水平。总之，我们的分析表明股东不会因为优先认股权的发行而蒙受损失。

（二）认股权证

认股权证（warrant）是由公司发行的一种选择权，它赋予持有者按特定价格购买特定数额股票的权利。通常认股权证与债券配售，[2] 它可以吸引投资者按较低的要求收益率购买企业的长

2 认股权证当然也可以随公开发行的新增普通股一起发行。

期债券。认股权证具有看涨期权的特征，在芝加哥期权交易所上市的认股权证和看涨期权，二者之间在合约特征上的差异并不明显。认股权证与优先认股权既有相同之处，又有不同之处。它们相同之处在于二者都具有看涨期权的特征，即按特定的价格购买特定数额的普通股，一旦行使认股权，都会给企业带来新的资金。它们不同之处主要有两点：（1）获得优先认股权权利的人一定是公司的股东，他们已经持有公司的普通股，而认股权证的持有者本身是债权人，只有他行使其认股权后才成为公司的股东；（2）优先认股权规定行使的期限较短，通常只有几个月，一般不超过 1 年，而认股权证的行使期限较长，甚至有的认股权证是永久性的，即根本没有到期日。

1. 认股权证的特征

认股权证具有选择权的性质，债券合约中的贷款协议都会注明认股权证能否与债券分开。一般情况下，认股权证可以在发行后立即与债券分开而单独出售和流通。

既然认股权证是一种购买普通股的选择权，那么直到它行使之前，它并不拥有普通股东的权利，因而现金股息并不支付给认股权证持有者，认股权证并不具有投票权。如果在外流通的股票价格由于股票股利和股票分割而有所改变，那么通常需要制定条款对认股权证的认购价作适当的调整。

目前各国的会计准则大都要求有在外的认股权证（这也适用于可转换证券）的公司要以两种方式报告其每股收益。第一种方式称为*基本的每股收益*（Basic EPS，BEPS），是净收益除以在外流通的普通股股数；第二种方式称为*稀释后的每股收益*（Diluted EPS，DEPS），是假定认股权证已被行使（或可转换证券被转换）。当然行使的前提是认股权证处于实值期权，即行使价格低于市场价格，因此，行使时会带来“新增股份”，这些新股份会稀释每股收益。另外注意，这里的市场价是指市场平均价。

实例14–6 华夏公司的税后收益是 5 000 000 元，在外的加权平均股数为 3 000 000 股，股票年平均价格为每股 40 元。公司发行的认股权证行使后可以使公司在外流通的股数增加 1 000 000 股，协定价格为每股 30 元。若公司在年初有在外的 100 000 股、面值为 100 元的非转换和非累积分派的优先股，每股股息为 2 元，该年的优先股股息分派已宣布，计算 EPS。

解析 （1）*计算基本的每股收益*（BEPS）

因为 D_p=100 000×2 元=200 000 元

由已知，认股权证行使前的每股收益为：

$$BEPS=\frac{5\ 000\ 000\text{ 元}-200\ 000\text{ 元}}{3\ 000\ 000\text{ 股}}=\frac{4\ 800\ 000\text{ 元}}{3\ 000\ 000\text{ 股}}=1.6\text{ 元/股}$$

（2）*计算稀释后的每股收益*（DEPS）

若行使认股权证，则带来的收益为：

$$1\ 000\ 000\times 30\text{ 元}=30\ 000\ 000\text{ 元}$$

使用市场平均价格，可计算新增股票数，如公式（14.1）所示。

$$\text{新增股票数}=\frac{\text{市场平均价格}-\text{协定价格}}{\text{市场平均价格}}\times\text{行使带来的股数} \tag{14.1}$$

代入已知数据，得出：

$$\text{新增股票数}=\frac{40\text{元}-30\text{元}}{40\text{元}}\times 1\ 000\ 000\text{股}=250\ 000\text{股}$$

因此，新增股票对每股收益有稀释作用，即：

$$DEPS=\frac{5\ 000\ 000\text{元}-200\ 000\text{元}}{(3\ 000\ 000+250\ 000)\text{股}}=1.48\text{元/股}$$

2. 认股权证的估价

为了说明认股权证的价值，我们以下例作说明。

实例 14–7 信息处理设备公司是一家发展迅速的高科技企业，2015 年打算通过发行 20 年期的债券筹集所需的 5 000 万元。但投资银行告诉财务经理，此类债券的息票率要达到 10%才好销售。该投资银行建议公司发行附有认股权证的债券，即每一面值为 1 000 元的债券附 20 份认股权证，认股权证赋予持有者以每股 22 元的价格购买一股普通股的权利。这样，债券的息票率可以降到 8%。目前，该公司股票的市场价格为每股 20 元，如果不提前行使的话，认股权证在 2025 年到期。试确定认股权证的价值。

解析 为什么仅仅因为提供了认股权证，投资者就愿意以 8%的利率购买债券呢？这是因为认股权证是有价值的长期选择权，这一价值弥补了债券的低利率，这一价值使投资者对低利率债券和认股权产生了兴趣。

信息处理设备公司的债券如果按普通债券发行，其息票率为 10%，但是附上认股权证后债券就可以按 8%的息票率出售。以 1 000 元购买公司债券的人，可得到一张利率为 8%的 20 年期债券和 20 份认股权证。由于与信息处理设备公司的债券同风险的现行债券利率为 10%，因此，投资附有认股权证债券的纯负债价值如下：

$$B_0=\sum_{t=1}^{20}\frac{80}{(1+10\%)^t}+\frac{1\ 000}{(1+10\%)^{20}}=681.09+148.64=829.73\approx 830\text{（元）}$$

这样，最初花 1 000 元购买债券的投资者，实际得到价值 830 元的纯债券价值和 20 份认股权证。认股权证价值为 1 000–830=170（元），因此：

$$\text{附认股权证债券的价值}=\text{债券纯负债价值}+\text{认股权证价值} \tag{14.2}$$

由于投资者收到每一债券所附的20份认股权证，因此每一认股权证意味着有170元/20=8.50元的价值。

3. 认股权证在筹资中的运用

许多公司常用认股权证来改善公司的筹资条件。例如，实力很强的大公司可销售附有认股权证的债券，其目的是为了能够以较低的利率出售债券，利息的节省额可根据公司的财务状况和发行时资本市场的状况而定。像美国电报电话公司曾通过出售附有认股权证的公司债券筹集到15.7亿美元的资金，这是有史以来企业所进行的筹集金额最大的筹资活动，同时也开创了规模大、信誉好的公司以认股权证筹资的先例。而新建和处于发展阶段的公司，由于其前景是不确定的，投资者也许不愿购买发行时利率很低的一般公司债券，此时低利率可以通过附有认股权证债券的出售而缓和。如果小企业发展迅速，获得了成功，它的股票价格也会增加，那么认股权证就会给投资者带来获得较高收益的机会。

认股权证对处在高所得税税档的投资者特别有吸引力，这是因为认股权证可以以资本利得的形式而不是以适用普通个人所得税税率的利息形式从债券中得到一部分收益。

认股权证的行使价格（协定价格）在公司债券发行时，通常都设在高于普通股市价的10%~30%之间。正像前面所述，如果企业发展了，获得了成功，其股票价格涨到了认购价格之上，则拥有认股权证的人会行使认股权，以协定价格购买股票。如果没有某种“甜头”，认股权不会被提前行使，投资者宁愿持有。有几种原因会促使认股权的行使：

（1）股票的市价超过认购价，而认股权又快要到期，则认股权持有者一定会行使认股权。

（2）当公司把普通股股利提高到一个相当高的水平，认股权持有者一定会自动行使认股权。因为持有认股权没有股利收入，即等于没有即期收益。如果普通股的股利相当高，就有可观的股利收入，这使得认股权持有者行使认股权购买股票。

（3）认股权有时会有逐级上升的认购价，这样就刺激认股权的持有者在认购价上升之前行使其权利。例如金科公司在2015年12月31日以前的认购价格是25元，此后，认购价将上升为30元。因此，在2015年12月31日前，一旦普通股的市价超过25元，许多认股权的持有者就会在提高认购价之前行使认股权。

认股权证的另一个吸引人的特点是，在公司需要资金时，认股权可带来所需资金。如果公司发展了，它将会需要新的股本资本，同时，公司的繁荣，也促使普通股的价格上升，则认股权会普遍行使，公司就会得到因认股权行使而增加的股票和投资。假如公司发展不景气，使用新筹集的资金也不能获利，那么股票市价就不可能上升到足以吸引认股权持有者行使其权利的地步，因此，公司就不可能筹集到新的股本资本。

4. 发行认股权证的利与弊

由前面分析可知，公司通常会发行附有认股权证的债券，其中认股权证对企业来说主要有以下好处：

(1) 吸引投资者

认股权证是企业发行证券，特别是发行债券的一种"诱饵"。由于认股权证通常与证券一起发行，它可以引诱原来不打算购买证券的人来购买，这些人包括那些想参与企业利润的增长又不愿意直接购买公司普通股的投资者。

(2) 追加资金来源

当认股权证的持有者行使认股权时，企业可以筹集到新的权益资金。这些资金有助于企业进一步扩大再生产。

发行认股权证的主要不利之处：

(1) 保留债务

与可转换债券不同，认股权证的持有者一旦行使其权利，原附有认股权证的债券仍是作为企业的负债保留在账上。而可转换债券转换成普通股后，债务便从企业的负债账户上消失了。

(2) 稀释每股收益

认股权证稀释每股收益我们在前面已有详细的分析，这里就不再说明了。

(三) 可转换债券

可转换证券是指在特定的期限和条件下，可以转换成普通股的公司债券和优先股。债券可转换成优先股和普通股，而优先股只能转换成普通股。典型的可转换证券是可转换债券，这里主要讨论可转换债券，其他可转换证券也有类似的分析。

可转换债券（convertible bond）的创立源于一个古老的"道德问题"，即道德风险。由于债权与股权是不相同的，因此，在许多情况下，债权人无法监督股东的决策行为。在投资项目的决策中，股东无疑会选择有利于本身的项目，而在申请贷款或发行债券时，则隐瞒其项目的高风险和高收益。当项目成功时，股东可获得高额利润，债权人则只能拿固定的利率，从根本上损害了债权人的利益。这一行为在经济学上称为"道德风险"。解决方法之一是设计一种新型融资工具，该工具能够在公司利润高的时候限制股东的剩余利润，降低其选择高风险项目的积极性，从而达到保护债权人的目的。这一金融工具就是可转换债券，它在债权和股权之间架起了一道桥梁。

1. 可转换债券的特点

可转换债券兼有债券和普通股的特点，主要表现在：

(1) 由于可转换债券是由股份制公司或准上市公司向社会公开发行的一种债券，因此，它具有一般公司债券的性质和特点。在主体的法律地位上，可转换债券的持有者和一般公司债券的持有者一样是发行公司的债权人；在投资利益上，两种债券都有固定的利息；在风险责任上，可转换债券的持有者在转换债券前和一般债券持有者一样承担的风险责任较小，到期有权要求还本付息。

(2) 可转换债券又有不同于一般债券的地方，这也就是它与一般普通股股票的相同之处，即和普通股股票一样具有增值的潜力。可转换债券持有者享有一项一般债券持有者所没有的权利，即把债券转换成发行公司股票与否的选择权。这项权利使得可转换债券的持有者有可能成为发行公司的股东，从而能同股东一样从公司的发展中获益。可见，投资于可转换债券既有投资于一般债券的安全性，又具有投资于普通股股票的投机性，从而使这种债券在各国都深受投资者欢迎。

公司一般在下面两种情况下发行可转换债券：(1) 市场条件不适宜发行普通股股票；(2) 一般公司债券的票面利率很高。

发行可转换债券实际上是一种延迟的普通股融资方式，因为在一般情况下，投资者都会在债券到期前把债券换成股票。由于债券在一定条件下可转换成发行公司的股票，可转换债券的息票率通常比不可转换债券的息票率要低。

2. 可转换债券的设计

可转换债券在转换前与普通债券一样，具有面值、息票率、到期日等。除此之外，由于发行可转换债券的目的在于希望投资者行使他们的转换权，这样公司才可能使得债务消失，因此，可转换债券比普通债券还多一些条件，主要涉及以下几个方面：

(1) 转换率和转换价格

可转换债券的一项很重要的内容是可转换率，它是可转换债券持有者在行使证券转换时，每一债券所能换得的普通股股数。

比如，淮海公司在 2015 年 7 月份，发行了每张面值为 1 000 元的可转换债券。公司允许债券持有者在 2020 年 7 月以前的任何时间将债券转换成 20 股该公司的普通股，所以转换率为 20。与转换率相关联的是转换价格，转换率与转换价格之间的关系如下：

$$P_C=\frac{M}{R} \tag{14.3}$$

其中，P_C 为可转换债券的转换价格，R 为转换率，M 为可转换债券的面值。

因此，在上例中，可转换债券的价格 P_C=1 000/20=50（元），由公式（14.3）可得出转换率，即：

$$R=M/P_C \tag{14.4}$$

转换价格一般定得要比可转换债券出售时股票市场价格高出 10%—30%。准确地确定可转换债券的转换价格要在研究了企业发行转换证券的原因后，才能做出较圆满的回答。

一般来说，转换价格在可转换证券有效期内都是确定的，但是也有设定逐级上升转换价格的情况。例如，桓宇工业公司在2015年发行的可转换债券就设定：在2020年之前，持有该可转换债券者可转换成12.5股，在2020~2025年可转换成11.76股，从2025~2030年可转换成11.11股。转换价格由开始时的80元上升到85元，然后升至90元。像大多数可转换债券一样，桓宇工业公司的可转换债券在10年后成为可赎回债券，赎回期为10年。

采取逐步提高转换价格的方式对投资者不利，但它可以达到两个目的：

1）鼓励投资者在价格提高前转换；

2）满足现有股东对将来企业增长的预期，使他们能获得股票价格增值的好处，而不至于因发行可转换债券把好处分摊给新股东。

转换率或转换价格可以是变化的，其主要依据是为了防止由于股票分割、股票股利以及以低于转换价格出售普通股等原因造成股票稀释的保护性条款。典型的保护性条款规定：如果普通股的售价低于转换价格，则转换价格必须调低，调到低于新股发行价以下（转换率上升）；如果公司宣布股票分割或股票股利，转换价格也应该按其比例调低。

例如，桓宇工业公司在转换期的第一个5年内，宣布公司股票分割，1股分割成2股，则转换率自动从12.5调整到25，转换价格从80元调整到40元。如果在契约中没有包含这一条款，公司就可利用股票股利和股票分割阻止转换权的行使。认股权证也有类似的保护性条款以防止股票稀释。

然而，防止以低于转换价格出售新股的标准保护性条款也会使企业陷入困境。例如，在2015年桓宇工业公司发行可转换债券时其普通股的价格为65元，结果市场不景气，股票价格跌至50元。如果公司需要新的权益资本支持公司的经营，为发行新股，则要求可转换债券的转换价格从80元降至50元，这可能会提高可转换债券的价值。

$$\text{可转换债券的价值}=C_t=R\times P_0(1+g)^t \tag{14.5}$$

其中，C_t为可转换债券在时刻t的转换价值，P_0为发行可转换债券时的股票价格，g为股票价格的增长率，R为转换率。

因为转换价格下降，转换率将上升，由公式（14.5）可知，转换价值可能会上升，从而将现有股东的财富转移到可转换证券的持有者手中，这样将增加企业发行新股的成本。因此，像这样的潜在问题，公司在使用可转换债券或附有认股权证的债券时要加以考虑。

（2）票面利率

可转换债券票面利率可以以同期限不可转换债券为参考，但具体低多少则需根据公司经营风险并兼顾以下两个方面的制约因素来确定：

1）公司现有债权人对公司利息保障倍数等财务比率的约束，据此估计利率水平的上限；

2）转换价值收益增长及未来水平，据此估计利率水平下限，同时该下限又取决于公司经营业绩预期增长状况。

转换价值预期越高，利率水平设置相应越低，例如比国债低3%。在债券市场成熟的发达国家或地区可转换债券利率通常比同类不可转换债券利率低2%左右。

另外也可采用零息可转换债券方式以避免直接设定票面利率，但发行公司仍需设定零息可转换债券折扣发行的底价。

（3）转换起讫时间

公司在设计可转换债券时，还需要设定转换的起讫时间。通常转换起讫时间有两大类：

1）发行日至到期日，或发行日至到期前；

2）发行后某日至到期前，或发行后某日至到期日。

究竟应该采用哪种类型主要考虑如下因素：可转换债券的期限、转换价格溢价水平、公司现有股东对控制权的要求、公司财务状况、投资者的要求等。由于转换价格高于公司目前股价，投资者一般不会在发行后立即行使转换权，因此一般可采用第一种类型；如果公司现有股东不希望过早引入股权资本来稀释权益，可采用第二种类型。通常，期限在10年内时，可转换债券起讫时间大多采用第一类，而期限在10年以上，并规定至少在2年内不能转换时，可转换债券起讫时间大多采用第二类。准上市公司设定的转换期通常在公司上市后的半年内，不过上述两种类型的转换时间是名义上的，实际转换截止时间受赎回条件的约束。

（4）赎回条件

债券合同中大多数都有赎回条款以避免金融市场利率下降使公司承担较高利率风险。可转换债券中的赎回条件除此用意外，更主要的功能是迫使债券持有者行使其转换权。赎回条件的设定主要有两类：

1）直接设定赎回起讫时间，通常是从可转换债券发行后的若干年开始至债券的到期日。如果发行公司希望投资者尽早转换，则可将赎回起始时间相应提前，反之则推后。但赎回起始时间受预期转换价值增长水平的影响，一旦设定，不可随意提前或推后。

2）由于转换价格等条件设计时很难预期公司以后发展势头，为了减少股权稀释，迫使投资者早日行使转换权，发行公司常常设定转换价值上限以此作为赎回条件，它们包括：

a. 设定股价水平上限。例如，规定如果股价连续若干交易日超过某一水平，则公司有权按债券面值赎回该可转换债券。

b. 设定转换价值/债券面值上限为赎回条件。规定当转换价值持续若干交易日超过债券面值一定比例时，发行公司有权赎回该可转换债券。

以上两种设定方式中，方式 b 使公司赎回余地更大。实践中，这两种赎回条件可同时并存。由于赎回条件对可转换债券持有者的转换选择构成了时间威胁和收益限定，因此，设计可转换债券条件时应考虑转换价格、利率及赎回条件，并结合公司现有股东的利益、投资者的要求收益率以及公司降低经营风险三方面的需要进行多种组合。

（5）转换调整条件

如前所述，可转换债券持有者需承担一定的公司经营风险，但可转换债券发行后至行使前，发行公司包括子公司可能会因股权融资、股利政策等非经营行为发生变化或出现重组、并购等重大资产或资本调整行为，引起公司股票名义价格下降。因此，转换价格必须相应调整，否则在公司股票名义价格因上述活动而不断下跌的情况下，公司可转换债券的转换价格远远高出股票价格，致使债券的持有者根本无法进行有利的转换，并因此而蒙受巨大损失。转换调整条件是可转换债券合同中至关重要的保护投资者利益的规则。转换调整条件分为可预见性事件和不可预见性事件（不是不可抗力事件）。上市公司针对可预见性事件的转换调整条件主要包括：

1）股利分派。发行公司进行股票分割、并股或股票股利时，转换价格按分割、并股或股票股利比例自动调整。

2）增资扩股。发行公司以各种方式增资扩股（包括发行认股权证、直接发行或配售等方式）时，如果新股发行价或配售价低于转换价格，或低于公司当前股价的一定比例，则转换价格自动降至新股发行价或配售价。

3）公司宣布发行其他附有转换权或认股权的融资工具，修改股权，调整价格等举措，导致公司股价低于未宣布前股价的一定比例时，转换价格相应调整。

4）公司及下属子公司的其他融资、资金盈余分配、兼并收购、资产转换等行为导致公司股价比采取这些行为前的股价低一定比例时，转换价格相应调整。

5）公司与其他公司合并，从而对股票产生影响，或者股票发行公司合并后不再存在，则应相应调整或提供转换为新公司股票的选择权。

6）其他在上述情况中未包括的对股票名义价格有重大影响的行为，应采取不同的调整措施，具体事宜由可转换债券的信托人与发行公司协商。

以上调整均属于事后调整，有些可转换债券设置事前许可条件，即发行公司进行上述某些可能严重损害可转换债券持有者利益的行为前，需先征得可转换债券一定比例（按债券金额计算，通常为75%以上）的持有者同意方可实施。

3. 可转换债券的模型

实例 14–8　2015 年海宁化工公司准备发行为期 20 年、面值为1 000元的可转换债券，这

1 000元既是它的面值，又是它的到期值。债券的票面利率为10%，每张债券可转换为20股普通股，公司在下一年，股票预期支付股利2.80元，目前公司的股票价格为每股35元，预期股价按8%的水平稳定增长，如果债券是不可转换的，考虑给定的风险和总的利率水平，该债券需提供13%的收益率。可转换债券在10年内不可赎回，在此后能以1 050元的价格赎回，并且该价格以每年5元的水平下降。

如果10年后，可转换价值至少超过赎回价格的20%时，管理层要强行赎回债券。试建立可转换债券的模型，并予以分析。

解析 根据题意，转换价格为：

$$P_C=1\ 000/20=50\text{（元）}$$

而股东的要求收益率为：

$$Ks=（D_1/P_0）+g=（2.80/35）+8\%=8\%+8\%=16\%$$

图14–4显示了投资者和公司的预期，下面我们将详细解释模型的建立。

(1) MM'=1 000元的水平线代表面值（和到期值），同时1 000元也是债券最初公开发行时的价格。

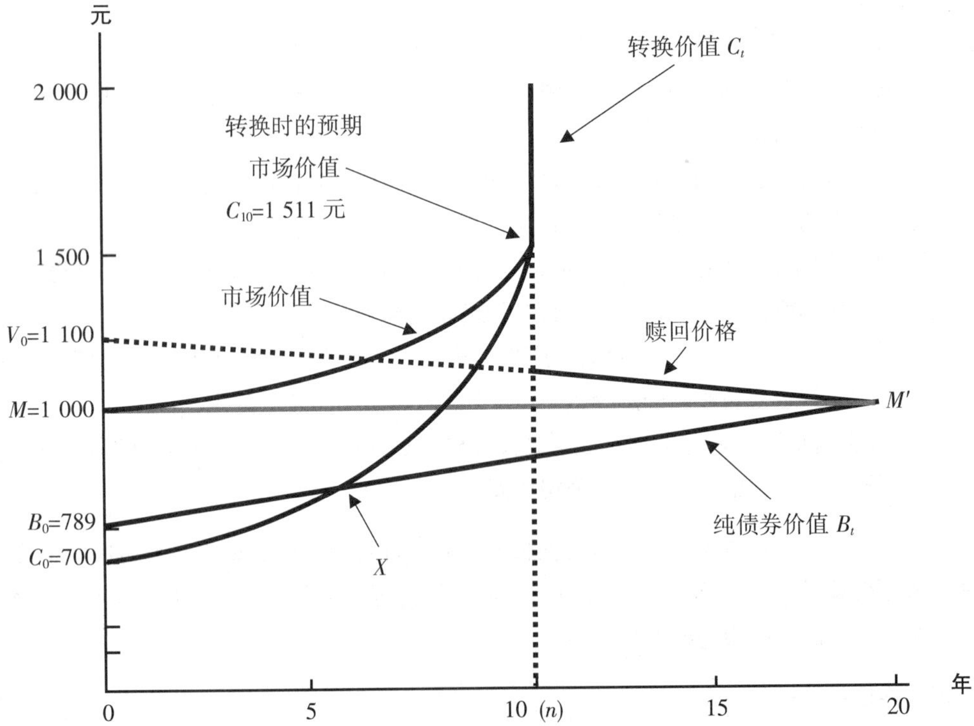

图14–4 可转换债券模型

（2）债券在10年内不得赎回，最初的赎回价是1 050元，此后，以每年5元的水平下降。这样赎回价用V_0M'的实线部分表示。

（3）由于可转换债券的票面利率为10%，而且具有相同风险等级的非转换债券收益率为13%，因此，预期可转换债券的纯债券[3]的价值B_t必须小于面值。假设债券的利息每年支付一次，在发行日，纯债券价值B_0为789元：

$$B_0=\sum_{t=1}^{20}\frac{100}{(1+13\%)^t}+\frac{1\ 000}{(1+13)^{20}}=789\text{（元）}$$

但是值得注意的是，债券在到期日按面值偿还，因此，债券的纯债务的价值应该随时间推移而上升，在到期日达到1 000元，图中B_t用B_0M'表示。

（4）债券的最初转换价值，或者说，在t=0时，投资者转换其债券所收到的股票价值为700元。在任何时间t的转换价值可用公式（15.5）计算。

比如，由于公司股票价格预期增长率为8%，在时间t=5时，其转换价值为：

$$C_5=20\times35\ (1+8\%)^5=1\ 029\text{（元）}$$

预期转换价值如图14–4中C_t曲线所示。

（5）可转换债券的实际市场价格总是高于该债券的纯债务价值或转换价值。市场价格是证券市场（二级市场）买方和卖方最后的成交价。如果市场价格低于纯债券价值，意欲购买债券的投资者意识到可转换债券比一般债券便宜，因此购买可转换债券当作一般债券持有获取利息收入；如果可转换债券的市场价格低于转换价值，投资者会购买可转换债券，并行使其转换权，然后将股票卖出获取利润。因此，

$$\textbf{可转换债券的市场价值} \geq \textbf{Max}\ (C_t,\ B_t) \qquad \textbf{(14.6)}$$

同理可得可转换债券的底价为：

$$\textbf{可转换债券的底价=Max}\ (C_0,\ B_0) \qquad \textbf{(14.7)}$$

因此，市场价值线在转换价值线以及纯债券价值线以上，而可转换债券的真正转换价值线在此例中应该为B_0XC_t线。

事实上，可转换债券的市场价值应该超过其底价和可转换价值，这是因为可转换债券具有的转换权是有价值的。在此例中，可转换债券以1 000元出售，而底价只有789元，那么它们之间的差额就是转换权的价值。因此，无论怎样，虽然我们不能精确地说出市场价值线

3 可转换债券还有一个价值，即非转换债券的价值，它等于纯债券价值，是指可转换债券如不具备可转换的特征时，在市场上销售的价值，这种价值可用前面计算债券价值的公式计算。

的位置，但是我们可以肯定，可转换债券的市场价值一定处于纯债券价值和转换价值线的最低限额以上。

（6）在某点，市场价值线将与转换价值线相交重合。有两个原因使得两线相交：

1）随着时间的推移，股票支付的股利越来越高，而债券的利息支付是固定的。例如，海宁化工公司的可转换债券每年支付 100 元利息，如果债券持有者行使转换权，每种债券转换成 20 股股票，股利最初支付为每股 2.80 元，则投资者共收到 56 元（20×2.80 元）。若股利在 8% 的增长率条件下，10 年后，股利将增至 120.90 元［$20×2.80（1+8\%）^{10}$］，而债券利息仍然是 100 元。这样，在某点，预期提高股利会使得投资者不愿再接受债券这一固定利息收益而自愿行使转换权。

2）一旦债券成为可赎回的，它的市场价值就不可能过分高于转换价值。例如，债券发行后 10 年成为可赎回债券，债券的市场价值假设是 1 600 元，转换价值这时是 1 500 元，而赎回价是1 050 元。如果投资者以 1 600 元购买一张可转换债券，公司要赎回债券，投资者将会被迫把手中持有的债券转换成价值 1 500 元的股票，投资者损失 100 元。因此，投资者意识到这一风险，一旦债券成为可赎回的时，投资者就不能购买这种债券以避免赎回或转换的差额损失。因此，在图 14-4 中，当债券成为可赎回债券时，市场价值线会与转换价值线相交重合。

（7）让 n 代表投资者预期转换发生的时间，这可能是由于股利增加投资者自动行使转换权的时间，也可能是公司为了用股权代替债务，通过赎回可转换债券来增强资产负债表表明公司实力的时间。在此例中，n=10 即初始赎回日。如果公司使用一个较低的初始转换价值，或一个较低的预期股票增长率，例如 C_{10} 小于 V_{10}，那么最初赎回日 n 就要大于 10。

（8）由于 n=10，由前面第 6 点可知，在第 10 年，预期的市场价值与可转换价值相等，为：

$$20×35（1+8\%）^{10}=1\ 511（元）$$

投资者通过计算 IRR 的方法，可得到预期可转换债券的收益率 Kc，即解下列等式：

$$P_0=\sum_{t=1}^{n}\frac{I}{(1+K_C)^t}+\frac{\text{转换时的预期市场价值}}{(1+K_C)^n} \tag{14.8}$$

将有关数据代入，解出预期收益率 Kc：

$$1\ 000=\sum_{t=1}^{10}\frac{100}{(1+K_C)^t}+\frac{1\ 511}{(1+K_C)^{10}}$$

解出 $K_C=IRR=12.8\%$。

（9）可转换债券的预期收益一部分来自利息收入，一部分来自资本收益。在此例中，12.8%的预期收益中，10%代表利息收入，2.80%代表预期的资本收益。利息部分是相对稳定的，而资本收益部分则具有较大的风险。对于新发行的纯债券，全部收益都是以利息形式出现，而可转换债券的预期收益风险大于纯债券的收益风险。因此，K_C 要大于纯债务成本 K_d，即海宁化工公司的可转换债券的预期收益应该在纯债务成本和股东要求收益率之间：

$$K_d=13\%<Kc<16\%=Ks$$

在此例中，投资银行设计的转换债券的 K_C 为 12.8%，低于纯债券收益率 13%，因此，为满足市场均衡条件，以 1 000 元出售可转换债券，海宁化工公司还可以使转换条件更能吸引投资者，如可把票面利率提高到 10%以上，或把转换率增加到 20 股以上，或同时调整二者，最后使得可转换债券的预期收益率落在 13%~16%。

4. 可转换债券融资

对于发行公司来说，可转换债券有两个主要优点：

（1）如同附有认股权证的债券，可转换债券能够给公司提供出售利率较低、条件较宽松的公司债，同时也可为投资者提供分享企业成功利润的机会。

（2）可转换债券提供了一个以高于目前市价出售普通股的方法。许多公司实际上希望出售普通股而非债务，如果目前普通股一时价格偏低，且需通过发行股票筹集所需资金，则要发行很多股份，致使在外流通股增多很多，使股权稀释。例如，一个新项目，由于初始开办费较高会使公司的盈利在最初表现并不好，但管理层深知随后预期收益会大幅度上升，因此会推动股票价格上涨。如果一开始通过发行新股筹集所需项目的资金，就必须发行较多的股份。但是如果使用可转换债券，将转换价格设定在高于普通股价格的 20%~30%之上，这样，当把公司可转换债券转换成普通股时，普通股数一定比最初直接按普通股筹资时的股数少 20%~30%。需要注意的一点是，发行可转换债券是希望债券持有者行使其转换权，如果公司收益没有增加，股票价格就不会上涨，转换行为也就不会发生，则公司便要面临盈利低又无力偿还债务的困境。

为什么当股票市价高于转换价格时，公司能够确信可转换债券持有者会行使转换呢？如前所述，可转换债券有一项赎回条款，使发行公司能迫使债券持有者行使其权利。假设转换价格是 50 元，转换率为 20，当普通股市价上涨到 60 元时，而可转换债券的赎回价格是 1 050 元，因此，一旦可转换债券成为可赎回债券时，债券的持有者面临两种选择：一是债券持有者将债券转换成普通股，其价值为 20×60 元=1 200 元，或任由公司以 1 050 元的价格赎回。当然公司债券持有者宁愿拥有价值 1 200 元的普通股，而不愿意按 1 050 元被公司赎回，所以转换就必然发生。赎回条款是赋予公司强迫债券持有者行使转换的手段，这只有在普通股市价大于转换价值时才能发生。但是值得注意的是，大部分可转换债券一般在较长的时期内不能赎回，因此，如果公司希望能在短期内迫使转换发生，就必须建立较短的赎回期，同时也需要设定较高的票面利率或较低的转换价格。

如果站在债权人的角度，人们可发现，可转换债券具有“上不封顶，下可保底”的好处。因为当股价上涨时，持券人可将债券转为股票，同时股价的上涨会反映在可转换债券的市场价格也上涨，持券人即使不转股，也可以在债券市场上抛售获利；当股价下跌时，可转换债券可以不必转换为股票，持券人仍然可保证每年会有固定的利息收入，到期时还可以收回本金。

从公司的角度出发，可转换债券有3个主要缺点：(1) 尽管可转换债券使得发行公司有机会以较高的价格出售普通股，但假如普通股的价格大幅度上涨，发行公司会发现此时利用纯债务可能更好。(2) 如果公司真正希望筹集权益资本，则发行可转换债券未必真能奏效，因为当债券发行后普通股市价没有大幅度上升时，债券持有者不愿意行使转换，而会将可转换债券作为一般债券持有，收取固定利息收入。可转换债券不能被迫转换，叫“悬挂”。发行公司的债务仍然存在，仍有到期还本付息的压力。 (3) 一般来说，可转换债券的利息率较低，但是转换一旦发生，这低利率的优势就消失了。

关键术语

承销商　underwriter
公司债券　corporate bond
抵押债券　mortgage bond
信用债券　debentures
零息债券　zero coupon bond
浮动利率债券　floating rate bond
垃圾债券　junk
债券评级　bond ratings
公开发行　public offering
混合证券　hybrid
累积分派的优先股　cumulative preferred stock
参加分派的优先股　participating preferred stock
租赁　lease
出租人　lessor
承租人　lessee
经营性租赁　operating lease
融资租赁　financial lease
售后租回　sale-and-lease-back
杠杆租赁　leveraged lease
优先认股权　pre-emptive rights
除权日　ex-rights date
附权　rights-on
认股权证　warrant
可转换债券　convertible bond

思考题

14-1　企业长期融资的来源有哪些？

14-2　试分析企业上市的好处与不利之处。

14-3　普通股的股东具有哪些权利？

14-4　债券评级有什么好处？

14-5　试区别定期贷款和发行公司债券的特点。

14-6　从税收效应来讲，债务融资和权益融资各自的特点是什么？请按税后成本由低向高排序，它们的顺序是什么？

14-7　租赁主要有几种类型？各有什么特点？

14-8　所得税对租赁有什么影响？

14-9　租赁对财务报表的影响是什么？

14-10　影响租赁或购买资产决策的因素有哪些？

14-11　为什么企业愿意租赁？

14-12　请解释优先认股权与认股权证的异同。

14-13　请解释认股权证和可转换债券的异同。

练习题

14-1　有一笔贷款共100 000元，贷款合同规定每月等额偿还，5年还清，年利率为12%，求每月的支付额，并编制前6个月的分期偿还表。若每月初支付，则每月应该支付多少？

14-2　某公司采取浮动利率贷款10 000元，分8年偿还，利率为10%，5年后，利率下降至7%，若还款期不变，则前5年每年应偿还多少？后3年每年应偿还多少？

14-3　依利公司和力维公司开始经营时具有相同的资产负债表。1年以后，双方都需要增加价值为50 000元的生产设备来扩大生产能力。依利公司从银行获得年利率为8%、5年期的50 000元贷款。而力维则决定租赁所需设备5年，租约要求的收益率为8%。资产增加前两家公司的资产负债表如下（单位：元）：

		负债	50 000
		股东权益	100 000
资产总计	150 000	负债及股东权益总计	150 000

(1) 列示两家公司增加资产后的资产负债表，并计算每家公司新的负债比率。（假设租赁没有资本化）

(2) 如果力维公司租赁资本化，列示它的资产负债表并重新计算负债比率。

14–4 寰球公司打算通过优先认股权筹集所需权益资本 20 万元，公司目前的股票价格为 25 元，在外流通普通股有 10 万股，如果新股认购价为 20 元，则：

(1) 寰球公司必须发行多少股新股?

(2) 为购买一股新股需要多少份认股权?

(3) 优先认股权的价值是多少?

(4) 公司新的市场价值是多少?

(5) 除权价是多少?

14–5 润安公司发行了利率为 8%的 430 000 元的可转换债券。每份可转换债券可以在到期日前的任一时刻转换成 28 股该公司的普通股股票。

(1) 假设债券市价为 1 000 元，润安普通股市价为 31.25 元，分别求出转换率，转换价格和转换溢价（注：转换溢价为转换价格高出股票市价部分的百分比）。

(2) 假设债券市价为 1 180 元，润安普通股市价为 31.50 元，回答以上同样的问题。

(3) 回到问题（1），如果润安公司普通股市价上涨了 2 元，那么此刻债券的转换价值是多少?

14–6 在过去 5 年中，高达公司发展迅速。最近，其投资银行敦促公司考虑长期融资。该公司的银行贷款额度为 250 000 元，利率为 8%。目前公司已推迟了 30~60 天支付商业往来客户的账款。高达公司与投资银行研究的结果是筹集 500 000 元资金。投资银行为公司提供了以下几种可行的融资方案（不考虑发行成本）：

方案 1：以每股 8 元销售普通股；

方案 2：销售票面利率为 8%的可转换债券，每 1 000 元债券可转换成 100 股普通股股票（即可转换债券的转换价格为每股 10 元）；

方案 3：销售票面利率为 8%的债券，每一张债券附有 100 份认股权，每一份认股权可以按 10 元购买公司一股普通股。

公司总裁罗先生拥有公司 80%的股份，并希望继续控制公司。目前公司在外有100 000 股流通股。下面是公司最近的财务报表摘录：

(1) 按每种方案建立新的资产负债表，对于方案 2 和方案 3 建立债券转换后和行使认股权以后的资产负债表（假设筹资的一半用于还银行贷款，一半增加总资产）。

(2) 在各种方案中，罗先生都没有购买新增股票。请展示他的控股地位。

(3) 假定息税前收益为总资产的 20%，在每种方案条件下的每股收益是多少?

高达公司资产负债表

2015 年 12 月 31 日　　　单位：元

		流动负债	400 000
		普通股，面值 1 元	100 000
		留存收益	50 000
资产总计	550 000	负债及权益总计	550 000

高达公司利润表

2015 年度　　　单位：元

营业收入	1 100 000
除利息以外的全部成本	990 000
息税前收益	110 000
财务费用	20 000
税前利润	90 000
税收（40%）	36 000
净利润	54 000
在外股数（股）	100 000
每股收益	0.54
市盈率（P/EPS）	15.83
股票市价	8.55

(4) 各种方案条件下的负债比率是多少？

(5) 你会推荐哪种方案给罗先生？为什么？

14-7　2015 年夏季，海丰公司计划为扩建筹资。公司主要负责人同意公司使用普通股筹资而不是通过负债满足企业发展资金的需要。但是他们认为，公司目前股票价格没有反映其真实价值，所以他们决定发行可转换债券。可转换债券按面值 1 000 元出售，票面利率为 10%，一年支付一次利息，期限为 20 年。转换率为 25，赎回价格为 1 100 元。与可转换债券相同风险等级的非转换债券利率为 11%。公司目前的股票价格为 30 元，当期股息为 2 元，股票价格和股息以及收益以 8%稳定增长。

(1) 公司发行时，可转换债券的纯负债价值为多少？

(2) 当 t=0 和 t=10 时的转换价值为多少？

(3) 可转换债券的底价为多少？转换权的价值为多少？

(4) 假设当转换价值超过面值的 20%时就要赎回可转换债券，预期何时能赎回？

(5) 预期可转换债券的收益率 Kc 应落在什么范围内？

(6) 将上述问题用可转换债券模型表示。

自测题

1. 下列哪项不符合股票的特征？

A. 法定性　　B. 参与性　　C. 收益性　　D. 价格稳定性

2. 相对于股票筹资而言，银行借款筹资的缺点是______。

A. 筹资速度慢　　B. 限制条款多　　C. 筹资成本高　　D. 财务风险小

3. 首次公开募股（IPO）是指______。

A. 公司可以在任何时候在公开市场上购回公司股票

B. 公司对其发行股票的特殊的名称，如 A 类、B 类股票

C. 公司首次向公众发行股票

D. 公司股票在二级市场上的交易

4. 下列哪项不属于债券筹资特点？

A. 从筹资公司来讲，债券的利息是在所得税前支付，有抵税的好处

B. 债券投资在非破产情况下对公司的剩余索取权和剩余控制权影响不大

C. 公司运用债券筹资等于向债权人购得一项以公司总资产为基础资产的看涨期权

D. 公司债券通常需要抵押和担保，而且有一些限制性条款，这实质上是取得一部分控制权，以削弱经理控制权和股东的剩余控制权

5. 以下哪种说法正确？

A. 用优先股融资而不是普通股融资的好处之一，就是公司的控制权不会被稀释

B. 对投资者来说，优先股比普通股提供了更稳定和更可靠的收益

C. 公司采用优先股融资的好处之一，就是支付股利的 70%是可以抵税的

D. A 和 C 是对的

E. A 和 B 是对的

6. 资本市场的不完善为租赁双方（承租人和出租人）在租赁中创造了双赢的机会，这是因为______。

A. 税收的不对称　　B. 信息的不对称

C. 交易成本　　D. 以上都不对

7. 认股权证是一种融资创新工具，这是因为通常它具有______。

A. 看跌期权和欧式期权的特征　　B. 看涨期权和欧式期权的特征

C. 看涨期权和美式期权的特征　　D. 看跌期权和美式期权的特征

8. 债券的转换价格除了以下______，均要进行调整。

A. 股票股利　　B. 股票分割

C. 配股　　D. 认股权证的发行

9. 给予现有普通股东购买新增发股票的权利是______。

A. 发行可转换债券　　B. 发放贷款

C. 发放奖金　　D. 发行优先认股权

参考答案

1. D　2. B　3. C　4. C　5. E　6. A　7. C　8. D　9. D

第五篇

营运资本管理

由于市场竞争的加剧，营运资本管理对于公司盈利能力及生存能力的影响越来越大，财务经理的大部分时间都被用于营运资本管理，而不是长期投资决策，因此，营运资本管理是一个越来越受到重视的领域。公司几乎每天都面临着这些问题：公司现有多少现金？公司应该从哪儿筹集现金？公司的现金应该投向何方？公司应该如何保持现金的流动性？一家银行愿意给公司提供贷款，而一家供应商愿意向公司提供商业信用，哪个方案更好？公司的最大客户威胁说要停止和公司做生意，除非公司改变其信用条件，这将如何影响公司的成本与收益，进而影响公司的现金流？公司因预计销售将快速增长而大量囤积存货，但随后却没有出现这样的销售场面，这对公司意味着什么？等等。本篇将对上述问题进行讨论。

第十五章 营运资本管理政策

本章学习目标

通过本章学习，读者应该能够：

- 了解短期财务计划的主要内容；
- 了解营运资本的基本概念和特点，以及营运资本管理的原则，掌握现金周转期的概念和计算；
- 了解宽松、冒险和中庸的营运资本投资政策，以及配合、激进和稳健的营运资本融资政策；
- 掌握短期融资的概念、类型以及各自的特点。

→引言

创立于1984年的海尔，经过近30年的发展，已成为海内外享有较高美誉的国际化企业集团。海尔借助先进的信息技术，以市场链为纽带，以订单信息流为中心重构业务流程，从而带动物流和资金流的运动，逐步向“零库存、零营运资本和(用户）零距离”的终极目标迈进。

零距离就是快速获取客户订单，快速满足用户需求。海尔在全国有42个配送中心，这些配送中心可以及时地将产品送到用户手中。通过这种做法，可以实现零距离。零距离不仅意味着产品不积压，它还意味着企业在市场中可以不断获取新的市场。

零库存，就是三个JIT (just-in-time，适时)，即JIT采购、JIT送料和JIT配送。这三个JIT使得海尔可以实现零库存。库存不仅仅是资金占用的问题，最主要的是会形成很多的呆坏账。零库存不仅意味着物资不积压，更重要的在于可以为零缺陷铺平道路，它可以使质量保证有非常牢固的基础。海尔集团首席执行官张瑞敏已经尝到了一点甜头，他表示：“2008年中国家电企业库存周转天数是64天，我们自己在2008年年初库存周转天数是32天，差不多是中国平均周转天数的一半。经过我们的流程再造现在已经降到了三天。”他还表示，由于周转时间的缩短，海尔集团两家上市公司经营活动产生的现金流量净额大幅增长1 051.95%。

零营运资本，就是净营运资本等于零，即流动资产减流动负债等于零。海尔因为有了前面的零距离和零库存，因此可以做到零营运资本。也就是说，在应付账款到期前，可以先把应收账款收回来。为什么呢？因为海尔可以做到现款现货，它是根据用户的订单生产，产品一到用户手里，用户就可以付钱给企业，这使得海尔能够良性循环。

零营运资本是所有企业营运资本管理的目标，但只有营运资本管理的各个环节整体优化，才能实现营运资本管理的目标。

资料来源：根据中关村在线（http://www.zol.com.cn）上的相关资料整理编写。

第一节 短期财务计划

计划是协调、使用公司资源的安排，是良好管理的关键。财务计划就是为公司未来的发展确立财务目标，分析公司目前的财务状况与既定目标之间的差距，指出公司为达到财务目标应采取的行动。财务计划按计划期的长短可分为长期财务计划和短期财务计划。长期财务计划在第十三章已讨论。本节重点讨论短期财务计划。

短期财务计划是指对公司未来12个月内的财务问题所做的安排，其主要涉及影响流动资产和流动负债的决策分析。

一、营运资本的概念及其特点

公司的营运状况通常用营运资本指标来判断。营运资本是用以维持公司日常经营活动正常进行所需要的资金，是指在公司经营活动中占用在短期资产上的资金。营运资本有广义和狭义之分：广义的营运资本又称毛营运资本，是指一个公司在流动资产上的总投资额；狭义的营运资本又称净营运资本，是指流动资产减流动负债后的余额。公司理财中，常用后者概念，即净营运资本。营运资本是公司流动资产的主要资金来源，是公司开展日常经营活动的资金保证。营运资本一般有如下特点：

1. 流动性强

公司占用在流动资产上的资金，周转一次所需时间较短，通常会在一年或一个营业周期内变现，具有较强的流动性。交易性金融资产、短期投资、应收账款、应收票据、存货等变现能力强，如果公司遇到意外情况，出现资金周转不灵、现金短缺时，便可以变卖这些资产，获得现金。

2. 波动性大

流动资产的数量会随公司收入及内外其他条件的变化而变化，波动很大。流动资产数量发生变动时，流动负债的数量也会发生相应变动，从而导致净营运资本的变化。

二、短期财务计划的内容

短期财务计划的内容主要包括公司对流动资产的投资规模和融资规模两个方面的安排：

1. 公司对流动资产的投资规模，即指对营运资本投资政策的制定和营运资本投资的日常管理。例如，选择什么样的投资策略？公司现金的持有水平是多少？公司存货的占用水平是多高？公司应给予客户什么信用条件？

2. 流动资产的融资，即指如何安排流动资产的资金来源。例如，识别不同的短期融资策略，制定营运资本的融资政策，以及对短期融资的日常管埋。

公司制订短期财务计划，就是为了使公司能够有效地运用营运资本，增加公司的净现金流入量，从而使公司的价值增值。增加公司的净现金流入量，实际上是加快营运资本的周转，缩短现金周转期的过程。

三、经营周期与现金周转期

短期财务计划主要关心公司的短期经营活动。对一个典型的制造性公司，短期经营活动包括以下一系列事件和相关决策：

事件	**决策**
1. 购买原材料	1. 订购多少存货？
2. 支付购货款	2. 是否借款或者削减现金余额？
3. 生产产品	3. 选择何种生产技术？
4. 销售产品	4. 是否给特定客户提供信用？
5. 回收现金	5. 如何收款？

这些活动导致了现金流入和流出的既不同步也不确定。不同步是因为原材料货款的支付与产品销售的现金回收不是同时发生。不确定是因为将来的销售和成本不能确切地预测。公司的短期经营活动及相应的现金流如图 15–1 所示。

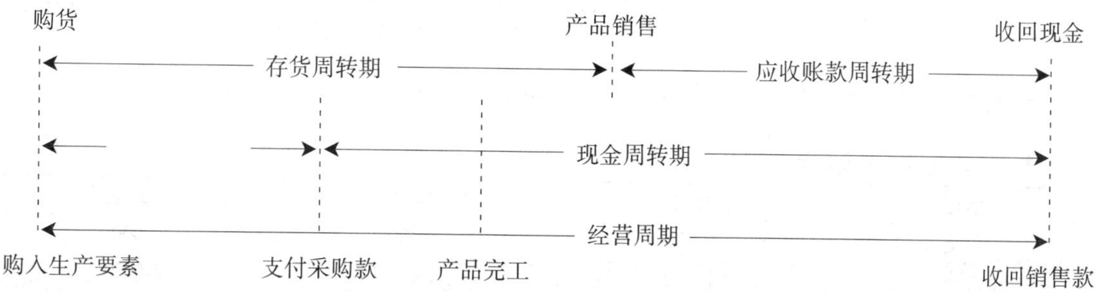

图 15–1　现金周转期

如果没有供货方提供赊销，公司的现金从它的购买存货之日起便被占用，且直到收回其应收账款为止。假设一家公司持有其存货 60 天并在 30 天内收回其应收账款，则该公司将花 90 天的时间把存货变为现金。而如果获得供货方的赊销，则公司的现金周转不需要 90 天。

由图 15-1 可知，从存货到应收账款收现这段时间间隔形成一个**经营周期**（operating cycle），经营周期刚好是存货和应收账款周期之和：经营周期=存货周转期+应收账款周转期。在经营周期内，从支付原材料货款（引起现金流出）到应收账款收现（现金流入）形成一个**现金周转期**（cash conversion cycle）。现金流入与流出不同步形成的缺口要求进行短期融资决策。这个缺口跟经营周期和应付账款周转期的长度有关，因此，可以通过借款或持有短期证券来填补这个缺口。改变存货周转期和应收款账周转期可以缩小这个缺口。

现金周转期等于经营周期减应付账款周转期，即：

$$\begin{aligned}\text{现金周转期}&=\text{经营周期}-\text{应付账款周转期}\\&=\text{存货周转期}+\text{应收账款周转期}-\text{应付账款周转期}\end{aligned} \tag{15.1}$$

存货周转期是指取得存货至售出存货的时间，存货周转期的长短取决于原材料储存期、产品生产周期和产成品储存期。应收账款周转期是从赊销到账款回收所需时间。应付账款周转期是公司在购买各种资源过程中能够延期支付的时间。在实践中，常用天数表示。

存货周转天数指从购买存货到货物销售的平均天数。计算公式为：

$$\text{存货周转天数}=\frac{\text{平均存货}}{\text{营业成本}/365}=\frac{365}{\text{存货周转率}} \tag{15.2}$$

应收账款周转天数指赊销形成应收账款到收回现金所需要的平均天数。计算公式为：

$$\text{应收账款周转天数}=\frac{\text{平均应收账款}}{\text{营业收入}/365}=\frac{365}{\text{应收账款周转率}} \tag{15.3}$$

应付账款周转天数，指从赊购存货到支付货款所需要的平均天数。计算公式为：

$$\text{应付账款周转天数}=\frac{\text{平均应付账款}}{\text{营业成本}/365}=\frac{365}{\text{应付账款周转率}} \tag{15.4}$$

实例 15-1 某公司 2015 年 12 月 31 日的财务信息如表 15-1 所示：

表 15-1 某公司部分财务数据 单位：千元

项目	期初	期末	平均数
存货	5 000	7 000	6 000
应收账款	1 600	2 400	2 000
应付账款	2 700	4 800	3 750
销售收入（赊销）		50 000	
销售成本		30 000	

计算该公司的现金周转期。

解析　因为现金周转期=存货周转期+应收账款周转期–应付账款周转期，所以根据题意，运用公式（15.2）、（15.3）和（15.4）分别计算存货周转期，应收账款周转期和应付账款周转期，即

$$存货周转天数=\frac{6\ 000}{30\ 000/365}=73（天）$$

$$应收账款周转天数=\frac{2\ 000}{50\ 000/365}=14.6（天）$$

$$应付账款周转天数=\frac{3\ 750}{30\ 000/365}=45.6（天）$$

因此，现金周转期=73+14.6–45.6 =42（天）

现金周转期是营运资本管理中常用的决策分析方法，它既可以用于分析公司日常的经营业务，提高营运资本的效率，不断降低营运资本额，又可以用于分析公司新增业务对于融资的需求。现金周转期的概念贯穿于营运资本分项目管理的全过程中。

在其他条件相同的情况下，现金周转期越短，公司对存货和应收账款的投资就越少，说明公司对外部融资的需求也越少，从而降低了融资成本，提高了公司的利润。缩短现金周转期的方法是：在不减少收入、不增加成本的前提下，尽量缩短存货周转期和应收账款周转期，延长应付账款周转期。

第二节　营运资本管理政策

公司制订短期财务计划，就是为了使公司能够有效地运用营运资本，增加公司的净现金流入量，从而使公司的价值增值。显然，有效地运用营运资本是关键。我们认为，有效地运用营运资本的前提是科学地制定营运资本的管理政策。营运资本管理政策包括两个方面：一是营运资本投资政策，即确定流动资产投资总额和各项流动资产目标投资额的政策；二是营运资本融资政策，即如何确定流动资产的资金来源的政策。

一、营运资本管理的原则

一般来讲，营运资本的大小受以下因素影响：①企业主要业务性质：比如生产型企业显然会

比服务型企业需要更多的营运资本；②企业供应的确定性：企业生产依赖于有序而稳定的供应，一旦供应变得不确定，企业将需要储存更多的存货或预备更多的资金以备不时之需，从而加大了对于营运资本的需求；③企业总体经营水平：如果企业生产的产品或提供的服务越多，其运用的营运资本也越多；④企业的信用政策：企业为客户提供的信用政策越宽松，企业收款的速度将会越慢，企业就需要更多的资金保证生产的顺利进行。因此，公司进行营运资本管理政策的制定和营运资本的日常管理，必须根据营运资本的特点，遵循以下原则：

1. 合理预测营运资本的需要量

公司营运资本的需要量与公司经营活动直接相关：当公司产销两旺时，流动资产会不断增加，流动负债也会相应增加；而当公司产销量不断减少时，流动资产和流动负债也会相应减少。因此，公司财务人员应认真分析经营状况，采用科学的方法预测营运资本的需要量，以防营运资本的过剩或不足。

2. 厉行节约，提高资金使用效益

在营运资本管理中，要在保证正常经营需要的前提下，充分挖掘资金潜力、精打细算地使用资金，从而提高资金使用效益。

3. 加速营运资本周转，提高资金的利用效果

营运资本周转是指公司的营运资本从现金投入营运开始，到最终转化为现金的过程。在这一过程中，营运资本周转速度决定了公司获利能力的高低。营运资本周转率（年营业收入/平均营运资本）是反映营运资本周转速度的重要指标，该指标越高，意味着公司用较少的营运资本实现着较多的营业收入，营运资本效率也越高。加快营运资本周转的关键是加强应收账款和存货的管理，提高应收账款和存货周转率。例如，甲、乙两公司应收账款平均余额都是 1 200 万元，甲公司应收账款一年周转 6 次，实现的营业收入为 7 200 万元；乙公司一年周转 10 次，实现的营业收入为 12 000 万元，倘若营业利润率均为 20%，则甲公司一年获利 1 440 万元，而乙公司一年获利 2 400 万元，虽然两个公司应收账款数额一样，但乙公司的获利能力要强过甲公司许多。

4. 合理安排流动比率

一个公司若偿债能力不足，尤其是短期偿债能力不足，不仅会影响公司的信誉，而且还可能直接威胁公司的生存与发展。评判短期偿债能力强弱的主要依据是营运资本绝对额、流动比率和流动资产各项目的流动性程度。营运资本数额越大，流动比率越高，说明流动资产对于流动负债的保证程度越高，一般而言，反映短期偿债能力强，但还需要考察流动资产的流动性程度如何。

流动资产中各项目变现能力的强弱顺序大致为：货币资金>交易性金融资产>应收票据>应收账款>存货。流动资产中各项目所占比重不同，体现的流动资产总体变现能力也不一样，若货币资金、短期投资、应收票据占的比重大，则流动资产的流动性强；若应收账款、存货占的比重大，则流动资产的流动性相对较弱。因此，在营运资本管理中，要合理安排流动资产和流动负债的比例关系，保证公司有足够的偿债能力。

二、营运资本投资政策

基于上述营运资本管理的原则，公司在进行营运资本投资政策的制定时，必须充分考虑公司的获利能力和风险之间的关系，确定出能使公司获得最大利润而风险较低的流动资产投资额。

不同的行业、不同的经营规模、不同的利率水平下，公司流动资产的占用水平各不相同。公司在流动资产的占用水平上有 3 种选择方案，其与公司销售水平之间的关系如图 15-2 所示。

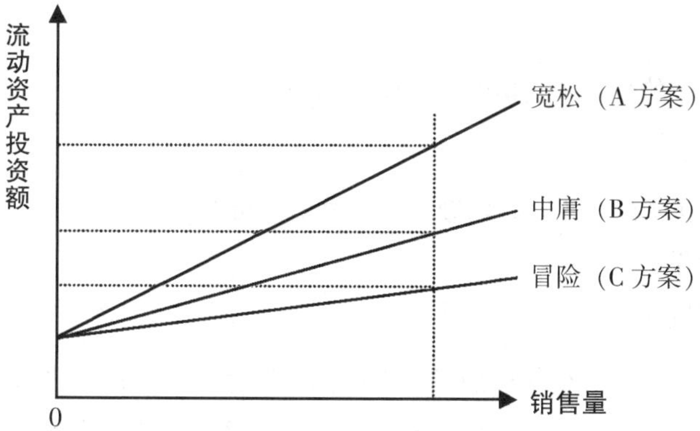

图 15-2　营运资本投资政策

由图 15-2 可知，销售量越大，为支持这一销售量的流动资产投资也越大。在同一销售水平下，不同政策对应的流动资产投资额是不同的，流动资产投资额越高，流动资产周转速度越慢。

需要指出的是，在现实生活中，流动资产投资额与销售量之间并非呈线性关系，而是以递减的比率随产销量的增加而增加。其原因：一是由于公司规模增大，流动资产比例可能会下降；二是流动资产内部各项目之间相互调剂使用的可能性增大，导致流动资产使用效率提高，从而减少流动资产需要量。营运资本投资政策主要有以下 3 种：

1. 宽松（稳健）的营运资本投资政策

有的公司在安排流动资产数量时，会在正常经营需要量和正常保险储备的基础上，再加上一部分额外的储备量，以便降低公司的风险，这便属于保守的营运资本投资政策。图 15-2 中的 A 方案便属于宽松（稳健）的投资策略，在这种投资策略下，因为流动资产的盈利性低，公司的投资报酬率一般较低，但由于流动资产变现能力强，风险较小。不愿冒险、偏好安全的财务经理都喜欢采用此种策略。

2. 冒险（激进）的营运资本投资政策

有的公司在安排流动资产数量时，只安排正常生产经营需要量而不安排或很少安排安全储备量。这便属于冒险的营运资本投资政策。图 15-2 中的 C 方案便属于冒险投资策略。在采用冒险的营运资本投资政策时，因为流动资产的比重低，公司的投资报酬率一般较高，但由于整体资产变现能力偏弱，风险就较大。敢于冒风险、偏好高报酬的财务经理都喜欢采用此策略。

3. 中庸（折中）的营运资本投资政策

中庸的营运资本投资政策就是在保证正常需要的情况下，再适当地留有一定的保险储备，以防不测。

公司流动资产的数量按其功能可分成两部分：

(1) 正常需要量

它是为满足正常的生产经营需要而占用的流动资产。

(2) 安全储备量

它是指为应付意外情况的发生而在正常生产经营需要量以外储备的流动资产。

在实践中，究竟选择什么样的投资政策，公司通常会在短期投资成本与收益和风险之间进行权衡。在产销量一定的情况下，公司应尽量减少流动资产，因为此时增加流动资产不能带来额外利润，却会增加公司的融资需求，引起筹资成本和利息支出，因而会减少公司利润。当然，流动资产太少也可能会带来生产过程中断、无力偿债等风险。在采用适中的营运资本投资政策时，公司的报酬一般，风险一般，正常情况下公司往往采用这种策略。

根据流动资产的获利能力和风险特点，可以将 A、B、C 3 种方案概括为：

	高	中	低
流动性	方案 A	方案 B	方案 C
获利能力	方案 C	方案 B	方案 A
风险	方案 C	方案 B	方案 A

实例 15-2 假设某公司有 A、B、C 三个可供选择的营运资本投资方案，这三种方案的唯一区别是流动资产的持有量不同（流动负债和长期负债不变），如表 15-2 所示。

从表 15-2 可知，在其他条件不变的情况下，随着流动资产投资额的增加，总资产利润率由 16.67%分别降为 16.13%和 15.63%；但流动比率却由 2.5 变为 2.75 和 3，风险加大。

这表明，流动资产投资额的高低与投资利润和风险呈反方向变化。对这三个方案的选择，不

表 15-2　营运资本投资方案　　单位：万元

项目	A（冒险）	B（中庸）	C（稳健）
（1）流动资产	1 000	1 100	1200
（2）其中：有价证券	0	100	200
（3）固定资产	2 000	2 000	2 000
（4）资产总额	3 000	3 100	3 200
（5）流动负债	400	400	400
（6）长期负债	600	600	600
（7）股东权益	2 000	2 100	2 200
（8）预计息税前利润	500	500	500
总资产利润率［（8）/（4）］	16.67%	16.13%	15.63%
净营运资本［（1）-（5）］	600	700	800
流动比率［（1）/（5）］	2.5	2.75	3

但取决于方案的收益水平和风险状况，而且取决于决策者的风险规避态度，不同的决策者会得出不同的结论。但在正常情况下，进行营运资本投资政策方案的决策，应以有利于公司的长远发展、有利于提高公司价值为基础，力求以最低的风险代价，取得更多的收益。

需要指出的是，营运资本的投资政策还会受到融资政策的影响，融资成本不同，公司的利润也会不同。所以，在制定营运资本投资政策时，还应考虑公司的融资政策。

三、营运资本融资政策

公司的营运资本一般可分为**临时性营运资本**（temporary working capital）和**永久性营运资本**（permanent working capital）。前者是指季节性需求或商业周期波动的临时性需求而占用在流动资产上的资金，如销售旺季增加的应收账款和存货等；后者是指满足公司长期稳定需求（最低需求）而占用在流动资产上的资金，如安全储备中的存货或现金等。永久性营运资本与占用在固定资产上的资金相似，其所占用的资金是长期的，并且随时间的延续、公司规模的扩大而增加。与此相对应，公司的资金也分为临时性资金需求和永久性资金需求两部分。前者一般是通过短期负债融资满足，后者一般是通过长期负债和权益资本融资满足。

营运资本融资政策是指如何安排永久性流动资产和临时性流动资产的资金来源问题的政策。从营运资本与长、短期资金来源的配合关系看，并依其风险和收益的不同，主要有 3 种可供选择的**营运资本政策**（working capital policy）类型：配合型融资政策、激进型融资政策和稳健型融资政策。

（一）配合型（折中型）融资政策

配合型（折中型）融资政策的特点是：通过将公司的资产和负债的到期日相匹配来规避风险，对于临时性流动资产的资金需求，运用临时性流动负债融资方式满足；对于永久性流动资产和固定资产（统称永久性资产，下同）的资金需求，则运用长期负债、自发性负债和股权资本等融资方式满足。如图 15–3 所示。

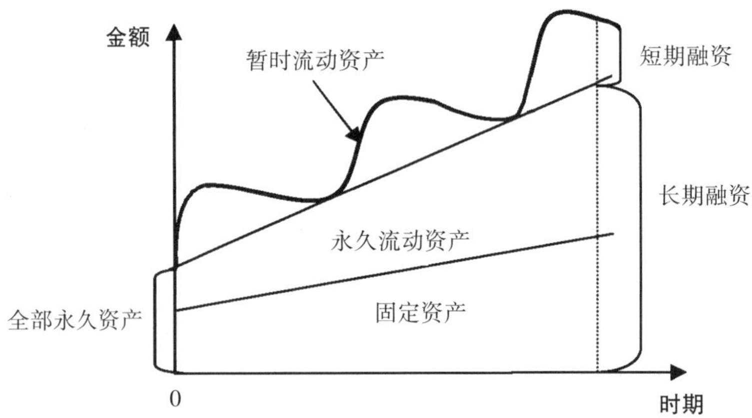

图 15–3　配合型（折中型）的营运资本融资政策

图 15–3 中的短期融资包括应付账款、银行借款、商业票据等。公司在短期资金需求处于低谷时，公司除自发性负债外应当没有其他流动负债，只有在临时性流动资产的需求高峰期，公司才举借各种临时性债务。配合型融资政策要求公司临时负债融资计划严密，做到现金流动与预期安排相一致。

例如，某公司在经营的淡季，需占用 1 000 万元的流动资产和 2 000 万元的固定资产，在经营的高峰期，要额外增加 200 万元的季节性存货。配合型融资政策的做法是：公司只有在经营的高峰期才借入 200 万元的短期借款，不论何时，3 000 万元永久性资产均由长期负债、自发性负债和股权资本解决相应的资金需要。

这种融资政策的基本思想是将资产与负债的期间相匹配，以降低公司不能偿还到期债务的风险和尽可能降低债务的资本成本。但事实上，由于资产使用寿命的不确定性，往往做不到资产与负债的期间完全匹配。例如，一旦经营高峰期内的销售不理想，未能取得销售现金收入，便会发生偿还临时性负债的困难。因此，配合型融资政策是一种理想的、对公司有着较高资金使用要求的营运资金融资政策。一般来说，如果公司能够驾驭资金的使用，采用收益和风险相匹配的较为适中的配合型融资政策是有利的。

（二）激进型（冒险型）融资政策

激进型（冒险型）融资政策的特点是临时性负债不但满足临时性流动资产的资金需要，还可以满足部分永久性资产的资金需要。如图 15–4 所示。

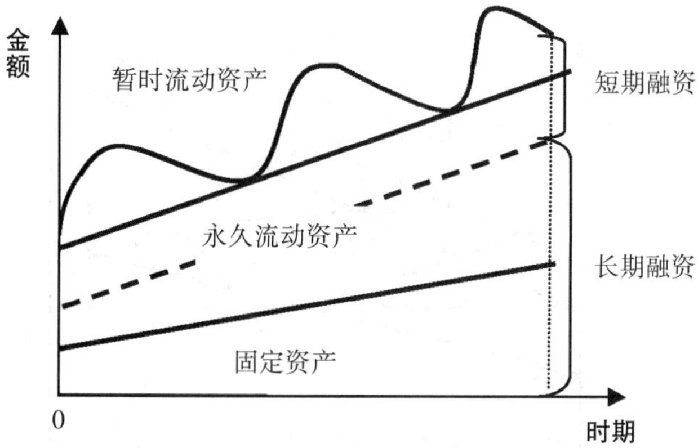

图 15–4　激进型（冒险型）的营运资本融资政策

激进型（冒险型）融资政策是一种高风险、低成本、高盈利的筹资策略，图中虚线越低，所冒风险越大。采取这种策略，一方面降低了公司的流动比率，加大了偿债风险；另一方面，由于短期负债利率的波动性，增加了盈利的不确定性。这种策略适用于长期资金来源不足，或短期负债成本较低的公司。

例如，某公司经营淡季占用 1 000 万元的流动资产和 2 000 万元的固定资产，在经营的高峰期，需额外增加 200 万元的季节性存货需求。如果公司的权益资本、长期负债和自发性负债的筹资额低于 2 000 万元，比如只有 1 700 万元甚至更少，那么就会有 300 万元甚至更多的永久性资产和 200 万元的临时性流动资产要由临时性负债融资满足。这种情况表明，公司实行的是激进型融资政策。

由于临时性负债的资本成本一般低于长期负债和权益资本的资本成本，而激进型融资政策下临时性负债所占比重较大，所以该政策下的公司资本成本较低。但是为了满足永久性资产的长期资金需要，公司必然要在临时性负债到期后重新举债或申请债务展期，从而有可能面临筹资难度加大、公司资本成本增加和公司收益降低的风险。因此，激进型融资政策是一种收益性和风险性均较高的营运资金融资政策。

（三）稳健型（保守型）融资政策

稳健型（保守型）融资政策的特点是临时性负债只满足部分临时性流动资产的资金需要，另一部分临时性流动资产和永久性资产，则由长期负债、自发性负债和权益资本作为资金来源。如图 15–5 所示。

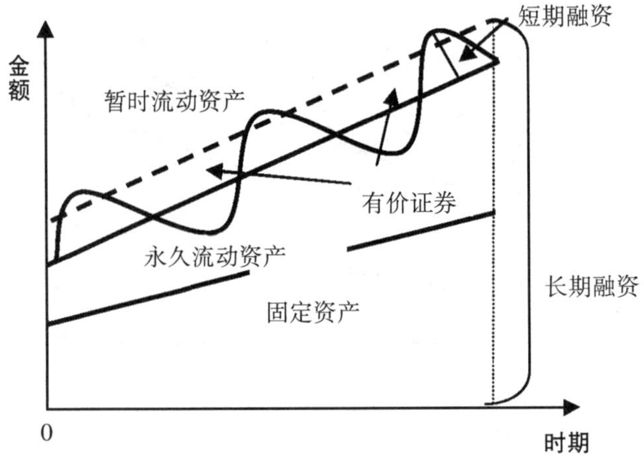

图 15–5　稳健型（保守型）的营运资本融资政策

稳健型（保守型）融资政策是一种低风险、低收益、高成本的筹资策略，图中虚线位置越高，就越保守。

仍沿用上例，如果该公司只是在经营的旺季借入低于 200 万元的资金，比如 100 万元的短期借款，而无论何时的长期负债、自发性负债和权益资本之和总是高于 3 000 万元，比如是 3 100 万元，那么旺季季节性存货的资金需要只有一部分靠当时的短期借款解决，其余部分的季节性存货和全部永久性资金需要则由长期负债、自发性负债和权益资本提供。而在经营的淡季，公司则可将闲置的资金投资于短期有价证券，赚取报酬，以备旺季之用。

这种政策由于临时性负债所占比重较小，所以公司无法偿还到期债务的风险较低，公司面临短期利率变动损失的风险也较低，然而却会因长期负债资本成本高于临时性负债的资本成本，以及经营淡季时仍需负担长期负债利息，从而降低了公司的收益。因此，稳健型融资政策是一种风险性和收益性均较低的营运资金融资政策。

第三节 短期融资

影响营运资本的主要因素是流动资产和流动负债。流动负债，又称**短期融资**（short-term financing），是指公司需要在一年或者超过一年的一个营业周期内偿还的债务。流动负债为公司提供了灵活的融资渠道，它可以与公司短期融资需求的期限相匹配，节约融资成本，但也增加了公司的流动性风险。

一、短期融资的特点

短期融资的主要形式包括商业信用、短期银行借款、短期融资券等。短期融资的特点如下：

1. 速度快

公司利用短期融资方式融资，一般所需时间较短，程序较为简单，可以快速获得资金。

2. 灵活性强

进行短期融资时，公司与债权人直接商定融资的数额、时间、利率等；在用款期间，公司如有特殊情况，也可与债权人进行协商，变更时间、数量等。因此，短期融资具有较大的灵活性。

3. 成本低

短期融资的成本普遍较低，如短期借款的资本成本低于长期融资方式的资本成本；商业信用在没有现金折扣的情况下，就不存在资本成本。

4. 风险大

短期融资的利率波动较大，而短期融资的时间较短，在融资额较大的情况下，如果公司资金调度不灵，就有可能出现无力按期偿付本金和利息的情况，风险较大。

二、短期银行借款

短期银行借款（short-term bank credit）是指公司向商业银行借入的、期限在1年以内的借款，是公司非自发性短期资金来源的一种主要形式。在我国，短期银行借款是绝大多数公司短期资金来源中最重要的组成部分。

（一）短期银行借款的种类

短期借款按照有无担保品作抵押分为信用借款和抵押借款。

1. 信用借款

信用借款又称无担保借款，是指没有担保人作保证或没有财产作抵押，仅凭借款人的信用而取得的借款。公司申请无担保借款时，需要将公司近期的财务报表、现金预算和预测报表送交银行。银行根据这些资料对公司的风险与收益进行分析后，才决定是否向公司贷款，若向公司贷款则拟订具体的贷款条件。信用借款一般都由贷款人给予借款人一定的信用额度，双方签订周转信用协议或补偿性协议。因此，这种信用借款又可以分为：

（1）信用额度借款

信用额度（line of credit）是商业银行在未来一段时间内对借款人规定的无担保贷款的最高限额。一般情况下，公司在批准的信贷限额内，可随时按需要向银行申请借款，但是银行并不承担必须提供全部信贷限额的法律责任。当公司出现财务状况恶化时，银行可以拒绝继续提供贷款。信用额度一般要做出如下规定：①信用额度的期限。一般一年建立一次，也有期限更短的。②信用额度的数量。规定银行能贷款给公司的最高限额，例如，如果信用额度的数量是 1 500 万元，公司已从该银行借入的尚未归还的金额已达 1 200 万元，那么公司最多还能借 300 万元，银行将予以保证。

（2）周转信用协议

周转信用协议（revolving credit agreement）是银行具有法律义务地承诺提供不超过某一最高限额的贷款协定。在协议的有效期内，只要公司的借款总额未超过最高限额，银行必须满足公司任何时候提出的借款要求。在最高限额内，公司可以借款、还款，再借款、再还款，不停地周转使用。公司享用周转信用协议，通常要对贷款限额的未使用部分支付给银行一笔承诺费。

周转信用协议与信用额度借款在持续时间、法律约束力和费用支付等方面都有区别，在管理中应重视。信用额度的有效期一般为一年，而循环借款可超过一年；信用额度一般不具备法律的约束力，不构成银行必须给公司提供贷款的法律责任，而周转信用协议具有法律的约束力，银行要承担限额人的贷款义务；公司采用周转信用协议，除支付利息外，还要支付协议费，协议费是对循环限额中未使用部分收取的费用，在信用额度贷款的情况下，一般无须支付协议费。

（3）补偿性余额

补偿性余额（compensating balance）是银行在发放贷款时要求借款人在银行中保持按贷款限额的一定百分比（一般为 10%~20%）计算的最低存款余额。从银行的角度看，补偿性余额可以降低贷款风险；对于借款公司来说，补偿性余额则导致公司所要求的贷款面值要高于实际得到的贷款金额，并提高了公司借款的实际利率。

$$贷款面值=\frac{借款人所需资金}{1-补偿性余额} \tag{15.5}$$

例如，公司急需现金 1 000 万元，补偿性余额要求是 20%，则公司贷款面值必须是：

1 000/(1–20%) =1 250 万元

2. 担保借款

担保借款是指有一定的担保人作保证或利用一定的财产作抵押或质押而取得的借款。担保借款可分为以下 3 类：

(1) 保证借款

保证借款是指按《中华人民共和国担保法》规定的保证方式以第三人承诺在借款人不能偿还借款时，按约定承担一般保证责任或连带责任而取得的借款。

(2) 抵押借款

抵押借款是指按《中华人民共和国担保法》规定的抵押方式以借款人或第三人的财产作为抵押物而取得的借款。

(3) 质押借款

质押措款是指按《中华人民共和国担保法》规定的质押方式以第三人或借款人的动产或权利作为质押物而取得的借款。

（二）短期银行借款的成本

短期银行借款的成本会随着借款的种类、借款的数额与借款时间的不同而有所不同。主要有简单利率和贴现利率两种。

1. 简单利率

简单利率即按单利计息，多数银行按单利计算短期贷款利息，公司通常也按单利比较不同银行的借款成本。如果公司借款期 1 年，年末连本带利一起偿还，借款的实际利率与名义利率相同。

$$简单利率贷款的实际利率=\frac{每年的利息费用}{借款人实际收到的贷款金额} \tag{15.6}$$

例如，若公司从银行取得 1 年期简单利率贷款 100 万元，年利率为 10%，年利息费用为 10 万元，则简单利率贷款的实际利率=10/100=10%，与名义利率 10%相同。

如果简单利率贷款的到期期限不到 1 年，则它的实际利率将比名义利率高。若用 n 代表 1 年内还款的期数，则实际利率的计算公式与第三章公式相同，为：

$$实际利率=\left(1+\frac{名义利率}{n}\right)^{n}-1 \tag{15.7}$$

在贷款期间低于 1 年时，由于银行收到利息的时间比收到 1 年期贷款利息的时间早，根据货币时间价值原理，银行实际上能享受到较高的实际利率。

如果银行贷款有补偿性余额要求时，公司实际可动用的贷款额就会小于所申请的贷款额，从而提高公司简单利率贷款的实际利率。在单利法下，其实际利率的计算公式为：

$$补偿性余额贷款的实际利率=\frac{名义利率}{1-补偿性余额比例} \tag{15.8}$$

2. 贴现利率

申请贴现利率贷款，是指银行在发放贷款时，预先从贷款中扣除利息，借款人实际得到的金额是借款面值扣除利息后的余额，而到期还款时必须按借款的面值偿还。公司由此而承担的实际利率高于银行的名义利率。

$$贴现利率贷款的实际利率=\frac{利息费用}{借款面值-利息费用} \tag{15.9}$$

或

$$贴现利率贷款的实际利率=\frac{名义利率}{1-名义利率} \tag{15.10}$$

如果银行贷款有补偿性余额要求时，则：

$$贴现利率贷款的实际利率=\frac{名义利率}{1-名义利率-补偿性余额比例} \tag{15.11}$$

贴现利率贷款的实际利率一般要高于简单利率贷款的实际利率。如果公司在贷款前的活期存款账户现金余额能够部分或全部满足补偿性余额要求，或公司能够从补偿性余额中赚取利息，则补偿性余额要求下的贴现贷款实际利率会有所下降。

（三）短期银行借款的优缺点

短期银行借款的主要优点如下：

1. 速度快

银行资金充足，实力雄厚，能随时为公司提供比较多的短期贷款。对于季节性和临时性的资金需求，采用短期银行借款尤为方便，对那些规模大、信誉好的大公司，更容易以比较低的利率借入资金。

2. 灵活性强

公司可以根据需要适时调整借款和还款时间，可在资金需要增加时借入，在资金需要减少时还款，比较灵活。

短期银行借款的主要缺点如下：

1. 成本高

与商业信用和短期融资券两种融资方式相比，采用短期借款融资的成本比较高，而抵押借款因需要支付管理和服务费用而成本更高。

2. 限制多

向银行借款，银行要对公司的经营和财务状况进行调查和评估后才能决定是否贷款，有些银行还要求对公司有一定的控制权，要求公司把流动比率、负债比率维持在一定的范围之内，或指定资金的用途等。

三、商业信用

商业信用（trade credit）是公司在商品购销活动过程中因延期付款或预收货款而形成的借贷关系，它是由商品交易形成的公司间的直接融资行为，是公司间相互提供、按照市场规则履行而无须签约的融资方式，也是公司最常用的一种融资方式。

（一）商业信用的形式

商业信用源于市场交易及其结算方式，交易和结算方式不同，商业信用的融资量也不同。商业信用融资主要用于满足短期资金占用需要，其主要形式有应付账款、应付票据和预收账款等。

1. 应付账款

应付账款是一种典型的商业信用形式，它是由赊购商品形成并以记账方式表达的商业信用形式。在这种信用方式下，买方通过商业信用取得的融资量的大小取决于卖方的信用标准和信用条件。应付账款信用形式可以分为免费信用、有代价信用和展期信用。免费信用是指买方公司在规定的折扣期限内享受折扣而获得的信用；有代价信用是指买方公司放弃折扣而获得的信用；展期信用是指买方公司在信用期满后因推迟付款而强制获得的信用。

2. 应付票据

应付票据是买方根据购销合同，向卖方签发或承兑的商业票据。根据承兑人的不同，应付票据分为商业承兑汇票和银行承兑汇票两种。商业承兑汇票是由收款人签发，经付款人承兑，或由付款人签发并承兑的票据，银行承兑汇票是由收款人或承兑申请人签发，并由承兑申请人向开户银行申请，经银行审查同意，并由银行承兑的票据。应付票据的付款期为1~6个月，最长为9个月。应付票据可以带息，也可以不带息，在多数情况下均不计利息。带息应付票据利息率通常低于其他融资方式的利率，如低于短期借款利率，且不用保持相应的补偿性余额和支付各种手续费等。

使用应付票据结算方式，收款人需要资金时，可持未到期的商业承兑汇票或银行承兑汇票向其开户银行申请贴现。贴现银行需要资金时，可持未到期的汇票向其他银行转贴现。

3. 预收货款

预收货款是指卖方按合同或协议规定，在交付商品之前向买方预收全部或部分货款的信用形式，是另一种典型的商业信用形式。这是卖方向买方先借一笔资金，形成卖方公司债务。预收账款一般用于生产周期长、资金需要量大的货物的销售。

4. 应计项目

应计项目是指公司在生产经营活动中因结算及分配政策的原因形成的一些应计费用，如应付工资、应缴税金、应付利息、应付水电费、应付股利等。这些费用项目的特点是公司受益在先，支付在后，因此也属于自发负债。由于这类应付项目的支付具有时间固定性，且负债额度较为稳定，通常能够按正常的到期日偿还，所以这些项目几乎没有融资成本。

（二）商业信用条件

所谓**信用条件**（credit terms）是指销货人对付款的信用期、折扣期和现金折扣等所做的具体规定。信用条件从总体来看，有如下几种：

1. 预付货款

这是指买方要在卖方发出货物之前支付货款，一般用于如下两种情况：卖方已知买方的信用欠佳；卖方销售生产周期长、售价高的产品。

2. 延期付款，但不提供现金折扣

在这种信用条件下，卖方允许买方在交易发生后一定时期内按发票金额支付货款。如“*n*/45”，是指在45天内按发票金额付款。

3. 延期付款，但早付款有现金折扣

在这种信用条件下，买方若提前付款，卖方可给予一定的现金折扣，如买方不享受现金折扣，

则必须在一定时期内付清账款。如“2/10、*n*/30”，意即在 10 天内付款优惠 2%，30 天内按发票金额付款。在这种信用条件下，利用商业信用融资有机会成本。

（三）商业信用的资本成本

应付账款是最常见的商业信用形式，其成本的计算可根据是否提供现金折扣和是否享受现金折扣来决定。例如公司赊购商品一批，卖方提出付款条件为“2/10，*n*/30”，则公司有 3 种选择方式：

第一方案：折扣期内付款。好处：享受 2%折扣；弊：少占用 20 天资金。

第二方案：超过折扣期但不超过信用期付款。好处：保持信用，多占用 20 天资金；弊：丧失折扣。

第三方案：超过信用期，长期拖欠（展期信用）。好处：长期占用资金；弊：丧失信用。

因此，商业信用的资本成本可视为一种机会成本，其计算公式如下：

$$\text{放弃现金折扣的机会成本}=\frac{\text{折扣百分比}}{1-\text{折扣百分比}}\times\frac{360}{\text{信用期}-\text{折扣期}} \tag{15.12}$$

实例 15–3　某公司拟采购一批零件，价格为 1 000 万元，供应商规定的付款条件为：10 天之内付款，付 98%；20 天之内付款，付 99%；30 天之内付款，付 100%（2/10，1/20，*n*/30）。假设短期银行贷款利率为 15%，计算放弃现金折扣的机会成本，并确定对该公司最有利的付款日期和价格。

解析　根据供应商提供的付款条件，将有关条件代入公式（15.12）得：

放弃 10 天内付款折扣的机会成本=［2%/(1–2%)］×［360/(30–10)］×100%=36.7%

放弃 20 天内付款折扣的机会成本=［1%/(1–1%)］×［360/(30–20)］×100%=36.36%

由于在折扣期内的机会成本都大于短期融资成本，因此，应该选择在折扣期内付款。但是放弃 10 天内付款折扣的机会成本要大于放弃 20 天内付款折扣的机会成本，则应该选择付款日期为 10 天内付款，价格为 980 万元。

公司是否放弃现金折扣，通常应与短期融资成本相比较，如果其他融资成本低于这一水平，就不应放弃赊销方提供的折扣优惠，公司可通过其他渠道融通成本较低的资金，来提前支付这笔款项。例如，上例中同期银行借款利率为 15%，则买方公司应利用更便宜的短期银行借款，在折扣期内偿还应付账款；反之，则应放弃折扣。

是否选择折扣的决策原则为：

若放弃现金折扣的机会成本>短期融资成本率　　折扣期内付款

若放弃现金折扣的机会成本<短期融资成本率　　信用期付款

延期付款可降低成本，但由此却会带来一定的风险，即可能引起公司信誉恶化，从而丧失供货方或其他贷款人的信用，或日后被迫限购商品，所以公司在选择商业信用融资时应权衡利弊。

（四）商业信用融资的优缺点

商业信用融资的主要优点如下：

1. 融资便利

商业信用非常方便，商业信用融资的优点在于其易得性，对大多数公司来说，商业信用是一种连续性的融资方式。公司不需办理融资手续，就可取得商业信用。

2. 融资成本低

如果没有现金折扣或公司不放弃现金折扣，则利用商业信用融资没有实际成本。

3. 限制条件少

与短期银行借款相比，商业信用融资的限制条件较少。

商业信用融资的主要缺点是：商业信用的期限一般都很短。商业信用的时间一般较短，如果公司取得现金折扣，则时间会更短；如果放弃现金折扣，则有较高的资本成本。

四、短期融资券

短期融资券又称商业票据、短期债券，它是由规模大、业绩好、信誉高、风险低的大型工商企业或金融企业发行的无担保、可转让的本票，是一种新型的短期融资方式。

（一）短期融资券的特点

短期融资券源于商业票据。**商业票据**（commercial paper）是一种古老的商业信用工具，产生于 18 世纪，它最初是随着商品和劳务交易而签发的一种债务凭证。例如，若一笔交易不是采用现金交易，而是采用票据方式进行结算，则当货物运走后，买方按合同规定的时间、地点、金额，开出一张远期付款的票据给卖方，卖方持有票据，直至到期日再向买方收取现金。这种商业票据是随商品、劳务交易而产生的商业信用，商业票据是一种双名票据，即票据上列明收款方和付款方的名称。持有商业票据的公司如在约定的付款期之前还需要现金，可以向商业银行或贴现公司贴现，即持有商业票据的公司将票据出让给银行或贴现公司，后者按票面额扣取从贴现日到票据到期日的利息后，将票面余额付给持票公司，等贴现的票据到期后，再持票向付款方索取款项。这种方式，使办理贴现的银行或贴现公司得到了利息，又收回了本金，是一种很好的短期投资方式。于是，有的投资人便按照这种贴现方式，从持票人手中买下商业票据，待票据到期后持票向付款方收回资金。有时，贴进票据的银行因为资金短缺，也将贴进的票据重新卖出，由新的购买人到期收取款项。

有些大公司发现了商业票据的这一特点，便凭借自己的信誉，开始脱离商品交易过程来签发商业票据以筹集短期资金。20世纪20年代，美国汽车制造业及其他高档耐用商品开始兴盛，为增加销售量一般采用赊销、分期付款等方式向外销售，这样在应收账款上便进行了大量投资，从而感到资金不足，在银行借款受到多种限制的情况下，开始大量发行商业票据融集短期资金。这样，商业票据与商品、劳务的交易相分离，演变成为一种在货币市场上融资的票据。发行人与投资人成为一种单纯的债务、债权关系，而不是商品买卖或劳务供应关系。商业票据上用不着再列明收款人，只需列明付款人，成为单名票据，为了与传统商业票据相区别，人们通常把这种专门用于融资的票据叫作短期融资券或短期商业债券。

20世纪60年代以后，工商界普遍认为发行短期融资券向金融市场筹款比向银行借款方便，利率也低，且不受银行信贷干预，因此，短期融资券数额急剧增加。以美国为例，1962年12月仅有60亿美元，1985年增到3 000亿美元。20世纪70年代，集中于伦敦的欧洲短期融资券市场也开始形成，短期融资券市场不断扩大。目前短期融资券市场已成为西方各类公司融通短期资金的重要方式。

20世纪80年代中后期，我国公司为解决短期资金的不足，开始采用短期融资券筹集资金，这对改变短期资金来源，加速资金周转，调整产业结构，优化资金投向，健全金融工具，完善债券市场具有十分重要的意义。

（二）短期融资券的种类

短期融资券可根据不同的标准进行分类。

1. 按发行方式不同，可分为直接销售融资券与间接销售融资券。直接销售融资券是指发行人直接销售给最终投资者的融资券。直接发行融资券的公司通常是经营金融业务的公司，它们有自己的分支网点，有专门的金融人才，因此，有力量自己组织推销工作，从而减少了间接发行时应付给证券公司的手续费用。在西方国家，直接销售的融资券目前已占相当大的比重。

间接销售融资券是指先由发行人卖给经纪人，然后由经纪人再卖给投资者的融资券。经纪人主要有银行、各种信托投资公司、证券公司等。公司委托经纪人发行融资券，要支付一定数额的手续费。

2. 按发行人不同，可分为金融公司融资券与一般公司融资券。金融公司融资券主要是指由各大公司所属的财务公司、各种信托投资公司、银行控股公司等发行的融资券。这类融资券一般采用直接发行方式。非金融公司融资券是指那些没有设立财务公司的工商企业所发行的融资券。一般采用间接方式发行融资券。

3. 按融资券的发行和流通范围不同，可分为国内融资券和国外融资券。国内融资券是一国发行者在其国内金融市场上发行的融资券。发行这种融资券一般只要遵循本国法规和金融市场惯例即可。国外融资券是一国发行者在其本国以外的金融市场上发行的融资券。发行这种融资券，必须遵循有关国家的法律和国际金融市场上的惯例。

（三）短期融资券的优缺点

短期融资券的主要优点如下：

1. 融资成本低

短期融资券融资成本除利息费用外，还有两种主要的非利息成本，它们分别是经纪人手续费和等级评定服务手续费。在西方国家，短期融资券的利率加上发行成本，通常要低于银行的同期贷款利率。这是因为在采用短期融资券融资时，融资者与投资者直接往来，绕开了银行中介，节省了一笔原本应付给银行的融资费用。

2. 融资数额大

银行一般不会向公司贷放巨额的短期借款，比如，在西方，商业银行贷给个别公司的最大金额不能超过该公司资本的10%。而短期融资券可以筹措更多资金。

3. 短期融资券融资可提高公司影响力

由于能在货币市场上发行短期融资券的公司都是著名的大公司，因而，一个公司如果能在货币市场上发行自己的短期融资券，就说明该公司的信誉较好。

短期融资券的主要缺点如下：

1. 风险大

短期融资券到期必须归还，一般不会有延期的可能。到期不归还，会产生严重后果。

2. 灵活性小

只有当公司的资金需求达到一定数量时才能使用短期融资券，如果数量小，则不宜采用短期融资券方式。另外，短期融资券一般不能提前偿还，因此，即使公司资金比较宽裕，也要到期才能还款。

3. 条件高

发行短期融资券对公司的要求高，并不是任何公司都能发行短期融资券，必须是信誉好、实力强、效益高、风险低的公司才能使用短期融资券，而一些小公司或信誉不太好的公司则不能利用短期融资券来筹集资金。

五、应收账款保理

应收账款保理是西方国家普遍应用的收款方式，源于18世纪的英国，20世纪50年代在美国和西欧国家逐渐发展成形，是一种新型的贸易融资方式。我国保理业务起步较晚，1992年中国银行首开国际保理业务先河，开始做国际贸易中的保理业务。2000年起，国内各家商业银行开始在国内贸易中进行国内保理业务探索。应收账款保理对公司资金的周转运作、促进企业销售等方面有明显的作用，可以大大缩短现金周转期，减轻短期财务压力。

（一）应收账款保理的含义

所谓的保理是指卖方（供应商或出口商）通过契约关系将信用控制工作外包给保理商（提供保理服务的金融机构）的行为。根据该契约，卖方将其现在或将来的基于其与买方（债务人）订立的货物销售或服务合同所产生的应收账款转让给保理商。一般来讲，有以下两种形式：

1. 债务清理与管理模式

债务清理与管理模式即保理人对应收账款卖方所有的销售账户进行管理，同时向卖方提供开立发票、回收款项的服务。保理商可以根据卖方的要求，定期向卖方提供应收账款的回收情况、逾期账款情况、账龄分析等，发送各类对账单，协助卖方进行管理。其大致的流程如图15-6所示：

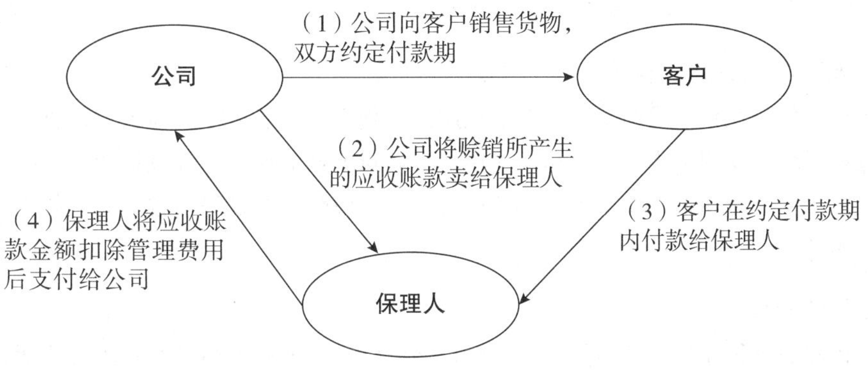

图15-6　债务清理与管理模式下的保理业务流程

2. 融资模式

融资模式即在债务清理与管理模式的基础上，保理人将债权的一部分（一般不超过80%）提前兑现给公司；债权的剩余部分（扣除相应利息及管理费）则在客户付款后支付给公司。在这种模式下，保理人对于公司而言，是一种融资来源。相关的流程参见图15-7。

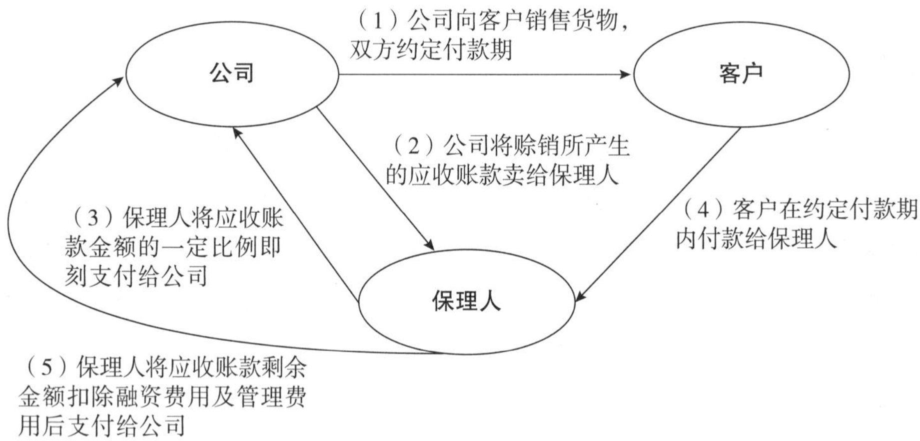

图 15–7　融资模式下的保理业务流程

在融资模式中，可进一步分为有追索权保理和无追索权保理。**有追索权保理**是指销售合同并不真正转让给保理商，银行只是拿到该合同的部分收款权，一旦采购商最终没有履行合同的付款义务，保理商有权向销售商要求付款。**无追索权保理**是指保理商将销售合同完全买断，并承担全部的收款风险。

（二）应收账款保理的财务意义

无论是哪一种方式的应收账款保理，对销售商来说，主要的财务意义有以下几个方面：

1. 低成本融资，加快现金周转

一般来说，保理业务的成本要明显低于短期银行贷款的利息成本，保理商只收取相应的手续费用。而且如果公司使用得当，可以循环使用保理商对公司的保理业务授信额度，从而最大限度地发挥保理业务的融资功能。尤其是对于那些客户实力较强，有良好信誉，而收款期限较长的公司作用尤为明显。

2. 增强销售能力

由于销售商有进行保理业务的能力，会对采购商的付款期限做出较大让步，从而大大增加了销售合同成功签订的可能性，拓宽了企业的销售渠道，扩大了现金的来源。

3. 改善财务报表

在无追索权的买断式保理方式下，企业可以在短期内大大降低应收账款的余额水平，加快应收账款的周转速度，改善财务报表的资产管理比率指标。

4. 规避应收账款的坏账风险

如果公司应收账款保理的选择种类是无追索权保理，即保理商将销售合同完全买断，并承担全部的收款风险，那么公司就将应收账款的坏账风险转嫁给了保理商，从而大大降低了应收账款的坏账风险。

保理业务的财务意义主要表现在以上四个方面，但最为重要的还是它的融资功能。因为应收账款的保理，实质上还是一种利用未到期应收账款这种流动资产作为抵押从而获得保理商短期借款的一种融资方式。至于改善财务报表和坏账风险的规避只有在无追索权的买断式保理情况下才存在，而在我国的实际操作中基本上没有买断式保理。所以，公司如果希望通过保理把坏账风险转嫁给保理商，鉴于目前我国保理商基本上是银行的现状，买断式保理将会偏离保理业务本身在中国市场上的特殊规律。如果公司能够正视保理在国内市场上的特点，着重发挥保理业务在资金融通上的优势，就可以加快公司的现金周转，促进公司保持合理、健康的经营现金流。

应收账款保理业务的实质是企业的应收账款与货币资金的置换。企业通过出售应收账款，将流动性质的应收账款置换为具有高度流动性的货币资金，增强了企业资产的流动性，提高了企业的债务清偿能力和盈利能力。

实例15-4 对比分析 2014 年，上市公司中国凤凰通过应收账款抵押贷款和应收账款保理这两种不同融资方式下的资产负债表。

解析 （1）应收账款抵押贷款

企业通过应收账款做抵押向银行贷款，在一般情况下，银行只会给予企业相当于应收账款 50%额度的贷款。为了比较方便，我们假设银行能够给予相当于应收账款 80%的贷款额度。如表 15-3 所示，以 8 889.88 万元的应收账款做抵押可以贷到 7 111.90 万元的款项，这样可以得到其流动比率和流动负债净资产比分别为 5.18 和 0.14。

表 15-3 中国凤凰上市公司资产负债表（通过应收账款抵押由银行给予的融资）

2014 年 12 月 31 日

单位：万元

货币资金	66 911. 33	应付账款	7 614. 88
应收账款	8 889. 88	短期借款	7 111. 90（8889. 88 × 80%）
存货	1 298. 14	（应收账款作抵押）	
流动资产小计	77 099. 35	其他应付款	155. 95
固定资产	105 17984	流动负债小计	14 882. 73
累计折旧	（62 851. 14）	净资产	104 545. 32
固定资产净值	42 328. 7		
资产合计	119 428. 05	负债权益合计	119 428. 05
流动比率 = 77 099. 35/14 882. 73 = 5. 18		流动负债净资产比 = 14 882. 73/104 545. 32 = 0. 14	

(2) 应收账款保理融资

由于保理商买断了其应收账款，提前支付了其 80%（7 111.90 万元）的款项，这部分款项由于与对应表 15-3 的用途一致，从资产负债表上消失。这样，反映在企业的资产负债表上保理商的欠款就是 1 777.98 万元（即 8 889.88-7 111.90），会计处理时通常将此部分应收款项计入“其他应收款”。这时的流动比率和流动负债净资产比分别为 9.01 和 0.07，如表 15-4 所示。

表 15-4 中国凤凰上市公司资产负债表（通过应收账款保理融资）

2014 年 12 月 31 日　　单位：万元

货币资金	66 911. 33	应付账款	7 614. 88
其他应收款（保理商的欠款）	1 777. 98		
存货	1 298. 14	其他应付款	155. 95
流动资产小计	69 987. 45		
固定资产	105 179. 84	流动负债小计	7 770. 83
累计折旧	(62 851. 14)	净资产	104 545. 32
固定资产净值	42 328. 7		
资产合计	112 316. 15	负债权益合计	112 316. 15
流动比率 =69 987. 45/7 770. 82 =9. 01		流动负债净资产比 =7 770. 83/104 545. 32 =0. 07	

通过以上对比可见，应收账款保理业务融资比通过以应收账款做抵押时的财务状况要好。由此可见，应收账款保理业务会给企业应收账款的管理带来较大的优势，不仅提高了资产的流动性，而且可以改善企业的财务结构。

关键术语

经营周期　operating cycle
现金周转期　cash conversion cycle
临时性营运资本　temporary working capital
永久性营运资本　permanent working capital
营运资本政策　working capital policy
短期融资　short-term financing
短期银行借款　short-term bank credit
信用额度　line of credit
周转信用协议　revolving credit agreement
补偿性余额　compensating balance
商业信用　trade credit
信用条件　credit terms
商业票据　commercial paper
短期融资券　short-term financing bonds
应收账款保理　accounts receivable factoring

思考题

15-1　什么是短期财务计划？其主要内容是什么？

15-2　营运资本政策包括哪两个方面？

15-3　比较3种营运资本投资政策。

15-4　比较3种营运资本融资政策。

15-5　短期融资如何分类？有何意义？

15-6　短期银行借款的种类有哪些？各有什么特点？其资本成本如何计算？

15-7　商业信用的形式有哪些？各有什么现实意义？

15-8　什么是商业信用的机会成本？它对选择商业信用融资有何意义？

15-9　什么是短期融资券？其种类有哪些？

15-10　什么是应收账款保理？应收账款保理的财务意义是什么？

练习题

15-1　瑞达公司正在计划下年最佳的流动资产投资水平。公司预计随着资产的投入，销售会增加到200万元。固定资产总额为100万元。短期与长期负债成本均为8%。长期负债取得的资金被用于永久性资产。公司希望维持60%的负债比率。公司如果分别持有冒险、中庸或宽松的营运资本投资政策，流动资产水平预计是营业收入的45%、50%或60%。公司预计息税前的营业利润率为12%。

（1）不同营运资本政策下的权益报酬率是多少？公司的所得税率为40%。

（2）本题中，预计营业收入不受营运资本政策的影响，这种假定是否合理？

15-2　某公司计划从银行取得贴现贷款100万元，年利率为10%，贴现期为1年，银行的补偿性余额要求为20%，则贴现利率贷款的实际利率是多少？

15-3　计算下列信用条件下的融资成本：

（1）2/10，*n*/60　　（2）1.5/10，*n*/60　　（3）2/30，*n*/60

（4）5/30，4个月（约122天）　　（5）1/10，*n*/30

15-4　某公司同银行签有周转信用协议，可以按11%利率贷得1 000万元。但是银行要求公司维持贷出金额20%的补偿性余额，未贷出金额加收0.5%的承诺费用。假定公司在银行中没有用来作为补偿性余额的资金。请分别计算贷款200万元或700万元的融资成本。

自测题

1. 其他条件保持不变，以下哪个因素可引起营运资本的增加？

A. 用现金购买有价证券　　B. 出售设备并获利，但是按赊销出售

C. 宣布现金股利和支付　　D. 用发行优先股的净额购回长期债券

2. H 家具厂希望迅速降低现金周转期。以下哪些步骤能够降低其现金周转期？

A. 公司降低其应收账款周转期　　B. 不用提高销售而提高平均存货

C. 公司开始支付账单很快，这样，在不降低销售额的情况下降低其平均应付账款

D. A 和 B 是正确的　　E. 以上所有陈述都是正确的

3. 以下哪句陈述是正确的？

A. 永久流动资产是指在企业经济上升期因销售额的增加所必须增加的流动资产

B. 暂时流动资产是指在经营周期的低点企业所拥有的流动资产

C. 冒险型融资政策考虑到期日的匹配

D. 冒险型流动资产融资政策使用最小的短期债务融资

E. 以上都不正确

4. S 体育用品商店有存货 500 万元，应收账款 200 万元，商店的日平均销售额是 10 万元。该商店的应付账款周转期（应付账款除以日购买额）是 30 天。该商店的现金周转期是多少天？

A. 100 天　B. 60 天　C. 40 天　D. 50 天　E. 33 天

5. 企业欲更好驾驭资金的使用，采用以下哪项融资政策比较合适？

A. 配合型融资政策　　B. 激进型融资政策

C. 适中型融资政策　　D. 稳健型融资政策

参考答案

1.B　2.A　3.E　4.C　5.A

第十六章

流动资产管理

本章学习目标

通过本章学习，读者应该能够：

- 了解现金管理的重要性，以及持有现金的动机；
- 掌握现金管理的方法，了解建立目标现金余额的基本模型以及会运用模型分析现金余额等相关指标；
- 了解公司持有短期有价证券的目的，以及选择有价证券种类应该考虑的因素；
- 了解企业如何在应收账款的收益和成本之间进行权衡，了解信用调查与评估的基本概念；
- 掌握信用政策的制定以及应收账款的风险控制；
- 了解存货的功能与成本，掌握存货管理中经济订货批量基本模型的计算，了解其他经济批量模型的运用；
- 了解其他存货管理方法。

→引言

截至2014年4月30日，已经公布年报的2 411家非金融上市公司应收账款总额同比增长15.82%，其中，七成上市公司应收账款出现不同程度增长，钢铁、煤炭、有色金属三大行业应收账款问题尤为突出。

从已经公布年报的2 411家非金融上市公司的2013年年报来看，应收账款总额共计22 214亿元，与年初相比增加3 034亿元，增幅达15.82%。其中，1 702家上市公司应收账款与2012年年末相比出现不同程度增长，占比达70.59%。上峰水泥、五矿稀土、华泽钴镍、中钨高新、建新矿业、丰华股份等上市公司应收账款同比增幅较大。

2 411家上市公司2013年营业收入同比增长9.19%，低于应收账款的增幅。这说明企业营业收入中有相当部分来自赊销，财务风险增大。考虑到催收成本和可能产生的坏账，企业的经营状况有可能进一步恶化。另外，2 411家上市公司共实现净利润14 373亿元，应收账款是净利润的1.55倍。其中，齐星铁塔2013年实现归属于上市公司股东的净利润293.14万元，而应收账款高达4.40亿元，应收账款是净利润的150倍。

钢铁、煤炭、有色金属三大产能过剩行业应收账款问题尤为突出，在财务风险加大的同时，经营状况进一步陷入困境。

已经公布年报的31家上市钢企，2013年年末应收账款总额高达325.88亿元，同比增长5.39%，增幅虽然较2012年年末大降31个百分点，但行业却进一步滑向深渊。不过，中国钢铁钢业协会的统计显示，2014年3月份，大中型钢铁企业在环比实现扭亏的同时，应收账款问题也在一定程度上出现好转迹象。3月末，大中型钢铁企业应收账款净额为1 153.28亿元，环比减少43.87亿元，降幅为3.66%。

煤炭行业应收账款问题同样不可小觑。40家已经公布年报的上市煤企2013年年末，应收账款总额高达713.24亿元，同比增长6.92%。其中中国神华2013年年末应收账款总额高达220.43亿元，同比增长15%；2014年一季度末，公司应收账款同比大幅增长31.51%，预收账款同比下降29.69%，存货同比增长6.74%，公司煤炭销售压力进一步增加。

有色金属行业从2013年一季度开始便出现应收账款激增的状况。2013年年末，有色金属行业89家上市公司应收账款总额高达406亿元，同比增长32.85%。

应收账款是流动资产的重要组成部分，应收账款增加，可以扩大市场份额，减少存货，但它又会提高企业的营运风险。那么企业应该如何通过加强流动资产的管理，降低风险，提高企业效益？

资料来源：根据http://www.chinairn.com/news/20140430/114053755.shtml上的资料整理而成。

第一节　现金管理

现金是指公司持有的流通货币，即公司经营过程中暂时停留在货币形态上的资金，包括库存现金、银行存款和其他货币资金等。现金是公司资产中最重要且流动性最强的一项资产，其主要特点是流动性高、收益性低，通常被称为非营利资产。持有现金不仅是公司经营的基本条件，而且对降低公司财务风险、增强公司资金的流动性具有十分重要的意义。

现金管理就是在现金的流动性与收益性之间做出合理选择的过程，其基本目标是：在保证公司的经营效率和效益的前提下，尽可能减少在现金上的投资。现金管理的内容主要包括：（1）现金日常管理。对日常的现金收支进行控制，力求加速收款，延缓付款；与银行保持良好的关系。（2）建立目标现金余额。用特定的方法确定理想的现金余额，当实际现金余额与理想的现金余额不一致时，可采用短期融资或有价证券投资的策略达到理想状况。

一、持有现金的动机

公司持有现金主要有交易性、预防性、投机性、补偿性4个基本动机。

1. 交易性动机

由于日常经营中的现金流入和现金流出不完全同步，为满足日常收付业务的需要，公司必须持有一部分现金。与公司的日常收付相关的现金余额称为交易性余额。满足交易性动机所持有的现金余额主要取决于企业销售水平。正常经营活动所产生的现金收入、现金支出及其净额，一般同销售量成正比例变化。其他现金的收支，如买卖有价证券、购入机器设备、偿还借款等，比较难预测，但随销售数量的增加，往往有增加的倾向。

2. 预防性动机

由于不可预见的因素，如地震、水灾、火灾等自然灾害，生产事故，恐怖袭击，主要顾客违约等，会导致公司实际的现金收入与现金支出与预算有偏差。为应付意外事件发生对现金的需求，公司必须在预计的正常现金需求量之外，建立现金安全储备，这些当作安全存量用的现金称为预防性余额。企业为应付紧急情况所持有的现金余额主要取决于三方面：一是企业愿意承担风险的程度；二是企业临时举债能力的强弱；三是企业对现金流量预测的可靠程度。

3. 投机性动机

公司为了抓住各种瞬息即逝的市场机会，如购买廉价原料或资产的机会，或者购入价格有利的股票和其他有价证券的适当时机，获取较大利益，必须建立投机性现金余额。其持有量大小往往与企业在金融市场的投资机会及企业对待风险的态度有关。当预期利率上升、有价证券价格将要下跌时，投机的动机就会鼓励公司暂时持有现金，直到利率停止上升为止。当预期利率要下降、有价证券价格将要上升时，公司可能会将现金投资于有价证券，以便从有价证券价格上升中得到收益。

4. 补偿性动机

银行除了给公司提供贷款外，还可以提供其他的有偿服务，例如，清算支票、提供现金管理服务、提供信用资料等。如果银行为公司提供这些额外的服务，它就会要求公司在其存款账户中维持一个最低存款余额，以补偿额外服务的成本，这种类型的余额称为补偿性余额。

5. 其他动机

除了上述动机之外，公司有时为了获取现金折扣或较高的信用评级，需要持有充足的现金。

需要指出的是，为满足各种动机所需，可以相互调剂使用所持现金，因此，求公司的现金持有量无须分别计算出满足公司各种目的所需的现金余额，更不能将几种需求量简单相加。

二、持有现金的成本

现金的成本是指公司为了持有一定数额的现金而发生的费用和损失。主要由以下几部分构成：

1. 持有成本

现金持有成本即机会成本，是指公司因持有一定的现金余额而丧失的再投资收益，通常按有价证券的利息率计算，它与现金持有量成正比例变化。

2. 交易成本

交易成本是指公司用现金购入有价证券或将有价证券转换为现金所发生的交易费用，如经纪人佣金、委托手续费、证券过户费、证券交易的税金等。为此，在现金需要总量既定的前提下，每次现金持有量越少，变现次数越多，交易成本越大；反之，每次持有量越多，变现次数越少，交易成本越小。

3. 短缺成本

短缺成本是指在现金持有量不足而又无法及时通过有价证券变现加以补充而给公司造成的损失，如现金短缺时，公司因不能按时纳税而支付的滞纳金、因不能按时偿还贷款而支付的罚金。

这部分成本与现金持有量成反比。

4. 管理成本

管理成本是指公司因保留一定现金余额而增加的管理费用，如现金保管人员的工资、为保管现金采取必要安全措施而发生的费用支出。这部分支出在一定的现金余额范围内与现金的持有量关系不大。

三、现金的日常管理

现金的日常管理是现金管理的一个重要而又经常的内容，其目的是尽快收回现金，延期支付现金，提高现金的周转速度，从而提高现金的使用效率。其主要内容包括加速收款、延期支付、综合控制等内容。

（一）加速收款

一般来说，公司的收款时间主要包括票据邮寄时间、票据在公司停留时间、票据结算时间。为了加速收款，提高现金周转速度，公司必须尽可能缩短收款时间：（1）减少客户付款的票据邮寄时间；（2）缩短公司收到票据和兑现票据的时间；（3）加快应收款进入公司往来银行账户的过程。

公司如何收账在很大程度上取决于业务性质和收账策略。通常，公司加速收款可采取以下方法。

1. 锁箱法

锁箱法（lock system）也称邮政信箱法，是指公司以地域为基础，在业务比较集中的地区租用专门邮政信箱，并通知客户将款项直接邮寄到指定的邮政信箱，授权当地银行每日开启信箱，取得支票后立即予以结算，并通过电汇再将款项拨给公司所在地银行的一种方法。采用这种方法，由于客户直接将票据寄到专门邮政信箱而非公司，不但缩短了票据邮寄时间，而且也缩短了票据在公司的停留时间。

锁箱法的优点是大大地缩短了公司办理收款、存储手续的时间，即公司从收到票据到这些票据完全进入公司在银行的账户的时间差距消除了。但锁箱法的成本较高，租用邮政信箱需要支付租金，授权当地银行开启专门邮政信箱除了要扣除相应的补偿性余额外，还要支付额外的服务费用，这会减少锁箱法所能够带来的收益。

随着互联网的发展，国内外的一些公司转而使用“电子锁箱”作为传统锁箱的替代品。在电子锁箱中，客户利用电话或互联网来点击他们的账户（比如利用某家银行的网上/电子银行），查阅账单，并授权支付，不再在交易中有纸单的转手。从出票人的角度看，电子锁箱比传统的账单支付方式要先进得多。这种电子锁箱方式会随着互联网的发展而越来越流行。

是否采用锁箱法/电子锁箱必须在锁箱法带来的收益与额外付出的成本之间进行权衡。如果增加的费用支出比收益小，则可采用该系统；反之，则不宜采用。

2. 集中银行法

集中银行法（concentration banking）是指在收款比较集中的若干地区设立多个收款中心代替只在公司总部设立单一收款中心，并指定一个主要银行（一般为总部所在地的银行）作为集中银行，以加快收款速度的一种方法。采用这种方法，特定区域内的客户被指定付款给特定的收款中心，收款中心将收到的款项立即存入当地银行，各个收款中心的银行再将扣除补偿性余额后多余的现金汇入公司总部所在地的集中银行。

集中银行法的优点是：（1）大大减少了邮寄时间。各个收款中心给区域内的客户邮寄账单，客户付款直接邮寄给其所在区域的收款中心，这样可以大大缩短账单和货款的邮寄时间。（2）缩短兑现票据的时间。各个收款中心收到客户汇来的票据，可以直接存入当地的银行，而票据的付款银行通常也在该地区内，因而票据兑现较方便，可以缩短兑现票据的时间。（3）强化了现金流入流出的控制，减少了闲置现金余额，便于公司进行有效投资。集中银行法要求各地收款银行记录每日的收款数据并向集中银行报告，公司的财务经理再根据各地的现金需求，将各地收款银行的现金划转到集中银行，然后统一规划现金的使用，这样有利于公司调剂其在各个经营地区的现金余缺，有利于公司获取现金管理的规模效益。

集中银行法的缺陷是：（1）增大了现金的机会成本。各个收款中心的地方银行都要求有一定的补偿性现金余额，而补偿性余额是一种闲置的资金。开设的中心越多，补偿性余额也越多，闲置的资金也越多，现金的机会成本越大。（2）增加了现金的管理成本。设立收款中心需要有一定的管理费用，开设的中心越多，管理费用越多，从而加大了公司的成本支出。

先进的现金转移手段降低了业务处理成本，提高了数据可靠性并加快了受款人获取现金的速度，但是也增大了现金的机会成本和管理成本。因此，是否采用集中银行法必须在其带来的收益与额外付出的成本之间进行权衡。

（二）延期支付

公司在加强现金收入管理的同时，还应当严格控制现金的支出，尽量延缓现金支出时间。控制支出的具体方法有：

1. 使用现金浮游量

现金浮游量（cash float）是指公司账户上的现金余额与银行账户上所显示的公司现金余额之间的差额。现金浮游量是由于公司提高收账效率和延迟付款时间所产生的结果。如果公司本身办理收款的效率高于接受其支票单位的收款效率，就会产生现金浮游量，从而使公司现金账户上的余额小于其银行账户上所显示的存款余额。假如某公司平均每日开出支票和收到支票均为5 000元，但从支票签发日到银行账户借记日平均需要5天时间，而从收到支票到银行账户贷记日平均需要4天时间，那么公司就有5 000元（5 000×5–5 000×4）的现金浮游量，公司就能充分利用这部分现金浮游量，从而大大节约现金，等于使用了一笔无息贷款。一般而言，公司所能享有的现金浮游量的多少主要取决于下列两个因素：（1）公司在收到客户的支票后，加速收款的能力；（2）公司在开出支票后，延迟付款的能力。

当一家公司在同一国家内有多个银行存款账户时，则可选用一个能使支票流通在外时间最长的银行来支付货款，以扩大浮游量。

2. 利用商业信用，控制现金支付时间

公司在交易活动中，要尽可能在不影响公司信誉的情况下，推迟付款的时间。例如，公司在采购材料时，如果付款条件是“1/10，*n*/30”，那么公司支付现金应尽量在到期日进行而不要提前，即在发票开出日后的第10天付款，这样公司可以最大限度地利用现金而又不丧失现金折扣。当然，如放弃折扣付款，则应在第30天付款。

3. 改进工资支付方式

有的公司在银行单独设立一个工资账户，代替全部采用现金支付工资的办法。为了最大限度地减少工资账户的存款余额，公司要合理预测开出的支付工资的支票到银行兑现的具体时间。例如，某公司在每月5日发工资，根据经验，5日、6日、7日、8日及8日以后的兑现率分别为10%、20%、30%、30%和10%，公司就可以按这一比例逐日陆续将款项存入工资账户中，而不需要在5日存入支付全部工资所需的现金。这样，既可满足职工兑现工资的需要，又可减少工资账户的闲置现金，从而节约现金。另外，减少支付工资的频率，如公司选择按月而非按周发放工资，以便延期付款，减少现金的机会成本。

4. 零余额账户

零余额账户（zero-balance account, ZBA）是指用来签发支票，具有零余额的付款账户。公司应设立一个主账户和几个子账户（零余额账户），主账户服务于所有的子账户。公司开出支票时，公司的子账户余额为零，而零余额账户要对支票进行支付时，主账户就会自动向子账户转入资金用于支付。公司在每一个具体的付款账户中总保持着零余额，而在主账户中经常保持一定的余额，这样就强化了现金支付和现金余额的控制，降低了闲置现金，提高了现金的利用效率。

5. 力争使现金流量同步化

所谓的**现金流量同步化**（cash flow synchronization)，是指公司在安排现金支出时，要预测现金流入的时间，试图使其现金流入量与现金流出量的发生时间趋于一致，将其所持有的交易性现金余额降到最低标准。这样可以降低公司对银行贷款的依赖，减少有价证券转换为现金的次数，从而降低利息费用，节约有价证券转换成本，提高公司利润。

6. 保持与银行良好的信用，使用透支

透支是指公司开出支票的金额大于在银行的活期存款余额，其实质是银行向公司提供信用，银行要对透支部分收取利息。当支出大于存款账户余额时，银行可以自动贷款给存款人，以弥补存款人暂时的现金不足，但往往有限额和时间。存款人如有恶意透支行为要受到惩罚。

7. 汇票付款

汇票的意义在于有助于公司加强控制现金支付。汇票是由出票人开具并承兑，汇票付款要求出票人将相当于汇票金额的现金存入银行，银行才会付款给持票人。它不属于见票即付，它属于出票人开具并承兑，而不是银行承兑。公司总部通过对汇票的审核来控制对外付款，这样就可以使延期付款合法化。但银行要对所有汇票收取一定的手续费，手续费直接从公司的活期存款账户中扣除。

（三）综合控制

现金的综合控制主要是公司通过建立适合自己的现金管理模式，对公司遵守现金管理的有关规定进行监督和调控，建立严格的内部牵制制度，建立现金清查制度以及适当进行证券投资。

四、建立目标现金余额

前已述及，现金管理的基本目标是在保证公司的经营效率和效益的前提下，尽可能减少在现金上的投资。现金是流动性最强，盈利性最差的资产，公司缺少现金，其日常支付就会发生困难，持有的现金过多，其收益就会下降，这就需要公司根据对现金的需求情况，确定最佳现金持有量，即目标现金余额。建立**目标现金余额**（target cash balance）就是要在持有过多现金产生的机会成本与持有现金不足而带来的交易成本之间进行权衡。

（一）存货模型〔鲍摩尔模型（Baumol Model）〕

1952年，美国学者威廉·鲍摩尔（William Baumol）发现现金余额在很多方面与存货相似，首次将存货经济批量模型用于确定目标现金余额。

1. 存货模型的假设前提

存货模型的假设前提是：

（1）公司在一定时期内的现金流入与流出是均匀发生的，并能可靠地预测其金额。

(2) 在预测期内，公司不能发生现金短缺，即公司最初持有一定量的现金，每天平均流出量大于流入量，到现金余额降为零时，公司就可以通过定期出售C元的有价证券获取等额现金补充，使下一周期的期初现金余额回复到最高点，以后不断重复上述过程。如图16–1所示。

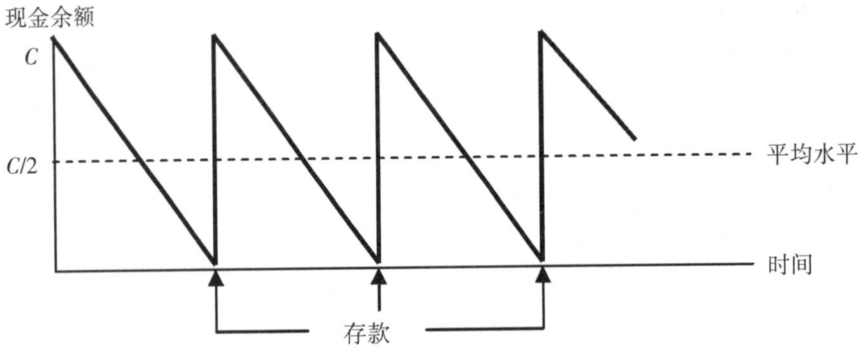

图16–1　现金余额与鲍摩尔模型

2. 存货模型的基本原理

存货模型的基本原理是将现金持有量和有价证券联系起来，即将现金的持有成本同转换有价证券的成本进行权衡，以求得两者相加总成本最低的现金余额——目标现金余额。如图16–2所示。

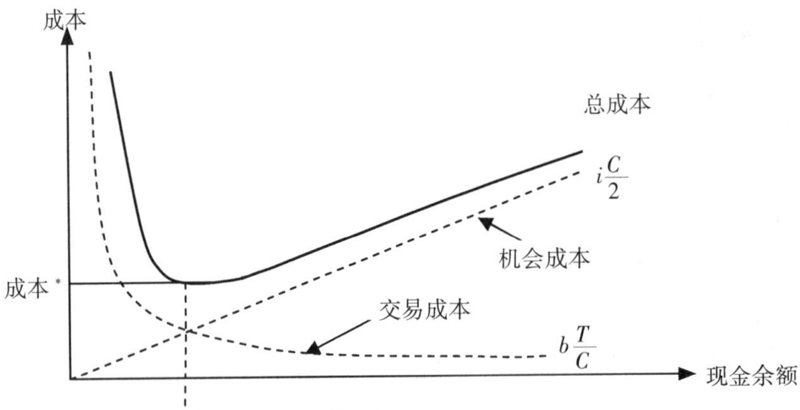

图16–2　目标现金余额与现金机会成本和交易成本的关系

对现金持有量会产生影响的还有现金的短缺成本，但因为它存在很大的不确定性和无法计量性，所以在利用存货模型计算现金持有量时，一般不予考虑。

结合图16–1和图16–2可知，现金平均余额为$C/2$，现金的机会成本是利率i乘以平均余额，即$i\times C/2$。如果每次存款C元，在特定时间内现金存款总量为T元，则总的存款次数为T/C。如果现金和有价证券转换的一次交易成本是b，则年交易成本为$b\times T/C$。因此，每年为满足交易需要的现金成本总额为交易成本加机会成本。假设现金总成本为C_T，则：

$$C_T=b\frac{T}{C}+i\frac{C}{2} \tag{16.1}$$

由图16–2可知，随着现金持有量上升而产生的交易成本的边际减少额与随着现金持有量上升而产生的机会成本的边际增加额相等时，持有现金的总成本最低，此时的现金持有量为目标现金余额。对公式（16.1）中的现金余额C求导数，令其等于0，则得到最佳现金余额C^*：

$$C^*=\sqrt{\frac{2bT}{i}} \tag{16.2}$$

将公式（16.2）代入公式（16.1），得目标现金余额下的最低成本为：

$$C_T^*=\sqrt{2biT} \tag{16.3}$$

实例16–1　某公司的现金流量稳定，预计全年现金需求量为200 000元，现金与有价证券转换的交易成本为每次400元，有价证券的利息率为10%，请问所有这些条件对该公司意味着什么?

解析　根据已知条件，满足存货模型的假设，将有关数据代入公式（16.2），得：

$$\text{目标现金余额}C^*=\sqrt{\frac{2bT}{i}}=\sqrt{\frac{2\times400\times200\ 000}{10\%}}=40\ 000\ (\text{元})$$

公司持有现金的总成本等于：

$$C_T=b\frac{T}{C}+i\frac{C}{2}=400\times\frac{200\ 000}{40\ 000}+10\%\times\frac{40\ 000}{2}=2\ 000+2\ 000=4\ 000(\text{元})$$

其中，每年存款次数$=T/C=200\ 000/40\ 000=5$(次)

每年的交易成本$=bT/C=400\times5=2\ 000$(元)

平均现金余额$=C/2=40\ 000/2=20\ 000$(元)

现金的年机会成本$=iC/2=10\%\times20\ 000=2\ 000$(元)

3. 存货模型的局限性

（1）该模型假定每天现金流出量大于现金流入量，而事实上有时公司的现金流入量要大于现金流出量。

（2）该模型假定现金流量是均匀发生的，且呈周期性变化，实际上公司现金流量的变化存在不确定性。

（3）该模型假定公司需要现金时立刻通过变现有价证券取得，现实中仅以有价证券变现收入补偿现金不足的公司很少，现金多余时，以有价证券投资方式处理闲置现金的公司也不多见。

（4）该模型中的转换成本只是与交易次数有关的固定转换成本，忽略了变动转换成本。

（二）随机模型〔米勒—奥尔模型（Miller-Orr Model）〕

随机模型是1966年由米勒、奥尔（Miller & Orr）创建的，又称米勒—奥尔模型。当现金支付不稳定，现金需求难以预知时，现金管理可采用随机模型。

1. 随机模型的假设前提

假设公司现金余额随机波动，运用控制论的基本思想，事先设定一个控制限额，当现金余额达到限额的上限时，将现金转换为有价证券；当现金余额达到下限时，将有价证券转换为现金；当现金余额在上下限之间时，不作现金与有价证券之间的转换。

2. 随机模型的基本原理

该模型假设每日现金净流量是一个随机变量，且在一定时期内近似地服从正态分布，每日现金净流量可能等于期望值，也可能高于或低于期望值。随机模型确定上限为UCL（upper control limit），高于控制下线3Z，下限为LCL（lower control limit），RP（return point）为现金余额回复点，高于控制下线Z。当现金余额上升到上限时，表现现金余额过多，公司将购入2Z元的有价证券，使现金回落到RP线上；当现金余额下降到LCL时，公司将出售Z元的有价证券，使现金余额升到RP线上，这一过程所产生的平均现金余额为LCL+(4/3)Z。如图16-3所示。

3. 随机模型确定目标现金余额

在米勒—奥尔模型中，UCL和RP取决于LCL和Z，RP等于LCL+Z，而UCL等于LCL+3Z，变量Z取决于每次的交易成本b、每期利率i以及净现金流量的标准差σ。利率和标准差常定义为相同的时间单位，即每天。因此，目标现金余额Z的计算公式为：

$$Z=\sqrt[3]{\frac{3b\sigma^2}{4i}} \tag{16.4}$$

实例16-2　假设凯瑞公司每天的净现金流量的标准差为50 000元，买卖有价证券的固定交易成本是每次100元，年利率是10%。由于流动性和补偿性余额的需要，公司规定任何时候其银行活期存款账户的现金余额不能低于100 000元。那么在随机模型下，该公司现金余额的回复点和控制上限分别是多少？

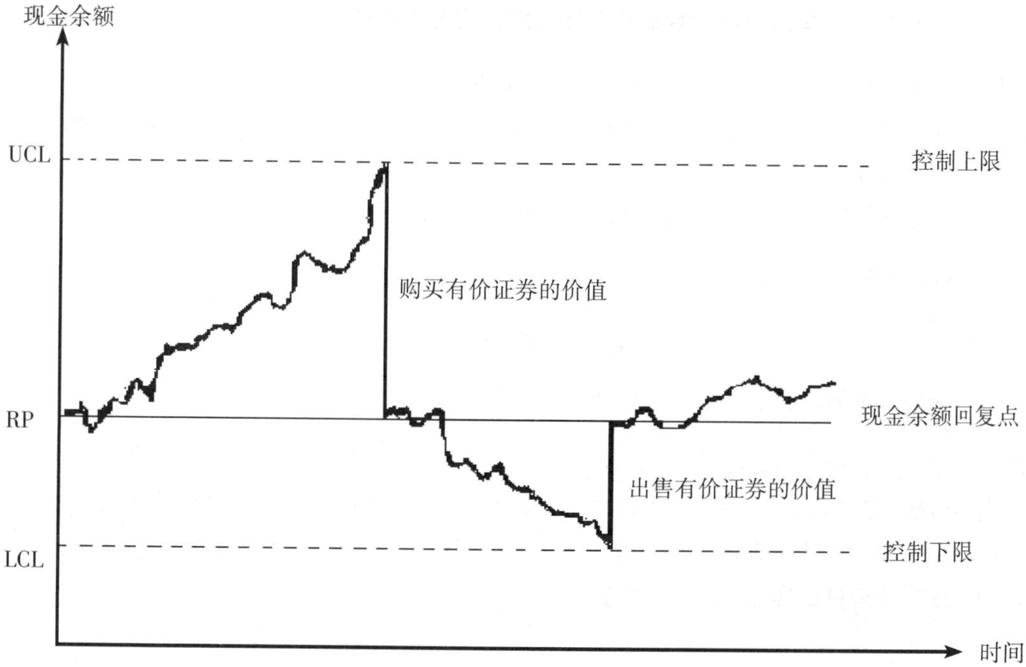

图16–3 现金余额与米勒—奥尔模型

解析 首先应该求得Z，利率除以365得每天利率，然后将所有数据代入公式（16.4），得现金余额为：

$$Z=\sqrt[3]{\frac{3b\sigma^2}{4i}}=\sqrt[3]{\frac{3\times100\times(50\ 000)^2}{4(0.10/365)}}=88\ 125\text{（元）}$$

控制上限：UCL=LCL+3Z=100 000+3×88 125=364 375（元）

现金余额回复点：RP=LCL+Z=100 000+88 125=188 125（元）

以上计算说明，如果公司的现金余额降到100 000元，凯瑞将出售Z=88 125元的有价证券，将所得金额存入现金账户，使现金余额回复到188 125元水平；如果公司现金余额上升至364 375元时，凯瑞将用现金购买2Z=176 250元的有价证券，使现金余额降至回复点188 125元（=364 375–176 250）。凯瑞的平均现金余额为：

平均现金余额=LCL+(4/3)Z=100 000+(4/3)(88 125)=217 500（元）

（三）现金周转模型

现金周转模型是用现金周转期确定目标现金余额。

$$目标现金余额=(年现金需求总额\div 360)\times 现金周转期 \quad (16.5)$$

其中，现金周转期=存货周期+收账周期–付款周期

实例16–3 南海公司2016年预计存货周转期为50天，收账周期为50天，付款周期为40天，预计全年需要现金1 080万元，求目标现金余额。

解析 首先根据题目中的有关数据计算现金周转期，即：

现金周转期=50+50–40=60（天）

然后将目标现金量和现金周转期代入公式（16.5）得：

目标现金余额=(1 080÷360)×60=180（万元）

值得注意的是，公式中也可以除以365天。

现金周转模型简单明了，但这种方法要求公司的生产经营持续稳定地进行，即假设材料采购与产品销售产生的现金流量在数量上一致，并保持长期稳定的信用政策，现金供需不存在不确定性。否则，计算出的目标现金余额将不准确。

五、现金管理模式

目前很多公司采取集团化组织结构，各个成员公司受控于集团公司，在这种看似严谨的组织结构下，各个成员公司的现金可能零散存放于各自的开户银行，这样不利于现金的统一管理。现金统一管理可以降低管理成本，提高现金使用效率，从而提升公司价值。现金集中管理也称司库制度，是指集团公司借助商业银行网上银行功能及其他技术手段，将分散在集团各所属公司的现金集中到总部，由总部统一管理、调度和运用。现金集中管理的方式有统收统支模式、拨付备用金模式、结算中心模式、内部银行模式和财务公司模式。

（一）电子银行对现金管理的作用

随着计算机网络的广泛引用，企业的理财活动也催生了网络金融的发展。网络金融最突出的特点就是高效率和不受时空的限制，从而使得企业的投融资时间缩短，资金的流通速度提高，资金周转速度加快，因此，企业在理财效率提高的同时，也减少了资金管理成本。

例如，××银行根据HH集团企业组织架构、财务管理模式及资金管理需求的特点，依托电子银行满足企业客户的资金集中管理和内部资金划拨的需求，提升了企业财务管理效率，如图16–4所示。

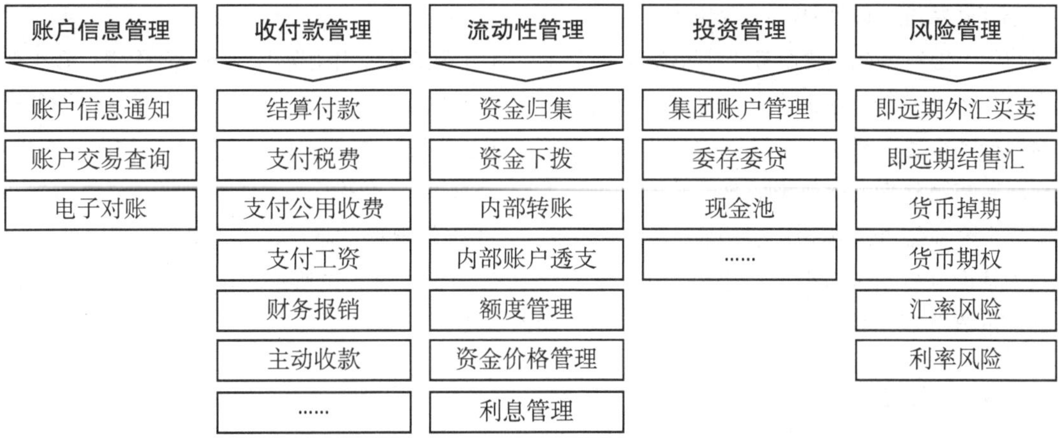

图16-4　HH集团依托××银行电子银行体系的财务管理

资料来源：××银行2015年为HH集团公司客户提供的综合金融服务方案

此外，企业也可根据自身经营规模充分利用电子银行，提高使用资金的效率。图16-5显示的是××银行根据企业规模、需求的差异对客户进行了细分，并针对不同客户类型分别推出了不同的产品和服务渠道，构建了完善的“5+3产品服务体系”，包括五大交易服务系统和三大辅助服务系统。

图16-5显示的五大交易服务系统包括公司网上银行系统、现金管理系统、多银行资金管理系

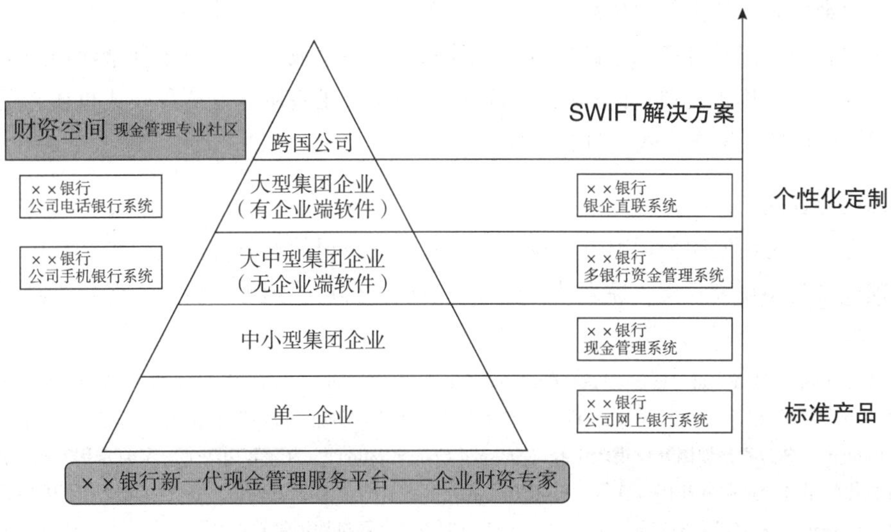

图16-5　××银行电子银行“5+3产品服务体系”

统、银企直联系统，以及SWIFT[1]解决方案。

公司网上银行系统主要服务于中小型单一企业，适用于直接采用浏览器登录、合作银行较少的企业客户；现金管理系统服务于中小型集团企业，适用于安装××银行客户端、合作银行较少的客户；多银行资金管理系统服务于大中型集团企业，适用于安装××银行软件、合作银行较多的客户；银企直联系统服务于大型集团企业，适用于安装了第三方软件、合作银行较多的客户；SWIFT解决方案服务于跨国公司，适用于为跨国公司在华企业和走出去的中资企业开展跨境现金管理服务。

三大辅助服务系统包括公司手机、电话银行系统，为企业财务主管通过电信网络提供账户的即时查询审核功能。其次就是我们熟悉的客户售后服务支持。

（二）现金管理模式

1. 统收统支模式

统收统支模式是将各个成员公司的现金都集中在集团公司的财务部门，各个成员企业不单独开设银行账号，所有现金收入都流入集团公司，所有现金支出都经过集团公司财务部进行支付，现金的收支权限高度集中在集团公司。这种模式的优点是：集团可以全程监控现金流，促使集团实现全面收支平衡，提高现金的周转效率，降低资本成本。缺点是：不利于调动各成员公司的积极性，成员公司对于现金的开源节流处于被动消极状态，由此降低了成员公司的灵活性，以至于降低整个集团的效率，并且在制度上缺乏合理性，集团财务部门的工作量过于繁重。这种模式比较适合规模较小的集团公司。

2. 拨付备用金模式

拨付备用金模式，是指集团按照一定的期限拨给所有子公司其使用的一定数额的现金。这种模式和公司中各个部门设置备用金的原理是一致的，当各个成员公司发生现金流出业务后，凭相关的支出凭证，报送集团公司，由集团公司审核后报销补足备用金。这种模式也比较适合规模小的集团公司，但比统收统支模式更具灵活性。

3. 结算中心模式

结算中心一般是由集团公司财务部设立，或者有的公司的财务部就叫财务结算中心。结算中心可以办理成员公司现金收支、往来结算业务。当成员公司收到现金后，转账存入结算中心在银

---

1 SWIFT 全称是 Society for Worldwide Interbank Financial Telecommunication，环球银行金融电信协会，是一个国际银行间非营利性的国际合作组织，总部设在比利时的布鲁塞尔，同时在荷兰阿姆斯特丹和美国纽约分别设立交换中心（Swifting Center），并为各参加国开设集线中心（National Concentration），为全球 207 个国家的 8 100 多家金融机构提供安全、标准化的报文交换服务和接口软件。SWIFT 运营着世界级的金融电文网络，银行和其他金融机构通过它与同业交换电文（Message）来完成金融交易。除此之外，SWIFT 还向金融机构销售软件和服务，其中大部分的用户都在使用 SWIFT 网络。

行开设的账户，当成员公司需要现金时，再进行统一拨付。结算中心可以降低资本成本，提高现金使用效率，有助于集团公司监控现金流向。

4. 内部银行模式

内部银行是指将商业银行的基本职能与管理方式引入公司内部管理机制而建立的一种内部现金管理机构，它将企业管理、现金管理融为一体。各个成员公司将现金存入内部银行，通过内部银行，集团公司可以将整个集团内部的现金统筹运作，可以集中零星现金，调剂现金余缺，减少现金占用，加速现金周转，提高现金使用效率。内部银行除了具备商业银行的结算与信贷融资功能外，还具备监督控制现金的功能，所以内部银行模式适用于成员公司较多的集团公司。

5. 财务公司模式

财务公司是指集团公司发展到一定水平后，经由中国人民银行批准设立、能够经营部分银行业务的非银行金融机构。财务公司可以为集团内各成员公司提供一系列金融服务，包括存贷款、融资租赁、担保、信用签证、债券承销、财务顾问等服务。集团公司可以通过财务公司对各个成员公司的现金进行管理，但是这种管理建立在成员公司拥有各自独立经济利益的基础上，各个成员公司可以自主进行现金决策，集团公司不直接干预成员公司现金的取得和使用。

第二节　短期有价证券管理

> 短期**有价证券**（marketable securities）是指能够在短时间内以接近于市价的价格变卖的证券，包括国库券、可转让定期存单、商业汇票等，实质上是可盈利的现金。

一、持有有价证券的原因

现金管理的目的是保证公司正常经营的现金需求，即满足公司交易性、预防性、投机性及补偿性等动机。但如果有闲置资金，公司常常选择短期有价证券投资，使其闲置现金投入到流动性高、风险低、交易期限短的金融工具上，以获得最大的收益。公司持有有价证券的理由如下：

1. 作为现金的代替品

当公司现金闲置时，公司可以通过持有一定数量的有价证券投资组合取代过多的现金余额；当公司现金流出量超过流入量时，可随时变卖投资组合中的若干有价证券，以弥补其现金缺口，以此满足公司现金的预防性需要。许多公司依靠银行信用满足其交易性和投机性的现金需求，但由于银行信用的不稳定性，所以有价证券不仅可用来应付意外情况的预防性需要，而且也是交易性余额和投机性余额的替代品。

2. 作为短期投资

如果公司持有的有价证券超过其总资产的2%，则不应仅仅视其为现金的替代品，而应视其为短期投资。但应注意，如果公司为了积累一笔资金以满足将来扩大再生产的需要，或为了控制其他公司的需要，而不准备在短期内将其转让的有价证券，即使是允许交易的证券，也不能作为短期投资处理。

公司进行短期投资的原因是为了满足公司融通季节性或周期性临时困难所造成的资金需求，满足未来已知的融资需求，或与公司的长期筹资相配合。

二、有价证券的种类

有价证券的种类很多，但并非所有的有价证券都适合作为现金的替代品进行投资，公司应在有价证券的流动性、风险性与收益性之间进行权衡。以美国为例，可供公司作为投资的有价证券有下列几种，如表16-1所示。

表16-1　有价证券的主要类型

类　型	期　限
国库券	91 天到 1 年
商业本票	不超过 270 天
可转让定期存单	不超过 1 年
货币市场共同基金	可随时变现
欧洲美元市场定期存款	不超过 1 年

在我国，目前可作为现金替代品的有价证券种类比较少，主要有国库券、短期融资券、可转让定期存单、公司债券、证券投资基金等。

1. 国库券

国库券是政府债券的主要形式，是中央政府为调节国库收支差额而发行的一种短期或中长期政府债券。国库券信誉好，安全性较高，但有的流动性较差。

2. 商业票据

商业票据（commercial paper）是信誉较好的金融公司或大型工商公司发行的短期无担保本票，期限不超过270天，利率不高，但信誉好，安全性较高。大型金融公司通常采取直接出售方式，小型金融公司和工商公司一般通过交易商发行。

3. 银行承兑汇票

银行承兑汇票（bankers' acceptances, BAS）是由商业银行承兑的汇票，到期日一般不超过6个月。其信用视承兑银行而不是开票人而定。其利率通常比同期国库券利率略高。

4. 可转让大额存单

可转让大额存单（negotiable certificate of deposit, CDS）是由普通的银行存单发展而来的，可以在货币市场上流通转让。银行接受客户的定期存款，向客户提供存单为凭证，存单持有人凭此收取利息，并在到期时收回本金。其流动性低于国库券，收益与商业汇票和银行承兑汇票相当。

5. 投资基金

投资基金在美国称为共同基金，它是一种集合投资制度，由基金发起人以发行收益证券的形式汇集一定数量的具有共同投资目的的投资者的资金，委托由理财专家组成的专门投资机构进行各种分散的投资组合，投资者按出资的比例分享投资收益，并共同承担投资风险。投资基金的流动性强，其收益小于股票，但高于公司债。

三、影响有价证券投资的因素

公司在满足其正常经营活动现金需求的前提下，将闲置的现金进行有价证券投资时，不仅要考虑其投资规模，而且要充分考虑投资证券的种类，即根据各种证券的不同风险和收益选择恰当的有价证券组合。通常，进行有价证券投资应考虑下列因素：

1. 违约风险

违约风险是指借款人无法按时支付债息和偿还本金的风险。国库券通常被认为是无违约风险的证券，其他证券的违约风险根据其信用等级决定。投资于风险越高的证券，收益率也越高，但投资者必须在预期收益与风险之间进行权衡。

2. 利率风险

利率风险是指由于利率的变动而引起有价证券价格变动，从而使投资者遭受损失的风险。市场利率与有价证券价格成反比例变化。对于给定的固定收入证券，利率越低，一定的利率变化所带来的价格变化也越大，其投资的风险就越大。

3. 购买力风险

购买力风险又叫通货膨胀风险，是指由于通货膨胀而使有价证券到期或出售时所获得的现金购买力下降的风险。通货膨胀情况下，固定收益证券要比变动收益证券承担更大的风险。

4. 变现力风险

变现力风险又叫流动性风险，是指无法在短期内按照合理的价格出售有价证券的风险。流动性风险的大小取决于市场的成熟程度。

5. 证券的收益与到期日

一般情况下，到期日越长，证券市场价格波动风险就越大，收益率也就越高。选择证券时，要在风险与收益之间权衡利弊。

6. 汇率风险

汇率风险是指外汇汇率变动而给外币有价证券持有者带来的风险。如果有价证券到期时，外币贬值，持有外币有价证券的投资者就会遭受损失。

四、有价证券的投资组合

按有价证券变现后的用途不同将现金分为三类：一是备用现金，可迅速变现以备急需；二是可控制现金，可用于每季支付股利、税收、贷款利息等，为此而积累的现金可以保留在现金账户中，也可以投资于有价证券；三是自由现金，是指纯粹用于短期投资的多余现金。

根据现金不同的用途，进行有价证券组合时，对备用现金部分，首先考虑其安全性和流动性，主要投资于期限短、质量高的短期国库券；对可控制现金部分，应更加强调其收益性，力图选择到期日与某项已知的现金需求最为一致的有价证券，例如季节性支付股利，可选择商业票据、银行承兑汇票等满足；对自由现金部分，收益性是最主要的，可投资于期限较长、风险较大、收益性高的证券。

总之，进行有价证券组合时，在考虑有价证券的风险与收益的同时，必须根据公司的现金需求情况，合理地安排有价证券的种类、数量和时间。

第三节　应收账款管理

赊销产生了应收账款，因此，**应收账款**（accounts receivable）是公司对外销售商品、提供劳务等所形成的尚未收回的款项，是公司流动资产的重要组成部分。公司强化应收账款管理，目的是在充分发挥应收账款功能的基础上，降低应收账款投资的成本，使应收账款投资所增加的收益大于其投资成本，最大限度地增加投资收益。

一、应收账款的功能与成本

（一）应收账款的功能

应收账款的功能是指它在公司经营活动中的作用，主要有以下两方面：

1. 增加销售的功能

在市场竞争日益激烈的情况下，赊销是促销的一种重要手段。公司进行赊销，一方面是向顾客销售商品，扩大市场占有率，另一方面在一定的信用期内向客户提供资金。当客户资金紧张时，赊销的作用尤为明显。

2. 减少存货的功能

公司在增加销售的同时，减少了存货。虽然应收账款也是一种资金占用，但与存货占用的资金相比，节省了存货所需的管理费、仓储费和保险费等支出。因此，当公司产成品存货较多时，可通过赊销，把存货转化为应收账款，节省各种开支，但同时也加大了应收账款的风险。

（二）应收账款的成本

公司持有应收账款，在享受到赊销带来的好处的同时，需要付出一定的代价，即应收账款的成本。其主要内容包括：

1. 应收账款的机会成本

应收账款的机会成本是指公司资金占用在应收账款上，不能作为其他用途而丧失的潜在收益。如果公司资金投资于有价证券，就会有相应的股息、利息收益，但因资金占用于应收账款上而得不到此收益，由此丧失的股息、利息即为应收账款的机会成本。在估算应收账款的机会成本时，一般按有价证券的收益率计算，即：

$$\text{应收账款机会成本}=\text{应收账款平均资金占用额}\times\text{收益率} \tag{16.6}$$

$$\text{应收账款平均资金占用额}=\text{赊销收入净额}\times\text{应收账款周转率} \tag{16.7}$$

2. 应收账款的管理成本

应收账款的管理成本是指对公司应收账款进行日常管理而耗费的开支，主要包括对顾客进行资信调查所发生的费用、收集各种信息的费用、账簿记录费用、收账费用等。

3. 应收账款的坏账成本

应收账款的坏账成本是指应收账款到期无法收回而给公司带来的损失，这项成本一般与应收账款信用政策的松紧相关，应收账款信用政策越宽松，坏账成本越高；反之，则越低。

二、信用调查与评估

应收账款投资规模的大小主要取决于公司的信用政策，而信用政策是建立在对其客户的信用调查与评估的基础上的，所以公司在制定信用政策前应运用一定的方法，分析客户的信用状况，确定其信用等级，以便为信用政策的制定提供有用的信息。

（一）信用调查

信用调查的主要目的是获取客户的信用资料。与公司有关的客户的信用资料，可通过直接调查客户获取，如采访、询问、观察、记录等，也可以通过间接调查获取，如根据公司自己以往的经验、查阅客户的财务报表、分析银行提供的客户信用资料、与客户的关联单位交换有关信用资料、向国内或国际咨询公司咨询等。具体来讲，获取相关信息的渠道有如下几种：

1. 公司自己的历史经验

公司通过对以往应收账款周转期进行研究，对客户的信用质量进行书面评价。

2. 客户财务报表

查看客户的财务报表，这是公司进行信用分析时最主要的信息来源之一。公司最好能取得经过审计后的财务报表，并计算关键的财务比率，以掌握客户的基本财务状况。若能取得除了客户年终报表外的内部报表，将会对公司分析客户很有帮助，尤其对分析那些具有季节性生产和销售特点的客户更有帮助。

3. 信用评估机构信息

公司可以从信用评估机构那儿获得客户的信用评级信息。比如，美国的邓白氏（Dun & Bradstreet Credit Services）公司是最著名的信用评估机构，它为全美提供很多公司的信用评级。邓白氏为信用分析员提供了一个净资产规模估计和特定规模公司的信用评价的标准。此外邓白氏还提供公司的信用报告，包括公司背景、行业性质、经营状况、财务信息、公司与供应商的交易记录、综合信用等级评价等。

4. 往来银行记录

银行是公司信用资料的一个重要来源，银行在向客户提供贷款时，都要严格审查客户的信用情况，但由于银行更愿意与其他银行分享信息，所以公司最好通过自己的开户行调查其客户。通过开户行，公司可以得到有关客户的平均现金余额负担、贷款和信用历史的信息以及一些财务信息。

5. 供应商交易记录

在那些客户相同的公司之间，公司可以要求其他的供应商提供他们某一账户的历史信息，包括他们持有这个账户的时间、曾经最大的一笔贷款额、信贷额度和付款速度。

（二）信用评估

经过对客户的信用状况进行调查，搜集好信用资料后，就要对客户的各种信用资料进行分析，并对客户的信用状况进行评估。在实践中，信用评估的方法很多，可用定性分析和定量分析评价客户的信用品质。下面主要介绍常用的两种方法：

1. "5C" 评估法

"5C" 评估法是指对客户信用的5个方面进行评估，这是西方国家常用的方法。这5个方面英文词的第一个字母都是C，故称为 "5C" 评估法。5个方面分别为：

（1）品行

品行（character）是指客户试图履行其偿债义务的可能性，这是评价客户信用品质的首要因素，原因是信用交易意味着付款承诺，债务人能否诚心履约直接关系到公司货款的回收额和回收速度。公司必须对客户过去的付款记录进行详细分析，据以推断其履行偿债义务的可能性。

（2）能力

能力（capacity）是指客户的偿债能力。公司可以通过分析客户的经营手段、资产流动性、现金流量，以及对客户实地调查，做出对客户的偿债能力的判断。

（3）资本

资本（capital）是指客户的一般财务状况，如注册资本、资产总额、净资产、主要的财务比率等。

（4）担保品

担保品 (collateral) 是指客户为了获得商业信用所提供给公司作为担保用的资产。客户若能提供担保品，可以减少公司的赊销风险。客户提供的担保品越充足，信用安全保障就越大。

（5）条件

条件 (conditions) 是指可能影响客户偿债能力的经济环境，如经济发展趋势、经济政策、某地区或某领域经济的特殊发展等。

2. 信用评分法

"5C" 评估主要是对客户的信用状况进行定性评估，而在实践中，仅靠定性评估，其评估结论往往不能直接作为制定应收账款信用政策的依据，还需要对客户的信用状况进行定量分析。信用评分法就是对反映客户信用质量的各种指标进行评分，然后进行加权平均，计算出客户的综合信用分数，并据此进行信用评估的一种方法。信用评分法的基本公式为：

$$Y=\sum_{i=1}^{n}\alpha_i X_i \tag{16.8}$$

其中，Y是某公司的信用评分，α_i是事先拟订的第i种财务比率或信用品质指标的权数，X_i是第i种财务比率或信用品质指标的评分。

公式（16.8）中的财务比率或信用品质指标主要包括流动比率、资产负债率、利息保障倍数、销售利润率、信用评估等级、付款历史、资信调查、未来发展趋势等，它可以根据公司搜集的资料分析确定，各种要素的权数是根据财务比率和信用品质的重要程度来确定的。

这种模型设立了一个区分优劣信用的得分点，如果客户的信用得分高于得分点的最低分数就授予信用，否则予以拒绝。但有时信用评分系统并不能完全准确地识别优劣信用，或有时客户的信用得分介于优劣之间的模糊区域，则公司应仔细测试各种指标，以便做出正确的决策。

例如，某客户有关财务比率和信用品质的资料如表16–2所示。

表16–2　某客户相关财务比率和信用品质

项目	信用指标	分数	权数	加权平均数
流动比率	2.4	90	0.2	18
资产负债率	35%	85	0.1	8.5
销售利润率	25%	90	0.1	9
资产周转率	3.2	90	0.1	9
信用评估等级	AAA	90	0.2	18
付款历史	良好	80	0.2	16
未来发展趋势	良好	80	0.05	4
其他因素	一般	70	0.05	3.5
合计			1	86

在进行信用评分时，根据经验，分数在80分以上时，说明客户信用状况良好；分数在60~80分时，说明客户信用状况一般；分数在60分以下时，说明客户信用状况较差。

信用评分法是一种广泛运用的统计方法，在实际使用时，可根据需要增加或减少一些变量。

3. 邓白氏分析法

邓白氏分析法是世界著名的资信公司邓白氏国际信息公司用风险指数对客户的财务信息和非

财务信息进行评分，根据评分结果判断客户资信等级的一种定量分析方法。

邓白氏国际信息公司将我国企业的风险等级分成6级，各级的标准和风险程度如表16–3所示。风险指数选择时的关键要素为14个，如经济类型、所属行业、雇员人数、是否从事进出口业务、流动比率、资产回报率等，每个指标按6分制评分，指标越好，评分越高。每个指标按其重要程度设定权重，权重用百分数表示，全部指标权重之和等于100%。各指标的得分乘以相应的权重，然后加总，就得出该客户的风险指数，最高分为6分。

表 16–3 邓白氏的企业风险指数等级表

风险指数	等级	风险程度	建议控制方法
5 ~ 6	RI1	最小，商业失败率 0.01%	进行信用交易，放宽付款条件
4 ~ 5	RI2	低，商业失败率 1.09%	进行信用交易
3 ~ 4	RI3	中等，商业失败率 1.8%	进行信用交易，但要监控
2 ~ 3	RI4	高于平均值，商业失败率 2.5%	进行信用交易，但要严格监控
1 ~ 2	RI5	明显，商业失败率 8%	寻求担保
0 ~ 1	RI6	高，商业失败率 19.6%	现金交易

三、信用政策的制定

信用政策（credit policy）是指公司对应收账款投资进行规划与控制而确立的基本原则和规范，一般由总经理、各部门经理组成的委员会制定，由信用部门经理负责执行。信用政策主要包括信用标准、信用条件和收账政策三部分内容。

（一）信用标准

信用标准是公司同意向客户提供商业信用而提出的基本要求，即客户获得公司商业信用所应具备的最低条件，通常用预期的坏账损失率作为评判标准。影响信用标准的因素主要是前面提过的5C。如果公司的信用标准严格，公司就只对信誉很好、坏账损失率很低的客户提供赊销，这样可以减少坏账损失，降低应收账款的机会成本和管理成本，但这不利于增加销售，扩大市场占有率，甚至会引起公司销售量减少；反之，如果公司信用标准宽松，虽然增加销售量，但会相应增加坏账损失和应收账款的机会成本与管理成本。因此，公司必须在扩大销售与增加成本之间权衡利弊，针对不同的情况制定不同的信用标准。

实例16-4 东方公司有关目前经营状况的信用政策如表16-4所示。

表16-4 东方公司经营状况的信用政策

项　目	
目前政策下的销售收入（全部为赊销）	3 600 000 元
目前政策下的应收账款投资	400 000 元
目前利润	720 000 元
销售利润率	20%
信用标准 [预期坏账损失率的限制]	10%
平均坏账损失率	6%
信用条件	(*n*/30)
平均收现期	40 天
应收账款的机会成本	15%

假设该公司要改变信用标准，提出A、B两个方案，信用标准变化如表16-5所示。

表16-5 东方公司信用标准变化情况

A 方案（严格的信用标准）	B 方案（较宽松的信用标准）
信用标准：对预计坏账损失率低于 7%的公司提供商业信用	信用标准：对预计坏账损失率低于 11%的公司提供商业信用
由于标准变化减少销售额 150 000 元	由于标准变化增加销售额 240 000 元
应收账款平均收账期降为 30 天	应收账款平均收账期升为 60 天
平均坏账损失率为 5%	平均坏账损失率升为 7%

分析该公司采用哪个方案最好。

解析 根据题意，应该分析在两种信用标准条件下，公司利润和成本受到的影响，实际上就是净利润受到的影响。

由于信用政策变化，因此：

增加的利润额=增加的销售额×销售利润率　　（+，好；-，不好）

应收账款机会成本=应收账款平均占用额×机会成本　　（+，不好；-，好）

坏账成本=赊销收入×坏账损失率　　（+，不好；-，好）

东方公司的成本和利润的变化，即净利润的变化如表16-6所示。

表16-6表明，采用较严格信用标准的A方案，能使该公司增加利润30 375元，故应采用A方案。

表16–6　信用标准变化对东方公司利润的影响

项　目	A 方案	B 方案
信用标准变化对销售利润的影响	–150 000×20%=–30 000（元）	240 000×20%=48 000（元）
信用标准变化对应收账款机会成本的影响	(30/360×3 450 000–40/360×3 600 000) ×15% =–16 875（元）	(60/360×3 840 000–40/360×3 600 000) ×15% =36 000（元）
信用标准变化对坏账成本的影响	3 450 000×5%–3 600 000×6% =–43 500（元）	3 840 000×7%–3 600 000×6% =52 800（元）
信用政策变化带来的净利润	(–30 000) – (–16 875) – (–43 500) =30 375（元）	48 000–36 000–52 800 =–40 800（元）

（二）信用条件

信用条件是公司接受客户信用订单时所提出的付款条件，是公司评价客户等级，决定给予或拒绝客户信用的依据。主要包括信用期限、折扣期限、现金折扣，基本表现形式为“2/10，n/30”，意即如果公司在发票开出后的10天内付款，可享受2%的折扣，如果不享受折扣，所有款项应当在发票开出后的30天全部付清。该信用条件是：信用期为30天，折扣期为10天，现金折扣为2%。公司提供比较优惠的信用条件，虽然能增加销售量，但也会增加机会成本、坏账成本、现金折扣成本，所以公司确定信用条件时仍然要在总收益和总成本之间进行权衡。

1. 信用期限

信用期限是公司要求其客户付清全部货款的最长期限。对公司而言，给予客户的信用期限越长，越有利于公司销售收入的扩大，但同时也会增加应收账款的机会成本、管理成本及坏账损失。公司应否延长信用期限，主要分析信用期限延长后导致的增量收入是否大于增量成本。

2. 现金折扣和折扣期限

公司为了尽快收回货款，加速现金周转，减少应收账款成本，可以在信用期限内规定一个优惠期限，客户如果在此优惠期限内付款，可以享受一定比率的折扣，这种折扣就是现金折扣，优惠期限就是折扣期限。公司采用现金折扣的主要目的是为了让客户尽快付款。这种措施可以大大缩短应收账款的平均收账期，减少应收账款成本，提高现金周转速度，但现金折扣减少了销售收入。公司必须把加速收款所得到的收益与付出的现金折扣成本结合起来，考虑核定多长的现金折扣期限及现金折扣率合适。

实例16–5　续实例16–4。假设该公司要改变信用条件，可供选择的方案见表16–7。

表16-7 改变信用条件的选择方案

信用条件 A	信用条件 B
信用条件："*n*/45"	信用条件："2/10，*n*/30"
增加销售额 180 000 元	增加销售额 240 000 元
全部销售额的平均坏账损失率为 7%	全部销售额的平均坏账损失率为 5%
平均收现期为 60 天	需付现金折扣的销售额占总销售额的 60%
	平均收现期为 30 天

根据以上有关资料以及表16-7，分析两种信用条件对销售利润和各种成本的影响。

解析 分析方法同上例，主要分析其不同信用条件下的成本和收益。详见表16-8所示。

表 16-8 信用条件对利润和成本的影响

项 目	信用条件 A	信用条件 B
信用条件变化对利润的影响	180 000 ×20% =36 000（元）	240 000 ×20% =48 000（元）
信用条件变化对应收账款机会成本的影响	（60/360 ×3 780 000 －40/360 × 3 600 000） ×15% =34 500（元）	（30/360 ×3 840 000 －40/360 × 3 600 000） × 15% = －12 000（元）
现金折扣成本的变化情况	0	3 840 000 ×60% ×2% =46 080（元）
信用条件变化对坏账成本的影响	3 780 000 ×7% －3 600 000 ×6% = 48 600（元）	3 840 000 ×5% －3 600 000 ×6% = －24 000（元）
信用条件变化带来的净利润	36 000 －34 5000 －48 600 = －47 100（元）	48 000 －（－12 000） －46 080 －（－24 000） =37 920（元）

从表16-8的计算可看出，采用信用条件B方案带来的净利润高于A方案，故应采用B方案。

（三）收账政策

收账政策（collection policy）是指客户违反信用条件，拖欠甚至拒付账款时公司所采取的收账策略与措施。公司给客户提供信用条件，实际上已经承担了客户拖欠甚至拒付账款的风险。因此，公司在确定信用政策时，就应当考虑针对客户有可能违反信用规定的收账政策。公司如果采用严格的收账政策，则可能会减少应收账款投资，减少坏账损失，但要增加收账成本；反之，如果采用宽松的收账政策，则可能会增加应收账款，增加坏账损失，但会减少收账费用。因此，公司在确定收账政策时，必须比较增加的收账成本与减少的应收账款成本的大小。一般而言，收账费用支出越多，坏账损失就越少，但这二者并不是呈线性关系。其变化规律是：当公司增加部分收账费用时，坏账损失随之减少，但减少的幅度并不很大；收账费用继续增加，坏账损失明显减少；收账费用达到某一限度以后，坏账损失的减少就不再明显了，这个限度称为饱和点。如图16-6所示。

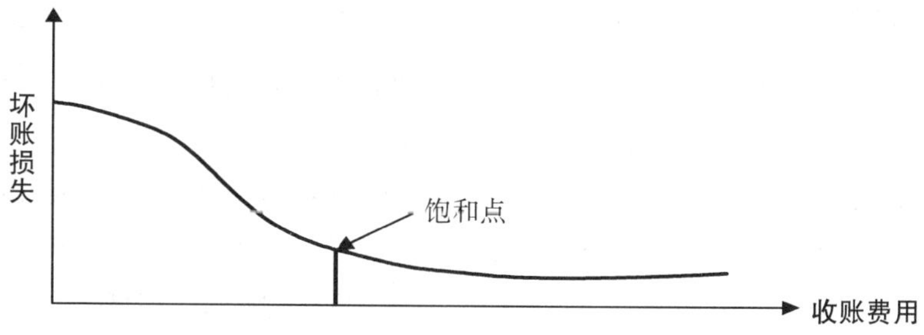

图16-6　坏账损失与收账费用之间的关系

由于商业信用的存在，在市场竞争中发生一定的坏账损失是不可避免的，公司在制定收账政策时，应该考虑饱和点问题，不能无限度地增加收账费用，应在增加的收账费用与减少的坏账损失之间进行权衡。

实例16-6　振海实业公司在A、B两种收账政策条件下的有关资料如表16-9所示。

表16-9　振海实业公司收账政策

项　目	收账政策 A	收账政策 B
年收账费用	20 000 元	30 000 元
应收账款平均收账期	60 天	30 天
坏账损失率	4%	3%

该公司当年销售额为2 400 000元（全部赊销），收账政策对销售收入的影响忽略不计。公司应收账款机会成本为10%。根据以上资料分析应该采用哪种收账政策。

解析　首先将两种收账政策对公司影响的相关资料列出，如表16-10所示。

表 16-10　振海实业公司不同收账政策相关资料

项　目	A 收账政策	B 收账政策
（1）年销售收入	2 400 000 元	2 400 000 元
（2）应收账款周转次数	6 次	12 次
（3）应收账款平均占用额	400 000 元	200 000 元
（4）应收账款的机会成本	40 000 元	20 000 元
（5）坏账损失=（1）×4%或 3%	96 000 元	72 000 元
（6）年收账费用	20 000 元	30 000 元

然后，通过对比两种收账政策，从表16-10的数据可知：

B收账政策节约的机会成本：20 000–40 000=–20 000（元）

B收账政策减少的坏账成本：72 000–96 000=–24 000（元）

B收账政策增加的收账费用：30 000-20 000=10 000（元）

节约或减少的成本就是收益，因此，B收账政策比A收账政策可多获收益34 000（=20 000+24 000-10 000）元，故应采用B收账政策。

从以上3个实例分析中可以看出，公司需要制定综合信用政策，以形成能够使总收益大于总成本的最佳信用政策。对于绝大多数公司来说，随着信用政策的不断严格，公司的利润以递减的速度增加直到某一点后开始下降。若使信用政策宽松化，销售将最大化，但这将被巨大的坏账损失和机会成本所抵消；若实行适度的信用政策，销售收入将减少，但坏账损失和机会成本也将减少，且比收入减少的速度快，从而利润将增加；若实行严格的信用政策，销售收入将以递增的速度减少，同时坏账损失和机会成本将以递减的速度减少。因此，公司在制定信用政策时，正如前面第二章公理1所述，总是在收益与风险之间权衡。

四、应收账款风险控制

公司制定了信用政策后，为客户提供了商业信用，产生了大量的应收账款。应收账款变现能力的大小和变现速度的快慢直接影响公司现金流量的数额及时间。如果客户的付款时间迟于规定的时间，公司可能会发生比预期更高的应收账款机会成本和收账成本，其结果使销售利润降低；如果有些客户赖账或不付清全部货款，将导致现金流入数额的不确定性。为防范与控制应收账款投资所带来的不确定性，加速应收账款的变现速度，提高应收账款的变现能力，公司必须加强对应收账款的风险控制。

（一）应收账款投资总额控制

公司给客户提供商业信用是为了扩大销售量，增加公司收益，因此，应收账款实际上是公司为了获得更大收益而进行的一种投资。但是应收账款投资占用了大量资金，这是要付出代价的。因此，公司必须将应收账款投资额控制在合理的范围内，即：

应收账款投资额=每日平均赊销数额×应收账款平均收账期 **（16.9）**

从公式中可以看出，应收账款投资总额由以下因素决定：（1）销售规模。销售越多，往往应收账款也越多。（2）赊销比重（赊销额占总销售额的百分比）。这往往是由公司的性质决定的，这也是决定公司应收账款水平的重要因素。（3）信用政策。信用标准的宽松与严格、信用条件的优惠与否、收账政策强度的界定以及客户的信用品质，是决定应收账款投资水平的最重要因素。销售规模和赊销比重主要影响应收账款投资额计算公式中的每日平均赊销数额，而信用政策主要影响应收账款平均收账期。那么什么才是最佳的应收账款投资水平呢？这主要取决于公司的经营状况，不能一概而论。一般而言，当公司的资源已经得到充分利用，没有剩余资源可供利用，公司的边际利润已经很低时，就应考虑采用严格的信用政策，适当地控制赊销，将应收账款控制在较低的水平；当公司还有剩余资源可供利用，通过扩大销售依然能够获得边际利润时，就应考虑采用较为宽松的信用政策，增加应收账款投资，扩大销售量，增加公司的利润。公司应根据实际情况的变化不断修改和调整信用政策，尽量协调3个相互矛盾的目标：（1）把销售量提高到最大；（2）把应收账款的机会成本和管理成本降到最低；（3）把坏账损失降到最低。如果改变后的信用政策所增加的利润足以补偿其所增加的成本时，公司就应改变信用政策。

（二）应收账款个别投资额控制

应收账款一旦形成，公司就必须考虑如何按期足额回收的问题，所以公司就有必要对应收账款个别投资额进行控制，即对应收账款的运行过程进行追踪分析，重点放在赊销商品的变现方面。公司要对客户今后的经营情况、偿付能力进行追踪分析，及时了解客户现金的持有量与调剂能力能否满足兑现的需要。应将那些挂账金额大、挂账时间长、经营状况差的客户的欠款作为考察的重点，以防患于未然。必要时可采取一些措施，如要求这些客户提供担保等来保证应收账款的回收。

应收账款个别投资额控制，是指在建立客户信用档案和客户信用额度的前提下，通过付款记录、赊账分析及平均收账期等信息，判断客户付款情况。公司信用管理人员应定期计算应收账款周转率或平均收账期以及付款比例（收款额占销售额的百分比）、编制应收账款账龄分析表，按账龄分类估计潜在的损失，正确评估应收账款的价值，以便及时发现问题，采取措施进行控制。

1. 建立客户的信用档案

为每一个客户建立一个信用档案，详细记录其有关信用资料，这是进行应收账款个别控制的前提和基础。公司应事先设计档案的有关内容，以使公司信用管理人员的资料收集是全面而不是随机的。客户档案的内容一般包括：

（1）公司与客户的往来

如订单的数量、每月的采购金额、采购产品的类别以及该客户的付款记录等。

（2）客户的基本情况

如客户所有的银行往来账户；客户的公司负责人的情况；客户的所有不动产及其抵押状况；客户所有的动产资料；客户可能有的其他投资和准投资的资料等。

（3）客户的资信情况

如客户的报表；客户的主要财务指标；客户的即期及延期付款、拒绝付款情况；客户的信用政策导向；客户的破产、诉讼等情况。

公司应根据客户的信用档案，尽可能适时准确地确定客户的信用等级，以便于信用管理。

2. 设定信用额度

根据客户的信用等级及相关资料，为每一个客户设定一个信用额度，公司每次允许对某个客户的最大信用额度，反映了公司愿意承担的最大风险。信用额度虽然不一定能提高客户付款的金额和速度，但它可以限制不付款引起的坏账损失。一般情况下，对新客户先制定一个低的信用额度，随着收账经验的积累，客户信用的提高，公司可以提高其信用限额。公司必须在每日出货时，审查客户是否超过信用额度，是否继续为其提供信用。信用额度必须定期重新评估，以确保它与应收账款的变化保持一致。

3. 应收账款账龄分析

应收账款的账龄分析就是通过编制应收账款**账龄分析表**（aging schedule），即将发生在外的各笔应收账款按照开票日期进行分类，并计算出各账龄应收账款的余额占总额的比重，以便对应收账款的回收情况进行有效的控制。对不同账龄及不同信用品质的客户，公司应采取不同的收账策略，这就要求制定出切实可行的不同收账政策。一般而言，客户逾期拖欠账款时间越长，账款催收的难度就越大，成为呆坏账损失的可能性也就越高。为此，公司财务管理部门应该经常进行账龄分析，及时了解公司应收账款的回收情况和发展趋势。通过对应收账款的账龄分析，公司财务管理部门可以掌握以下信息：（1）有多少客户在折扣期限内付款；（2）有多少客户在信用期限内付款；（3）有多少客户在信用期限过后付款；（4）有多少应收账款拖欠太久，可能会成为坏账。其基本格式如表16–11所示。

表16–11 某公司账龄分析表（截至2015年12月31日）

应收账款账龄（天）	客户数量（户）	金额（万元）	占应收账款总额的比例（%）
信用期内	200	80	40
超过信用期 1~20 天	100	40	20
超过信用期 21~40 天	50	30	15
超过信用期 41~60 天	35	20	10
超过信用期 61~90 天	25	20	10
超过信用期 90 天以上	10	10	5
合计	420	200	100

公司对逾期账款应予以足够重视，查明原因。如果账龄分析显示公司的应收账款的账龄开始延长或者过期账户所占比例逐渐增加，那么就必须及时采取措施，调整公司信用政策，努力提高应收账款的变现率。对尚未到期的应收账款，也不能放松监控，以防发生新的拖欠。

4. 平均回收期分析

在相同的信用条件下，除了对不同客户应收账款的账龄分析外，还要对不同客户应收账款的回收期进行分析，并且还要将客户的实际平均回收期同行业平均回收期比较。如果平均回收期出现异常波动，公司就应引起高度重视。应以账款平均回收期计算如公式（16.10）所示。

$$\text{应收账款平均回收期}=(\Sigma\text{回收期}\times\text{收款额})/\Sigma\text{收款额} \quad (16.10)$$

（三）建立应收账款坏账准备制度

在市场经济中，只要存在商业信用行为，公司不论采用怎样严格的信用政策，坏账损失的发生总是不可避免的。为此，公司要加强坏账管理，建立应收账款坏账准备制度。坏账准备制度是指公司遵循稳健性原则，按照事先确定的比例对坏账损失的可能性进行估计，从而计提坏账准备，待实际发生坏账时，冲减坏账准备。建立应收账款坏账准备制度的关键是合理确定计提坏账准备的比例。公司通常根据以往应收账款发生坏账的比例和目前的信用政策实行情况估计计提坏账准备的比例。通常有销货百分比法、账龄分析法、应收账款余额百分比法等3种方法可供选择。

第四节　存货管理

用应收账款信用政策的变化刺激销售必须同时要有充足的存货作保证，所以与应收账款类似，存货是很多公司的一项重要投资。**存货**（inventory）是指公司在生产经营过程中为生产或销售而储备的流动资产，包括商品、材料、燃料、低值易耗品、在产品、半成品、产成品等。存货占流动资产比重的大小，应视公司所处的行业而定。一般情况下，制造业和零售业的存货比重较大，其他行业存货所占的比重相对小一些。存货给予公司在采购、生产和销售上的灵活性，但存货投资要付出成本，存货利用程度的好坏，对公司的财务效果影响极大。因此，加强存货的规划与控制，权衡存货的成本与收益，将存货保持在最优水平，是公司理财的一项重要内容。

一、存货的功能与成本

（一）存货的功能

存货的功能主要表现在以下几个方面：

1. 保证公司经营正常进行

必要的原材料、在产品、半成品是公司正常生产经营的前提和保障。尽管有些公司自动化程度较高，并借助信息化管理，提出了零存货目标，但要完全实现这一目标并非易事，而公司要保证每天都采购存货既不现实也不合算。因此，为了保证生产经营正常进行，防止停工待料的发生，储备适当的存货是必需的。

2. 满足市场销售的需要

必要的存货储备可以增强公司销售的机动性，特别是对于销售季节性很强的商品，更应储存足够的存货，避免因存货不足而坐失良机。

3. 降低产品成本

存货在生产不均衡和商品供求波动时，可起到缓冲矛盾的作用，使生产经营正常进行。如果公司根据需求状况时高时低地进行生产，有时生产能力可能得不到充分利用，有时又会出现超负荷生产，这就会使生产经营成本提高。为了实行均衡生产，降低生产成本，就必须储备一定的产成品存货，也要相应地保持一定的原材料存货。

4. 保险储备，防止意外损失

在市场经济条件下，公司面临的不确定因素增多，如采购、运输、生产和销售过程中，都可能发生意外事故。为防止意外事故的发生而影响公司的生产经营活动，保持必要的存货保险储备，可避免或减少损失。

（二）存货的成本

存货的成本主要有以下几个方面：

1. 采购成本

采购成本是由买价、运杂费、装卸费、运输途中的合理损耗和入库前的挑选整理费等构成，一般与采购数量成正比例变化。在存货的年需求量一定的情况下，由于存货的单位采购成本一般不随采购数量的变动而变动，采购成本在存货管理决策中就属于无关成本；但在有“数量折扣”时，采购成本就成为决策的相关成本。

2. 订货成本

订货成本是指为组织订购存货而发生的各项支出，如为订货而发生的采购人员工资、采购部门一般经费。订货成本分为变动性订货成本和固定性订货成本。变动性订货成本一般与订货的数量无关而与订货的次数有关。假设采购一次的成本是固定的，则订货成本与采购次数成同方向变化，订货次数越多，变动性订货成本就越大，如采购人员的差旅费、通讯费、邮电费。固定性订货成本与订货的次数无关，如专设的采购机构的经费（采购人员工资、折旧费、水电费）等。

3. 储存成本

储存成本指存货在储存过程中发生的仓储费、保险费、存货占有资金支付的利息费、损耗费等。储存成本可以分为变动性储存成本和固定性储存成本。变动性储存成本与储存的数量成正比，即与采购批量成同方向变化，储存的数量越多，变动性储存成本就越大，如保险费、存货占有资金支付的利息、损耗费等。一定时期内的变动性储存成本总额等丁该时期内平均存货量与单位变动性储存成本之积。固定性储存成本与存货的储存数量无关，如仓库折旧费、仓库管理人员工资等。

4. 缺货成本

缺货成本是指由于存货数量不足而给生产和销售带来的损失，如停工损失、失去的销售机会、采取补救措施而发生的额外成本等。缺货成本与存货的储存数量成反比。

在实际中，为了部门利益，销售经理、生产经理和采购经理一般会倾向于保持大量存货，而财务经理则要通盘考虑，他必须在考虑存货成本的基础上来确定合理的存货水平。

二、存货管理的方法

存货管理的方法是指公司在日常的生产经营过程中，按照存货计划的要求，对存货的采购、使用和销售情况进行组织、调节和控制所采取的措施。存货管理的方法主要有如下几种。

（一）存货经济订货批量控制

订货批量是指公司每次订购的存货数量，它关系到公司存货的持有水平即存货投资额度的大小。**经济订货批量**（economic order quantity）也称最优订购批量，是指在给定预期用量、订货成本和储存成本的条件下，既能够满足生产经营需要又能使存货成本达到最低的一次采购数量。由于存货的成本包括采购成本、订货成本、储存成本和缺货成本，其中采购成本与订货批量无关，在不允许缺货的情况下，也不存在缺货成本，所以与存货采购批量和采购次数有关的只有订货成本和储存成本。订购的批量大，储存的存货就多，储存成本就会上升，但由于订货次数减少，则会使订货成本降低；反之，如果降低订货批量，可降低储存成本，但由于订货次数增加，会使订货成本上升，也就是说，随着订货批量大小的变化，这两种成本是此消彼长。存货控制的目的，就是要寻找这两种成本合计数最低的经济订货批量。

1. 经济订货批量的基本模式

经济订货批量基本模型成立的假设条件如下：

（1）公司一定时期的存货需要总量可以较为准确地预计；

（2）存货的耗用或销售比较均衡；

(3) 存货的价格稳定，且不存在数量折扣；

(4) 每次进货数量和进货日期完全由公司自行决定，且每当存货量降为零时，下一批存货均能马上一次到位；

(5) 仓储条件及所需资金不受限制；

(6) 不允许出现缺货。

在符合上述基本前提条件下，存货模式如图16–7所示。

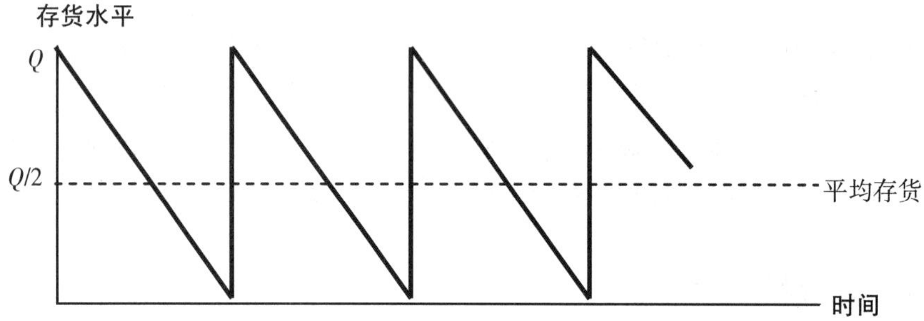

图16–7　经济订货批量（EOQ）模型[2]

如果Q代表订货数量，F表示每批订货成本，D表示全年需求量，则全年订货次数为D/Q，那么年订货成本为$F(D/Q)$。

如果C表示单位存货年平均储存成本，则C乘以平均存货$Q/2$得年储存成本，因此，存货的总成本T是由储存成本和订货成本构成的，即：

$$T=\frac{Q}{2}\times C+\frac{D}{Q}\times F \tag{16.6}$$

能够使得T最小的Q就是经济订货批量Q^*，即：

$$Q^*=\sqrt{\frac{2FD}{C}} \tag{16.7}$$[3]

存货成本与订货批量的关系，如图16–8所示

实例16–7　伟奇公司每年耗用某种材料3 600千克，该材料单位成本为10元，单位储存成本为2元，一次订货成本为25元。假设满足经济批量订货模型的假设条件，请问该公司的经济订货批量是多少？并运用经济批量订货模型分析平均存货量、每年订货次数、两次订货的时间间隔、经济批量存货下的总成本以及平均占用的资金。

2　这一模型与现金管理中的鲍摩尔模型具有类似的结构，这是因为它们的假设条件相类似。

3　这一模型与现金管理中的最佳现金余额的推导一样，这里就省略数学推导过程。

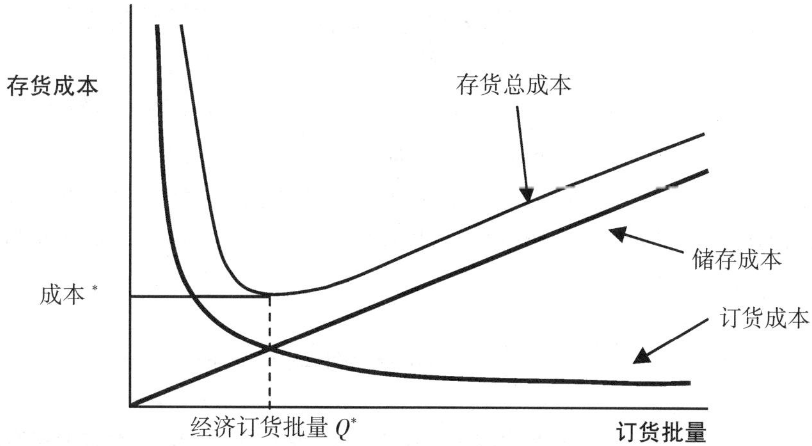

图16–8　存货成本与订货批量关系图

解析　首先运用公式（16.12），即将相关数据代入该公式计算得经济订货批量Q^*为：

$$Q^*=\sqrt{\frac{2FD}{C}}=\sqrt{\frac{2\times25\times3\ 600}{2}}=300\text{（千克）}$$

然后，根据计算的Q^*，可分别计算：

平均存货量$=Q^*/2=300/2=150$（千克）

每年订货次数$=N^*=D/Q^*=3\ 600/300=12$（次）

两次订货的时间间隔$=T^*=1/N^*=1/12$（年）$=1$（个月）

经济批量存货下的总成本为：

$$T=\frac{Q^*}{2}\times C+\frac{D}{Q^*}\times F=\frac{300}{2}\times2+\frac{3\ 600}{300}\times25=600\text{（元）}$$

平均占用资金$=(Q^*/2)\times10=(300/2)\times10=1\ 500$（元）

2. 存在数量折扣时的经济批量模型

在基本模型中假设采购成本与采购批量无关，但许多供应商会提供数量折扣以鼓励较大的订单。如果计算的经济订货批量Q^*已经大于折扣数量，则就会得到供应商提供的折扣。如果Q^*小于折扣数量时，为获得数量折扣，就必须考虑在增加订货数量而增加的较高存货成本与购货成本之间进行权衡。如果折扣超过额外存货成本，则应该增加订单以获得折扣。因此，将公式（16.11）中考虑进折扣，即设d为单位价格折扣，则：

总成本=储存成本+订货成本–价格折扣

$$T=\frac{Q}{2}\times C+\frac{D}{Q}\times F-d\times D \tag{16.13}$$

实例16–8 继续实例16–7。假设伟奇公司一次订货如果超过400千克，可给予2%的数量折扣，请问该公司是否应该将订货批量从一次300千克增加到400千克？

解析 在前一例中，我们已计算出一次订购300千克时的总成本为600元。如果订货批量为400千克时，计算出的成本低于600元，则可提高订货批量。考虑数量折扣2%，则单价折扣为10×2%=0.2元，将相关数据代入公式（16.13）得：

$$T=\frac{400}{2}\times 2+\frac{3\ 600}{400}\times 25-0.2\times 3\ 600=625-720=-95\ (\text{元})$$

计算结果表明，虽然增加订货量使得成本由600元上升到625元，但是考虑折扣有720元，实际上增加订货可使总成本下降95元。所以伟奇公司可以增加订货量为一次400千克以获得数量折扣。

或者分别计算订购300千克和400千克时包括采购成本在内的所有成本，即：

$$T_{300}=600+\text{采购成本}=600+3\ 600\times 10=36\ 600\ (\text{元})$$

$$T_{400}=625+\text{采购成本}=625+3\ 600\times 10\ (1-2\%)\ =35\ 905\ (\text{元})$$

因此，考虑所有成本，订购量为400千克时的成本最低，应该考虑数量折扣。

（二）不确定条件下的存货管理

在前面介绍的EOQ模型下，其假设是存货的需求是确定的、使用的存货是常数，且瞬时交货（即提前期是确定的）。然而，事实上，以上所列因素都不可能是确定的，企业的存货不能做到随用随时补充，因此不能等存货用光再去订货，而需要在没有用完时提前订货。但是如果公司订货过早，就会增加存货的储备量，造成积压；如果订货过迟，将会使存货储备量减少，一旦供货不及时，就会影响生产经营的需要，因此，需要正确地确定再订货点和安全储备量。如图16–9所示。

1. 订货点控制

图16–9表明了一些更现实的假设。当企业的存货使用到再订货点时，企业便会发出订货单订购其经济批量（EOQ），在这一订货量中，包含了订货到期前的提前期中的需求量。当然，在提前期间，如果需求较大，可能出现缺货，一旦出现缺货，会给企业带来损失，如信誉下降、失去销售等。因此，为了保证不缺货，**再订货点**（reorder stock）应包括预期提前期的存货需求和安全储备水平。

如果用R表示再订货点，L表示提前期，q表示日平均需用量，S表示安全储备量，则：

再订货点=预期提前期存货需求+安全储备量

$$R=L\times q+S \tag{16.14}$$

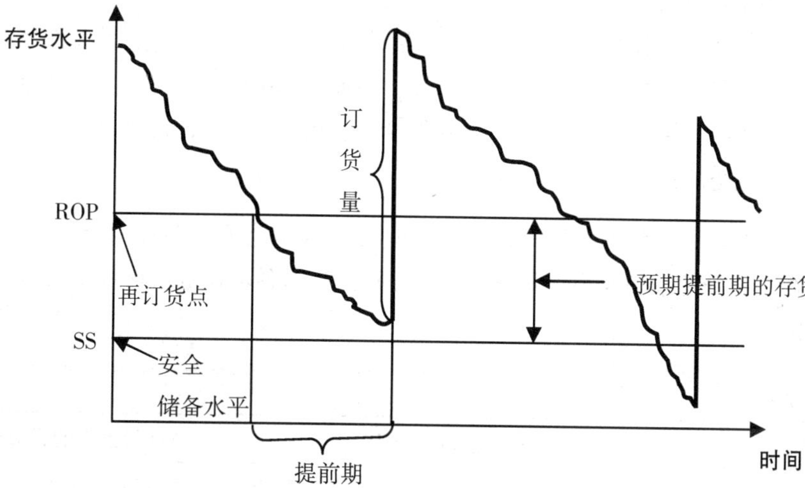

图16–9　存货水平与不确定需求和安全储备

2. 安全储备量的确定

为防止发生缺货或供货中断而造成的损失，公司都需要多储备一些存货以备应急之需，该储存量称为安全存量，或**安全储备**（safety stock）。这些存货在正常情况下不动用，只有当存货过量使用或送货延迟时才动用。

在不确定条件下，年存货成本由三部分构成：

年存货成本=订购成本+储存成本+缺货成本

预期缺货成本等于缺货概率乘以缺货成本。较高的安全储备减少了预期缺货成本，但提高了再订货点，也使存货平均储备量加大，从而使储备成本升高。研究安全储备的目的，就是要找出合理的安全储备量，使缺货或供应中断损失与储备成本之和最小。总之，最佳的存货政策就是提供最低的总成本。

（三）ABC存货控制系统

公司的存货品种数量繁多，各种存货的功能与成本相差悬殊，所以在实际工作中对这些存货要实行全面管理与控制，确实有一定的困难。在西方国家，许多公司采用ABC**存货控制系统**（ABC inventory control system）对存货进行控制，对不同类型的存货采用不同的管理对策，既能保证重点，又能照顾一般，以实现存货的最佳效益。

ABC存货控制系统又叫巴雷特控制法，是由意大利的经济学家巴雷特首创的，以后经不断发展和完善，现已广泛用于存货管理、成本管理和生产管理。

ABC存货控制系统是按某种存货数量占总存货数量的百分比和该种存货金额占总存货金额的百分比大小为标准，将存货划分为A、B、C三类。A类：品种少，单位价值大，占用资金多，对企业有重要影响；C类：种类很多，单位价值小，占用资金少；B类：介于A和C之间。

采用ABC存货控制系统的具体做法如下：

首先，把各种存货全年平均耗用量分别乘以它的单价，计算出各种存货耗用量及总金额。

其次，把各种存货耗费的金额大小重新排序，并分别计算出各种存货占存货总数量和存货总金额的比重（百分比）。

表 16–12　存货分类标准

存货类别	占总存货数量的百分比	占总存货金额的百分比
A	5% ~10%	70% ~80%
B	20% ~30%	15% ~20%
C	50% ~70%	5% ~10

将表16–12画成图，可更直观地看出ABC存货控制系统。如图16–10所示。

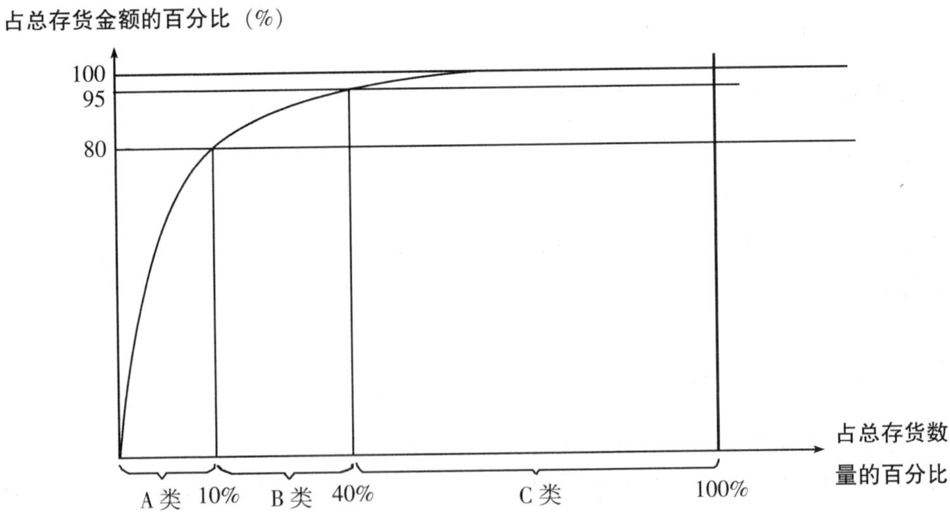

图 16–10　ABC 存货控制系统

最后，把存货金额适当分段，计算各段中各种存货数量占存货总量的百分比，分段累计占存货金额的百分比，并根据一定标准将它们划分为ABC三类。如表16-12所示。

上述ABC三类存货中，由于各类存货的重要程度不同，一般可采用下列控制方法：

对A类存货要进行重点控制，要计算每个项目的经济订货批量和订货点，尽可能适当增加订购次数，减少库存量。同时，还可为A类存货分别设置永续盘存卡片，以加强日常的控制。

对B类存货，也要事先为每个项目计算经济订货批量和订货点。同时也要分项设置永续盘存卡来反映库存动态，但不如A类那么严格，只要定期进行盘查便可以了。

对C类存货，可适当增加每次订货数量，减少全年的订货次数，对这类存货的风险控制，一般可以采用一些较为简化的方法进行管理。

（四）存货适时控制

1. 适时生产系统与存货的关系

适时生产系统（just-in-time system）也称为**零存货**（zero inventory）管理，是20世纪70年代日本人首先创立的，随后被西方发达国家所采纳，并逐渐得到广泛的推广和应用。适时生产系统改变了传统的**推进式生产方式**（push production），它采取**需求拉动式生产**（demand-pull production），使企业减少，甚至完全消除了存货，导致了存货管理和质量控制方面的重大变革，极大地提高了生产效率，降低了成本，提高了企业效益。

需求拉动式的适时生产系统要求生产企业必须根据客户订货或市场要求的数量、品种、质量标准和交货时间组织生产安排采购。前一生产工序必须严格按照后一生产工序所要求的有关在产品、半成品或零部件的数量、规格、质量和需求时间安排生产，前一生产工序生产什么，生产数量、产品质量和产出时间只能根据后一生产工序的具体要求而定，如此从后向前，直至原材料采购。这种生产系统将采购、生产和存货管理活动相结合，要求企业的供、产、销各环节密切协作配合，原材料、外购件要在生产部门需用时，不早不晚地抵达现场，直接交付使用，无须通过库存储备；生产各环节密切衔接，上道生产工序按下道生产工序进一步加工的要求保质保量地生产出在产品、半成品、零部件，且在下道工序需用时，适时地抵达下道生产工序，直接使用，无须通过半成品库存储备；在销售阶段产成品保质保量符合市场和客户的需要，并按客户要求的时间适时送到客户手中，无须经由产成品库存。由于在供、产、销各个环节都是在需要时适时到达，产品生产总时间就是对产品直接加工的操作时间，从而消除了各个环节中的等待、运送、储存和检验，大大缩短了时间，消除了相关的不必要作业，节约了成本，提高了劳动生产率。

适时生产系统下，企业同供货商的关系及购货模式变化可以归纳如下：

（1）为保证材料的质量和购货的适时到货，减少花费在购货及供货商方面的时间，挑选少数可靠的供货商建立伙伴关系，使供货商数量大大减少。

(2) 企业与少数可靠的供货商订立长期供货合同，确定供货价格、质量、送货时间及相关条款，使得订货和购货可以通过电话或电子邮件完成，大大减少了企业与供货商之间在经常性购货条件等方面的谈判和差旅的成本。

(3) 原材料和零部件的小批量多批次购货，并在需要时适时到货，消除了存货时间和存货成本。

(4) 长期合同和可靠的伙伴关系，使材料质量可得到保证，并减少了购货的验收质量检查。

(5) 货款按合同定期汇总支付，减少了供货和购货双方在账单文件处理方面等的作业及支出。

有资料显示：采用适时生产系统后，美国苹果计算机生产部，供应商减少了 80%，国际商用机器公司供应商减少了 95%，施乐公司供应商则减少了 97%。所以与少数供应商建立长期的合作伙伴关系是适时生产对购货方式的重大影响。

适时生产系统应用最为明显的效益是存货控制方面的成本节约，所以人们把适时系统作为存货控制方法加以介绍。适时生产系统由于大大减少了存货，甚至实现了零存货，从而消除了企业在材料、物资、半成品等方面的存储损耗、过期、不适用等的风险和费用；避免了库存资金的占用及相关的利息支出；同时还节约了库存占用的场地空间，节约了对于仓库空间的投资支出。由于适时生产系统在各个生产环节，使材料、物资和零部件适时到达并直接使用，消除了运送、存储及处理方面的费用。

2. 适时生产系统与传统存货控制

前面介绍的传统存货控制方法，目的在于确定适当的订货批量或生产批量，以使存货保持在适当水平，使存货成本与购货成本之间取得平衡。在适时生产系统下，企业的存货管理是采取无存货控制。要求外购的材料和零部件适时采购，材料和零部件在生产需要时运抵现场，上道工序生产的半成品要在下道工序需用时产出。这样的生产组织对购货的要求必然是减少每次的订货数量，从而增加订货次数；对生产的安排则要求减少每次的投产数量，增加投产批次。这就与传统存货控制下的经济订货模型相矛盾。经济订货模型主要是在存货的存储成本和订货成本之间进行权衡，假设存储成本与订货成本此增彼减，存储成本与订货成本之和为最低点的订货数量即为最优经济订货量。然后根据每日生产用量，确定提前期和购货间隔期。

然而经济订货模型的一些假设在新的经济环境下，对一些企业往往是不切实际的，随着计算机应用和通信条件的改善，订货可以采取电子信息交换系统，订货成本将大大下降。存储成本与订货成本此增彼减的假设不复存在。经济订货模型假定生产用料是均匀发生的，对材料的需求是稳定的。而在实际生产过程中，面对市场，面向客户，生产数量是不固定的。因而对材料或零部件的需求是不均匀的、不稳定的，对库存的需求是不稳定的。传统存货控制的订货提前期通常偏早，从而形成库存积压，造成资金的无效占用。另一方面，又由于需求的不均衡，还会造成库存的短缺，又给生产造成损失。对产品存储成本的估计，在经济订货模型中被严重低估，如存储场地空间、存货投资上的利息支出、库存损耗和损坏、供货质量问题所发生的成本，以及对存货记录会计系统方面的成本都被排斥在外。

另外，经济订货模型计算中的平方根求值，降低了计算结果对存货决策中预测（需求量、存储成本、订货成本等）误差的敏感性，因此，输入数据的准确程度，直接影响模型的可靠性。

适时生产系统下的无存货控制是存货管理上的重大创新，不仅导致企业库存成本的大幅度节约，而且推动了全面质量管理和价值链分析。可见，适时生产系统的应用，对企业管理思想和管理方式产生了极大的影响。

关键术语

锁箱法　lock system
集中银行法　concentration banking
现金浮游量　cash float
零余额账户　zero-balance account，ZBA
现金流量同步化　cash folw synchronization
目标现金余额　target cash balance
鲍摩尔模型　baumol Model
米勒—奥尔模型　Miller-Orr Model
有价证券　marketable securities
商业票据　commercial paper
银行承兑汇票　bankers’ acceptances，BAS
可转让大额存单　negotiable certificate of deposit，CDS
应收账款　accounts receivable
信用政策　credit policy
收账政策　collection policy
账龄分析表　aging schedule
存货　inventory
经济订货批量　economic order quantity
再订货点　reorder point
安全储备　safety stock
ABC 存货控制系统　ABC inventory control system
适时生产系统　just-in-time system
零存货　zero inventory
推进式生产方式　push production
需求拉动式生产　demand-pull production

思考题

16-1　公司持有现金的目的是什么？持有现金的成本包括哪些？

16-2　什么是现金浮游量？公司如何利用浮游量提高现金管理效率？

16-3　加速现金回收的方法有哪些？控制现金支付的方法有哪些？如何确定目标现金余额？

16-4 为什么公司应持有有价证券？公司在选择有价证券组合时应考虑哪些因素？

16-5 简述应收账款的功能与成本。

16-6 公司的信用政策包括哪些方面？

16-7 信用条件由几部分构成？从广泛意义上看，信用条件有几种？

16-8 信用政策改变时应分析哪些因素的变化？

16-9 持有存货的目的是什么？与存货持有水平相关的成本有哪些？

16-10 什么是经济订货批量、安全储备量和再订货点？公司为什么要关注它们？

16-11 什么是ABC控制？对存货控制起什么作用？

练习题

16-1 某公司每天签出支票10 000元，需要4天时间款项才能真正支付。每天收到支票10 000元，需要3天时间真正收到现金。要求：计算公司的现金浮游量。

16-2 某公司原先收取支票到获得可用现金的时间为5天，采用锁箱系统后缩短至2天。公司平均每天收取支票140万元。

(1) 实行锁箱系统后，公司节约的现金额是多少？

(2) 如果公司的资本成本为10%，锁箱系统的价值是多少？

(3) 公司每月愿为锁箱系统支付的最高费用是多少？

16-3 假设某企业的现金流量稳定，预计每月现金需求量为200万元，现金与有价证券转换的交易成本为每次300元，投资30天期有价证券的利率为9%，请使用鲍摩尔模型评价这些条件对该公司意味着什么。

16-4 假设一公司的现金流量是不稳定的，估计每天的净现金流量（一天的现金流出量减去现金流入量）的标准差为100 000元。另外，购买或出售证券的成本为每次300元，年利率是9%。假设企业的现金余额控制下限为0元。那么在米勒—奥尔模型下，该公司现金余额的上限和回复点分别是多少？什么情况下公司将购买或出售多少有价证券？平均现金余额是多少？

16-5 某企业预计存货周转期为80天，收账周期为30天，付款周期为20天，预计全年需要现金360万元，求目标现金余额。

16-6 黄海公司全年现金总需求为200万元，每次平均交易成本为900元，有价证券的投资报酬率为9%，问目标现金余额和现金持有成本分别是多少？

16-7 某公司年赊销额为5 475 000元，信用条件为$n/30$。从货物发运至编制邮寄发票并入账的时间为3天，从货物发运到收到客户支票需要35天时间，将收到的款项入账需要2天，将支票

存入银行并获得可用资金需3天。资金成本为10%。（一年按365天计）

（1）应收账款的平均水平是多少？

（2）在收款期间占用的资金平均是多少？

（3）每年公司对应收账款的投资成本是多少？

16-8　某公司的年赊销总额为900 000元，信用条件为3/10，*n*/30。大约40%的客户在折扣期内第10天还款，其余客户在第40天还款。（一年按360天计）

（1）计算应收账款平均水平。

（2）如果公司采用较紧的收账政策，所有不在折扣期内还款的客户在第30天还款。计算应收账款平均水平。

16-9　某公司新开展了一项业务。资料如下：每月销售额平均为120万元（每月按30天计）；变动成本率为60%；信用条件是2/10，*n*/30；预计20%的客户愿意取得现金折扣，其他客户一般在第40天付款；坏账及收账成本约占销售额的10%；在销售日，工资和材料款一并支付。公司现有大量的生产能力。说明公司应否采用这样的信用政策。

16-10　欣欣公司目前赊销额为24万元，每件产品的售价为10元，该公司考虑其目前的信用政策及另外两个新政策，并预期这些政策将产生如下结果（见表16-13）：

表16-13　欣欣公司信用政策

	目前政策	政策A	政策B
需求增加	0	25%	35%
平均收现期	1个月	2个月	3个月
坏账损失	1%	3%	6%

假设该公司新增产品每件能带来3元利润，其资金报酬率为20%。试分析该公司采取哪个政策对它更有利。

16-11　某企业生产中需用甲零件，年需要量为6 000件，每次订货成本为100元，年单位储存成本为0.3元。请计算：

（1）经济订货批量。

（2）最优订货次数。

（3）与经济订货批量有关的年相关总成本。

16-12　欣华公司每年需用A材料12 000件，每次订货成本为150元，年单位材料的储存成本为5元，该种材料的采购价格为每件20元，一次订货数量在2 000件以上时可获得2%的折扣，在3 000件以上时可获得5%的折扣。计算经济订货批量。

16-13　某企业生产使用的某种材料全年需用量为4 000件，每次订货成本为50元，单位材料年均储存成本为10元，不允许出现缺货，没有商业折扣，订货提前期为5天，安全存货日数为1

天，平均每天耗用量为11件。

（1）计算每次采购量及再订货点。

（2）当实际库存储备分别达到80件和66件时，企业是否应当马上组织采购该种材料？

16–14　某企业原材料存货有关资料如表16–14所示：

表16–14　某企业原材料存货资料

存货项目	年需用量（件）	单位成本（元）	总成本（元）
1	200	2.4	480
2	800	0.25	200
3	750	0.2	150
4	1 500	10.0	15 000
5	6 000	0.05	300
6	110	4.0	440
7	200	5.0	1 000
8	500	2.2	1 100
9	300	1.5	450
10	260	2.0	520
11	3 000	0.5	1 500
12	1 000	0.4	400

（1）对上述存货进行 ABC 分类。

（2）绘制 ABC 控制图。

自测题

1. 公司账户上的现金余额和银行记录的该公司的现金余额之差称为 ________。

A.浮游量　　B.商业折扣　　C.现金折扣　　D.季节性显示

2. 以下哪种情景导致企业不持有现金或有价证券？

A.企业购买了固定资产将需要冲销折旧费用

B.企业必须满足已知的财务承诺，如即将进行的建设项目融资

C.企业必须筹集季节性经营活动的资金

D.企业刚刚出售长期证券，还没有投资在盈利资产上的净值

E.以上都可能导致企业持有有价证券

3. 以下哪些方法对监控应收账款是最常用的？

A.分析每天销售量　　B.账龄分析

C.A 和 B　　D.以上都不是

4. 在基本经济订货批量模式下，（　　）。

A.不存在数量折扣　　B.存货价格稳定

C.不允许出现缺货　　D.不考虑进价成本

5. 除了 ________，都是信用 5C 评估法。

A.品行　　B.能力　　C.信用评分　　D.资本

参考答案

1.A　2.A　3.C　4.C　5.C

部分练习题答案

第三章

3-1 201.468（万元）

3-3 一次 10 万元（利率为 8%，每年支付的现值为 9.818 万元）。若利率为 6%，应该选择年金 11.469 9 万元，大于一次 10 万元。

3-5 B 银行，实际利率为 8.16%，低于 A 银行的 8.2%。

3-7 A =29 018 元 或 29 017.722 9 元

3-9 8.44%；低于 40.63 元时，买入，高于 40.63 元时，卖出。

3-11 否，因为其内在价值为 39.75 元。

第四章

4-1 流动比率=1.98，平均收账期 =76 天，销售/存货=5.77，资产周转率=1.7，净利率=1.7%，资产报酬率=2.9%，权益报酬率=7.6%，负债比率= 62%

4-3 流动比率=2.39，速动比率=0.97，负债比率= 47.5%，利息保障倍数=3.56，平均收账期=65 天，存货周转率=2.30，总资产周转率=1.02，毛利率=27.7%，净利润率= 4.1%， 资产报酬率=4.2%，股东权益报酬率= 8.0%

第五章

5-1 $\bar{R}$=13%，σ=11.23%，v =0.86

5-3 $\bar{R}_p$=15.5% ，β_p=1.05，通过计算，因为 R_A=15%，R_B=12%，R_C=20%，所以预计明年经济繁荣，要改变投资组合的话，卖出 B，买入 C。

5-5 E（R_A）= 110（万元），E（R_B）= 110（万元），σ_A =48.99，σ_B=111.36，因为期望值相同，A 的标准差<B 的标准差，所以 A 项目优于 B 项目。

5-7 $\bar{R}_p$=11.70%，β_p=0.9025

第六章

6-1 （1）g=8% （2）0.864 元 （3）12% （4）600 万元

6-2 （1）公司新增资金中所需的普通股权益额为 3 000×50%=1 500（万元）。

（2）内源融资额为公司当年的留存收益 300 万元，外源融资额为 1 500-300=1 200（万元）。

（3）留存收益成本：13.18%； 新发行的普通股成本：13.76%。

（4）使用留存收益的平均资本成本：9.59%；使用新发行股的平均资本成本：9.88%。

6-3 按账面价值为基础计算：WACC=12.6%。

按市场价值为基础计算：WACC=12.78%。

6-4 （1）债务的税后成本：6.75%，过去 10 年的收益增长率为 8%，普通股权益成本：11.46%。

（2）11.57%

（3）10.05%

（4）公司从内部可获得的资金为第 11 年的留存收益，即 36.288 万元。

如果新的融资维持目标资本结构，普通股权益融资只是内部融资，即资金来源是留存收益，占到新融资总额的 70%，那么新融资规模为：$\frac{36.288}{70\%}$=51.84（万元）。当融资规模超过 51.84 万元时，普通股融资还要通过发行新股的方式，普通股权益成本就会增加。

6-5

资本种类	目标资本	各类资本筹资范围（万元）	资本成本	筹资突破点
长期负债	25%	40 以内	4. 00%	160
		40 以上	8. 00%	
普通股	75%	75 以内	10. 00%	100
		超过 75	12. 00%	

筹资总额（万元）	长期负债	普通股	边际资本成本		
0 ~ 100	4%	10%	8. 500%		
100 ~ 160	4%	12%	10. 0%		
160 ~ 200	8%	12%	11. 00%		

6-6

资本种类	目标资本结构	各类资本筹资范围（元）	资本成本	筹资突破点
长期负债	40%	10 000 以内	8%×（1−25%）=6%	10 000÷40%=25 000
		10 000~20 000	10%×（1−25%）=7.5%	20 000÷40%=50 000
		20 000 以上	12%×（1−25%）=9%	
普通股权益	60%	6 250* 以内	12.23%#	6 250÷60%=10 417
		6 250~24 250**	13.03%##	24 250÷60%=40 417
		24 250 以上	13.97%###	

* 12 500×50%=6 250（元）

** 6 250+18 000=24 250（元）

\# $\frac{0.5\times(1+5\%)}{7.26}+5\%=7.23\%+5\%=12.23\%$

\## $\frac{0.5\times(1+5\%)}{7.26\times(1-10\%)}+5\%=8.03\%+5\%=13.03\%$

$\frac{0.5\times(1+5\%)}{6.5\times(1-10\%)}+5\%=8.97\%+5\%=13.97\%$

筹资总额（元）	资本成本（%）		边际资本成本（%）
	长期负债	普通股权益	
0 ~ 10 417	6.00	12.23	9.74
10 418 ~ 25 000	6.00	13.03	10.22
25 001 ~ 40 417	7.50	13.03	10.82
40 418 ~ 50 000	7.50	13.97	11.38
50 000 以上	9.00	13.97	11.98

第七章

7–1 （1）初始投资的现金流量：A = 250 万元，B = 300 万元+80 万元=380 万元

（2）经营期间的现金流和终结时的现金流

A 方案每年折旧额=50（万元），B 方案每年折旧额=50（万元）

经营净现金流量和终结现金流量如下表：

投资项目的经营现金流量和终结现金流量表 单位：万元

	时间（年）				
	1	2	3	4	5
A 方案净现金流量	86	86	86	86	86
B 方案净现金流量	110	104	98	92	216

7–2 **现金流量表**(中间过程略)：**△折旧=2 000 元**

时间（年）	0	1	2~4	5
净现金流量（元）	–97 500	19 250	23 000	103 000

7–3 **现金流量表**（中间过程略） 单位：元

0	1	2	3	4	5
– 44 500	15 800	15 800	15 800	15 800	15 800

7–4 **现金流量表**（中间过程略） 单位：元

时间（年）	0	1 ~ 5	6	7
折旧额		1 014	1 214	1 214
经营现金流量		1 154	1 204	1 204
净现金流量	– 7 625	1 154	1 204	2 079

第八章

8-1

	净现值（元）	内含报酬率（%）	现值指数
项目 A	12 891	33	1.64
项目 B	12 560	21	1.28

应该选择项目 A。

8-2 （1）

	项目 A	项目 B
净现值（元）	966.01	630.72
内含报酬率（%）	18.03	14.97
现值指数	1.10	1.06
回收期	2.17	2.86

（2）如果它们是独立项目，都是可行的。

（3）如果它们是互斥项目，无论从何种评价标准分析，项目 A 总是优于项目 B 的。

8-3 （1）Δ 初始投资=80 000–30 000=50 000（元）

（2）ΔR=30 000（元），ΔE=10 000（元），ΔD=7 000（元），$\Delta NCF_{1\sim5}$=16 750，ΔNCF_6=24 750

（3）ΔNPV=27 466.41（元）或 IRR=26.27%

（4）结论：更新设备的投资方案是可行的。

8-4 （1）Δ 初始投资=33 000（元）

（2）计算两方案的各年营业现金流量的差量。

ΔD=4 000（元），ΔE=–8 000（元），Δ 在第 5 年末大修理成本=–5 500（元）

$\Delta NCF_{1\sim4}$=6 400（元），ΔNCF_5=9 700（元），$\Delta NCF_{6\sim10}$=6 400（元）

（3）计算出差量净现值 ΔNPV =760.80（元）或 IRR=15.60%>15%

（4）结论：购置新设备方案为优。

8-5 （1）PB_A=3.125 年，PB_B=4.5 年

（2）NPV_A=10 652.59 元，NPV_B=12 092.13 元

（3）$IRR_A\approx$18%，$IRR_B\approx$15%

（4）引起两个项目的 NPV 和 IRR 出现矛盾的原因是再投资假设不同。

（5）应该接受项目 B。当指标出现矛盾时，应采用净现值法进行决策。

8-6 （1）PB_A=2 年，PB_B=3.3 年

（2）NPV_A=19 671.16 元，NPV_B=469 100.73 元

（3）$IRR_A\approx$23%，$IRR_B\approx$52.99%

（4）因为两个项目的使用年限不相同，初始投资额不同，所以不能直接去比。

（5）年回收额 $_A$=8 759 元，年回收额 $_B$=127 300.06 元（Excel：127 310.43），因项目 A 的年回收额小于项目 B，所以应选择项目 B。

8–7 **按获利指数大小重新排序**

项目	原始投资（万元）	获利指数	净现值（万元）
丁	100	1.45	45
乙	200	1.35	70
甲	300	1.30	90
丙	100	1.28	28

当投资总额为300万元时，应投资丁和乙项目组合，其净现值为115万元（45+70）。其他组合如乙和丙，以及项目甲投资额也是300万元，但净现值都小于丁和乙项目组合。

当投资总额为500万元时，应投资丁、甲、丙项目组合，其净现值为163万元（45+90+28）。其他如乙和甲项目组合投资额也是500万元，但净现值为160万元，小于丁、甲、丙项目组合。

第九章

9–1 第一步，计算无风险现金流

肯定当量（元）	9 500	18 000	34 000	60 000	52 000

第二步，用无风险折现率贴现等价的无风险现金流（肯定当量）

时间（年）	1	2	3	4	5
现值（元）	8 962.26	16 019.94	28 547.06	47 525.62	38 857.42

第三步，*NPV*=19 912.30元，*NPV*>0，该项目可行。

9–2 如果用15%的折现率来贴现，则项目的净现值为–9 435.35美元，不能采纳。而如果用10%的折现率来贴现，则项目的净现值为3 723.60美元，项目可行。

9–3 （1）使用实际现金流和实际资本成本计算项目净现值

年实际现金流=784万元，实际资本成本=5.66%，*NPV*=218.9万元

（2）使用名义现金流和名义资本成本计算项目净现值

NCF_1=831万元，NCF_2=880.9万元，NCF_3=933.8万元，*NPV*=218.9万元，项目可行。

9–4

筹资区间（万元）	K_d	K_e	*WACC*
0~83.33	8%	11.89%	9.53%
83.33~100	8%	15.00%	11.40%
100~200	12%	15.00%	12.60%

结论：最佳资本成本=11.40%，最大筹资额=100万元，A和C项目可行。

第十章

10–1 5 000 件；150 万元

10–2 22 000 件

10–3 DOL=1.5，DFL=1.14，DCL=1.70； DOL=3，DFL=1.92，DCL=5.76

10–4 （1）DOL = 1.4，DFL = 1.25，DCL = 1.75； （2）a. $EBIT$ = 32.8 万元，b.发行股票融资

10–5 （1）DOL = 2.6，DFL = 1.4； （2）$EBIT_0$ = 21.8 万元； （3）方案 A

10–6 （1）$EBIT_0$=99 万元，EPS_0=4.25 元（图略）

（2）因为 EBIT=100 万元，大于 99 万元，所以应该选择方案 B。

10–7 经营杠杆度=3.5，财务杠杆度=1.5，综合杠杆度=5.25

$EBIT_0$=136 万元，EPS_0=1.8。如果投资后公司的 EBIT 不低于 160 万元或者更高（显然高于 136 万元），那么公司应选择方案 A。

第十一章

11–1 （1）V=2 000 万元 （2）$K_S = K_a$ = 18.75%

11–2 （1）$V_U = V_L$ = 6 000（万元） （2） S_L = 4 000（万元），K_{SL} = 12% （3） S_L = 4 000（万元），V_L = 6 000（万元） （4）K_a= 10%

11–3 （1）V_U=4 500（万元），V_L = 5 000（万元） （2） S_L=3 000（万元）， K_{SL} = 12% （3） S_L = 3 000（万元），V_L = 5 000（万元） （4）当企业无负债，K_{aU}=K_{SU}=10%；当企业有负债，K_{aL}=9%

11–4 （1）EBT=608（万元），S=6 080（万元），V = 8 480（万元） （2）K_a=9.4%， B/S= 39.5%

第十二章

12–1 25%

12–2 40 元

12–3 325 万元

12–4 B/A=40%，1 100×60% = 660，DIV=1 000–660=340（万元）

12–5 22 元

第十三章

13-1 （1）**现金预算表**

	12 月	1 月	2 月
月初余额	400	6 000	6 000
现金收入	160 000	40 000	60 000
现金供给	160 400	46 000	66 000
现金支出：			
购货支出	140 000	40 000	40 000
工资	4 800	4 800	4 800
房租	2 000	2 000	2 000
所得税	12 000	—	—
小计	158 800	46 800	46 800
目标现金余额	6 000	6 000	6 000
现金需求：	164 800	52 800	52 800
现金溢缺	(4 400)	(6 800)	13 200
融资（投资）：			
贷款	4 400	6 800	
还款			(13 200)
月末余额	6 000	6 000	6 000

（2）如果公司实行新的赊销政策，12 月份 160 000 元的现金收入就不会存在，所以公司应贷款 4 400 元+160 000 元=164 400 元。

13-2 （1）g=4.8%

（2）8.3%

13-3 外部筹资额=6 815.75 元（表略，共预测四次）

第十四章

14-1 每月底支付 2 224 元。每月初支付 2 202 元。

14-2 前 5 年每年应还款 1 874 元。后 3 年每年应偿还 1 776 元。

14-3 （1）力维公司的资产负债表不变，负债比率仍为 33%。依利公司负债比率为 50% 。

（2）若租赁资本化后，力维公司的负债比率为 50%。

14-4 （1）1 万股　（2）10 份/股　（3）0.45 元　（4）270 元　（5）24.5 元

14-5 （1）转换率为 28，转换价格为 35.71，转换溢价为 14.27%。

（2）转换率为 28，转换价格为 42.14，转换溢价为 33.78%。

（3）931 元

14-7 （1）纯负债价值（B_0）=920.37 元 （2）t=0，C_0=750 元；t=10，C_{10}=1 619 元

（3）可转换债券底价为 933 元，转换权价值为 67 元（1 000−933）

（4）C_t=1 000×（1+20%）=25×30×（1+8%）^{t}， t=6

（5）11%≤K_C=15.2%

第十五章

15-1 （1）冒险政策下：$\frac{[200\times12\%-(100+200\times45\%)\times60\%\times8\%]\times(1-40\%)}{(100+200\times45\%)\times(1-60\%)}$=11.75%

中庸政策下：$\frac{[200\times12\%-(100+200\times50\%)\times60\%\times8\%]\times(1-40\%)}{(100+200\times50\%)\times(1-60\%)}$=10.8%

宽松政策下：$\frac{[200\times12\%-(100+200\times60\%)\times60\%\times8\%]\times(1-40\%)}{(100+200\times60\%)\times(1-60\%)}$=9.16%

（2）不合理。

15-2 贴现利率贷款的实际利率=14.29%

15-3 （1）$\frac{2\%}{1-2\%}\times\frac{360}{60-10}$=14.69% （2）$\frac{1.5\%}{1-1.5\%}\times\frac{360}{60-10}$=10.96% （3）$\frac{2\%}{1-2\%}\times\frac{360}{60-30}$=24.49%

（4）$\frac{5\%}{1-5\%}\times\frac{360}{122-30}$=20.59% （5）$\frac{1\%}{1-1\%}\times\frac{360}{30-10}$=18.18%

15-4 （1）$\frac{11\%\times2\ 000\ 000+(10\ 000\ 000-2\ 000\ 000)\times0.5\%}{2\ 000\ 000\times(1-10\%)}$=14.4%

（2）$\frac{11\%\times7\ 000\ 000+(10\ 000\ 000-7\ 000\ 000)\times0.5\%}{7\ 000\ 000\times(1-10\%)}$=12.5%

第十六章

16-1 现金浮游量=10 000 (元)

16-2 （1）4 200 000（元） （2）420 000（元） （3）35 000（元）

16-3 115 470.05（元）

16-4 首先求 Z。然后计算上限 H。

16-5 现金周转期=90（天） 目标现金余额=90（万元）

16-6 目标现金余额=200 000（元） 持有现金的成本=18 000（元）

16-7 （1）510 000 (元) （2）600 000 (元) （3）60 000 (元)

16-8 （1）70 000（元） （2）55 000（元）

单位：万元

16–9

现金收入	119.52	120×20%×（1–2%）+120×80%
减：工资、材料付款	72	120×60%
坏账及收账成本	12	120×10%
应收账款平均投资额机会成本	9.79	120÷30×（10×20%+40×80%）×60%×12%
	25.73	

公司应该采用这种信用政策。

16–10

单位：元

项目	目前	A	B
销售收入	240 000	300 000	324 000
利润	72 000	90 000	97 200
机会成本	4 000	10 000	16 200
坏账成本	2 400	9 000	19 440
管理成本	—	—	—
净利润	65 600	71 000	61 560

16–11 （1）经济订货批量=2 000（件）　（2）最优订货次数=3（次）　（3）最低相关总成本=600（元）

16–12 （1）不享受数量折扣时，经济订货批量=849 件，年相关总成本=244 243 元

（2）订货批量为 2 000 件时，可获折扣 2%，年相关总成本=241 100 元

（3）订货批量为 3 000 件时，可获折扣 5%，年相关总成本=236 100 元

可见，订货批量为 3 000 件时，总成本最低。

16–13 （1）经济订货批量=200 件，再订货点=66 件

（2）当实际库存储备达到 80 件时，企业不需要马上组织采购该种材料。

当实际库存储备达到 66 件时，企业应马上组织采购该种材料。

16–14 （1）对存货进行ABC 分类

存货项目	总成本（元）	类别	品种数及比重		品种数及比重	
			品种数	比重	总成本（元）	比重
1	15 000	A	1	8%	15 000	70%
2	1 500	B	3	25%	3 600	17%
3	1 100					
4	1 000					
5	520	C	8	67%	2 940	13%
6	480					
7	450					
8	440					
9	400					
10	300					
11	200					
12	150					
合计	21 540		12	100%	21 540	100%

（2）绘制 ABC 控制图（略）。

计算公式一览表

第三章

1　单利息 $I=Prt$

2　复利终值 $S=P(1+i)^n$或$S=P(1+r/m)^{n\times m}$

3　实际利率与名义利率的关系 $r_e=(1+r/m)^m-1$

4　复利现值 $P=S(1+i)^{-n}$

5　普通年金终值 $FVA=\sum_{t=0}^{n-1}A(1+i)^t=A\frac{(1+i)^n-1}{i}$

6　普通年金现值 $PVA=\sum_{t=1}^{n}A\frac{1}{(1+i)^t}=A\frac{1-(1+i)^{-n}}{i}$

7　期初年金终值 $FV_{due}=FVA(1+i)=A\frac{(1+i)^n-1}{i}(1+i)$

8　期初年金现值 $PV_{due}=PVA(1+i)=A\frac{1-(1+i)^{-n}}{i}(1+i)$

9　延期年金终值 $FVA(def)=A\frac{(1+i)^n-1}{i}(1+i)^k$

10　延期年金现值 $PV(def)=A\frac{1-(1+i)^{-n}}{i}(1+i)^{-k}$

11　永久年金现值 $PV_\infty=\frac{A}{i}$

12　债券定价 $P_0=\sum_{t=1}^{n}\frac{I}{(1+k_d)^t}+\frac{M}{(1+k_d)^n}$或$P_0=I\frac{1-(1+k_d)^{-n}}{k_d}+\frac{M}{(1+k_d)^n}$

13　债券的到期收益率 $YTM=\frac{I+\frac{(M-P_0)}{n}}{(M+P_0)/2}$

14　优先股的价值(价格) $P_0=\frac{D_P}{k_p}$

15　优先股股东要求收益率 $k_p=\frac{D_P}{P_0}$

16　普通股(零增长模型)的价值(价格) $P_0=\frac{D}{k_e}$

17　普通股(常数增长模型)的价值(又称戈登公式) $P_0=\frac{D_0(1+g)}{k_e-g}=\frac{D_1}{k_e-g}$

18　股东要求的收益率 $k_e=\frac{D_1}{P_0}+g$

19　非常数增长模型 $P_0=\sum_{t=1}^{m}\frac{D_0(1+g_1)^t}{(1+k_e)^t}+\frac{1}{(1+k_e)^m}\times\frac{D_{m+1}}{(k_e-g_2)}$

第五章

20　期望收益率(均值) $\bar{R}=\sum_{i=1}^{n}R_iP_i$

21　标准差 $\sigma=\sqrt{\sum_{i=1}^{n}(\bar{R}-R_i)^2P_i}$

22　变异系数 $\upsilon=\frac{\sigma}{\bar{R}}$

23　组合投资的收益率 $R_p=\sum_{j=1}^{m}R_jW_j$ ($\sum_{j=1}^{m}W_j=1$且$0\leq W_j\leq 1$)

24　两项组合投资的标准差 $\sigma_p=[W_A^2\sigma_A^2+W_B^2\sigma_B^2+2W_AW_Bp_{AB}\sigma_A\sigma_B]^{1/2}$

25　组合的贝塔系数 $\beta_P=\sum_{j=1}^{n}\beta_jW_j$

26　资本资产定价模型 $R_j=r_f+\beta(\bar{R}_m-r_f)$

第六章

27　银行借款的税后资本成本 $k_i=\frac{i}{(1-F)}(1-T)$

28　公司债券的近似成本(不考虑货币的时间价值) $k_d=\frac{I}{P_0(1-F)}$

29　留存收益成本 $k_s=\frac{D_0(1+g)}{P_0}+g=\frac{D_1}{P_0}+g$

30　加权平均资本成本 $WACC=k_a=w_d\,k_d(1-T)+w_pk_p+w_e(k_s$或$k_e)$

第七章

31　净现金流量 $NCF=(\Delta R-\Delta E-\Delta D)(1-T)+\Delta D$或$NCF=(\Delta R-\Delta E)(1-T)+\Delta D\times T$

第八章

32　净现值法 $NPV=\sum_{t=0}^{n}\frac{NCF_t}{(1+k)^t}$或$NPV=\sum_{t=1}^{n}\frac{NCF_t}{(1+k)^t}-I_0$

33　现值指数 $PI=\sum_{t=m+1}^{n}\frac{NCF_t}{(1+k)^t}/\sum_{t=0}^{m}\frac{I_t}{(1+k)^t}$

34　回收期 $PB=\frac{\text{初始投资总额}}{\text{每年净现金流量}}$ 或 $PB=n+\frac{\text{第}n\text{年末累积尚未回收额}}{\text{第}(n+1)\text{年回收额}}$

35　会计收益率（平均收益率法）$ARR=\frac{\text{年平均净收益}}{\text{初始投资额}}$ 或 $ARR=\frac{\text{年平均净现金流量}}{\text{初始投资额}}$

第九章

36　$\beta_U=\frac{\beta_L}{1+(1-T)(B/E)}$

37　当量系数 α= 等价的无风险现金流（肯定当量）/ 原预期风险现金流

38　期望现金流 $\overline{NCF_t}=\sum_{i=1}^{n}NCF_{ti}\times P_{ti}$

39　实际资本成本=(1+名义资本成本)/(1+通货膨胀率)−1

40　某类资本上的筹资突破点$=\frac{\text{引起某类资本成本变化的临界筹资额}}{\text{该类资本在目标资本结构中的比重}}$

或　某类资本上的筹资突破点

$=\frac{\text{引起某类资本成本变化的临界筹资额}}{\text{该类资本在目标资本结构中的比重}}$+来自折旧的现金流量+来自递延税款的现金流量

第十章

41　保本点(销售量) $Q_b=\frac{F}{P-v}$，货币形式的保本点 $S_b=\frac{F}{1-(v/P)}$

42　经营杠杆度 $DOL=\frac{Q(P-v)}{Q(P-v)-F}=\frac{S-V}{S-V-F}=1+\frac{F}{EBIT}$

43　财务杠杆度 $DFL=\frac{EBIT}{EBIT-I-D_P/(1-T)}$

44　综合杠杆度 $DCL=DOL\times DFL=\frac{Q(P-v)}{Q(P-v)-F-I-\frac{D_P}{(1-T)}}$

45　无差异点分析 $\frac{(EBIT_0-I_d)(1-T)-D_P}{N_d}=\frac{(EBIT_0-I_e)(1-T)-D_P}{N_e}$

第十一章

46　无公司所得税MM命题1 $V_L=V_U=\frac{EBIT}{K_a}=\frac{EBIT}{K_{SU}}$

47　无公司所得税MM命题2 $K_{SL}=K_{SU}+\text{风险溢酬}=K_{SU}+(K_{SU}-K_d)(B/S)$

48　股权市值 $S=\frac{\text{股利}}{K_S}=\frac{\text{净收益}}{K_S}=\frac{(EBIT-K_dB)(1-T)}{K_S}$

49　有公司所得税MM命题1 $V_L=V_U+TB$

50　有公司所得税MM命题2 $K_{SL}=K_{SU}+(K_{SU}-K_d)(1-T)(B/S)$

第十三章

51　所需融资总额$=(A_t/S_t)gS_t-(L_t/S_t)gS_t$

52　内部提供的融资额$=M_t(1+g)S_t-D_{t+1}$

53　预计额外资金为：$AFN_{t+1}=(A_t/S_t)gS_t-(L_t/S_t)gS_t-[M_t(1+g)S_t-D_{t+1}]$ 或 $AFN_{t+1}=(A_t/S_t)\Delta S_{t+1}-(L_t/S_t)\Delta S_{t+1}-M_tS_{t+1}(1-d)$

54　企业内部增长率 $g=\frac{M_tS_t-D_{t+1}}{S_t[(A_t/S_t)-(L_t/S_t)-M_t]}$ 或 $g=\frac{M_t(1-d)}{(A_t/S_t)-(L_t/S_t)-M_t(1-d)}$

55　可持续增长率 $g=\frac{M_t(1-d)(1+B/E)}{(A_t/S_t)-(L_t/S_t)-M_t(1-d)(1+B/E)}$

第十四章

56　转换价格 $P_C=\frac{M}{R}$

57　可转换债券的价值 $C_t=R\times P_0(1+g)^t$

第十六章

58　持有现金总成本 $C_T=b\frac{T}{C}+i\frac{C}{2}$

59　最佳现金余额 $C^*=\sqrt[3]{\frac{2bT}{i}}$

60　目标现金余额下的最低成本 $C_T^*=\sqrt{2biT}$

61　目标现金余额 $Z=\sqrt{\frac{3b\sigma^2}{4i}}$

62　存货总成本 $T=\frac{Q}{2}\times C+\frac{D}{Q}\times F$

63　经济订货批量 $Q^*=\sqrt{\frac{2FD}{C}}$

64　考虑现金折扣的存货总成本 $T=\frac{Q}{2}\times C+\frac{D}{Q}\times F-d\times D$

65　再订货点 $R=L\times q+S$

公式中的字母表示一览表

I：利息
P：本金 (现值或所借资金额)
r：年利率（使用资金的价格）
t：使用资金的特定时间
i：每期利率
S：终值
r_e：实际利率
A：年金额
n：期数
FVA：年金终值
$FVA_{i,n}$：普通年金终值系数
PVA：年金现值
$PVA_{i,n}$：普通年金现值系数
FV_{due}：期初年金终值
PV_{due}：期初年金现值
PV（def）：延期年金现值
PV_{∞}：永久年金现值
M：债券面值（到期偿还值）
k_d：投资者（债权人）的要求收益率，债务成本
YTM：债券的到期收益率
D_p：优先股股息
k_p：优先股股东的要求收益率
D_t：在 t 期末支付的股息
k_e：普通股股东的要求收益率
g：增长率
B：负债量
$\bar{R}$：平均收益率（期望值，均值）
R_i：第 i 个可能结果的收益率
P_i：第 i 个可能结果出现的概率
σ：标准差
v：变异系数
R_p：投资组合的期望值
W_j：投资于 j 资产的资金占总投资额的比例，权重
σ_p：组合投资的标准差
σ_m：市场的平均风险
$\bar{R}_m$：市场平均收益率
β：系统性风险的度量
β_p：组合投资的 β 系数
r_f：无风险资产的收益率
$\bar{R}_m$：市场组合资产的要求收益率，代表市场的平均收益率
F：筹资或发行费率
k_s：留存收益成本
ΔR：现金收入的变化
ΔE：现金费用的变化
ΔD：折旧的变化
NCF：净现金流量
NPV：净现值
k：折现率（资本成本或投资者要求的收益率）
I_t：第 t 期投资额
IRR：内含报酬率
PI：现值指数
PB：回收期
ARR：会计收益率，平均收益率
β_L：负债企业的贝塔系数
β_U：无负债企业的贝塔系数
T：税率，现金存款总量，存货总成本
B：资本结构中的负债额
E：资本结构中的股本额
B/E：负债权益比率
α：当量系数
$EBIT$：息税前收益

Q_b：保本点销售量

P：单位产品售价

F：固定成本总额

v：单位变动成本

S_b：货币形式保本点

DOL：经营杠杆系数（度）

DFL：财务杠杆系数（度）

DCL：综合杠杆系数（度）

EPS：每股收益

N_d：采用债务融资时的普通股股数

N_e：采用股权融资时的普通股股数

k_a：加权平均资本成本

k_{SL}：负债企业的股东要求收益率

k_{SU}：无负债企业的股东要求收益率

V_L：负债企业的价值

V_U：无负债企业的价值

S：股权的市值

AFN_{t+1}：下一年所需额外资金

A_t/S_t：预计销售水平增长时增长的资产金额

L_t/S_t：销售额增长时相应的负债增长额

S_t：当前 t 年的销售额

M_t（=净收益/销售额）：销售净利润率

d：股利支付率，现金折扣率

P_C：可转换债券的转换价格

R：转换率

C_t：可转换债券在时刻 t 的转换价值

$C/2$：现金平均余额

b：现金和有价证券转换的交易成本

Q：订货数量

F：每批订货成本

D：全年需求量

C：单位存货年平均储存成本

R：再订货点

L：提前期

q：日平均需用量

S：安全储备量

C_T：持有现金总成本

附　　表

附表 1　复利终值系数表 $FV_{i,n}-(1+i)^n$　　i

n	1%	2%	3%	4%	5%	6%	7%	8%	9%
1	1.0100	1.0200	1.0300	1.0400	1.0500	1.0600	1.0700	1.0800	1.0900
2	1.0201	1.0404	1.0609	1.0816	1.1025	1.1236	1.1449	1.1664	1.1881
3	1.0303	1.0612	1.0927	1.1249	1.1576	1.1910	1.2250	1.2597	1.2950
4	1.0406	1.0824	1.1255	1.1699	1.2155	1.2625	1.3108	1.3605	1.4116
5	1.0510	1.1041	1.1593	1.2167	1.2763	1.3382	1.4026	1.4693	1.5386
6	1.0615	1.1262	1.1941	1.2653	1.3401	1.4185	1.5007	1.5869	1.6771
7	1.0721	1.1487	1.2299	1.3159	1.4071	1.5036	1.6058	1.7138	1.8280
8	1.0829	1.1717	1.2668	1.3686	1.4775	1.5938	1.7182	1.8509	1.9926
9	1.0937	1.1951	1.3048	1.4233	1.5513	1.6895	1.8385	1.9990	2.1719
10	1.1046	1.2190	1.3439	1.4802	1.6289	1.7908	1.9672	2.1589	2.3674
11	1.1157	1.2434	1.3842	1.5395	1.7103	1.8983	2.1049	2.3316	2.5804
12	1.1268	1.2682	1.4258	1.6010	1.7959	2.0122	2.2522	2.5182	2.8127
13	1.1381	1.2936	1.4685	1.6651	1.8856	2.1329	2.4098	2.7196	3.0658
14	1.1495	1.3195	1.5126	1.7317	1.9799	2.2609	2.5785	2.9372	3.3417
15	1.1610	1.3459	1.5580	1.8009	2.0789	2.3966	2.7590	3.1722	3.6425
16	1.1726	1.3728	1.6047	1.8730	2.1829	2.5404	2.9522	3.4259	3.9703
17	1.1843	1.4002	1.6528	1.9479	2.2920	2.6928	3.1588	3.7000	4.3276
18	1.1961	1.4282	1.7024	2.0258	2.4066	2.8543	3.3799	3.9960	4.7171
19	1.2081	1.4568	1.7535	2.1068	2.5270	3.0256	3.6165	4.3157	5.1417
20	1.2202	1.4859	1.8061	2.1911	2.6533	3.2071	3.8697	4.6610	5.6044
21	1.2324	1.5157	1.8603	2.2788	2.7860	3.3996	4.1406	5.0338	6.1088
22	1.2447	1.5460	1.9161	2.3699	2.9253	3.6035	4.4304	5.4365	6.6586
23	1.2572	1.5769	1.9736	2.4647	3.0715	3.8197	4.7405	5.8715	7.2579
24	1.2697	1.6084	2.0328	2.5633	3.2251	4.0489	5.0724	6.3412	7.9111
25	1.2824	1.6406	2.0938	2.6658	3.3864	4.2919	5.4274	6.8485	8.6231
30	1.3478	1.8114	2.4273	3.2434	4.3219	5.7435	7.6123	10.063	13.268
40	1.4889	2.2080	3.2620	4.8010	7.0400	10.286	14.974	21.725	31.409
50	1.6446	2.6916	4.3839	7.1067	11.467	18.420	29.457	46.902	74.358
60	1.8167	3.2810	5.8916	10.520	18.679	32.988	57.946	101.26	176.03

（续）

10%	12%	14%	15%	16%	18%	20%	24%	28%	32%	36%
1.1000	1.1200	1.1400	1.1500	1.1600	1.1800	1.2000	1.2400	1.2800	1.3200	1.3600
1.2100	1.2544	1.2996	1.3225	1.3456	1.3924	1.4400	1.5376	1.6384	1.7424	1.8496
1.3310	1.4049	1.4815	1.5209	1.5609	1.6430	1.7280	1.9066	2.0972	2.3000	2.5155
1.4641	1.5735	1.6890	1.7490	1.8106	1.9388	2.0736	2.3642	2.6844	3.0360	3.4210
1.6105	1.7623	1.9254	2.0114	2.1003	2.2878	2.4883	2.9316	3.4360	4.0075	4.6526
1.7716	1.9738	2.1950	2.3131	2.4364	2.6996	2.9860	3.6352	4.3980	5.2899	6.3275
1.9487	2.2107	2.5023	2.6600	2.8262	3.1855	3.5832	4.5077	5.6295	6.9826	8.6054
2.1436	2.4760	2.8526	3.0590	3.2784	3.7589	4.2998	5.5895	7.2058	9.2170	11.703
2.3579	2.7731	3.2519	3.5179	3.8030	4.4355	5.1598	6.9310	9.2234	12.166	15.917
2.5937	3.1058	3.7072	4.0456	4.4114	5.2338	6.1917	8.5944	11.806	16.060	21.647
2.8531	3.4785	4.2262	4.6524	5.1173	6.1759	7.4301	10.657	15.112	21.199	29.439
3.1384	3.8960	4.8179	5.3503	5.9360	7.2876	8.9161	13.215	19.343	27.983	40.037
3.4523	4.3635	5.4924	6.1528	6.8858	8.5994	10.699	16.386	24.759	36.937	54.451
3.7975	4.8871	6.2613	7.0757	7.9875	10.147	12.839	20.319	31.691	48.757	74.053
4.1772	5.4736	7.1379	8.1371	9.2655	11.974	15.407	25.196	40.565	64.359	100.71
4.5950	6.1304	8.1372	9.3576	10.748	14.129	18.488	31.243	51.923	84.954	136.97
5.0545	6.8660	9.2765	10.761	12.468	16.672	22.186	38.741	66.461	112.14	186.28
5.5599	7.6900	10.575	12.375	14.463	19.673	26.623	48.039	85.071	148.02	253.34
6.1159	8.6128	12.056	14.232	16.777	23.214	31.948	59.568	108.89	195.39	344.54
6.7275	9.6463	13.743	16.367	19.461	27.393	38.338	73.864	139.38	257.92	468.57
7.4002	10.804	15.668	18.822	22.574	32.324	46.005	91.592	178.41	340.45	637.26
8.1403	12.100	17.861	21.645	26.186	38.142	55.206	113.57	228.36	449.39	866.67
8.9543	13.552	20.362	24.891	30.376	45.008	66.247	140.83	292.30	593.20	1178.7
9.8497	15.179	23.212	28.625	35.236	53.109	79.497	174.63	374.14	783.02	1603.0
10.835	17.000	26.462	32.919	40.874	62.669	95.396	216.54	478.90	1033.6	2180.1
17.449	29.960	50.950	66.212	85.850	143.37	237.38	634.82	1645.5	4142.1	10143.
45.259	93.051	188.88	267.86	378.72	750.38	1469.8	5455.9	19427	66521.	*
117.39	289.00	700.23	1083.7	1670.7	3927.4	9100.4	46890	*	*	*
304.48	897.60	2595.9	4384.0	7370.2	20555.	56348.	*	*	*	*

附表 2 复利现值系数表 $PV_{i,n}- (1+i)^n= (1+i)^{-n}$ *i*

n	1%	2%	3%	4%	5%	6%	7%	8%	9%
1	0.9901	0.9804	0.9709	0.9615	0.9524	0.9434	0.9346	0.9259	0.9174
2	0.9803	0.9612	0.9426	0.9246	0.9070	0.8900	0.8734	0.8573	0.8417
3	0.9706	0.9423	0.9151	0.8890	0.8638	0.8396	0.8163	0.7938	0.7722
4	0.9610	0.9238	0.8885	0.8548	0.8227	0.7921	0.7629	0.7350	0.7084
5	0.9515	0.9057	0.8626	0.8219	0.7835	0.7473	0.7130	0.6806	0.6499
6	0.9420	0.8880	0.8375	0.7903	0.7462	0.7050	0.6663	0.6302	0.5963
7	0.9327	0.8706	0.8131	0.7599	0.7107	0.6651	0.6227	0.5835	0.5470
8	0.9235	0.8535	0.7894	0.7307	0.6768	0.6274	0.5820	0.5403	0.5019
9	0.9143	0.8368	0.7664	0.7026	0.6446	0.5919	0.5439	0.5002	0.4604
10	0.9053	0.8203	0.7441	0.6756	0.6139	0.5584	0.5083	0.4632	0.4224
11	0.8963	0.8043	0.7224	0.6496	0.5847	0.5268	0.4751	0.4289	0.3875
12	0.8874	0.7885	0.7014	0.6246	0.5568	0.4970	0.4440	0.3971	0.3555
13	0.8787	0.7730	0.6810	0.6006	0.5303	0.4688	0.4150	0.3677	0.3262
14	0.8700	0.7579	0.6611	0.5775	0.5051	0.4423	0.3878	0.3405	0.2992
15	0.8613	0.7430	0.6419	0.5553	0.4810	0.4173	0.3624	0.3152	0.2745
16	0.8528	0.7284	0.6232	0.5339	0.4581	0.3936	0.3387	0.2919	0.2519
17	0.8444	0.7142	0.6050	0.5134	0.4363	0.3714	0.3166	0.2703	0.2311
18	0.8360	0.7002	0.5874	0.4936	0.4155	0.3503	0.2959	0.2502	0.2120
19	0.8277	0.6864	0.5703	0.4746	0.3957	0.3305	0.2765	0.2317	0.1945
20	0.8195	0.6730	0.5537	0.4564	0.3769	0.3118	0.2584	0.2145	0.1784
21	0.8114	0.6598	0.5375	0.4388	0.3589	0.2942	0.2415	0.1987	0.1637
22	0.8034	0.6468	0.5219	0.4220	0.3418	0.2775	0.2257	0.1839	0.1502
23	0.7954	0.6342	0.5067	0.4057	0.3256	0.2618	0.2109	0.1703	0.1378
24	0.7876	0.6217	0.4919	0.3901	0.3101	0.2470	0.1971	0.1577	0.1264
25	0.7798	0.6095	0.4776	0.3751	0.2953	0.2330	0.1842	0.1460	0.1160
30	0.7419	0.5521	0.4120	0.3083	0.2314	0.1741	0.1314	0.0994	0.0754
40	0.6717	0.4529	0.3066	0.2083	0.1420	0.0972	0.0668	0.0460	0.0318
50	0.6080	0.3715	0.2281	0.1407	0.0872	0.0543	0.0339	0.0213	0.0134
60	0.5504	0.3048	0.1697	0.0951	0.0535	0.0303	0.0173	0.0099	0.0057

（续）

10%	12%	14%	15%	16%	18%	20%	24%	28%	32%	36%
0.9091	0.8929	0.8772	0.8696	0.8621	0.8475	0.8333	0.8065	0.7813	0.7576	0.7353
0.8264	0.7972	0.7695	0.7561	0.7432	0.7182	0.6944	0.6504	0.6104	0.5739	0.5407
0.7513	0.7118	0.6750	0.6575	0.6407	0.6086	0.5787	0.5245	0.4768	0.4348	0.3975
0.6830	0.6355	0.5921	0.5718	0.5523	0.5158	0.4823	0.4230	0.3725	0.3294	0.2923
0.6209	0.5674	0.5194	0.4972	0.4761	0.4371	0.4019	0.3411	0.2910	0.2495	0.2149
0.5645	0.5066	0.4556	0.4323	0.4104	0.3704	0.3349	0.2751	0.2274	0.1890	0.1580
0.5132	0.4523	0.3996	0.3759	0.3538	0.3139	0.2791	0.2218	0.1776	0.1432	0.1162
0.4665	0.4039	0.3506	0.3269	0.3050	0.2660	0.2326	0.1789	0.1388	0.1085	0.0854
0.4241	0.3606	0.3075	0.2843	0.2630	0.2255	0.1938	0.1443	0.1084	0.0822	0.0628
0.3855	0.3220	0.2697	0.2472	0.2267	0.1911	0.1615	0.1164	0.0847	0.0623	0.0462
0.3505	0.2875	0.2366	0.2149	0.1954	0.1619	0.1346	0.0938	0.0662	0.0472	0.0340
0.3186	0.2567	0.2076	0.1869	0.1685	0.1372	0.1122	0.0757	0.0517	0.0357	0.0250
0.2897	0.2292	0.1821	0.1625	0.1452	0.1163	0.0935	0.0610	0.0404	0.0271	0.0184
0.2633	0.2046	0.1597	0.1413	0.1252	0.0985	0.0779	0.0492	0.0316	0.0205	0.0135
0.2394	0.1827	0.1401	0.1229	0.1079	0.0835	0.0649	0.0397	0.0247	0.0155	0.0099
0.2176	0.1631	0.1229	0.1069	0.0930	0.0708	0.0541	0.0320	0.0193	0.0118	0.0073
0.1978	0.1456	0.1078	0.0929	0.0802	0.0600	0.0451	0.0258	0.0150	0.0089	0.0054
0.1799	0.1300	0.0946	0.0808	0.0691	0.0508	0.0376	0.0208	0.0118	0.0068	0.0039
0.1635	0.1161	0.0829	0.0703	0.0596	0.0431	0.0313	0.0168	0.0092	0.0051	0.0029
0.1486	0.1037	0.0728	0.0611	0.0514	0.0365	0.0261	0.0135	0.0072	0.0039	0.0021
0.1351	0.0926	0.0638	0.0531	0.0443	0.0309	0.0217	0.0109	0.0056	0.0029	0.0016
0.1228	0.0826	0.0560	0.0462	0.0382	0.0262	0.0181	0.0088	0.0044	0.0022	0.0012
0.1117	0.0738	0.0491	0.0402	0.0329	0.0222	0.0151	0.0071	0.0034	0.0017	0.0008
0.1015	0.0659	0.0431	0.0349	0.0284	0.0188	0.0126	0.0057	0.0027	0.0013	0.0006
0.0923	0.0588	0.0378	0.0304	0.0245	0.0160	0.0105	0.0046	0.0021	0.0010	0.0005
0.0573	0.0334	0.0196	0.0151	0.0116	0.0070	0.0042	0.0016	0.0006	0.0002	0.0001
0.0221	0.0107	0.0053	0.0037	0.0026	0.0013	0.0007	0.0002	0.0001	*	*
0.0085	0.0035	0.0014	0.0009	0.0006	0.0003	0.0001	*	*	*	*
0.0033	0.0011	0.0004	0.0002	0.0001	*	*	*	*	*	*

附表 3 年金终值系数表 $FVA_{i,n}=[(1+i)^n-1]/i$ i

n	1%	2%	3%	4%	5%	6%	7%	8%	9%
1	1.0000	1.0000	1.0000	1.0000	1.0000	1.0000	1.0000	1.0000	1.0000
2	2.0100	2.0200	2.0300	2.0300	2.0500	2.0600	2.0700	2.0800	2.0900
3	3.0301	3.0604	3.0909	3.0909	3.1525	3.1836	3.2149	3.2464	3.2781
4	4.0604	4.1216	4.1836	4.1836	4.3101	4.3746	4.4399	4.5061	4.5731
5	5.1010	5.2040	5.3091	5.3091	5.5256	5.6371	5.7507	5.8666	5.9847
6	6.1520	6.3081	6.4684	6.4684	6.8019	6.9753	7.1533	7.3359	7.5233
7	7.2135	7.4343	7.6625	7.6625	8.1420	8.3938	8.6540	8.9228	9.2004
8	8.2857	8.5830	8.8923	8.8923	9.5491	9.8975	10.260	10.637	11.028
9	9.3685	9.7546	10.159	10.159	11.027	11.491	11.978	12.488	13.021
10	10.462	10.950	11.464	11.464	12.578	13.181	13.816	14.487	15.193
11	11.567	12.169	12.808	12.808	14.207	14.972	15.784	16.645	17.560
12	12.683	13.412	14.192	14.192	15.917	16.870	17.888	18.977	20.141
13	13.809	14.680	15.618	15.618	17.713	18.882	20.141	21.495	22.953
14	14.947	15.974	17.086	17.086	19.599	21.015	22.550	24.215	26.019
15	16.097	17.293	18.599	18.599	21.579	23.276	25.129	27.152	29.361
16	17.258	18.639	20.157	20.157	23.657	25.673	27.888	30.324	33.003
17	18.430	20.012	21.762	21.762	25.840	28.213	30.840	33.750	36.974
18	19.615	21.412	23.414	23.414	28.132	30.906	33.999	37.450	41.301
19	20.811	22.841	25.117	25.117	30.539	33.760	37.379	41.446	46.018
20	22.019	24.297	26.870	26.870	33.066	36.786	40.995	45.762	51.160
21	23.239	25.783	28.676	28.676	35.719	39.993	44.865	50.423	56.765
22	24.472	27.299	30.537	30.537	38.505	43.392	49.006	55.457	62.873
23	25.716	28.845	32.453	32.453	41.430	46.996	53.436	60.893	69.532
24	26.973	30.422	34.426	34.426	44.502	50.816	58.177	66.765	76.790
25	28.243	32.030	36.459	36.459	47.727	54.865	63.249	73.106	84.701
30	34.7849	40.568	47.575	47.575	66.439	79.058	94.461	113.28	136.31
40	48.8864	60.402	75.401	75.401	120.80	154.76	199.64	259.06	337.88
50	64.4632	84.579	112.80	112.80	209.35	290.34	406.53	573.77	815.08
60	81.6697	114.05	163.05	163.05	353.58	533.13	813.52	1253.2	1944.8

（续）

10%	12%	14%	15%	16%	18%	20%	24%	28%	32%	36%
1.0000	1.0000	1.0000	1.0000	1.0000	1.0000	1.0000	1.0000	1.0000	1.0000	1.0000
2.1000	2.1200	2.1400	2.1500	2.1600	2.1800	2.2000	2.2400	2.2800	2.3200	2.3600
3.3100	3.3744	3.4396	3.4725	3.5056	3.5724	3.6400	3.7776	3.9184	4.0624	4.2096
4.6410	4.7793	4.9211	4.9934	5.0665	5.2154	5.3680	5.6842	6.0156	6.3624	6.7251
6.1051	6.3528	6.6101	6.7424	6.8771	7.1542	7.4416	8.0484	8.6999	9.3983	10.146
7.7156	8.1152	8.5355	8.7537	8.9775	9.4420	9.9299	10.980	12.136	13.406	14.799
9.4872	10.089	10.730	11.067	11.414	12.142	12.916	14.615	16.534	18.696	21.126
11.436	12.300	13.233	13.727	14.240	15.327	16.499	19.123	22.163	25.678	29.732
13.579	14.776	16.085	16.786	17.519	19.086	20.799	24.712	29.369	34.895	41.435
15.937	17.549	19.337	20.304	21.321	23.521	25.959	31.643	38.593	47.062	57.352
18.531	20.655	23.045	24.349	25.733	28.755	32.150	40.238	50.398	63.122	78.998
21.384	24.133	27.271	29.002	30.850	34.931	39.581	50.895	65.510	84.320	108.44
24.523	28.029	32.089	34.352	36.786	42.219	48.497	64.110	84.853	112.30	148.47
27.975	32.393	37.581	40.505	43.672	50.818	59.196	80.496	109.61	149.24	202.93
31.772	37.280	43.842	47.580	51.660	60.965	72.035	100.82	141.30	198.00	276.98
35.950	42.753	50.980	55.717	60.925	72.939	87.442	126.01	181.87	262.36	377.69
40.545	48.884	59.118	65.075	71.673	87.068	105.93	157.25	233.79	347.31	514.66
45.599	55.750	68.394	75.836	84.141	103.74	128.12	195.99	300.25	459.45	700.94
51.159	63.440	78.969	88.212	98.603	123.41	154.74	244.03	385.32	607.47	954.28
57.275	72.052	91.025	102.44	115.38	146.63	186.69	303.60	494.21	802.86	1298.8
64.002	81.699	104.77	118.81	134.84	174.02	225.03	377.46	633.59	1060.8	1767.4
71.403	92.503	120.44	137.63	157.41	206.34	271.03	469.06	812.00	1401.2	2404.7
79.543	104.60	138.30	159.28	183.60	244.49	326.24	582.63	1040.4	1850.6	3271.3
88.497	118.16	158.66	184.17	213.98	289.49	392.48	723.46	1332.7	2443.8	4450.0
98.347	133.33	181.87	212.79	249.21	342.60	471.98	898.09	1706.8	3226.8	6053.0
164.49	241.33	356.79	434.75	530.31	790.95	1181.9	2640.9	5873.2	12941	28172.3
442.59	767.09	1342.0	1779.1	2360.8	4163.2	7343.9	22729	69377	*	*
1163.9	2400.0	4994.5	7217.7	10436	21813	45497	*	*	*	*
3034.8	7471.6	18535	29220	46058	*	*	*	*	*	*

附表 4　年金现值系数表 $PVA_{i,n}$– $[1-(1+i)^{-n}]/i$

i

n	1%	2%	3%	4%	5%	6%	7%	8%	9%
1	0.9901	0.9804	0.9709	0.9615	0.9524	0.9434	0.9346	0.9259	0.9174
2	1.9704	1.9416	1.9135	1.8861	1.8594	1.8334	1.8080	1.7833	1.7591
3	2.9410	2.8839	2.8286	2.7751	2.7232	2.6730	2.6243	2.5771	2.5313
4	3.9020	3.8077	3.7171	3.6299	3.5460	3.4651	3.3872	3.3121	3.2397
5	4.8534	4.7135	4.5797	4.4518	4.3295	4.2124	4.1002	3.9927	3.8897
6	5.7955	5.6014	5.4172	5.2421	5.0757	4.9173	4.7665	4.6229	4.4859
7	6.7282	6.4720	6.2303	6.0021	5.7864	5.5824	5.3893	5.2064	5.0330
8	7.6517	7.3255	7.0197	6.7327	6.4632	6.2098	5.9713	5.7466	5.5348
9	8.5660	8.1622	7.7861	7.4353	7.1078	6.8017	6.5152	6.2469	5.9952
10	9.4713	8.9826	8.5302	8.1109	7.7217	7.3601	7.0236	6.7101	6.4177
11	10.3676	9.7868	9.2526	8.7605	8.3064	7.8869	7.4987	7.1390	6.8052
12	11.2551	10.5753	9.9540	9.3851	8.8633	8.3838	7.9427	7.5361	7.1607
13	12.1337	11.3484	10.6350	9.9856	9.3936	8.8527	8.3577	7.9038	7.4869
14	13.0037	12.1062	11.2961	10.5631	9.8986	9.2950	8.7455	8.2442	7.7862
15	13.8651	12.8493	11.9379	11.1184	10.3797	9.7122	9.1079	8.5595	8.0607
16	14.7179	13.5777	12.5611	11.6523	10.8378	10.1059	9.4466	8.8514	8.3126
17	15.5623	14.2919	13.1661	12.1657	11.2741	10.4773	9.7632	9.1216	8.5436
18	16.3983	14.9920	13.7535	12.6593	11.6896	10.8276	10.0591	9.3719	8.7556
19	17.2260	15.6785	14.3238	13.1339	12.0853	11.1581	10.3356	9.6036	8.9501
20	18.0456	16.3514	14.8775	13.5903	12.4622	11.4699	10.5940	9.8181	9.1285
21	18.8570	17.0112	15.4150	14.0292	12.8212	11.7641	10.8355	10.0168	9.2922
22	19.6604	17.6580	15.9369	14.4511	13.1630	12.0416	11.0612	10.2007	9.4424
23	20.4558	18.2922	16.4436	14.8568	13.4886	12.3034	11.2722	10.3711	9.5802
24	21.2434	18.9139	16.9355	15.2470	13.7986	12.5504	11.4693	10.5288	9.7066
25	22.0232	19.5235	17.4131	15.6221	14.0939	12.7834	11.6536	10.6748	9.8226
30	25.8077	22.3965	19.6004	17.2920	15.3725	13.7648	12.4090	11.2578	10.2737
40	32.8347	27.3555	23.1148	19.7928	17.1591	15.0463	13.3317	11.9246	10.7574
50	39.1961	31.4236	25.7298	21.4822	18.2559	15.7619	13.8007	12.2335	10.9617
60	44.9550	34.7609	27.6756	22.6235	18.9293	16.1614	14.0392	12.3766	11.0480

（续）

10%	12%	14%	15%	16%	18%	20%	24%	28%	32%	36%
0.9091	0.8929	0.8772	0.8696	0.8621	0.8475	0.8333	0.8065	0.7813	0.7576	0.7353
1.7355	1.6901	1.6467	1.6257	1.6052	1.5656	1.5278	1.4568	1.3916	1.3315	1.2760
2.4869	2.4018	2.3216	2.2832	2.2459	2.1743	2.1065	1.9813	1.8684	1.7663	1.6735
3.1699	3.0373	2.9137	2.8550	2.7982	2.6901	2.5887	2.4043	2.2410	2.0957	1.9658
3.7908	3.6048	3.4331	3.3522	3.2743	3.1272	2.9906	2.7454	2.5320	2.3452	2.1807
4.3553	4.1114	3.8887	3.7845	3.6847	3.4976	3.3255	3.0205	2.7594	2.5342	2.3388
4.8684	4.5638	4.2883	4.1604	4.0386	3.8115	3.6046	3.2423	2.9370	2.6775	2.4550
5.3349	4.9676	4.6389	4.4873	4.3436	4.0776	3.8372	3.4212	3.0758	2.7860	2.5404
5.7590	5.3282	4.9464	4.7716	4.6065	4.3030	4.0310	3.5655	3.1842	2.8681	2.6033
6.1446	5.6502	5.2161	5.0188	4.8332	4.4941	4.1925	3.6819	3.2689	2.9304	2.6495
6.4951	5.9377	5.4527	5.2337	5.0286	4.6560	4.3271	3.7757	3.3351	2.9776	2.6834
6.8137	6.1944	5.6603	5.4206	5.1971	4.7932	4.4392	3.8514	3.3868	3.0133	2.7084
7.1034	6.4235	5.8424	5.5831	5.3423	4.9095	4.5327	3.9124	3.4272	3.0404	2.7268
7.3667	6.6282	6.0021	5.7245	5.4675	5.0081	4.6106	3.9616	3.4587	3.0609	2.7403
7.6061	6.8109	6.1422	5.8474	5.5755	5.0916	4.6755	4.0013	3.4834	3.0764	2.7502
7.8237	6.9740	6.2651	5.9542	5.6685	5.1624	4.7296	4.0333	3.5026	3.0882	2.7575
8.0216	7.1196	6.3729	6.0472	5.7487	5.2223	4.7746	4.0591	3.5177	3.0971	2.7629
8.2014	7.2497	6.4674	6.1280	5.8178	5.2732	4.8122	4.0799	3.5294	3.1039	2.7668
8.3649	7.3658	6.5504	6.1982	5.8775	5.3162	4.8435	4.0967	3.5386	3.1090	2.7697
8.5136	7.4694	6.6231	6.2593	5.9288	5.3527	4.8696	4.1103	3.5458	3.1129	2.7718
8.6487	7.5620	6.6870	6.3125	5.9731	5.3837	4.8913	4.1212	3.5514	3.1158	2.7734
8.7715	7.6446	6.7429	6.3587	6.0113	5.4099	4.9094	4.1300	3.5558	3.1180	2.7746
8.8832	7.7184	6.7921	6.3988	6.0442	5.4321	4.9245	4.1371	3.5592	3.1197	2.7754
8.9847	7.7843	6.8351	6.4338	6.0726	5.4509	4.9371	4.1428	3.5619	3.1210	2.7760
9.0770	7.8431	6.8729	6.4641	6.0971	5.4669	4.9476	4.1474	3.5640	3.1220	2.7765
9.4269	8.0552	7.0027	6.5660	6.1772	5.5168	4.9789	4.1601	3.5693	3.1242	2.7775
9.7791	8.2438	7.1050	6.6418	6.2335	5.5482	4.9966	4.1659	3.5712	3.1250	2.7778
9.9148	8.3045	7.1327	6.6605	6.2463	5.5541	4.9995	4.1666	3.5714	3.1250	2.7778
9.9672	8.3240	7.1401	6.6651	6.2492	5.5553	4.9999	4.1667	3.5714	3.1250	2.7778

主要参考书目

1. 蒋屏主编. 公司财务管理. 北京：对外经济贸易大学出版社，2009
2. 蒋屏. 投资效益测算. 成都：四川教育出版社，1989
3. 朱叶，王伟. 公司财务学. 上海：上海人民出版社，2003
4. 傅元略. 财务管理. 厦门：厦门大学出版社，2003
5. 荆新，王化成等. 财务管理学. 北京：中国人民大学出版社，2002
6. 汪平. 财务理论. 北京：经济管理出版社，2003
7. 刘淑莲. 财务管理. 大连：东北财经大学出版社，2010
8. 张玉明. 财务管理. 北京：清华大学出版社，2010
9. 李延喜. 财务管理. 北京：清华大学出版社，2010
10. 王斌. 财务管理. 北京：高等教育出版社，2007
11. 陈玉菁. 财务管理. 北京：中国人民大学出版社，2008
12. 彭浩涛. 财务管理概论. 上海：复旦大学出版社，2008
13. 尹晓冰. 公司财务管理. 天津：南开大学出版社，2007
14. 王斌. 公司财务理论. 北京：清华大学出版社，2015
15. 李蔚田，孙学军. 网络金融与电子支付（第 2 版）. 北京：北京大学出版社，2015
16. ［美］布里格姆等. 财务管理基础（影印）. 北京：中信出版社，2002
17. ［美］莫尔等. 当代财务管理（影印）. 大连：东北财经大学出版社，1998
18. ［美］斯蒂芬 · A · 罗斯等. 公司理财. 刘薇芳等译. 北京：中国人民大学出版社，2009
19 ［美］斯蒂芬·A·罗斯，伦道夫·W·威斯特菲尔德，杰弗利·F·杰富.公司理财（第 9 版）. 吴世农，王志强，译注. 北京：机械工业出版社，2012
20. ［美］斯蒂芬·A·罗斯等. 公司理财精要版（英文版.原书第 10 版）. 北京：机械工业出版社，2014
21. ［美］迈克尔·C·埃尔哈特，尤金·F·布里格姆. 公司金融：理论及实务精要（第 4 版），马海勇，张伟伟，关路，译. 北京：北京大学出版社，2013
22. Graham J. R. and C. R.Wurgler， 2001， “The Theory and Practice of Corporate Finance：Evidence from the Field”，Journal of Financial Economics，Vol. 60（2–3）：187–243.
23. Baker M. and J. Wurgler， 2002， “ Market Timing and Capital Structure”，Journal of Finance， Vol. 57（1）：1–32.
24. Baker M. and J. Wurgler，2004， “A Catering Theory of Dividends”，Journal of Finance， Vol. 59（3）：1125–1165.
25. Aswath Damodaran, *Applied Corporate Finance* by 1999 John Wiley & Sons, Inc.
26. Arthur J. Keown etc., *Basic Financial Management,* 7th ed., 1996 by Prentice-Hall Inc.
27. Eugene F. Brigham & Louis C. Gapenski, *Intermediate Financial Management,* 1996 by The Dryden Press.
28. Eugene F. Brigham & Louis C. Gapenski, *Financial Management —Theory and Practice* , 8th ed.,

1997 by The Dryden Press.

29. Haim Levy & Marshall Sarnet, *Capital Investment and Financial Decisions*, 5th ed., 1994 by Prentice-Hall Inc.
30. Eugene F. Brigham & Joel F. Houston, *Fundamentals of Financial Management*, 9th ed., Hartcourt, Inc., 2001.
31. Joel M. Stern & Donald H. Chew, Jr., *the Revolution in Corporate Finance* by 1998 Blackwell Business.
32. Keown, Petty, Scotty and Martin, *Foundations of Finance—the Logic and Practice of Financial Management*, 2nd ed., 1998 by Prentice-Hall, Inc.
33. Ned C. Hill & William L. Sartoris, *Short-Term Financial Management Text and Cases*, 3rd edition,1995 by Prentice-Hall Inc.
34. Stephen A. Ross, Randolph W. Westerfield and Jeffery F. Jaffe, *Corporate Finance*, Richard Irwin, Inc., 2002.
35. Stanley B. Block & Geoffrey A. Hirt, *Foundations of Financial Management*, 10th ed., McGraw-Hill Co., 2002.
36. Sheridan Titman, Arthur .J. Keown& John D. Martin, *FINANCIAL MANAGEMENT: Principles and Applications*, Eleventh Edition. Pearson Education, Inc. 2011